日本独自の対北朝鮮経済制裁の国内における政治的効果

The Domestic Political Effect of
Japanese Unilateral Sanctions against North Korea

大久保 伸一［著］

翔雲社

目　次

序　章　論文のテーマ及び研究方法 1

第 1 節　問題の所在 1
第 2 節　本論文の意図 2
第 3 節　本論文の論点 3
第 4 節　先行研究及び本論文の研究方法 3
　　1　先行研究 3
　　2　本論文の研究方法 4
第 5 節　本論文の構成 7
第 6 節　本論文の意義 8

第 1 章　経済制裁の概念、「独自の」という概念の意味、政治的効果についての整理 9

第 1 節　経済制裁の概念及び「独自の」という概念の意味 9
　　1　経済制裁の概念 9
　　　（1）経済制裁の概念 9
　　　（2）経済制裁の分類 11
　　　（3）エコノミック・ステイトクラフトとの関係 13
　　2　「独自の」という概念の意味合い 14
第 2 節　経済制裁の効果に関する議論の整理 17
　　1　経済制裁の効果とそれを高める条件 17
　　2　経済制裁の効果についての分析 19
　　　（1）TSC データセットの概要 23
　　　（2）TSC データセットの分析枠組み 23
　　　（3）TSC データセットにおける経済制裁の実効性評価結果 24
　　3　経済制裁に対する国内政治アプローチ 28

第3節　経済制裁の国内における政治的効果の意味合い 30
　　　　1　「国内における政治的」という概念の意味合い 30
　　　　2　「効果」についての理解 33
　　　　3　「国内における政治的効果」に対するアプローチの妥当性 35
　　第4節　小括 37

第2章　日本独自の経済制裁の構造 39

　　第1節　日本独自の経済制裁の構造 39
　　　　1　日本独自の経済制裁に係る法制度 39
　　　　2　外国為替及び外国貿易法 40
　　　　3　特定船舶入港禁止法 43
　　　　4　北朝鮮人権法 44
　　第2節　立法過程における特徴 46
　　　　1　議員立法の件数 46
　　　　2　法案提案の形態 47
　　　　3　経済制裁に対する姿勢の違い 47
　　　　4　議員立法の分野 51
　　第3節　小括 51

第3章　日本独自の経済制裁についての課題設定 53

　　第1節　独自の経済制裁の存在理由とその発動を阻むもの 53
　　　　1　独自の経済制裁の存在理由 53
　　　　2　日本独自の経済制裁導入以前の状態 54
　　第2節　日本独自の経済制裁の発動を阻むもの 56
　　第3節　国内における政治的効果を狙ったポジティブな働きかけと到達点 57
　　第4節　日本独自の経済制裁制度創設時の政治的状況 58
　　　　1　国内の当時の政治的状況 59
　　　　2　国際社会の政治状況 61
　　第5節　小括 61

第4章　諸外国における独自の経済的措置等の事例 63

第1節　米国の独自経済制裁の状況 63
第2節　EUの独自制裁の状況 70
第3節　小括 75

第5章　日本のこれまでの対北朝鮮経済制裁の概観 77

第1節　国連安保理決議等に基づくこれまでの対北朝鮮経済制裁の概要 77
第2節　日本独自の経済制裁の概要 78
第3節　日本独自の経済制裁をめぐる日米の対北朝鮮政策の連動と乖離 81
　　　1　日本独自の経済制裁に対する米国の考え方 81
　　　2　日本独自の制裁発動前のブッシュ政権期の考え方 82
　　　3　2006年10月11日発表の日本独自の制裁発動と米国の姿勢 83
　　　4　2006年11月の中間選挙後のブッシュ政権の政策転換 ... 84
　　　　　（1）新たな対北朝鮮政策 84
　　　　　（2）6者会合における新たな合意の成立 85
　　　　　（3）対北朝鮮政策における日米間の乖離 86
　　　　　（4）政治的な言説 87
　　　5　オバマ政権の対北朝鮮政策 88
第4節　北朝鮮の貿易状況のこれまでの推移 90
第5節　小括 93

第6章　日本・北朝鮮関係と日本の対北朝鮮政策 97

第1節　2000年代から2010年代後半の日本・北朝鮮関係 97
第2節　拉致問題 98
　　　1　小泉訪朝と拉致被害者の帰国 100
　　　2　日朝実務者協議、日朝包括並行協議などの進展と停滞 103
　　　3　ストックホルム合意と経済制裁の一部解除 105

		4	日朝政府間協議と特別調査委員会	105
		5	北朝鮮の特別調査委員会の解体と調査中止	107
		6	北朝鮮人権状況決議	107
		7	解決されない拉致問題	107

第3節 核開発・ミサイル開発など日本の安全保障に関わる問題 108
    1 北朝鮮の核不拡散条約脱退表明 108
    2 「合意された枠組み」の成立 109
    3 北朝鮮のウラン濃縮計画の発覚 109
    4 重油供給停止への動きと北朝鮮の対抗措置 110
    5 「6者会合共同声明」とその後の北朝鮮の態度硬化 110
    6 日朝間協議と日朝包括並行協議 111
    7 2006年の北朝鮮による弾道ミサイル発射と核実験の実施 111
    8 6者会合における「共同声明実施のための初期段階の措置」......112
    9 6者会合の崩壊 114
    10 北朝鮮による核実験や弾道ミサイル発射と経済制裁の悪循環 114

第4節 日朝国交正常化に係る問題 116
    1 3党共同声明と日朝国交正常化交渉の開始 116
    2 北朝鮮の経済難、食糧難、社会不安と国交正常化交渉の進展 117
    3 小泉総理訪朝と日朝首脳会談 118
    4 日朝平壌宣言 119
    5 日朝国交正常化交渉の再開 120
    6 小泉総理の再度の訪朝 120
    7 日朝国交正常化についての日本政府の基本的な認識 120

第5節 3つの諸課題の相互関係 121
    1 拉致問題と核、ミサイルという安全保障の問題との関係とその変質 121
    2 諸懸案の包括的な解決 125

第6節 小括 128

第7章 2006年10月11日発表の独自経済制裁の国内における政治的効果（事例1）......131

第1節 経済制裁発動の状況 131

第 2 節　日本政府の対応の状況 134
　　　1　小泉前政権の日本独自の経済制裁に対する基本姿勢 134
　　　2　安倍政権の成立 136
　　　3　安保理決議に向けての動き 136
　　　　（1）安保理決議第 1695 号採択に向けた動き 136
　　　　（2）安保理決議第 1718 号採択に向けた動き 139
第 3 節　新政権の新たな取組み 141
第 4 節　国内における政治的効果の考察 143
　　　1　政権と衆議院、参議院の関係 144
　　　2　政権と拉致被害者家族会の関係 150
　　　3　政権と国民一般の関係 153
第 5 節　北朝鮮の反応 158
第 6 節　小括 159

第 8 章　2016 年 2 月 10 日発表の独自経済制裁の国内における政治的効果（事例 2） 161

第 1 節　経済制裁発動の状況 161
　　　1　2007 年 9 月の安倍内閣退陣以降の推移 162
　　　2　2012 年 12 月の安倍内閣成立からストックホルム合意までの動き 163
　　　3　日本独自の経済制裁の一部解除 164
　　　4　制裁の一部解除後の動き 169
第 2 節　国内における政治的効果の考察 174
　　　1　政権と衆議院、参議院の関係 174
　　　2　政権と拉致被害者家族会の関係 179
　　　3　政権と国民一般の関係 182
第 3 節　北朝鮮の反応 187
第 4 節　小括 188

第 9 章　2016 年 12 月 2 日発表の独自経済制裁の国内における政治的効果及び事例分析の整理（事例 3）..................191

第 1 節　経済制裁発動の状況 191
第 2 節　国内における政治的効果の考察 200
　　1　政権と衆議院、参議院の関係 200
　　2　政権と拉致被害者家族会の関係 209
　　3　政権と国民一般の関係 213
第 3 節　北朝鮮の反応 217
第 4 節　3 つの事例分析についての整理 218
　　1　「政権の示した姿勢」 218
　　2　「制裁発動の要因ないしその原動力」 219
　　3　「政治的効果」 219
第 5 節　小括 220

第 10 章　政治的文脈における日本独自の経済制裁の政治的意味合いと次なる課題 225

第 1 節　国内における政治的文脈 225
　　1　小泉政権成立までの日米同盟の変遷 226
　　2　小泉政権を取り巻く日米同盟をはじめとした政治的文脈 227
　　3　安倍政権を取り巻く日米同盟をはじめとした政治的文脈 228
第 2 節　日本独自の経済制裁を取り巻く政治的文脈の中で目指したもの 233
第 3 節　日本独自の経済制裁の次なる課題 239
第 4 節　小括 243

終　章　まとめ 245

第 1 節　総括 245
第 2 節　残された課題 250

謝　辞	251
参考文献目録	252
あとがき	271

表目次

表1	日本・北朝鮮間の輸出入額の推移	91
表2	北朝鮮の主要貿易相手国との貿易総額の推移	92
表3	衆議院 拉致問題特別委員会の日数及び会議時間	146
表4	国連安保理決議及び日本の独自制裁への支持・不支持状況	154
表5	安倍内閣の支持率（2006年9月調査から2007年3月調査）	155
表6	安倍内閣の支持率（2015年11月調査から2016年5月調査）	184
表7	内閣支持率の2年間の推移（2015年7月から2017年6月）	193
表8	安倍内閣の支持率（2016年9月調査から2017年3月調査）	213
表9	日本・中国・韓国・米国の名目GDPの推移	242

序　章
論文のテーマ及び研究方法

第 1 節　問題の所在

　本論文は、日本政府が、朝鮮民主主義人民共和国（以下「北朝鮮」という）に対する憤りや閉塞感を抱く国民の期待に政治的に応え、グローバル化が急速に進む中で実質的な意味で主権を取り戻し、その上で日米同盟の強化という政治的な文脈の中で政府としての対応を展開する政治的な過程において、日本独自の経済制裁の有する国内における政治的効果の存在を認め、これを考察しようとするものである。

　北朝鮮に対する日本の経済制裁は、これまで北朝鮮の核開発やミサイル開発の阻止、あるいは拉致問題の解決を目指して実施されてきた。そこでは、国連安全保障理事会決議（以下「安保理決議」という）に基づく経済制裁だけでなく、日本独自の経済制裁もなされている。これら北朝鮮に対する日本の経済制裁に関する研究については、その制裁に経済的な効果があったかどうか、そしてその目的は達せられたのかどうかについて研究対象となり、また論じられてきた傾向が強い。

　経済制裁は公に宣言された政策目標を達成する手段の 1 つであり、この政策手段も政治的な文脈の中で政策目標の達成を目指して用いられるものである。しかし、そこには経済的な効果や政策目標達成とは別次元で、政治的な意味合いが存在する。それにもかかわらず、日本のこれまでの経済制裁に関する研究はこの側面に関するものは不十分であった。これを北朝鮮に対する日本の経済制裁について見れば、当該経済制裁が用いられる政治的な文脈との関係で、その政治的な意味合いを探求する考察はまったく満足のいく段階ではないのである。本論文のテーマは日本独自の経済制裁のこうした政治的な意味合いを究明し、その政治的効果を提示することにある。

　また、日本の北朝鮮に対するこれまでの経済制裁には、安保理決議に基づく経済制裁や国際的な努力に寄与するためになされる経済制裁と、2004 年に「外国為替及び外国貿易法」（以下「外為法」という）の一部改正及び「特定船舶の入港の禁止に関する特別措置法」（以下「特定船舶入港禁止法」という）の制定によって創設された

日本独自の経済制裁とがある。日本独自の経済制裁には、安保理決議や国際的な努力に基づく措置では決して実現することのできない、国内において期待される能動的な役割が存在する。

　しかしながら、日本の経済制裁についての従来の研究を見ると、国連の安保理決議に基づく経済制裁に関する研究が多く、日本独自の経済制裁に焦点を絞った研究は必ずしも満足のいく状況にない[1]。そこで、特に日本独自の経済制裁について、その発動された政治的な文脈においてこれを評価し、安保理決議に基づく経済制裁とはまったく異なる独自の政治的な意味合いに焦点を充てて分析すること、すなわち日本独自の経済制裁の本質を明らかにすることが不可欠なのである。

第2節　本論文の意図

　本論文は、上述の問題意識に基づき、北朝鮮に対する日本独自の経済制裁について、国内における政治的アクターに向けて積極的に作用した局面を分析し、日本独自の経済制裁の国内における政治的効果の実相を把握し、その政治的意味合いや存在意義を描き出すものであり、2000年代初めという時代状況の中で、当時の日本政府がこれら一連の日本独自の経済制裁によって、国民の期待に政治的に応え、実質的な意味で主権を取り戻し、グローバル化が急速に進展する国際社会において当時の政権が日米同盟を強化していく政治状況の中で、状況に適合すべく自己主張した姿を示すものである。

　これは、グローバル化とその中での各国における自己主張という現象を特徴とする当時の時代の大きな潮流と日本における日米同盟強化という政治的な意図に対する認識を踏まえ、実質的な意味での主権の取戻しといわゆる「戦後レジームからの脱却」という、それぞれの政治的要請を充足するプロセスにおける日本独自の経済制裁の存在意義を確認するものである。

　そしてこうした検討の過程で日本独自の経済制裁についての課題が浮かび上がっ

---

[1] 例えば、浅田正彦「北朝鮮の核開発と国連の経済制裁」『論究ジュリスト』(19)、2016年、99-107頁；寺田祐介「北朝鮮の核実験と国連安保理決議1874―具体的な実効性を伴った対北朝鮮制裁決議」『立法と調査』(296) 9月、2009年、63-73頁；宮川眞喜雄「北朝鮮に対する経済制裁―核兵器開発等を伴う北朝鮮に対する経済制裁の評価―」『海外事情』59巻12号、2011年、14-38頁；宮本 悟「国際的制裁と対外政策」中川正彦編『朝鮮労働党と権力後継』アジア経済研究所、2011年、24-49頁；竹内舞子「国連による北朝鮮制裁の有効性」『国際安全保障』48巻2号、国際安全保障学会、2020年、24-45頁；山本武彦「国連の対北朝鮮経済制裁はなぜ成功しないか　国連経済制裁の限界に関する一研究」臼井実稲子、奥迫 元、山本武彦編『経済制裁の研究　経済制裁の政治経済学的位置づけ』志學社、2017年、151-170頁。

たので、次なる研究課題として提示し、日本独自の経済制裁についての今後の研究の方向性を示すものである。

第3節　本論文の論点

　本論文の論点としては上述の意図に基づき、まず、経済制裁の効果に関する従来の議論を概観し、その上で日本独自の経済制裁の国内における政治的効果についてその意味合いを定義づけ、分析手法を提示することである。

　次に、日本独自の対北朝鮮経済制裁のうち、個別事例を3事例選定し、その国内における政治的効果について、先に提示した分析手法によりそれぞれの独自制裁が積極的にアクターに働きかけ、そして得られた政治的効果を具体的な事例に即して描き出すことである。

　そして、これらの分析結果から、日本独自の経済制裁の政治的意味合いや存在意義を考察し、これらによって、それまでの国際協調型の経済制裁では不可能であった国民の期待に政治的に応え、実質的な意味で主権を取り戻し、グローバル化する国際社会において日米関係が強化される政治的な文脈の中で日本が適合的な対応をとってきた姿を追跡することである。また、分析過程で次なる研究課題が浮かび上がったので、併せて提示する。

第4節　先行研究及び本論文の研究方法

1　先行研究

　北朝鮮に対する経済制裁についての先行研究は、先述のとおり、安保理決議に基づき実施された経済制裁に関する研究が多くなされている。また、従来の経済制裁に関する研究の内容を見ると、実際に北朝鮮に対する経済制裁は効いているのであろうか、その成否はどうかなどに関する研究が中心であったと言ってよい[2]。そこでは、安保理決議の違反事例を取り上げ、輸出管理体制の構造的な脆弱性を指摘し、あるいは経済制裁の実効性の有無や程度を定量的に考察し、いかにしたら経済制裁の遺漏の

2）　例えば、山本武彦「第8章 国連の対北朝鮮経済制裁はなぜ成功しないか 国連経済制裁の限界に関する一研究」臼井実稲子、奥迫 元、山本武彦編『経済制裁の研究―経済制裁の政治経済学的位置づけ―』志學社、2017年、151-170頁。この論稿は北朝鮮に対する経済制裁に関するものという点では先行研究ではあるが、安保理決議に基づく経済制裁に係るものであり、かつその実効性を問うものである。

ない執行を確保できるかなどに焦点を当てる研究が多い。

先行研究の現状は、安保理決議に基づく経済制裁とは別に、日本独自の経済制裁について考察する研究はまったく不十分であり、しかもその国内における政治的効果に焦点を当てる研究はほぼ見当たらない状況にある。

2　本論文の研究方法

本論文では、こうした従来の研究状況の下、(1) 経済制裁の効果に関する評価などの諸相を理論的に整理した上で、日本独自の経済制裁の国内における政治的効果に着目し、(2) その政治的効果が能動的（positive）に作用した局面を評価するものであり、(3) 2000年代半ばから2010年代後半までの日本の政治過程における、北朝鮮に対する日本独自の経済制裁を対象に具体的資料に基づき分析するものである。

分析の対象とする経済制裁については、先述のとおり、日本の北朝鮮に対するこれまでの経済制裁には、安保理決議や国際的な努力に基づく措置と日本独自の措置とがあるが、そのうち後者の日本独自の経済制裁について対象とする。それは、2004年の日本独自の経済制裁制度創設の由来が、国民の関心の高い北朝鮮による拉致問題と大きく関わり、その発動が国内において政治的に大いに注目されてきたことから、経済制裁の国内における政治的効果を分析する上でふさわしいと考えたからである。

具体的には、日本独自の経済制裁制度が2004年に外為法の一部改正及び特定船舶入港禁止法の制定により制度として創設されて以降、これらの法の規定に基づき累次の独自制裁が発動されてきたところであるが、これら独自の経済制裁のうち、以下に示す理由により (1) 2006年10月11日発表の日本独自の経済制裁（「事例1」と表す場合もある。以下同じ)、(2) 2016年2月10日発表の日本独自の経済制裁（「事例2」)、(3) 2016年12月2日発表の日本独自の経済制裁（「事例3」）の3つの事例を分析対象として取り上げ、その国内における政治的効果を把握し、評価する[3]。

　［分析対象とする日本独自の経済制裁］
　　(1) 2006年10月11日発表の日本独自の経済制裁　……　事例1
　　(2) 2016年2月10日発表の日本独自の経済制裁　……　事例2
　　(3) 2016年12月2日発表の日本独自の経済制裁　……　事例3

事例1を取り上げる理由については、日本独自の経済制裁として実質的に最初の

---

3) この3事例については、2022年12月13日付けで内閣官房（国家安全保障局長）及び外務大臣に対して、官房長官記者発表に係る意思決定についての決裁文書の行政文書開示請求を行った。

包括的な経済制裁であるからである。これはそれまでのような人の往来に対する規制に止まらず、輸入規制も制裁メニューに加えるなど総合的な内容の経済制裁となっている。

　事例2を取り上げる理由については、経済制裁を運用するに当たっては、状況に応じて規制の締付けと緩和を調整しながら目的達成を目指すべきとされているところであるが、一旦一部解除した経済制裁を日本独自の判断で再度発動した点に特徴が認められるからである。ここでは再発動に当たっての政府の判断の過程、そしてその国内における政治的効果を分析する。

　事例3を取り上げる理由については、この制裁の発動時期は安保理決議に基づく経済制裁が、いわゆるターゲット型から包括型に準じた型に変質した時期に当たり、かつ前2事例と異なり安保理決議が日本独自の経済制裁に先行している点に特徴があることから、分析対象とするものである。安保理決議の採択を優先させた背景などを探る。

　各事例を取り上げる理由は上述のとおりであるが、ここでこれら3事例について共通点及び相違点を整理しておく。各事例の詳細な内容については、第7章以下で詳述するとおりであるが、これらの点を整理すると次のとおりである。

　まず、3事例の共通点についてであるが、第1に、各事例とも制裁発動の理由に拉致問題を含めている点で、北朝鮮の核・ミサイル開発を理由としている安保理決議に基づく制裁より制裁理由は幅広くなっている。事例3については、日本政府は、安保理決議に制裁理由として拉致問題が明記されたとの見方を示しているが、後に詳述するように、安保理決議においては「北朝鮮にいる人々」に対する人権侵害について懸念が示され、これらの人々の福祉及び固有の尊厳の尊重・確保の必要性が強調されただけであり、拉致問題は必ずしも制裁の理由になっていない。第2に、当初の独自制裁からすべての輸入を禁止対象とするなど制裁内容の幅を広くとったことの結果として、3事例とも幅広い制裁内容となっている。第3に、各事例とも、制裁発表の前に衆議院及び参議院の北朝鮮非難決議が先行している。また、制裁発動について事後に衆参両院の承認がなされている。第4に、経済制裁の発出に当たっては、官房長官記者会見で、日本独自の制裁である旨及びその制裁理由について明確にアナウンスされていることである。

　次に、相違点についてであるが、第1に、政府と拉致被害者家族との距離感である。事例1に係る経済制裁の発出時は、政府は拉致被害者家族と極めて近く親密な関係にあったと認めることができるが、その後も基本的にはそうした関係は維持されたと見てよいが、しかしながら子細に見ると、事例2及び事例3と時間を経るにしたがって、両者の間には若干距離が広がっていったように見受けられる点である。第2に、安保理決議との時間的順序についてである。事例1及び事例2は、日本独自の経済制裁が

安保理決議に先行したが、事例3については、安保理決議の方が日本独自の経済制裁発出に先行した点である。第3に、制裁発出の時間的迅速さである。いずれの経済制裁も基本的には北朝鮮の核実験やミサイル発射を契機に発出されているが、事例1及び事例2については極めて迅速に制裁が発出されたのに対し、事例3については発出がかなり遅れている。第4に、国際連携との関係についてである。事例1及び事例2については、打ち出しとして国際的な連携は明確にはアピールされているとは言い難いが、事例3に至っては、発出に当たって米国及び韓国との連携が強調され、しかも制裁発表日も米国、韓国、日本で統一されている。

このように見てくると事例3の特徴は事例1、2と表面的には際立っているが、いずれにしても、本論文においては、以上の各事例の共通点を踏まえた上で、それぞれの相違点の背景などについても各事例を精査し、経済制裁の及ぼす政治的な影響やその特徴を分析しようとするものである。

また、本論文の時間的な対象範囲についてであるが、事例についてはこれら3つの事例を取り上げ、これらと比較する意味で、2000年代初期の政権の対応やこれらの各事例の間の時期における政権の経済制裁に対する姿勢についても、必要に応じて触れる。

以下でこれらの各事例について、国内におけるそれぞれの政治的効果を把握し、考察するが、後に詳細に論じるように、具体的な分析手法としては（1）国会における衆議院及び参議院の本会議における決議や衆議院及び参議院にそれぞれ置かれた「北朝鮮による拉致問題等に関する特別委員会」（以下「拉致問題特別委員会」という）における質疑などを中心に、立法府に対する効果ないし影響を把握するとともに、（2）「北朝鮮による拉致被害者家族連絡会」（以下「拉致被害者家族会」という）の声明などに現れる反応を見ることで、圧力団体等利害関係勢力に対する影響を把握し、（3）さらに内閣支持率の推移を中心に世論調査の結果などを見ることで、国民への一般的な影響を把握するといった方法で分析を進めていく。なお、制裁発動と接近した時期に衆議院議員総選挙及び参議院議員通常選挙が執行されていれば、それらの結果も参考にする。

その結果、本論文の分析対象期間は、コアの部分は事例1の2006年10月11日発表の日本独自の経済制裁から事例3の2016年12月2日発表の日本独自の経済制裁の期間であるが、これらの背景ないし効果を分析する必要から、これらの前後の期間にも考察の対象が及んでいる。

第5節　本論文の構成

　本論文では、まず序章として、先述のとおり、論文のテーマ及び研究方法について述べる。そこでは、北朝鮮に対する日本独自の経済制裁についての研究に関する問題の所在を明示し、これらに対する取組みである本論文の意図及び論点を説明する。その後、先行研究の特徴を指摘した上で、本論文の研究方法について述べ、本論文の意義を説明する。

　日本独自の経済制裁に対する個別の分析に入る前段階として、分析の基礎となるいくつかの基本的な概念を理論的に整理しなければならないが、第1章で、基本的な事柄として経済制裁の概念についてその意味合いや分類、関連概念との関係などに触れながら確認するとともに、「日本独自の経済制裁」といった場合の「独自の」という概念の意味合いを掘り下げ、定義づける。続いて経済制裁の効果についての議論を概観し、経済制裁に対する国内アプローチの位置づけを確認する。その上で経済制裁の国内における「政治的効果」について、どのような局面を「政治的」と捉え、具体的にアプローチするのか、また分析方法について具体的にはどうするのかについての見解を提示するとともに、「効果」の意味合い、そして捉え方についてもここで述べる。

　第2章では、2004年に外為法の一部改正及び特定船舶入港禁止法の制定によって創設された日本独自の経済制裁について、個別事例の分析の前提とするために、その制度の趣旨、構造及び国内の政治的な要請を背景として議員立法という形でなされた立法の過程における特徴を確認する。

　第3章は、このような日本独自の経済制裁が、あえて安保理決議に基づく経済制裁とは別の存在理由で用いられていることを明らかにし、課題設定という形で提示するとともに、その課題が諸外国でどのように対処されているかについて第4章で確認していく。具体的には、米国、欧州連合（European Union: EU）及びその加盟国としてドイツ連邦共和国（以下「ドイツ」という）を事例として取り上げ、そこで各国における単独の措置が国内における独自の政治的要請に対する対処としてなされてきた実態について事例を通して見ていく。

　以上を踏まえ、第5章以下では日本独自の経済制裁について、具体的に国内における政治的効果の分析に入ることになるが、それにはその前段階の整理として、それまで実施されてきた日本の対北朝鮮経済制裁の全般的状況を確認するとともに、日本独自の経済制裁の実施対象である日本・北朝鮮間に存在する政策課題を整理しておかなければならない。

　そこで第5章では、安保理決議等に基づく対北朝鮮制裁を含め、それまでとられ

てきた日本の対北朝鮮経済制裁についてその全体像を概観するとともに、制裁発動の背景として日米の対北朝鮮政策の関連性を確認する。また、実際にとられた制裁の影響の1つの側面を押さえるため、日本・北朝鮮間の貿易状況の推移を確認する。

そして、第6章では、日本の対北朝鮮経済制裁が発動される契機となる日本・北朝鮮間に存在する外交政策上の諸課題を概観する。ここでは具体的には日本・北朝鮮の間に存在する3つの課題、すなわち拉致問題、核・ミサイル開発といった日本の安全保障に関する問題、そして日朝国交正常化に関する問題の状況について整理して示す。

以上を前提として、第7章ないし第9章では、実際に日本独自の対北朝鮮経済制裁について、先述の3事例を取り上げ、国内におけるその政治的効果を分析していく。対象事例は、第7章で2006年10月11日発表の日本独自の経済制裁、第8章で2016年2月10日発表の日本独自の経済制裁、第9章で2016年12月2日発表の日本独自の経済制裁を取り上げるが、それぞれ制裁発動に至った経緯や当時の日本を取り巻く国際環境などについて述べ、経済制裁の国内における政治的効果について具体的な資料に基づき分析を加える。

第10章ではこれらの分析結果に基づき、国内における政治的文脈を整理し提示した上で、各事例に係る経済制裁の具体的な政治的意味合いを確認し、日本独自の経済制裁を取り巻く政治的文脈の中で、それらが目指した政治的な姿を考察し、日本独自の経済制裁で一体なにが政治的に達成されたのかについて確認していく。その上でこれらの分析によって得られた知見を踏まえ、今後の研究に資するため日本独自の経済制裁に関する次なる研究課題を整理して提示する。

終章では、日本独自の経済制裁は、日本政府が北朝鮮による拉致問題での不誠実な対応に対するナショナリスティックな憤りや、長引くデフレで閉塞感を抱く国民の政治的要請に的確に応じ、グローバル化で画一化する国際社会の中で、強化された日米同盟を背景に当時の政治的状況に適合的に対応する形で自己主張する政治的なプロセスにおいて、能動的に政治的効果を発揮した旨を簡潔にまとめ、本論文を締めくくる。

第6節　本論文の意義

本論文は、日本の北朝鮮に対する独自の経済制裁について、国内における政治的効果をポジティブに評価し、総括しようとするものである。このことにより、日本独自の経済制裁の国内における政治的効果の実相を把握し、その政治的意味合いや存在意義を明確にし、日本独自の経済制裁の政治的な意味における本質を明らかにするものである。

第1章
経済制裁の概念、「独自の」という概念の意味、政治的効果についての整理

第1節　経済制裁の概念及び「独自の」という概念の意味

1　経済制裁の概念

(1) 経済制裁の概念

　本論文では、経済制裁とは「ある国の行った不当な行為に対し、経済の力を借りて制裁を加え、その行為を阻止し、是正し、あるいは何らかの事柄をシグナリングしようとする外交上の手段」をいう[4]。以下、この概念の構成要素について説明する。なお、「制裁実施国」は経済制裁を発動し、実施する国家のことをいい、「被制裁国」とは経済制裁を受ける国家のことを指す。

　まず、経済制裁は「ある国の行った不当な行為」に対するものであるということである。そもそも「制裁」とは法律、道徳、慣習といった社会の規律に反したものを戒め、規律を守るように強制する手段であるといえる。国際社会における規律には国際法があり、それは2国間及び多数国間の国際的な約束と国際慣習とからなっている[5]。

　この点に関しては、経済制裁の概念に、既になされた規律違反に対する経済制裁のみならず、今後実行される恐れのある「悪行」を未然に防止するためになされる、いわゆる予防的な措置を含める見解がある。すなわち、将来における「悪行」を予防するための経済的措置を経済制裁に含める見解である[6]。この見解は、例えば1949

---

[4]　宮川眞喜雄「北朝鮮に対する経済制裁―核兵器開発等を行う北朝鮮に対する経済制裁の評価」『海外事情』第59巻12号、拓殖大学海外事情研究所、2011年、14頁。本論文では、宮川の定義を基礎にしながらも、経済制裁の機能のシンボリックな側面を重視していることから、そのシグナリングの機能についても定義に含めている。

[5]　宮川眞喜雄『経済制裁―日本はそれに耐えられるか』中公新書1054、中央公論社、1992年、8-11頁。

[6]　宮川『経済制裁』12-13頁。

年11月に米国など7か国によりつくられた、対共産圏戦略物資輸出禁止措置である「対共産圏輸出統制委員会」（Coordinating Committee for Multi-lateral Strategic Export Controls；COCOM）による措置を、将来にわたり東側諸国が西側諸国に対し軍事的脅威を与えないようにするという予防的措置として捉え、これも経済制裁に含める見方である。

これは経済制裁の定義である「ある国の行った不当な行為」についてどう考えるかと関連する。この点を法的観点からの理念型に照らし厳格に考えるか、あるいは緩やかに捉えるかということである。本論文では法律的な観点からの考察ではなく、制裁の政治的な意味合いを考察するものであるので、対象国の何らかの行為あるいは態度に対する措置として政治的意味合いを持って講じられた措置であれば、これを緩やかに捉え、対象とすべきと考える。COCOMの措置が予防的措置であるかどうかは別として、仮に予防的措置であっても、同時に対象国の何らかの行為あるいは態度の正しさに欠ける点に対する措置として講じられたものであれば「ある国の行った不当な行為」として緩やかに解し、経済制裁に含めてよいと考える。

また戦時中における措置として、敵国の戦争遂行能力に打撃を与える目的で敵国が外国と行う貿易関係を遮断する、いわゆる経済封鎖措置がある[7]。しかしこの措置は、戦争目的に従い軍事力の補強のために相手国に損害を与える補助的な手段であり、それ自体で相手国に自国の意思を強制する手段ではないことから、規律違反の継続を不可能にし、または規律違反に対する懲罰として被制裁国に損害を与える措置という意味での経済制裁の概念には含めない。

次に、経済制裁は、「経済の力を借りて加えられるもの」であるということである。用いられる具体的な手法の観点からこれを言い直すと、経済制裁とはある国の行った不当な行為に対し、①物資・技術の貿易制限、②資産や金融サービスへのアクセス制限、③制裁対象の個人や組織の活動制限の手段を用いて、その行為を阻止し是正しようとする外交上の行為ということができる[8]。貿易制限は、輸出管理体制に基づく措置や調達規制が中心となる。資産や金融サービスへのアクセス制限は、支払い規制や資産凍結措置などが中心となる。制裁対象の個人や組織の活動制限は、特定の個人や団体の旅行規制や船舶の入港禁止などの措置をいう。

そして、経済制裁は、被制裁国などの「行為を阻止し、是正し、あるいは何らかの事柄をシグナリングしようとする外交上の手段」であるということである。

経済制裁の目的とするところは、被制裁国などの行為を抑止し、あるいは変更さ

---

7) 宮川『経済制裁』13-15頁。

8) 竹内舞子「経済安全保障としての経済政策―省庁、業界の壁を越えた協同を」『新春特別コラム：2022年の日本経済を読む～この国の新しいかたち』独立行政法人経済産業研究所、https://www.rieti.go.jp/jp/columns/s22_0016.html。

せることである。また、経済制裁にはシンボリックな側面もあり、この機能に基づき、規律違反などを被制裁国や第三国にシグナリングする意味合いもある。さらに経済制裁を定める安保理決議の決定それ自体に規範形成作用を認める見方もある[9]。

　また、経済制裁が外交上の手段であるという点に関して言えば、国際法違反などに対処する措置としては、武力行使で対処する選択肢もあり得るが、この選択肢は国際法上、個別的及び集団的自衛権に該当する場合、あるいは安保理決議で容認される場合に限られることから、これらとは異なる外交上の措置として経済制裁が制裁実施国によって選択され、実施されるということである。

　次に、経済制裁を法的な観点からみると、国際法上、①国家の単独の決定に基づく経済制裁と、②安保理決議に基づく経済制裁に大別される。後者の安保理決議に基づく経済制裁については、措置をとることができるかどうかという国際法上の合法性について法的な根拠として国連憲章第7章に定める諸規定があるため問題とならず、逆に各国にとって措置をとることが義務的かどうかということが問われることになる。

　これに対し前者の国家単独の決定に基づく経済制裁については、このような経済制裁が国際法上合法であるかどうかが最大の問題になるとされている[10]。この点に関しては、GATT/WTO[11]などの経済関係条約が締結されている関係の下にある場合とそうでない場合とで考え方が異なっている。まず、経済関係条約がある関係の場合については、国際法に違反する対抗措置（countermeasure）として均衡性その他の一定の要件を満たすときは違法性が阻却され合法になるのに対し、国家承認がなされておらず、経済関係条約が締結されていない国家間の関係の場合には、国家には他国と貿易を開始し、それを維持する一般国際法上の義務は存在しないため、輸出入禁止措置は国家が発動することのできる報復（retorsion）として是認されるとされている[12]。

（2）経済制裁の分類

　経済制裁の分類に関しては、経済制裁を、国際連合に代表される国際機関を中心に据え、規律の認定、違反の判定、制裁実施の各段階に着目し、①国際機関が規律違反を認定し、自ら経済制裁を実施する類型、②国際機関は規律違反の認定を行うのみで、経済制裁実施は個々の国家が独自判断で行う類型、③規律違反の認定も経済制裁実施

---

[9]　宮川「北朝鮮に対する経済制裁」23-24頁。

[10]　中谷和弘、「日本国際問題研究所　研究レポート」「経済制裁：国際法の観点から」2021年2月22日、https://www.jiia.or.jp/research-report/post-40.html。

[11]　GATTは「関税及び貿易に関する一般協定」（General Agreement on Tariffs and Trade）の略、WTOは「世界貿易機関」（World Trade Organization）の略である。

[12]　中谷「経済制裁：国際法の観点から」。

も個々の国家が自己判断で行う類型の、3つの類型に分類する見方がある[13]。

しかし、類型化を考えるに当たっては、これらに加え、いくつかの点に留意しなければならない。1点目は、冷戦終結後の1990年代初め以降、国連に加え、欧州共同体（European Community: EC）、西アフリカ諸国経済共同体（Economic Community of West African State: ECOWAS）、EU、アフリカ連合（African Union: AU）などの地域における国際機関が制裁実施主体として増加する傾向にあったことを考慮しなければならない。

2点目は、国際法的な意味での厳格な規律違反を追及し戒めるというよりも、輸出の適正管理という目的での国際輸出管理レジームにおける措置が存在感を増し、こうした動きも含めた分類が実質的な意味での経済制裁の分類として求められていることである[14]。すなわち、経済制裁発動の根拠となる「規律違反」という概念の解釈が弾力化し、従来の国際輸出管理の概念との垣根が低くなり、一定の目的に対して両者を実質的かつ統合的に捉えようとする傾向が窺える点である。

3点目として、経済制裁については、国際機関による制裁では捕捉できない国内における政治的な要請をその国独自の判断で充足しようとする意義を有する類型も認めることができるところであり、この類型の経済制裁にも体系上明確な位置づけを与えなければならない点である。経済制裁は一般に国連の安保理決議に基づきその加盟国の義務として国内履行がなされる事例が注目される傾向にあるが、この3点目の類型に属する経済制裁についても、国内の政治的な要請に的確に応えるという意味で重要であり、本論文ではこの類型に焦点を当てるものである。

これらの観点も踏まえ経済制裁の分類を示すと、次のとおりである。

①国連等すべての地域を対象とする国際機関が実施の中心となる類型
 ①-1 国連等の国際機関が加盟国に対して法的拘束力を持って制裁の実施を義務づける類型
 ①-2 紳士的な申し合わせである国際輸出管理のレジームに基づき加盟国が実施する措置の類型
②EU等の地域を対象範囲とする国際機関が実施の中心となる類型
 ②-1 地域を対象とする国際機関が、安保理決議に基づく制裁実施を決定し、実施する類型
 ②-2 地域を対象とする国際機関が独自の判断で制裁を決定し、実施する類型

13）宮川『経済制裁』11頁。
14）ここで国際輸出管理レジームとは、原子力供給国グループ（Nuclear Suppliers Group: NSG）、オーストラリア・グループ（Australia Group: AG）、ミサイル技術管理レジーム（Missile Technology Control Regime: MTCR）、ワッセナー・アレンジメント（The Wassenaar Arrangement: WA）を指す。

③各国独自の判断で制裁の実施を決定し、実施する類型
　③-1　各国の自発的な判断で、国際的協力の下に実施する類型
　③-2　各国が独自の判断で、かつ単独で実施する類型

　本論文で考察の対象とする日本独自の経済制裁は③-2の類型に属する経済制裁である。すなわち、国連安保理決議に基づき国内履行として加盟国の義務としてなされる経済制裁ではなく、その本来の性質として日本「独自の判断で、かつ単独で実施」する経済制裁を考察の対象とする。

　次に、経済制裁の実施対象の絞り方の態様に着目すると、いわゆる「ターゲット型制裁」という類型もある。これは、経済制裁のうち、その対象を特定の個人や団体に絞るものをいう。ターゲット型制裁はいわゆる「スマート・サンクション[15]」と同義であるが、「スマート」の語は「賢い」といった特定の価値観を含んだ語であり、政策手段としての明確な理解としては、制裁の対象の絞り方という態様を示す"targeted"の語を用いる方が適当であるとする考え方もあり、本論文ではこの考え方に拠っている[16]。

（3）エコノミック・ステイトクラフトとの関係

　経済制裁と関連する概念として「エコノミック・ステイトクラフト」（economic statecraft）があり、この概念との関係について述べる。

　エコノミック・ステイトクラフトは、国家の経済的手段を包括的に捉える概念であり、単独の政策手段ではなく、相手との関係に基づき、あるいは自国内への政治的アピールを目的として採用される経済的手段の総称であるとされる[17]。そしてこのエコノミック・ステイトクラフトは制裁（sanction）と褒賞（inducement）の2つに大別される。この点に関し、プリンストン大学のボールドウィン（David A. Baldwin）

---

15) 本多美樹「第10章 国連によるスマート・サンクション」臼井実稲子、奥迫元、山本武彦編者『経済制裁の研究 経済制裁の政治経済学的位置づけ』志學社、2017年、202頁。スマート・サンクションは、国際法違反に責任のある為政者に対象を絞って、武器禁輸や資産凍結、渡航禁止などの一般市民に影響の少ない措置を課することによって、無辜の市民の犠牲を回避しようとする制裁の課し方であると説明される。今日の安保理決議に基づく経済制裁は「スマート・サンクション」の形態をとっているという。

16) 「スマート」でない制裁は、「賢くない」という価値観を帯びた意味合いを含んだ制裁となってしまう。また、制裁内容の形態を示す"targeted"の語を用いる方が適当であるとする考え方については、Thomas J. Biersteker, Sue E. Eckert, Marcos Tourinho, eds., *Targeted Sanctions: The Impacts and Effectiveness of United Nations Action*, Cambridge University Press, 2016, pp.1-2。

17) 佐藤丙午「エコノミック・ステイトクラフト（Economic Statecraft）の理論と現実」『検証　エコノミック・ステイトクラフト　国際政治』第205号、日本国際政治学会、2022年、14頁。

はエコノミック・ステイトクラフトを広く捉え、これを経済的強制（economic coercion）、経済戦争（economic warfare）、経済的影響（economic leverage）、そして経済制裁（economic sanctions）の4つに区分している[18]。

　ボールドウィンは、シカゴ大学のペープ（Robert A. Pape）との間でエコノミック・ステイトクラフトの概念の範囲について、国内の支持を結集させることや、第三国の国民に対して決意を示すこと、懲罰を課することまで含ませるべきであるかどうかをめぐって論争している[19]。ボールドウィンはこの論争で少なくとも経済制裁が国内にも向けられ、国民の政治的な支持を集めるために用いられることがある点は認めている[20]。その上で、エコノミック・ステイトクラフトを、経済的強制、経済戦争、経済的影響そして経済制裁の4つに区分しており、経済制裁をエコノミック・ステイトクラフトの下位概念に位置づけている。

　エコノミック・ステイトクラフトの概念は一様ではなく、論者によって異なるといえる[21]。しかし経済制裁との関係について一般的に言えば、経済制裁はエコノミック・ステイトクラフトの一態様である、逆から言えば、エコノミック・ステイトクラフトの概念には経済制裁も含まれるということができる。本論文もこの考え方に拠るが、言い表し方としては、「経済制裁」の語との表記上の類似性を考慮して、エコノミック・ステイトクラフトを「経済的措置」（単に「措置」と表記する場合もある）と言い表している。

　また、輸出管理とは、先述の国際的なレジームなどにより、特定技術やその関連部品などの輸出を懸念国や懸念グループに対して管理することにより、その研究、開発、生産に係る障壁を高くしてそれらの拡散を防ごうとする手法である[22]。エコノミック・ステイトクラフト、すなわち本論文では「経済的措置」というが、経済的措置はその上位概念である。

2　「独自の」という概念の意味合い

　本論文の分析対象は日本独自の経済制裁であるが、ここで「日本独自の」といった場合の独自性の意味合いが問題になる。

---

[18] David A. Baldwin, Robert A. Pape, "Evaluating Economic Sanctions," *International Security*, Vol.23, No.2 (Fall 1998), p.189.

[19] Ibid., p.190.

[20] Ibid., p.190.

[21] 鈴木一人「序章 エコノミック・ステイトクラフトと国際社会」村山裕三編著『米中の経済安全保障戦略―新興技術をめぐる新たな競争―』芙蓉書房出版、2021年、10-17頁。

[22] 浅田正彦編『輸出管理―制度と実践』有信堂高文社、2012年、6頁。

本研究ではこの「独自の」という概念が分析の鍵となる重要概念の1つとなっている。後に詳述するように、日本の行う経済制裁には大きく分けて3つの類型がある。それは第1に、条約その他の国際約束を誠実に履行するために必要があるときになされる経済制裁の類型、第2に国際平和のための国際的な努力に日本として寄与するため特に必要があると認めるときに発動される経済制裁の類型、第3に日本の平和及び安全のため特に必要があるときに発動される経済制裁の類型の3つであるが、ここで日本独自の経済制裁とは3番目の類型の経済制裁を指す。なお、第1及び第2の類型は国際協調による経済制裁と位置づけられている[23]。

　2004年に日本独自の経済制裁の制度が創設される以前は、日本は自らの政策的な選択の結果ではあったが、主権国家であるにもかかわらず、第1及び第2の類型の国際協調型制裁を発動することができるのみであり、その制裁内容についても安保理決議の内容等に限定されていた。すなわち日本のとる経済制裁は、国際協調の枠組みに制限され、発動及び内容に関して自由度がないという実態であった。

　これに対し、第3の類型の日本独自の経済制裁は、その発出や内容などの点で、安保理決議の存在という国際的な協調の枠組みに捉われることなく、日本政府独自の判断により国内の政治的目的で発動することが可能であり、日本政府による独自性の発揮という要素が制裁の存在意義や影響などの点で極めて重要になっているのである。その意味で、日本独自の経済制裁においては、何を意図したかという日本政府の独自の判断という主観的な側面が問われている。

　なお、このような第3の類型である日本独自の経済制裁について、「日本による北朝鮮への独自措置」として、日本独自の経済制裁に該当する部分を特定した上で、当該部分が、国際法上日本が負う義務に適合するか否かを探求しようと試みる研究がある[24]。そこでは、安保理決議の指示を越える部分を日本独自の経済制裁に係る措置として捉え、貿易規制、金融規制、輸送規制そして人的往来規制ごとに具体的な措置の内容を特定し、考察している。このアプローチは、安保理決議の内容と日本独自の経済制裁の内容を比較し、後者に前者を上回った部分があれば独自性を認めるもので、独自性のいわば客観的な要素を抽出し、ここに焦点を当てて考察する研究であると言える。

　これに対し、日本政府による経済制裁の発信の実例を見ると、例えば2016年2月19日の記者発表「外国為替及び外国貿易法に基づく北朝鮮向けの支払いの原則禁止及び資産凍結等の措置について」では、経済制裁の発動に至る経緯を「我が国は、

---

23) （一財）安全保障貿易情報センター、ホームページ、「経済制裁措置」、https://www.cistec.or.jp/export/keizaiseisai/saikin_keizaiseisai/index.html。

24) 山田卓平「日本による北朝鮮への独自措置―日本の国際義務に適合するか―」『龍谷法学』51巻3号、龍谷大学法学会、2019年2月、119-204頁。

拉致、核、ミサイルといった諸懸案の包括的な解決のために取るべき最も有効な手段について検討を行った結果、我が国独自の措置を講ずることを決定した」（傍点は筆者）と発表しているように、広く国民に向けて発表する時に日本政府は、発表に係る経済制裁が日本独自の措置である旨明示し、官房長官記者会見などでもその旨強調しているのが一般的である[25]。つまり日本独自の経済制裁については、その発動に当たり日本政府が独自性をアナウンスし強調しているのであり、この面を捉えて主観的な意味合いでの独自性を認めることができるのである。

　このように見てくると、日本独自の経済制裁という場合、制裁の対象等が安保理決議の指示を越えた部分を指すアプローチ、すなわち客観的な意味での「独自性」と、政府が独自措置を講ずる旨アナウンスする経済制裁を指すアプローチ、すなわち主観的な意味での「独自性」の２つの見方があるということになる。そして、客観的な意味での独自性を有する経済制裁には、単に安保理決議を越えた部分の有無だけでなく、安保理決議を前提とすることなく、発動自体が日本独自の判断でなされる経済制裁も含まれることは当然であり、その際、日本独自である旨アナウンスされれば、主観的にも独自性を有することになる。そして一般的には、主観的な意味での独自性を有する経済制裁については、その前提として経済制裁の内容についても独自性を有していると言える。

　しかし、制裁の分析に当たって客観面と主観面のどちらをより重視するかと言えば、当然のことであるが、主観面を重視することになる。それは本論文では、日本独自の経済制裁について国際法に照らしての義務適合性を評価するわけではなく、国内における政治的効果を分析しようとするものであり、その際、国内の政治家や拉致被害者家族をはじめ広く国民に向けどのようなアナウンスがなされたのか、また政府によるアナウンスの受け止められ方はどうかなどが重要な要素であると考えるからである。

　さらにより本質に立ち返って言えば、日本独自の経済制裁は、安保理決議の発出やその内容などの国際的な協調の枠組みにとらわれることなく、政府自身の判断により国内における政治的目的で発動されるところにその存在意義がある。したがって、日本政府における政治的な判断内容が、制裁の意味合いを理解する上で極めて重要であることを考慮すると、制裁発動についての政府の主観的な側面にこそ焦点を当てなければならないことになるのである。

　したがって、個別具体的な日本独自の経済制裁を分析するに当たっては、その主観的な側面に着目して対象となる経済制裁を特定し、また、分析することになる。

　なお日本の独自制裁が、「独自」とはいっても、他国、特に米国と擦り合わせを行っ

---

[25] 例えば、官邸ホームページ、内閣官房長官記者会見、「わが国独自の対北朝鮮措置について」、平成28年2月10日、https://warp.ndl.go.jp/info:ndljp/pid/11062479/www.kantei.go.jp/jp/tyoukanpress/201602/10_a2.html。

た後に、米国の制裁と歩調を合わせて賦課されていることを捉えて、その独自性の程度は小さいとの考え方もあり得る。しかしながら、日本独自の経済制裁は、後に見るように、安保理決議の採択に向けた協議状況などを十分に踏まえていることが窺われるが、一方で、2006年10月に発動された経済制裁は、日米間のやり取りはあるものの、国内事情である拉致問題への取組みが強く意識され、拉致問題対策本部の開催等と連動して国内の政治的要請への充足をより強く意図して国内向けにアナウンスされたものであり、他方、その10年後の2016年12月に発動された経済制裁のように日米韓で発表時期の擦り合わせを行った後に発動されたものもあり、他国との擦り合わせの有無や強弱などはケース・バイ・ケースで事情は異なっている。

　なによりも、日本独自の経済制裁とは、2004年2月に外為法の一部改正で設けられた同法第10条及び同年6月に制定された特定船舶入港禁止法第3条の各規定に基づき発動された対応措置のことをいい、発動に際し、官房長官記者会見で独自である旨アナウンスされているものをいうと理解している。

　制裁決定に至る水面下の、他国との事実上の協議のようなプロセスについては制裁発動の契機ないし背景としては政治的な意味合いとしても重要な要因となるものではある。しかし、これらは制裁の国内における政治的効果とは直接的な関係になく、国内における政治的効果については、先述のとおり、制裁の内容如何としてでなく、発せられた制裁の主としてそのシグナリングあるいはアナウンスという国民に向けて発せられた作用に着目して把握しようとするものである。

第2節　経済制裁の効果に関する議論の整理

1　経済制裁の効果とそれを高める条件

　経済制裁とは、ある国の行った不当な行為に対し、経済の力を借りて制裁を加え、その行為を阻止し、是正し、あるいは何らかの事柄をシグナリングしようとする外交上の手段である。そこには、輸出入を制限し、あるいは資金や人の流れに制限を加えて経済的な面での損失を被制裁国に与え、そのことによってその国の行為に変更を加えるなどして、何らかの政策目標を達成しようとする意図がある。

　経済制裁には被制裁国におけるこれらの経済的な側面以外の効果も認められている。例えば、経済的な影響は被制裁国のみならず、制裁実施国における国内経済にもマイナスの影響が当然及ぶ。また、経済制裁を実施することにより、利害関係を有する国内勢力からの要求に応じるとともに、国内世論に向けて政権の主張を訴え、国内の諸勢力の結集を図るという効果もある（国内統合機能）。さらに、国際社会に向けて国

際的な連携を示すといった国際社会に対するアピールの効果もある（アナウンスメント機能）[26]。

本節ではこれらの経済制裁の効果のうち、議論の的となることの多い、経済的な面での損失を被制裁国に与え、そのことによってその国の行為に変更を加えるなどして、何らかの政策目標を達成しようとする効果について検証しておく。

まず前提として、こうした経済制裁がより高い効果を発揮するにはどのような環境下で発動されることを要すると考えられているのであろうかという点について、代表的な見方を一例として挙げながら見ていく。

経済制裁の効果を高めるための条件は、制裁実施国と被制裁国がそれぞれ置かれた状況によって様々である[27]。まず被制裁国に着目して見ると、経済制裁が効果を発揮しやすいか否かの状況については次の7点にまとめられる[28]。

（1）被制裁国が外国との貿易に依存する度合い
（2）被制裁国の経済規模の大きさ
（3）被制裁国の貿易相手国の数
（4）制裁実施国に代わる物資供給元の代替や第三国からの金融支援の容易さ
（5）被制裁国における外貨準備の多寡
（6）経済制裁の実施に対する監視の容易さ
（7）被制裁国の経済体制の問題

これらは経済制裁の効果が高まるための被制裁国の条件であるが、逆から言えば、経済制裁の効果を高めるための制裁実施国側の条件としての項目でもある[29]。

制裁実施国側の具体的条件を指摘すると、(1)に関しては、制裁実施国の貿易依存度が低ければ低いほど長期にわたり包括的な経済制裁を実施することができ、その結果、経済制裁の効果は大きくなり、(2)に関しては、に制裁実施国の経済規模が大きければ大きいほど強い効果の経済制裁を加えることができることになる。(3)では、制裁実施国の貿易相手国が特定の少数の国に限定されている場合にはそれらの国に対する経済制裁は長続きせず、効果は上がらないことになり、(4)に関しては、制裁実施国にとって被制裁国に代わる取引相手国が容易に確保でき、また被制裁国からの輸入品の代替物資が容易に入手でき、あるいは自国内で開発できる場合には、高

---

26) 鈴木「エコノミック・ステイトクラフトと国際社会」12-13頁。
27) 宮川『経済制裁』84-88頁。
28) 同上、84-88頁。
29) 同上、84-88頁。

い効果の経済制裁を実施することができる。(5)に関しては、制裁実施国の外貨準備高が大きければ大きいほど、効果の高い経済制裁を加えることができる。(6)に関連して言えば、被制裁国側は経済制裁に対し対抗措置をとることがあるが、その場合、制裁実施国の通商が容易に妨害されるときは経済制裁の効果は小さくなり、そして(7)として、制裁実施国における貿易に対する国家管理が強ければ強いほど、強力な経済制裁を加えることができる[30]。

経済制裁の効果を高める条件については、制裁実施国と被制裁国の経済規模の格差などの両者の相対的な関係や戦略物資の有無なども含め、様々な議論があるところである。本節ではこれらの中で1つの見方を示すにとどめるが、こうして発揮された経済制裁の効果についてはどのように評価を加え、整理すべきなのであろうか。項を改め詳細に見ていく。

2　経済制裁の効果についての分析

経済制裁の効果に関しては、数十年に及ぶ膨大な議論の蓄積があり、内外の研究者により様々な研究がなされてきた。

こうした多様な議論をまとめることは容易ではないが、その状況は、後述するとおり、制裁の効果をまずは経済的な影響の側面で捉え、その影響度を測定し、その上で、制裁実施国が被制裁国の行動を変化させることができたかどうかという点に評価の焦点をおいている論考が多いように見受けられる。そして、その結論は、後に詳述するように、実効性に関しては必ずしも十分な成果を上げていないということのようである。

ここで、いくつかの学術的な研究の分析結果を見ていく。

まず、「ピーターソン国際経済研究所」(Peterson Institute for International Economics)のハフバウアー(Gary C. Hufbauer)、スコット(Jeffrey J. Schott)、エリオット(Kimberly A. Elliot)、オーグ(Barbara Oegg)による分析結果を見る。

ハフバウアーらはまず、1985年に著した『経済制裁再考』の初版で、経済制裁についてのデータベースを構築し、その有効性に関する分析を展開したが、1990年に1度目の改訂を経て、2007年に著された第3版で、事例を204件に充実させ、それらのうち部分的にであれ成功と評価することのできる事例は70件、成功率は34％であったという分析結果を提示している[31]。

---

30) 宮川『経済制裁』87-88頁。

31) Gary C. Hufbauer, Jeffrey J. Schott, Kimberly A. Elliott, Barbara Oegg, *Economic Sanctions Reconsidered*, Peter G. Peterson Institute, 2009, p.192.

分析の対象となる経済制裁について見ると、このデータベースの特徴としては、対象として取り上げた経済制裁の数は多いが、単独の国家による措置と、国連や国際連盟などの国際機関による措置が混在している点にある。また、選択された経済制裁は、1914年に発動された措置から2000年に発動された措置まで相当長期にわたり、なかには第3版が出版された2007年当時も継続しているものもある点が特徴となっている。

　成功に関する評価について見ると、経済制裁の成果の達成度を1ポイントから16ポイントに区分し、そのうちの9ポイント以上のものを「成功」に分類している。「部分的に」であれ「成功」と評価されたものは、中位よりもやや上位に評価されるものも含まれているという意味である。

　分析結果を踏まえ、ハフバウアーらは結論として「経済制裁は決して上手く機能しない」という、それまでの通念は明らかに間違っていると述べている[32]。そして、経済制裁がしばしば上手く機能しないのは、理由があるからであり、その理由として3点を指摘する。

　それは第1に、経済制裁はそもそも被制裁国を強制的に従わせるような、外交政策目的を達成する手法として限界があるという理由である。

　第2に、経済制裁の目的には、主要なものとして、国内向けに決意を表明したり、海外に不承認の意思を発信したり、また単に懲罰目的でもって発動されるという、外部に表明されない目的が実は存在しているのであるが、実際には、被制裁国の行動を変化させるという、外部に表明された目的を達成しないと失敗と評価されてしまうという、評価上の理由である。ある指摘によれば、経済制裁は実は国内向けの政治目的のために用いられてきたのが実際のところであり、このような政治的目的が問題とされ、追求されてきた結果、実際には外部に表明された表向きの目的を実現しようとする視点での制裁は賦課されて来なかったという。

　第3に、経済制裁はしばしば失敗することがあるが、その理由としては、制裁実施国が被制裁国との間で分野横断的な幅広い利害関係や、制裁と相対立する目的を有していることを挙げることができる。例えば、経済的に絡み合った制裁実施国と被制裁国との利害関係は、制裁実施国の国内において貿易や金融、投資の混乱を招き、手段の実施を微温的なものにしてしまう点である。

　そしてハフバウアーらは、第3版の分析結果は当初の分析結果と概ね一致していたと言いながらも、経済制裁の成否について信頼できるレベルで予測するには依然として現代の計量経済学では難しく、それのみならず、そうした予測は、今日の政治理

---

32) Ibid., pp.159-160. 経済制裁は機能しないという通念と比較すると、それよりは上手く機能するという意味である。

論や経済理論の知見の水準を越えていると結んでいるのである[33]。

一方、シカゴ大学のペープ（Robert A. Pape）は、ハフバウアーらによる1914年から1990年になされた制裁、115事例の有効性についての分析結果に疑問を呈している。

まず、ハフバウアーらはこれら115事例のうち成功した制裁は40事例、全体の約34％であると分析している[34]。しかしながらペープは、成功したと評価されたこれらの40事例について改めて精査した結果、明確に成功したと評価できる事例は5事例にすぎず、経済制裁で主要な対外政策目的を達成することができるという、科学的に有効な根拠はほぼないと断じている[35]。そしてペープは、このように経済制裁はほとんど政策目的を達成することができないにもかかわらず、国家はなぜそれらを使い続けるのであろうかと疑問を投げかけている。

ハフバウアーらの分析結果に対しては、ペープの再精査の結果を待つまでもなく、後述するように、「成功」と評価される基準を厳しくすれば成功率は下がり、逆に緩和すれば成功率は上がる結果が得られるのは当然のことである。成功と評価されるためにどの程度厳しい評価基準を設定すべきかについては、そもそも合理性のある基準を設定することが可能であるのかという問題もあり得る中で、合理的な基準を定めることは必ずしも容易ではなく、むしろ困難であるとさえ言える。したがって、成功率の数値そのものが一人歩きすることは誤解を与えかねず、むしろ政策の選択にとっては危険でさえあり、ハフバウアーらやペープの数字のみを使用することには躊躇するところである。

また、ハフバウアーらは分析対象に国連の安保理決議等に基づく経済制裁から、地域を対象とする国際機関による経済制裁、そして国家による独自制裁（unilateral sanction）まで、多種多様な経済制裁をデータベースに入れて分析しているが、経済制裁の成果の達成度について、これらに対して一律に単に1ポイントから16ポイントに区分し、そのうちの9ポイント以上のものを「成功」に分類している評価手法が妥当であると言えるかどうかについては、にわかに肯定することはできない。特に国家による独自制裁については、外見上はともかく、制裁実施国における政治的な要請を充たすために発動されているものでもあることを考えると、単純な点数化が実態を反映すると言えるかについては再考を要すると考える。

---

33) Hufbauer, et al., *Economic Sanctions Reconsidered*, pp.158-160.

34) Robert A. Pape, "Why Economic Sanctions Do Not Work," *International Security*, Vol.22 No.2（Fall, 1997）,The MIT Press, pp.91-92. このデータベースは、先述のとおり、米国やイギリスなどの単独国、国際連盟や国際連合、そしてアラブ連盟（Arab League）や欧州共同体（European Community）などの地域的な国際機関などによる経済制裁を対象としている。

35) Ibid., pp.99-106.

また、ハフバウアーらは結論のところで、経済制裁が上手く機能しない理由として３点指摘していたが、これらのマイナス要素を割り引いて考えれば、経済制裁の成功率はより高まるような指摘をするのである。しかし、この点に関して言えば、実際に賦課される経済制裁はまさにこれらの諸理由も含めた現実の中に実在しているのであって、先述した制裁実施国側及び被制裁国側における経済的な諸条件の影響を受けながら、現実の関係性の中でその成否が決まってくるのである。つまり、現実に生起する事象についてはハフバウアーらの指摘する３点を割り引くことなく、それらを所与の条件とした上で、経験的・実証的な意味での経済制裁の実効性を分析し、その結果としての数値を受容すべきなのである。

　もう１つの事例として、ジュネーブ国際・開発研究大学院（Graduate Institute of International and Development Studies（IHEID）in Geneva）のビアステカー（Thomas Biersteker）らの分析結果を見る。後述するようにこの分析は、冷戦後という比較的新しい１つのまとまった時期の、しかも安保理決議に基づく経済制裁のみを対象としている点で、ハフバウアーらの分析よりもその対象に偏りがない点に特徴を有している。

　まず、ビアステカーらは、その著『ターゲット型制裁　国連の行動の影響と効果』において、経済制裁はターゲットの行動を強制的に変化させるために賦課される政策手段であるが、実務家やジャーナリスト、そして世論一般には、僅かな例外を除いて、政策手段としては十分に作用しないものであると理解されている旨指摘している[36]。

　こうした一般的な見方が存在する中で、ビアステカーらは「ターゲット型制裁コンソーシアム」（the Targeted Sanctions Consortium: 以下「TSC」という）というプラットフォームを立ち上げ、安保理決議に基づく経済制裁を分析対象として取り上げ、これらの経済制裁の「実効性」に関する分析に取り組み、網羅的、多角的なデータセットを構築している。以下、その研究結果を説明する[37]。

36）Biersteker, et al., "The effectiveness of United Nations targeted sanctions," pp.220-221. ここで経済制裁が政策手段として十分作用するその僅かな例外とは、南アフリカとイランに対する制裁の事例のことである。しかしながら、これらの例外は経済制裁が有効であったという事例ではなく、実は、南アフリカに対する制裁の場合は、制裁の結果が表れるまでに相当の期間を要し、むしろ冷戦の終結や国内政治の力学が重要な役割を果たしたとされている。また、イランに対する制裁の場合には制裁が拡大・強化されて発動される以前にも、イランが大幅な譲歩をした過去の例があることや国内の選挙による政治的変化も重要な役割を果たした結果であるとされている。

37）研究成果の説明の内容は次の文献による。Thomas J. Biersteker, Marcos Tourinho, Sue E. Eckert, "The effectiveness of United Nations targeted sanctions," in Thomas J. Biersteker, Sue E. Eckert, Marcos Tourinho, eds., *Targeted Sanctions: The Impacts and Effectiveness of United Nations Action*, Cambridge University Press, 2016, chap. 10.

(1) TSC データセットの概要

　このデータセットは、ポスト冷戦時代の国連のターゲット型制裁について 2016 年になされた、その「実効性」に関する包括的で体系的かつ比較評価のための初の取り組みである[38]。データセットの名称は「国連ターゲット型制裁データセット（1991-2013）」（UN targeted sanction datasets（1991-2013））で、ビアステカーらを中心に構築された[39]。ここでは 1991 年から 2013 年の間の安保理決議に基づくすべてのターゲット型制裁 23 件について定量的かつ定性的な分析が行われている[40]。分析手法としては、これらの 23 件の制裁をさらに分析のコアとなるユニットとして 63 件の「エピソード」（episode）に細分化している[41]。

　この TSC データセットの特徴について言えば、定量的な分析の面では、第 1 に、対象とする経済制裁が冷戦後のものを対象としている点、第 2 に、安保理決議に基づく経済制裁を対象としている点で、先述のハフバウアーらの研究とは異なっており、また 3 点目の特徴として、後述するように、定量的な分析に加え、定性的な分析も併せ行っている点に特徴を有している。

(2) TSC データセットの分析枠組み

　TSC データセットの分析の枠組みの特徴は、第 1 に、経済制裁について 3 つの「目的」を設定して分析を行っている点と、その実効性の評価として定量的な分析に加え定性的な分析を行うとともに、定量的な分析については実効性の発現を政策的成果と制裁の貢献度という 2 つの機能の結果として評価し、数値化して評価を行っている点の 2 点である。以下に順次、述べる。

---

38) Biersteker, et al., "UN targeted sanction datasets（1991-2013）," pp.404-412.

39) ほかに、ニュー・アメリカン・セキュリティ・センター上級研究員のエカート（Sue E. Eckert）、ジェトゥリオ・ヴァルガス財団大学（FGV）国際関係スクール、アシスタント・プロフェッサーのトリンオ（Marcos Tourinho）、オーストリアの人間科学団体（IWM）のジュニア・ヴィジティング・フェローのハダコヴァ（Zuzana Hudakova）が中心となった。

40) Ibid., pp.404-412.

41) エピソードへのブレイク・ダウンは、経済制裁が時の経過とともに性格が変質する点に着目したもので、実際の分類に当たっては、国家に対する制裁という、より大きな枠組みの制裁レジームの範囲の中で、制裁実施者とターゲットとの関係に着目し、(1) 制裁の目的（purposes）、(2) 制裁の対象（targets）、(3) 賦課される制裁の類型（types）や、時間軸における 1 つの期間としてまとまりのあるものを、エピソードとして捉えている。

①経済制裁における3つの「目的」(purposes)の設定[42]

　このデータセットは、オランダのフローニンゲン大学（University of Groningen）のギメリ（Francesco Giumelli）によって開発された類型論に基づき、経済制裁の目的を3つに区分している。その3つの目的とは、第1に、ターゲットの行動を変化させるという「強制」（coercion）、第2に、非合法活動に携わるために必要な資源へのアクセスに対する「抑制」（constrain）、及び／または第3に、国際規範に対する違反を「シグナリング」（signalling）し、違反行為を「非難」（stigmatizing）することの3つである。TSC データセットにおける経済制裁の実効性の評価は、各エピソードにおける成果についてこれら3つの目的に照らして行われる。

② TSC データセットにおける経済制裁の「実効性」の評価

　TSC データセットでは、先述のとおり、定量的及び定性的な評価を実施している。このうち、経済制裁の実効性に関する定量的評価は、先述のハフバウアーによって開発されたアプローチに従ってなされる。そこでは、経済制裁の実効性は次の2つの機能に関わるものとして理解されている。すなわち2つの機能とは（1）「政策的成果」（policy outcome）に関する機能、そして（2）その成果に対する「制裁の貢献度」（sanction contribution）の機能の2つであり、これらの2つの機能の結果として、制裁の実効性が現われるという理解である。この「政策的成果」及び「制裁の貢献度」は、上述の3つの目的ごとに5段階ないし6段階で評価される。
　次に、定性的評価に関しては、制裁の枠組みが時の経過とともに変化していくプロセスが具体的に追跡され、各エピソード内におけるアクターなどの主要な要素の動きに関して具体的かつ詳細な記述がなされている[43]。

(3) TSC データセットにおける経済制裁の実効性評価結果[44]

①単純平均で見た場合

　安保理決議に基づき賦課されたターゲット型制裁すべて、すなわち63件のエピソードの定量的な分析結果を平均すると、「強制」、「抑制」、「シグナリング」の各目

---

42) Biersteker, et al., "UN targeted sanction datasets (1991-2013)," p.407.
43) Ibid., p.406.
44) Ibid., chap. 10.

的別に見て「実効性がある」と評価されたエピソードは全体の22％である。この値は、3つの目的の評価結果を機械的に加重して得られた数字である[45]。

②目的別に見た場合

　63件のエピソードに細分化されたターゲット型制裁については、先述のとおり、エピソードごとに目的別に3つに区分して評価されるが、その目的別の評価結果を示すと次のとおりである[46]。
　まず、「強制」という目的に着目して評価した場合、50件のエピソードのうち、5件（10％）について実効性が認められた。次に「抑制」という目的に着目して評価した場合には59件のエピソードのうち16件（27％強）について実効性が認められた。そして「シグナリング」という目的に着目した場合には63件中17件（約27％）で実効性を認めることができた[47]。

③主要な目的で見た場合

　これを、各エピソードごとに主要な目的を1つだけ選択して評価すると、実効性が認められたエピソードは、全体の19％になる[48]。
　つまり、TSCデータセットによれば、安保理決議に基づくターゲット型制裁の実効性は目的別の単純平均値で見ると22％に実効性を認めることができ、これを目的ごとに見ると、「強制」という目的では全体の10％に、「抑制」という目的では27％強に、「シグナリング」という目的については27％に実効性を認めることができる。さらにこれらの目的を主要なものだけ1つに限定して見ると、全エピソードの19％に実効性を認めることができるという分析結果が示されたのである。目的別の実効性に関して言えば、一方で、被制裁国の行動を変更させるという「強制」の面に関してはその実効性は比較的低く、他方で、被制裁国の行動を抑止するという「抑制」の面や「シグナリング」の面ではその実効性は比較的高く数値が出ているのが特徴である。

---

[45]【算定内訳】　63件のエピソード×3つの目的＝189個の「目的」、
　　189個の「目的」のうち、N/Aは17個（内訳…「強制」13個、「抑制」4個）
　　189－17＝172　このうち「実効性」ありと判定されたのは38個の「目的」
　　38/172＝0.2209…　約22％

[46] Ibid., p.233-234.

[47] Ibid., p.235. なお、50件、59件、63件と目的ごとに対象となるエピソード数が異なるのは、N/Aの有無によるものである。

[48] Ibid., p.235.

しかし、TSCデータセットの数値に対しては、先述したとおり、「実効性あり」と評価するにはどの程度の点数が必要かといった評価基準の設定の問題があり、評価基準の設定をめぐっては、そもそも合理性のある基準を設定することが可能であるのかという疑問もあり得る。実際、TSCデータセットでは、「実効性あり」の数値が、先に述べたハフバウアーらの分析結果の数値よりも低く表れたが、これは「実効性あり」と判定される評価基準の厳しさに起因する可能性が高い[49]。TSCデータセットでは数値の意味するところの限界を補う意味で定性的な分析も併用していると考えられるが、このことは成功事例の数値化の限界を示すものでもあり、やはり成功率という数値を単独で使用し、評価することには躊躇せざるを得ない。
　また、TSCデータセットにおける分析では、経済制裁の目的についてギメリの「強制」、「抑制」、「シグナリング」という3区分を援用して、極力経済制裁の目的を実態に合わせようとする意図は窺えるものの、「シグナリング」という目的の背後に存在する政治的な意思の内容などを問うていないという点で、表面的な分析にとどまっていると言わざるを得ない。
　経済制裁の理念型を想定してその先験的（a priori）な実効性を測定することの可否及び適否は置いておくとして、実際の経済制裁の効果の現れ方は、制裁実施国と被制裁国それぞれの置かれた経済的、政治的そして社会的な現実の状況によって様々である[50]。やはりハフバウアーらが自ら認めているように、経済制裁の成否について信頼できるレベルで予測することは、今日の政治理論や経済理論のレベルを越えているのである。
　以上、経済制裁の効果のうち、被制裁国に経済的な面での損失を与え、そのことによってその国の行為に変更を加えるなどして、何らかの政策目標を達成しようとする効果についての研究成果を概観した。これらは豊富なデータに基づくものであり、一見精緻な分析がなされ、結果についての妥当性が高いように見受けられる。しかしながら、これらの分析の手法を見ると、経済制裁の成功・不成功を獲得ポイントで評価する手法や、経済制裁発動の政治的な理由を看過する評価フレームを採用していることからも分かるように、これらの分析はいずれも経済制裁の行われる政治的な背景や理由にまったく迫ることがないという点で、経済制裁が実施される際の実相からかけ離れているという致命的な問題があると言えるのである。
　しかも経済制裁の効果に関し、仮に経済的な影響の側面で捉え、制裁実施国が被

---

49) ハフバウアーらの分析では、経済制裁の成果の達成度を1から16ポイントに区分し、そのうちの9ポイント以上のものを「成功」に分類している。これに対し、TSCデータセットでは、先述の通り、「実効的」と判定されるには、「政策的成果」が5段階評価のうち少なくとも上位2段階に評価され、かつ「制裁の貢献度」が6段階評価のうち少なくとも上位3段階に評価されなければならない。

50) 宮川『経済制裁』84頁。

制裁国の行動を変化させることができたか否かという点に評価の焦点を置いて考察したとしても、実効性に関してはその成否の予測や実施後の効果測定に難点があることから、当該経済制裁が十分な成果を上げたと自信をもって断定することは必ずしもできない。

先述のとおり、ペープは、経済制裁が仮にほとんど効果がないのであるならば、なぜ国家はそれらを使い続けるのであろうかと疑問を呈している[51]。さらに、ビアステカーらのTSCデータセットは安保理決議に基づき国際協調の下に連携して発動される制裁を対象としているが、これらの経済制裁であっても「実効性あり」と評価されたエピソードは例えば単純平均で全体の22％に過ぎないにもかかわらず、単独制裁がなぜ使われ続けるのであろうかという疑問が生ずる。

こうした疑問に対してペープは、失敗が繰り返されるにもかかわらず、経済制裁が行われているということは、経済制裁を発動する政府側の理由がその効果としているところとは別のところにあるに違いないと主張し、その上で重要な点は、制裁を発動することによって、指導者は通常、制裁発動をせずに武力に訴えた場合と比較して、制裁を発動することで、国内における、より大きな政治的利益が得られるであろうと指摘しているのである[52]。実際に、米国政府はイラク、ボスニア、ハイチに対し経済制裁を行ったが、その理由は国際的な連携の下での被制裁国への強制を働きかけるためではなく、米国が後々軍事力を行使することになった際の批判をかわし、国内に動員体制を敷くためであったと、ペープは見ている[53]。

この経済制裁の国内に対する効果については、ハフバウアーらも否定していない。ハフバウアーらも、経済制裁を賦課することによって政府は、国内の民衆に向けて重要な国益を守る姿勢をシグナリングしていることを認めている[54]。そして、例えば、制裁実施の原因に関し分析した結果、南アフリカに対する経済制裁が、1980年代末期及び1990年代初期のヨーロッパや米国、カナダの国内政治において有権者を非常に満足させたことや、フォークランド紛争の際のアルゼンチンに対するイギリスの経済制裁の発動及び天安門事件の際の中国に対する米国の制裁発動が同様に、自国内の有権者を非常に満足させたことを指摘している[55]。そして、仮に経済制裁によって制裁実施国の表向きの目的を達成することができなくても、自国内の民衆は、制裁は「正義の行為」（a just action）であると信じ、依然として制裁実施を支持するであろ

---

51) Pape, "Why Economic Sanctions Do Not Work," pp.109-110.
52) Ibid., p.109.
53) Ibid., p.110.
54) Hufbauer, et al., *Economic Sanctions Reconsidered 3rd Edition*, p.7.
55) Ibid., p.54.

うと結論づけている[56]。

　通常、国内における政治的な目的が主要な関心事になると、外交政策上の目的を達成することの重要性は二次的なものに格下げになる。そして、発動される経済制裁の形態などは外交的な影響を考慮して定められるというより、国内向けのイメージを意識して形づくられるようになり、制裁の効果に関しても、こうした経済制裁を発出したそのタイミングで、国内における政治的目的に寄与するものとなる。ハフバウアーらも、被制裁国である外国政府のとる政策が変わろうが変わるまいが、経済制裁を賦課すると宣言することによって制裁実施国の価値観が表明されたことになり、そのことが制裁実施国にとって国家的な価値観を宣言することに寄与するという重要な目的を果たしていると指摘する。つまり、ハフバウアーらも、経済制裁の発動決定に関する考察には、国内における政治的要因を研究することが重要であると認めているのである[57]。

　こうして、経済制裁においては、国内における政治的な目的や効果などの諸要因についての考察の重要性が浮上してくる。本論文では経済制裁に様々な効果や機能の存在が指摘される中で、日本独自の経済制裁について国内における政治的効果に着目し考察を行うことで、経済制裁が実施される核心に迫る。

3　経済制裁に対する国内政治アプローチ

　先述のボールドウィンは2020年に出版した『エコノミック・ステイトクラフト改訂版』で、経済制裁については外交政策上の目標を追求する意図で実行されるインスタルメンタルな制裁（instrumental sanctions）と、シグナリングを目的になされるシンボリックな制裁（symbolic sanctions）とを区別し、これらは別物であるとする2分法があるが、この見解は誤っており、経済制裁はインスタルメンタルな機能とシンボリックな機能の両方を併せ持っていると指摘している[58]。

　先述のギメリによって開発された類型論をベースに構築された、ビアステカーらのTSCデータセットでも、経済制裁にシグナリングの作用を認めている。このシグナリング作用が国内における政治に向けられた局面を捉え、この局面に焦点を当てて経済制裁を考察する考え方が、「国内政治アプローチ」（the domestic politics approach）

---

56) Ibid., p.54.

57) Ibid., pp.54-55.

58) David A. Baldwin, *Economic Statecraft New Edition*, Princeton University Press, 2020, pp.xix-xx.

である[59]。

　タフツ大学のドレズナー（Daniel W. Drezner）は、冷戦期における経済制裁に関する研究の特徴の1つとして、制裁実施国と被制裁国の国内政治に焦点を当てる国内政治アプローチを挙げているが、そこでは制裁発動の決定は制裁実施国の国内における圧力によって引き起こされると指摘する[60]。つまり外交関係の相手国が国際的な規範に違反している場合に、自国が何も対応しないと、国民の間に弱々しい外交政策指導者というイメージを作り出してしまうことから、この何もしないことによる国内政治におけるマイナス・イメージを回避するために、経済制裁それ自体としては効果がない可能性を承知の上で、無策のリーダーという汚名をかわすため経済制裁は発動されるという[61]。このように経済制裁は、外交政策の観点から言うと必ずしも合理的な計算が妥当しているとは言えないのに対し、国内政治の観点から見ると、民衆の圧力から政府批判を水蒸気のように逃がす蒸気バブルの役割を果たしていると、ドレズナーは説明する。こうした説明では、シンボルであることが経済制裁の役割であり、実効的な効果は2次的な関心事なのである[62]。

　このように、経済制裁は政治的な文脈の中で発令され、存在するものである。本論文では、経済制裁の被制裁国の行動変容を促す側面に焦点を当てることにではなく、経済制裁の国内における政治的効果に着目し分析しようとするものであり、本節で述べた「国内政治アプローチ」の立場に立つものである。すなわち、経済制裁について、経済的な効果とは別次元で、前述のように、経済制裁に本来備わっている作用としてのシグナリング作用に着目し、それが国内における政治的文脈の中で、国内政治にどのような積極的な影響を及ぼしたかを見ようとするものである。そこでは、理論的には、経済制裁の発動行為を含め、相手方に対するシグナリングが、国内政治において関係する政治勢力や利害関係者、さらには広く国民一般にどう評価されたのか、そして政治的文脈の中でのその政治的な意味合いは何かを把握することになる。本論文は日本独自の経済制裁を対象とするが、その制度創設は比較的新しい。シグナリングのツールとしての経済制裁手法を新たに獲得した政権は、国内政治における局面で何をしようとし、何を得たのかについて分析するものである。

---

59) Daniel W. Drezner, *The Sanctions Paradox －Economic Statecraft and International Relations*, Cambridge University Press, 1999, pp.11-12.

60) Ibid., pp.10-12.

61) Ibid., pp.10-12.

62) Ibid., p.12.

第3節　経済制裁の国内における政治的効果の意味合い

1　「国内における政治的」という概念の意味合い

　本節では、経済制裁の国内における政治的効果についての意味合いを定義づける。「国内における政治的効果」を分析対象とし、捕捉しようとするとき、「国内における政治的」という概念と「効果」という概念が問題となる。そこで、ここではまず、「国内における政治的」という概念の具体的な意味合いについて取り上げ、その後、「効果」についての考え方を述べる。

　まず、「国内における政治的」という概念の具体的な意味合いであるが、この概念を3つの局面に細分化することとする。第1の局面は、政権と立法府側の関係、第2の局面は、政権と利益関係団体の関係、そして第3の局面は、政権に対する国民一般の支持についての関係である。以下、その考え方について詳述する。

【「国内における政治的」効果を捕捉するにあたっての3つの局面】
　（1）政権と立法府側の関係に関する局面
　（2）政権と利益関係団体の関係に関する局面
　（3）政権に対する国民一般の支持に関する局面

　「国内における政治的」という場合の1点目の具体的意味合いは、政権と立法府側の関係である。日本国憲法は、

　（1）内閣の連帯責任の原則（日本国憲法第66条3項）
　（2）内閣不信任決議権（同法第69条）
　（3）国会による内閣総理大臣指名（同法第67条）
　（4）内閣総理大臣及び他の国務大臣の過半数は国会議員であること（同法第67条及び第68条）

を規定し、議院内閣制を採用している[63]。議院内閣制の本質的要素は、①議会（立法）と政府（行政）が一応分立していること、②政府が議会に対して連帯責任を負うこと、

63）芦部信喜、高橋和之補訂『憲法第3版』岩波書店、2002年、303頁。

の2点である[64]。日本の議院内閣制の下では、内閣は立法府である議会との関係でその拠って立つ存立基盤の面やその行政権の行使に関する責任の面で緊張関係にある。「政治的」という場合の1点目の具体的意味合いは、こうした日本の統治構造に由来する基本的な関係を反映するものである。

「政治的」という場合の2点目の意味合いは、政権や政治家と利益団体（organized interest group）の関係である。利益集団（interest group）とは共通の利益を有する人々の集合であるが、そのうち、利益集団に属する一部の人々あるいは全部の人々によって、共通の利益を実現するために組織化されたものを「利益団体」という[65]。利益団体は多様な活動をしているが、その1つとして、政治プロセスにおいて自らの利益を公共政策に取り入れさせるために政党や行政機関などに影響力を行使することを挙げることができる[66]。この活動は利益団体の最も重要な活動であり、こうした活動に着目して政策過程論において、利益団体はアクターとして位置づけられ、政治家や官僚に次いで重要な役割を果たしているとされており、現代政治において重要な位置を占めている[67]。そこで本論文では、政府とこうした利益団体との関係を、政治的な局面の1つの切り口として設定する。

利益団体に関しては、アメリカの政治学者ダール（Robert A. Dahl）を始めとする多元主義論[68]の立場からは、政策における影響力行使をめぐる複数の利益団体による競争を通じて、多様な意見を政治に反映することができるものとして肯定的に評価されている[69]。しかしながら、日本の場合を見ると、官僚制の発達が公的組織として圧倒的な地歩を固めた歴史的な経緯があり、官僚制下で利益団体の形成が促され、このことを通じて官僚制が利益団体を自らの管轄下に取り込む傾向が強かったと言われている[70]。特に、1940年代における総力戦体制構築の過程は、官庁が業界団体の編成を通して経済活動をコントロールするという構図を示しており、日本における利益団

---

64) 芦部信喜、高橋和之補訂『憲法第3版』岩波書店、2002年、302頁。議院内閣制の本質的な要素として、学説上は、古典的なイギリス型の権力均衡の要素を重視して、内閣が議会の解散権を有すること、という要件を加える説も有力であるとする。

65) 久米郁男、川出良枝、古城佳子、田中愛治、真渕 勝『政治学〔補訂版〕』有斐閣、2011年、469-470頁。

66) 同上、471頁。利益団体の行う圧力行使に注目するとき、その利益団体のことを「圧力団体」というとされる。

67) 川出良枝、谷口将紀『政治学』東京大学出版会、2012年、134頁。政治家や官僚に影響力を及ぼしている点を強調して「圧力団体」という名称が用いられることもある。

68) 同上、38-39頁。政治学において、異なる利益を持つ集団が複数あることを意味する考え方である。

69) 久米他『政治学』136頁。

70) これを「官庁クライエンタリズム」という。

体の取り込みの様子をよく表していると言われる[71]。そこでは官僚組織が利益媒介の主たる場となり、政治家はこのいわゆる「官庁クライエンタリズム」に後から、「族議員」という形で参入したとされている[72]。

本論文では、後述するように、日本独自の経済制裁は北朝鮮による拉致事件を契機に制度創設された面もあることから、利益団体として拉致被害者家族会を取り上げるが、この団体は官僚の支配下に従属している従来型の「官庁クライエンタリズム」とは異なり、行政府との関係あるいは立法府・政治家との関係では、ある時は協調関係にあり、また別の時には緊張関係にあるという意味で、官僚制に従属する形にはなっていない。政治過程における重要なアクターとしての、こうした利益団体と政権との関係が、「政治的な」意味合いの第2の局面である。

「政治的」という場合の3点目の意味合いは、政権と国民一般の関係である。日本の政治体制は間接民主制をとり、そこでは国民の代表たる議員は選挙で選ばれ、議会で多数を占めた政党が政権を掌握する。つまり政権は議員の存在を介しながらも、究極的には国民の支持の下に成立する関係にある。また、日頃の内閣支持率について言えば、政権にとって、理念的には自らは国民の支持が存立の基盤にあるという基本的な関係が存在するということ、また、事実上も日々の行政運営に大きな影響を受けるということから、内閣支持率は重要である。

国民の政治参加の形態としては、民主主義国においては選挙における投票行動が一般的な形であり、代議制民主主義において選挙は国民が自分達の代表を選ぶ手続となっている。これを、「本人－代理人関係」という関係性を設定して表現すれば、選挙は本人である有権者が代理人である政治家を選んで、政治の場に送り出す手続といえる。同時に、選挙で投票することによって、本人達（国民）は自分達の意向に従って代理人（議員）が行動するようにシグナルを送ること（利益表出）ができるのである[73]。そこには「本人－代理人」間の緊張関係が存在する。代理人（議員）の選出や本人（国民）の利益や意向の表出は選挙結果によって示される。しかしながら、この議員選出や利益表出という選挙の機能は、制度的には選挙実施時に発揮されるにすぎない。

政権は究極的には国民の支持の下に成立し、存続するという基本的な関係を前提に考えると、政権と国民の関係は、議院内閣制の下におけるこうした選挙時の緊張関係

---

71) 佐々木毅『政治学講義 第2版』東京大学出版、2012年、227頁。

72) 同上、227頁。

73) 久米他『政治学』447-448頁。

に加え、日頃の個々人の意見の集合体である内閣支持率や世論（public opinion）[74]に表れる局面においても、その意向や利益の表出がなされるという点で政治的に重要な意味を持つ。こうした政権と国民の関係に着目するのが、「政治的」な意味合いの第3の局面である。

2 「効果」についての理解

次に、「効果」についてである。政治学における因果関係の分析では、ある政治現象に着目した上で、それがなぜ起きるのか、あるいはそれがどのような帰結をもたらすのかを明らかにする研究がなされるのが一般的である[75]。この因果関係の分析において、原因から引き起こされた結果すなわち「結果事象」（caused phenomenon: OP）[76]をもたらした作用を、本論文では「効果」と位置づける。そこでは、ある政治現象は従前のそれと比較して変化することになるのが一般的であるが、ここでは表面上は変化していなくても変化を抑制する作用として機能する場合も含めて考えている。

ある要因とある結果事象の間の因果関係の存在については、ある要因がある結果事象にいかにして影響を与えるかというプロセスに関わる推論、いわゆる「因果メカニズムに関する推論」が必要となるが、その論証には困難を来すのが一般的である[77]。そこで、本論文では、分析対象である「効果」に関して、先述のとおり、「政治的な」3つの局面に着目して各別に、効果を推測させる可視化された指標ないし事象を設定して因果メカニズムを推論することとする。その推論に当たって考慮する指標ないし事象は具体的には次のとおりである。

まず政治的な局面のうち、政権と立法府の関係における効果についての因果メカニズムの推論であるが、ここでは衆議院及び参議院に設置された拉致問題特別委員会の審議状況に着目する。そこでは外形的な面と質疑内容の実際を取り上げるが、外形的な面としてそれぞれの委員会の会議時間の長短を見る。一般論で言えば、会議時間が短ければ政治的には受け入れられたものと理解し、会議時間が長時間にわたれば政治的に問題視されたものと理解する。委員会での質疑内容については、その内容が政

---

[74] 久米他『政治学』427-429頁。世論とは、ある国や社会における普通の人々の意見（opinion）の集合体である。ただし、個々人の意見の集合体と言っても、公共の領域の事柄についての意見の集合体であると考えられている。世論の短期的側面の例としては内閣支持率を、長期的側面の例としては国民の政治への信頼度を挙げることができるとされる。

[75] 久保慶一、末近浩太、高橋百合子『比較政治の考え方』有斐閣、2016年、4頁。

[76] スティーヴン・ヴァン・エヴェラ『政治学のリサーチ・メソッド』、野口和彦、渡辺紫乃訳、勁草書房、2009年、16頁。

[77] 久保、末近、高橋『比較政治の考え方』4-6頁。

権の姿勢を問い質すようなものか、それとも政権の取組みを前提として次なる取組みを期待するものかなどを実際に確認する。また、日本独自の経済制裁については事後承認制をとっているので、承認案件が付託される衆参両院の経済産業委員会及び国土交通委員会の審議状況について、拉致問題特別委員会におけると同様な手法で分析し、その政治的効果を認定していく。

　次に、政治的な局面のうち、政権と拉致被害者家族会の関係における効果についての因果メカニズムの推論であるが、ここでは拉致被害者家族会に対する政権側の接し方、同会の発出する声明、その運動の変化、家族の声を確認する。政権が拉致被害者家族会にアプローチした際の同会の反応や記者会見での声明内容から、拉致被害者家族会の反発、黙認、中立、受容、歓迎などを評価し、効果の有無や程度を推し量る。

　次に、政治的な局面のうち、政権と国民一般の関係における効果についての因果メカニズムの推論である。ここでは、世論調査に表われた制裁それ自体に対する評価や内閣の仕事ぶりに対する国民の評価、内閣支持率の推移などを見る。また、直近に衆議院あるいは参議院の議員選挙があれば、その投票結果も参考にする。

　これらのうち、制裁それ自体に対する国民の評価や内閣の仕事ぶりに対する世論調査は具体的な行動に対する直接の評価結果であるので、日本の独自制裁についての賛成・反対に問う上で重要である。世論には、短期的な政治的意見などにとどまらず、長期的な政治的態度の集合体も含まれると考えるべきであるとされる[78]。そのうち、例えば内閣支持率はかなり上下の変動が激しく、それはその時その時の首相の人気で大きく変動する指標であり、この内閣支持率は世論の短期的側面を表す典型であるとされる。これに対し、政治に対する信頼（政治不信の反対の表現）は長期的に変化する政治的態度であり、世論の長期的な側面を示している。この政治への信頼感については変化が小幅で安定しているという。このように世論には内閣支持率のように短期的に変化する部分と、変化が小幅な長期的な部分とがある[79]。

　このような内閣支持率についてその推移を見るが、支持率を上下させる要因としては、経済政策や福祉政策、不祥事や政権の印象など複雑な要素が絡む。ここでは例えば、日本独自の経済制裁の取組みが内閣支持率上昇に直接寄与したかどうかについて言えば、その相関関係を明確には認めることができないとしても、仕事ぶりに対する評価や制裁の取組みそれ自体に対する評価から、内閣の全体的な姿勢について国民に好印象を与え、内閣支持率を下支えしたと推論すべきか否かについて考察することになる。つまり、内閣支持率は景気対策の成果や福祉政策、政権の不祥事の有無などによって大きく左右される面があるが、日本独自の経済制裁の政治的効果という面で

78）久米他『政治学』428頁。

79）同上、428-429頁。

言えば、その取組み自体についての高評価が指摘できるのであれば、それは内閣支持率にとって決してマイナスに作用することはなく、むしろ政権のイメージ形成の一助となっている場合もあると考えるのである。

また、直近の衆議院及び参議院の選挙結果ついては景気対策の成否や福祉政策、不祥事や政権の印象など複雑な要素が絡むが、日本独自の経済制裁がそれらの選挙と時期的に近接している場合で、しかもその取組み自体が高評価を得ているようなときには、同様に制裁の有するシンボリックな機能により政権のイメージ形成の一要因となって、政権や与党に対する評価に多少なりとも寄与していることも、それを具体的に数字で示すことは難しいとしても、すべて否定し去ることまではできないのではないかと考える。

3　「国内における政治的効果」に対するアプローチの妥当性

本論文では、日本独自の経済制裁の国内における政治的効果を分析するものであり、日本独自の経済制裁と、それとの間に因果関係が成り立つであろう国内における政治的な効果ないし意味合いを明らかにすることを目的とするものである。つまり、ある要因によってどのような結果が引き起こされているかを解明するものである。

いわゆる因果推論には「因果効果」に関する推論と「因果メカニズム」に関する推論がある。前者は、ある要因がある結果に影響を与えるかどうか、もし与えるとすればその影響の大きさを推定することであり、後者はある要因がある結果にいかにして影響を与えるのか、そのプロセスに関する推論である[80]。これらの比較推論を適切に行うための手法として、アメリカの比較政治学者レイティン（David D. Laitain）は、統計分析、数理モデルによる分析、事例分析を挙げている[81]。

本論文では、これまで述べてきたように、これらのうち事例分析の手法を採用する[82]。事例分析のうちいわゆる単一事例分析は、因果効果よりも、因果メカニズムを明らかにするのに役立つと考えられている[83]。しかし、その推論だけで2つの変数間の因果メカニズムとして一般化できるかどうかについては疑問が残る[84]。そこで比較事例分析であるが、この手法であれば、独立変数、従属変数が異なる事例の組み合わせを選

---

80) 久保、末近、高橋『比較政治の考え方』4-6 頁。
81) 同上、8-12 頁。
82) 同上、10 頁。
83) 同上、11 頁。
84) 同上、11 頁。

択することが出来るので、変数間の共変関係を観察することが可能である[85]。本論文では、比較事例分析の手法を採用し、こうした視点も加味して複数の事例の選択を行った。

　日本独自の経済制裁という場合、制裁内容を見て国連の安保理決議の内容を越えた部分を指す客観的なアプローチと、日本政府が独自措置を講ずると発表するものを指す主観的なアプローチがあり得るが、本論文では、国内における政治的効果を分析するものであり、それには政権側が国民に向けてどうアナウンスし、国内の政治的要請がどう充たされたのかが本質的な要素であることから、主観的アプローチの立場で事例を選択する。なお、結果的には主観的なアプローチによる事例の選択結果は、制裁内容に安保理決議の制裁内容に照らし独自性を有する事例を選択したこととなっている。

　各事例の分析手法については、「効果」について、ある政治現象、ここでは日本独自の経済制裁であるが、これに着目した上で、その作用に関して因果関係についての推論を行い、原因から引き起こされた結果、すなわち「結果事象」を把握する。

　具体的には、まず「国内における政治的」という概念を3つの局面に細分化し、第1の局面として政権と立法府側の関係、第2の局面として政権と利益関係団体の関係、そして第3の局面として政権に対する国民一般の支持についての3つの局面を設定した。第1の局面は現実政治における関係を見るとともに、議院内閣制の下における行政府と立法府の対立・協調関係という基本的な統治構造を踏まえたものである。第2の局面は政治過程に着目し、そこでの重要アクターとしての利益関係団体との関係に注目するものである。第3の局面は民主主義社会における政府と国民の基本関係に焦点を当てるもので、これらの基本的な視座は「政治的効果」を3層の視点から多面的に捉えようとするものである。

　次に「効果」の測定については、効果自体が具体的なものではなく抽象的な作用であることから、その把握には可視化された関連する指標ないし効果を代表すると推測される事象（以下、本項では「指標等」という）を設定せざるを得ないが、こうした観点から、第1の政権と立法府の関係に対しては、衆議院及び参議院に設置された拉致問題特別委員会の審議時間や審議内容、衆参両院の経済産業委員会及び国土交通委員会の承認状況を指標等として設定し、制裁についての影響を把握する。また、衆参両院の決議内容なども参照する。第2の政権と拉致被害者家族会の関係については、拉致被害者家族会に対する政権側の接し方、同会の発出する声明、その運動の変化、家族の声を指標等として確認する。第3の政権と国民一般の関係については、世論調査における評価や内閣支持率の推移などを指標等とする。また直近に衆議院あるいは参議院の議員選挙があれば、その投票結果も参考にする。なお、ある政治現象は、原

---

85) 久保、末近、髙橋『比較政治の考え方』11-12頁。

因となる事象の作用によって従前のそれと比較して変化することになるのが一般的であるが、ここでの分析では表面上は変化として現れていなくても、変化を抑制する作用として機能する場合も含めて「効果」として推論している。

そして、これらの各事例の分析結果を一連の流れとして全体として評価し、政治的な文脈の中で、日本独自の経済制裁の国内における政治的効果ないし意味合いについてどのように評価することができるかという観点から考察を加えている。

本論文のアプローチは、以上のとおりであるが、これらの多面的、重層的な分析手法によって導き出された結論は、一般的に妥当する公理と言うことはできないにしても、分析に用いた資料の多様さやボリューム、また、議院内閣制という統治の基本構造や政治過程における重要アクター、そして民主政において無視することのできない国民の反応などといった分析の視点の多面性などを考えると、その妥当性については広く是認することを可能にする結論であると評価することができると考える。

第4節　小括

本章では経済制裁の概念を中心に考察した。経済制裁とは、ある国の行った不当な行為に対し、経済の力を借りて制裁を加え、その行為を阻止し、是正し、あるいは何らかの事柄をシグナリングしようとする外交上の手段をいう。日本の行う経済制裁には、第1に条約その他の国際約束を誠実に履行するために必要があるときになされる類型、第2に国際平和のための国際的な努力に日本として寄与するため特に必要があると認めるときに発動される類型、第3に日本の平和及び安全のため特に必要があるときに発動される類型の3つの類型がある。本論文で考察の対象とする経済制裁は3番目の類型の経済制裁である。

ここで日本「独自の」経済制裁という場合、内容的に見て安保理決議の指示を越えた部分を指す客観的なアプローチと、政府が独自措置を講ずる旨発表する経済制裁を指す主観的なアプローチがある。本論文では、国内における政治的効果を分析するものであり、それには国内の国民に向けどのようなアナウンスがなされ、その政治的要請が充たされたのか、また政府によるアナウンスの受け止められ方はどうかなどが本質的な要素であり、主観面に焦点を当てて事例を選択し、分析を進めていく。

また、経済制裁の効果に関して言えば、経済的な影響の側面で捉え、制裁実施者が被制裁国の行動を変化させることができるか否かという点に評価の焦点を置いて考察すると、評価手法の問題もあり、実効性に関しては必ずしも十分な成果を上げているとは言い難い面がある。特に実効性が高くなるはずの国際協調の下に加盟国が連携して発動する制裁であっても、このような側面では十分な効果が上げられているとは

言い難いにもかかわらず、独自制裁は依然、使われ続けている。

　そこで、経済制裁が国内の政治的文脈の中で現実に果たしている役割に着目すると、その実態としては国内に向けた政治的な意図がシグナリングされていると考えることが可能であり、その政治的効果を把握することが日本独自の経済制裁研究の本質的な部分となる。本論文では、この「政治的効果」の意味を3つの局面に分けて考える。第1に、日本は政治体制として議院内閣制をとっているということであり、政府（行政府）と立法府の関係に係る局面である。第2に、政府（行政府）と利益関係団体との関係に係る局面である。第3に、日本は間接民主制をとり、選挙で国民の代表が選ばれる仕組みになっており、政権は、最終的かつ根本的に国民の支持の下に成立し、維持されているという局面である。つまり政府（行政府）と国民の関係である。このように、国内における政治的効果の分析として、基本的な統治構造、政治過程、そして国民・政府間関係という3つの局面に着目して分析する。

　また、「効果」については、ある政治現象に着目した上で、因果関係の分析において、原因から引き起こされた結果、すなわち「結果事象」をもたらした作用を、「効果」と位置づける。そこでは、ある政治現象は従前のそれと比較して変化することになるのが一般的であるが、ここでは表面上は変化していなくても変化を抑制する作用として機能する場合も含めて考えている。

　日本独自の経済制裁の制度創設は比較的新しい。国内における政治的要請に対して、シグナリングとしての経済制裁という新たなツールを獲得した政権は、国内政治における文脈で何をしようとし、何を達成したのかについて順を追って分析する。

第 2 章
日本独自の経済制裁の構造

第 1 節　日本独自の経済制裁の構造

1　日本独自の経済制裁に係る法制度

　経済制裁に関する制度は当然のことであるが、国によって制定経緯が異なり、特徴が異なっている。例えば、米国には国際緊急経済権限法（International Emergency Economic Powers Act: IEEPA）といった基本となる法があり、外部からの異常な脅威に対し大統領が国家非常事態宣言を発出し、通商を規制する制度となっている[86]。このほか、個別には北朝鮮制裁強化法（North Korea Sanctions Enforcement Act of 2013）などの対北朝鮮や対キューバなどの個別法が制定されている[87]。2018 年 8 月には、輸出管理分野で輸出管理改革法（Export Control Reform Act: ECRA）が根拠法として制定された。

　これに対して、日本独自の経済制裁制度の場合、輸出管理も含めた法制度についての制度構築は、特定船舶入港禁止法や北朝鮮人権法という例外はあるものの、必要が生じたときにその都度、既存の法律の一部改正という形で対処するという方式をとってきた[88]。日本独自の経済制裁制度において主要な部分をなす外為法は、この一部改正の形をとっている。

　以下では、この外為法の一部改正、特定船舶入港禁止法及び北朝鮮人権法についてその内容及び成立過程等を概観する。

86）杉田弘毅『アメリカの制裁外交』岩波新書（新赤版）1824、岩波書店、2020 年、49 頁。
87）宮本 悟「国連安保理制裁と独自制裁」中川正彦編『国際制裁と朝鮮社会主義経済』アジア経済研究所、2017 年、9-35 頁。
88）中谷「経済制裁：国際法の観点から」。中谷は、日本は経済制裁の国内的履行について、外為法を中心として各業法で対応するというパッチワーク的対応を取ってきたと指摘する。

2　外国為替及び外国貿易法

　外為法、すなわち「外国為替及び外国貿易法」は日本の経済制裁の根拠法の主要な1つである。日本の経済制裁に係る制度は、1979年の外為法改正で、それまで対外取引が原則禁止であったものが「原則自由」へと改正された際に設けられた制度を嚆矢とする。このとき導入された経済制裁は「我が国が締結した条約その他の国際約束の誠実な履行のため必要があるとき」にのみ発動することができる規定になっており、その運用としては、安保理決議等の明確な国際約束が存在しない限り規制は発動することができないという抑制的な仕組みとなっていた[89]。

　ところが、1990年のイラクのクウェート侵攻の後に欧米諸国が直ちに資産凍結等の経済制裁を実施することができたのに対し、日本はこの規定ゆえに、安保理決議発出まで外為法に基づく規制措置を発動することができず、対応として全国銀行協会に対する行政指導によってこの事態に対処せざるを得ない状態に陥った。そこで、このときの経験を踏まえ、1997年に外為法を改正し「国際平和のための国際的な努力に我が国として寄与するために特に必要があると認めるとき」にも経済制裁を発動できるという規定を新たに設け、機動的に経済制裁を発動できる体制を整備した[90]。

　その結果、外為法では、第1に、条約その他の国際約束を誠実に履行するため必要があると認めるとき、第2に、国際平和のための国際的努力に我が国として寄与するため特に必要があるときの、2つの場合に経済制裁を発動することができる仕組みになった。本論文では、これら2つの類型の経済制裁を、後述の日本独自の経済制裁と区別するため「国際協調型制裁」と呼ぶこととする。

　こうした国際協調型制裁に加え、2004年2月に自由民主党（以下「自民党」という）、公明党、民主党の3党の共同提案という形での議員立法により、日本の平和及び安全の維持のため特に必要があるときは、閣議決定に基づき経済制裁の発動を可能とする外為法の改正がなされた。つまりこのとき、国際約束の誠実な履行や国際平和のための国際的努力への寄与といった国際協調の必要性を理由とすることなく、外為法第10条の規定により、日本自らの平和及び安全の維持を理由に経済制裁を発動することが法的に可能になったのである。この制度に対する一部議員の期待も大きく、その創出が議員立法によってなされたということの政治的意味合いは大きいと言える。

　ここで日本独自の経済制裁に係る制度創設の経緯を見るため、まず衆議院の審議内容を概観する。法案の提案者は外為法の改正案の概要説明を行うが、その概要は次

89）外国為替貿易研究グループ『逐条解説　改正外為法』通商産業調査会出版部、1998年、179-181頁。
90）同上、181頁。

のとおりである[91]。

　第1に、外為法の目的として、我が国または国際社会の平和及び安全の維持の観点を明示したこと。
　第2に、我が国の平和及び安全の維持のため特に必要があるときは、閣議で、支払い等、資本取引、特定資本取引及び役務取引等について許可を受ける義務を課する措置、対外直接投資の内容の変更または中止を勧告する措置、輸出及び輸入について承認を受ける義務を課する措置を講ずべきことを決定することができるとしたこと。
　第3に、政府は、閣議決定に基づき以上の措置を講じた場合には、当該措置を講じた日から20日以内に国会に付議して、当該措置を講じたことについて国会の承認を求めなければならないとしたこと。

　こうした内容の外為法の一部改正案を付託された衆議院財務金融委員会の2004年1月28日の審議では、特に第3の事後の国会承認制度についてその意義が強調された。この事後の国会承認制度は、自民党の当初案になかったものが、民主党案との擦り合わせの結果盛り込まれたものである。共同提案者の一人、渡辺周議員（民主党（当時））はその意義に関し次のとおり説明している[92]。

　「この経済制裁というのは、私どもの議論の中で申し上げますと、一種のこれは強制力の行使でございまして、そしてその目的は、我が国の意思を強要する、相手国に対して、被制裁国に対して強要するということでございます。この点についてやはり重い責任を我が国は持って決断をするわけでありますから、当然、国権の最高機関である国会で審議をし、なぜ経済制裁を閣議決定するに至ったかということについては審議をしながら国民につまびらかにする、そしてその結論については、承認をするということになれば国会が連帯をして責任を負う、そしてまた、閣議、内閣のもし行き過ぎがあれば、その点についても厳しくチェックをする。さまざまな意味において国会の関与を義務づけをした次第でございます。
　それで、これがもし発動されるということになった場合は、これはやはり、自己が正当である、つまり我が国の言い分が正当であるということを確信する強さ、そしてまた国民の結束の度合いによって私は目的を達成し得るだろうというふうに考えます。

91）第159回国会衆議院財務金融委員会第2号（平成16年1月28日）会議録、水野賢一議員趣旨説明。
92）同上、渡辺周議員答弁。

そのため、繰り返しになりますけれども、国権の最高機関であり国民を代表するこの国会がその決断と意思を共有するということになれば、これは大変大きな、我が国にとっての申し上げた正当性そしてまた結束力につながるものであろうということで、今回国会承認を主張してきた次第でございます。」（傍点は筆者）

この事後の国会承認の義務づけについては、国権の最高機関であり、国民を代表する国会が、日本独自の経済制裁の発動についての内閣の決断と意思を共有することによって、その正当性と結束力を強固にするものであることが強調された。しかも、この制度は与野党の協議の結果により設けられているのであり、政治的な意義は大きいと言うことができる。

次に、この経済制裁が単独実施された場合の有効性に関しては、これを問う質疑に対し、谷垣禎一財務大臣（当時）は、これを使うには色々なことを考えなればならないが、北朝鮮の拉致問題を解決していく上で選択肢を広げておくことが先ず第一の大きな意義であると答弁している。そして単独制裁の場合、第三国を経由することで抜け穴ができてしまうが、それでも効果がないということは言えないのではないかと答えている[93]。

また、谷垣財務大臣は、経済制裁の発動に関して、現在北朝鮮との間では平和な形での問題解決に向けて努力が継続されていると考えているので、現時点で外交上の判断として北朝鮮に対して経済制裁するということは考えていないと答弁している[94]。

そして同委員会審議の最後に、附帯決議として「政府は、外国為替及び外国貿易法第10条に基づき、我が国の平和及び安全の維持のため特に必要があるとして閣議により措置を講ずべきことを決定し、当該措置を講じた場合には、速やかにその理由を公表すること」という決議が附されている[95]。後述するとおり、日本独自の経済制裁を行う際の官房長官記者会見における詳細な説明は、この附帯決議との関係でも政治的に不可欠な行為となった。

次いで参議院の審議は2004年2月5日及び9日の財政金融委員会で行われ、概ね衆議院と同様な議論がなされ、同様の附帯決議が附された上で、改正外為法は2月9日成立し、2月16日公布された[96]。

こうした累次の改正を経た現在の外為法による経済制裁体制は、第1に条約その

---

93) 第159回国会衆議院財政金融委員会第2号（平成16年1月28日）会議録、松原仁委員の質疑に対する谷垣禎一財務大臣答弁。
94) 同上。
95) 同上。
96) 参議院財政金融委員会における審議については、第159回国会参議院財政金融委員会第1号（平成16年2月5日）会議録及び第2号（平成16年2月9日）会議録。

他の国際約束を誠実に履行するため必要があると認めるとき、第2に、国際平和のための国際的努力に日本として寄与するため特に必要があるとき、そして第3に、日本の平和及び安全の維持のため特に必要があるとして対応措置を講ずべき旨の閣議決定が行われたときに経済制裁を発動することができる仕組みになっている。官房長官記者会見や政府の記者発表資料で「我が国独自の措置」「更なる独自措置」、そして本論文で「日本独自の経済制裁」と言うのは外為法第10条の規定に基づく第3の場合である。

なお、後述するが、谷垣財務大臣の、現時点で外交上の判断として北朝鮮に対して経済制裁するということは考えていないという答弁は、制裁発動をめぐって政府側と議会の提案者側に意思の齟齬があることを示しているという点で、この法案成立の経緯における特徴を物語っている。

3　特定船舶入港禁止法

日本独自の経済制裁に係る措置としては、前項の外為法による規制のほか、船舶の入港禁止措置がある。2004年6月18日、特定船舶入港禁止法が成立し、同月28日から施行されている。同法は、「我が国の平和及び安全を維持するため」（同法第1条）「特定船舶」の入港禁止の措置を閣議で決定することができるとしたものである（同法第3条）。

この法律は、野党側の民主党・無所属クラブが2004年3月31日に「特定船舶の入港禁止に関する特別措置法案」を衆議院に提出したのに対し、4月6日、与党側が「特定船舶等の入港禁止に関する特別措置法案」を提出したことを受け、与野党の間で内容の擦り合わせが行われた結果、新たに衆議院国土交通委員長提案という形に切り替えて提出された法案を審議したものである[97]。

与党案と民主党・無所属クラブ案についての協議結果は、その経緯についての提案者説明によると、修正協議の過程で、与党案に対して第1に入港禁止の対象船舶の範囲を広げること、第2に国会承認などを含め国会の関与を強めることなどの点で修正が加えられたと説明されている[98]。ここでも与野党協議において国会の関与を強めるために事後国会承認制が取り入れられたことは政治的な意味合いにおいても注目すべき点である。

さらに特筆すべき点として、参議院の国土交通委員会における法案審議の過程を

---

[97] 稲木宙智布「特定船舶入港禁止法の成立経緯と入港禁止措置の実施」『立法と調査』No.272、参議院事務局、2007年9月、51-63頁。

[98] 第159回国会参議院国土交通委員会第23号（平成16年6月11日）会議録、水野賢一衆議院議員答弁。

見ると、この法案の国会発議の意義に関する質疑に対する答弁で、提案者である議員から、この法案の発議には国会として、さらには国民としては拉致問題や6者会合（Six-Party Talks）の進展に不満であって、このままでは駄目だという政治的な意思表示という意味合いがあり、普通の法案とは違った形の、いわゆる政治的意思が込められている旨説明がなされている点である[99]。つまり、この特定船舶入港禁止法案の議員提案には、拉致問題や6者会合の進展に対する国会側の強い不満が政治的意思として込められているのである。

当時の小泉純一郎内閣総理大臣（以下「小泉総理」という）はこの年2004年の5月の再訪朝に際し、現時点では北朝鮮に対して経済制裁を行うことは、最も効果的な方策ではないという基本的な考え方を示し、北朝鮮に対して、日朝平壌宣言を遵守する限りは日本は制裁を発動しないと明らかにしていた[100]。衆議院の国土交通委員会での質疑では冒頭から、委員から小泉総理のこの発言に対し、これでは最初から外交カードを放棄したような発言であり、また、いかに外交が分かっていないか、国会側の環境づくりの流れを汲んでいないではないかと抗議の発言がなされており、議会側から政府の対北朝鮮姿勢が厳しく批判されている[101]。この点でも先述のとおり、政府側と議会側の間に意思の齟齬があったことを示しているのであり、さらに議会側の質疑は政府の対北朝鮮の姿勢に対して憤りのような感情さえ感じさせる。特定船舶入港禁止法はこのような状況の中で成立した。

4　北朝鮮人権法

さらに北朝鮮人権法、正式には「拉致問題その他北朝鮮当局による人権侵害問題への対処に関する法律」であるが、この法律は特定船舶入港禁止法制定の2年後の2006年6月16日に成立し、同月23日に公布・施行された。

北朝鮮人権法については、それまで与野党ともに党内で議論を行ってきたが、2005年の第162回国会に民主党・無所属クラブが提出した法案が審査未了となっていた。2006年の第164回国会では、民主党・無所属クラブが再度法案を提出し、また自民党及び公明党も与党案を提出したため、2案が並立する状態となっていた。与野党は一本化に向けた協議を行い、与党案を基礎として民主党・無所属クラブ案にある脱北者保護に係る規定を盛り込むことで合意がなされ、改めて委員長提案として

---

99) 第159回国会参議院国土交通委員会第23号（平成16年6月11日）会議録、大江康弘委員の質疑に対する中川正春衆議院議員答弁。
100) 第159回国会衆議院国土交通委員会第25号（平成16年6月1日）会議録、中川正春委員の質疑に対する松宮勲外務大臣政務官答弁。
101) 同上、中川正春委員の質疑冒頭発言。

提出され、成立に至ったものである[102]。

この法律の目的については、2005年12月16日に国連総会で採択された北朝鮮の人権状況に関する決議を踏まえ、拉致問題などの北朝鮮当局による人権侵害問題への対処が国際社会を挙げて取り組むべき課題であることに鑑み、この問題に関する国民の認識を深め、また国際社会と連携し北朝鮮当局の人権侵害問題の実態を解明し、抑止を図ることを目的とするとされている（同法第1条）。法案提出の背景としては、北朝鮮による拉致問題に関しジュネーブの国連人権委員会において、拉致問題解決に言及した「北朝鮮の人権状況」決議が2003年から3年続けて採択されたこと、さらに上述のとおり、国連総会でも同様の決議が採択されたことがある[103]。

経済制裁との関係で言えば、政府は拉致問題その他北朝鮮当局による日本国民に対する重大な人権侵害状況について改善が図られていないと認めるときは、国際的動向等を総合的に勘案し、特定船舶入港禁止法による措置、改正外為法による措置その他の北朝鮮当局による日本国民に対する人権侵害の抑止のため必要な措置を講ずるものと定められた（北朝鮮人権法第8条）。その結果、拉致問題等の解決を図る上で経済制裁発動に道を開くことが明記されたが、発動するかどうかは依然、政府の総合的な判断に委ねられているとされる[104]。

この同法第8条を定めた背景には、拉致問題解決に向けて進展がない中、国会側においては政府に対し経済制裁発動を再三求めてきたにもかかわらず、政府側が「最終的な圧力としては特定船舶入港禁止法の発動を含む経済制裁の発動であるが、その最終的な圧力に至る過程で様々な形の圧力があり、これまでにも厳格な法執行等の措置をとっている」として経済制裁発動に向けての明言を控えてきた経緯がある[105]。

しかしながら、この規定にはやや問題がある。一方で、特定船舶入港禁止法による措置及び改正外為法による独自措置は「我が国の平和及び安全を維持するため特に必要があるとき」に発することができる定めとなっている。これに対し、北朝鮮人権法では「北朝鮮当局による日本国民に対する人権侵害の抑止のための必要な措置」として特定船舶入港禁止法による措置及び改正外為法による措置を位置づけており、両者の間では発動要件の規定ぶりに整合性がとれていない。つまり、特定船舶入港禁止法及び外為法の言う、国家としての日本の平和及び安全の維持という概念の意味するところと、北朝鮮人権法の言う、日本国民に対する人権侵害の抑止という概念の意味

---

[102] 宇佐美正行「北朝鮮人権法の成立と拉致問題をめぐる動向〜拉致問題解決に向けた国際的な連携の強化へ〜」『立法と調査』No.258、参議院事務局、2006年7月、16-19頁。

[103] 同上、17頁。

[104] 同上、18頁。

[105] 同上、18頁。

するところは異なっているのである。仮に両概念に重なり合うところがあるとしても、運用上曖昧さがあることは否定できない。特に、外為法等の適用については、国内の私企業の経済活動に制限を加えるものであることを考えると、経済的自由権尊重の見地から厳格な法執行が求められるので、外為法等では明記されていない、日本国民の人権侵害の抑止という理由のみを根拠として外為法等で規制することには疑問の余地があると言わざるを得ない。

以上、日本の経済制裁に関する法律の主なものを概観したが、日本の経済制裁は、先述の外為法や特定船舶入港禁止法、北朝鮮人権法を中心に、このほか実際には出入国管理難民認定法も運用しながら、貿易規制、資本取引規制、出入国規制を行う体制がその基本構造となっている。このように日本独自の経済制裁制度は議員提出の法律という形式で創設されたところであるが、第7章からの事例分析においてその政治的意味合いを探究する際に参考とするため、その創設過程における特徴を次節で見ていく。

第2節　立法過程における特徴

1　議員立法の件数

法律には内閣提出による法律（以下「閣法」という）と議員立法があるが、先述のとおり、改正外為法や特定船舶入港禁止法、北朝鮮人権法はいずれも議員立法である。前2者は2004年の第159回常会で成立し、後者は2006年の第161回臨時会で成立した。

議員立法の提出件数及び成立件数は1990年代後半からのいわゆる「議員立法の活性化[106]」の傾向を引き継ぎ、閣法の件数の伸びに比べ大きく伸びている[107]。第159回常会では改正外為法及び特定船舶入港禁止法を含め15件の議員立法が成立した[108]。また第161回臨時会では北朝鮮人権法を含め8件の議員立法が成立している[109]。

---

106) 茅野千江子『議員立法の実際―議員立法はどのように行われてきたか―』第一法規、2017年、105-116頁。1990年代後半以降、政治改革の機運の高まりの中で、「国会改革」の一環として「議員立法の活性化」を求める主張がなされ、衆参それぞれで改革に向けての取組みがなされた。

107) 同上、118-120頁。

108)『日本経済新聞』「成立した法律」2004年6月17日；『日本経済新聞』「入港禁止法案、今国会成立へ」2004年6月2日。

109) 同上、2006年6月17日。

2　法案提案の形態

　法案提案の形態については、議員立法という提案形態をとっていても、通常は、特定官庁をバックにしたもので、いわゆる「隠れ閣法」の色彩が強いものが多いとされる[110]。このような中、北朝鮮に対する独自制裁に関する法案については、外務省を中心に政府内で反対が強いにもかかわらず、自民党の一部議員が検討を重ね、2003年12月17日には自民党及び公明党の「与党政策責任者会議」で日本独自の判断で北朝鮮に対する経済制裁を可能にする外為法改正案を議員立法で共同提案することが合意され、早ければ次期通常国会、すなわち2004年の第159回常会にも提案する方針を決定し、実際に提案するに至っている[111]。こうした経緯が示しているように、日本独自の経済制裁に係る法案は名実ともに議員立法となっている。

　こうした動きを政治的に見ると、2002年9月の第1回日朝首脳会談以降、拉致問題に関する北朝鮮の対応に国民の多くが強い憤りを示す中で、立法府としての国会が議員立法という形で、拉致被害者家族や国民一般の要請に応じたという政治的な意味合いがある。つまりこの議員立法には、後に詳しく見るように、政府が北朝鮮に対する経済制裁に否定的な姿勢を示しているのに対し、当時の拉致事件をめぐっての国内世論の高まりを受けて、拉致問題解決に向けての強い姿勢をとる議員自身の姿を、国内向けにアピールする政治的狙いがあったと見ることもできるのである。

3　経済制裁に対する姿勢の違い

　日本独自の経済制裁に関する立法の特徴については、与野党間の調整がなされた結果という点に求めるより、むしろ北朝鮮に対する経済制裁発動に対する基本姿勢に関し、政府と立法府の間の齟齬にあると見るべきである。

　2002年9月の第1次小泉訪朝の約1年1か月後の2003年10月15日、自民党の安倍晋三幹事長（当時）は、「国民運動を盛り上げ、北朝鮮に要求し、いろんな選択肢を持つ必要がある」として、北朝鮮への経済制裁を可能にする立法措置の必要性を強調した。これに対し当時、政府側の立場にあった福田康夫官房長官（当時）は同

---

110)『日本経済新聞』2006年6月17日。例えば、『日本経済新聞』2002年1月6日は、マンション管理士の国家資格の創設を定めたマンション管理適正化推進法を、アイディアから法案作成まで国土交通省が手掛けた純然たる「霞が関法案」であったと指摘している。

111) 同上、「自公、北朝鮮経済制裁へ議員立法」2003年12月18日。この件に関しては、自民党の山本一太参議院議員（当時）らが議員立法での改正を目指し、自民党総務会で了承されていた。なお、法案の検討及び提出の経緯は、当時の法案提案者代表　水野賢一前参議院議員（元衆議院議員）の「けんいちブログ」に詳しい。https://mizunokenichi.com/2004/02/。

日の記者会見で「経済制裁をすぐやることは考えていない」と否定的な考えを述べ、「日本だけやって、どれだけ有効かということもある。現在は対話で行こうとの大きな方針を立てている」と政府の対話路線を力説している[112]。国政において様々な課題がある中で、政府と与党自民党の間でその方針が完全に一致するということはないのであろうが、当時、拉致問題という国民の関心の非常に高い課題について、政府と政権与党である自民党の基本的な立場が大きく異なっていたという点は特筆すべきことである。

改正外為法案の審議は、既述のとおり、2004年1月28日、衆議院財務金融委員会で行われたが、民主党（当時）の松原仁委員からの、経済制裁の発動のタイミングについての質問に対し、谷垣財務大臣（当時）は、「北朝鮮との間では、現在、平和的な形での問題解決に向けていろいろな努力が継続されているというふうに考えておりますので、現時点での外交上の判断として北朝鮮に対する経済制裁を行うというふうには考えておりません」（傍点は筆者）と答弁しているのは、前述したとおりである[113]。そして、「ただ、政府としては、北朝鮮がさらに事態を悪化させるような何らかの措置をとってくる場合には、その時々にきちっとした断固たる対応をとらなければならない」とも付言している[114]。

また2004年2月5日の参議院財政金融委員会で、民主党（当時）の平野達男委員の、政府提案でなく議員立法で提案された経緯を問う内容の質疑に対し、与党の発議者である水野賢一衆議院議員（当時）は、政府の中にこのような法律は北朝鮮を刺激するという理由で慎重論があり、それ故、政府が法案を提出しないのであれば、議員立法という手段があるということで提出した旨答弁がなされている[115]。

先述のとおり2004年3月の衆議院予算委員会において、公明党の漆原良夫委員から、拉致問題解決のためには経済制裁も辞さないという政府の断固たる姿勢と決意を求める質疑に対し、小泉総理は「刀というのは人を切るためにあるのではない。各国の防衛力も、使うためにあるのではない、抑止するためにあるんだということを常に念頭に置かなきゃならないと思っております。いわば、伝家の宝刀、抜かないで済むんだったら、抜かないにこしたことはないというふうに考えておりますので、そう

---

112) 『日本経済新聞』「対北朝鮮、経済制裁に慎重―官房長官、安倍氏とさや当て。」2003年10月16日。与党側には、外交圧力をかけることで北朝鮮に歩み寄りを求めるとともに、衆議院議員選挙をにらんで国民に毅然とした姿勢をアピールする狙いがあるとしている。

113) 第159回国会衆議院財務金融委員会第2号（平成16年1月28日）会議録、松原仁委員の質疑に対する谷垣禎一財務大臣答弁。

114) 同上。ただし、このときも谷垣財務大臣は経済制裁を実施するとは明言していない。

115) 第159回国会参議院財政金融委員会第1号（平成16年2月5日）会議録、平野達男委員の質疑に対する水野賢一衆議院議員答弁。

いう点は十分考えながら、どのような対応が適切かということで、平和的解決を目指していきたい」と自説を力説している[116]。

さらに小泉総理は、法案成立後の 2004 年 10 月 9 日の発言にはなるが、ハノイ訪問中に「経済制裁が有効に効くかどうか考えなくてはならない。（核問題や日本人拉致問題で）誠意ある対応を取るよう粘り強く働きかけていきたい」と述べ、北朝鮮への経済制裁の発動に否定的な考えを示している[117]。当時、北朝鮮に対する日本独自の経済制裁の発動については、政府と与党、そして政府と民主党の間には基本的な考え方の相違が存在していたのである。

それでは政府と外為法改正法案を提出する議員側の考え方の相違は、どのような構図であったと理解することができるであろうか。ここで、政府の基本的な姿勢と違えてまで、議員立法という形で外為法を改正しようとする議員側の意図を見ていかなければならない。そもそも外為法の改正目的はなにか。法案の提案理由には次のとおり述べられている[118]。

「近年における我が国を取り巻く国際情勢にかんがみ、我が国の平和及び安全の維持のため特に必要があるときは、閣議において対応措置を講ずべきことを決定することができることとし、閣議決定が行われたときは主務大臣が支払について許可を受ける義務を課することができることとする等の必要がある。」

しかし、この法案の提案理由では、「国際情勢」や「必要がある」と述べているだけで法案提案者の具体的な意図は分からない。

そこで、改正理由について、改正外為法案の審議が初めて行われた 2004 年 1 月 28 日の衆議院財務金融委員会におけるやり取りを詳細に見ていくと、(1) 拉致問題の解決が進まないのは「対話と圧力」のうち「圧力」の部分が日本の意思として発動されてこなかったことにあり、日本のメッセージを北朝鮮に伝えるということを含め外為法の改正が拉致問題の解決には極めて有効であること、(2) 改正外為法により日本が独自に経済制裁を行うことができるというカードを持つことは、他国同様国家としての当然の権利であることなどを挙げることができる（傍点は筆者）[119]。

---

116) 第 159 回国会衆議院予算委員会第 18 号（平成 16 年 3 月 3 日）、漆原良夫委員の質疑に対する小泉純一郎内閣総理大臣答弁。
117) 『読売新聞』「北朝鮮への経済制裁発動 首相、慎重姿勢示す」2004 年 10 月 10 日。
118) 衆議院ホームページ、外国為替及び外国貿易法の一部を改正する法律案、https://www.shugiin.go.jp/internet/itdb_gian.nsf/html/gian/honbun/houan/g15905001.htm。
119) 第 159 回国会衆議院財務金融委員会第 2 号（平成 16 年 1 月 28 日）会議録。①は松原仁委員の質疑、②は中塚一宏委員の質疑に対する渡辺周議員答弁。

また、2004年2月5日の参議院財政金融委員会でのやり取りを見ていくと、制度の意義については、日本単独の判断で経済制裁ができるとすることは主権国家として当然の規定であり、これまでこれがなかったことがむしろ不備であり、その不備を補う意味があること、また、評価に関しては、改正外為法は北朝鮮に対して拉致問題を含む諸問題を解決する上で外交カードとして極めて有効であり、制度をつくったということが北朝鮮に対して大変なメッセージになるという点で価値があることなどを挙げている点を指摘することができる（傍点は筆者）[120]。

　政府が自らの行政執行について国会に対して連帯責任を負う体制の下、外交を処理する職務を所掌する政府（内閣）の基本姿勢に違えてまでこのタイミングで制度化する理由について言えば、要するに、拉致問題の解決に向けて、「圧力」としての経済制裁の制度をつくったという事実が北朝鮮に対する強いメッセージになり、そしてそうすることは主権国家として当然の権利であるということである。

　これを、国内に向けた政治的効果の観点から捉え直してみると、政府が北朝鮮に対する経済制裁に消極的な姿勢を示す中で、当時の拉致事件をめぐっての国内世論の高まりを受けて、拉致問題解決に向けての強い姿勢を北朝鮮に向けて提示し、そのために尽力している議員自身の姿を、国内向けにアピールする政治的狙いがあったと見ることもできる。第7章の2006年10月11日発表の経済制裁の国内における政治的効果の分析結果のところで指摘するように、拉致問題に目立った進展が見られなくなると、メディアによる扱いは2003年をピークに減少し始め、拉致問題特別委員会の審議時間も一部例外はあるものの2006年上半期を境に長時間にわたることはなくなっている。しかし、2004年のこの時期は依然、国内世論向けにアピールする政治的意味合いは大きかったのである。なお、この年5月には第2次小泉訪朝がなされている。

　また、前述のとおり、法改正に向けては与野党で事前協議を行い、野党である民主党の主張する、制裁発動後の国会承認制度を法案に取り込むとともに、法案の審議過程で、これも民主党の提案する制裁発動時にその理由説明を求める附帯決議を採択するなど与野党の歩み寄りも見られた。時に鋭く対立する与野党であるが、安全保障の分野において与野党協調が実現したという点でもこの制度導入の政治的意味合いは大きい。

---

[120] 第159回国会参議院財政金融委員会第1号（平成16年2月5日）会議録。①意義については、平野達男委員の質疑に対する水野賢一衆議院議員答弁、②評価については平野達男委員の質疑に対する松原仁衆議院議員答弁。

4 議員立法の分野

議員立法の分類については、立法分野や政策内容に着目して分類する類型化が一般的である。例を示すと（1）国会、選挙、政治資金関係、（2）地域振興関係、（3）特定業界関係、（4）災害対策関係、（5）新たな犯罪類型や社会問題などに対応する分野などに分類する例がある[121]。その中で福祉、医療、衛生に関する分野の法律は議員立法によるものがかなり多いとされる[122]。

議員立法の行われる分野や対象は社会情勢や国民の要求などにより変化するものであり、立法分野は必ずしもこれらに限られるわけではない。しかしながら、日本の安全保障に関わる分野についての議員立法は、議員立法についてのこれらの分野などに鑑みると、政府の専門的かつ高度な判断の要求される外交や防衛に直接関わる問題であり、かつ福祉や医療などの国民生活に直結するテーマではないという点で、分野的に特異な面がある。

このように見ると、改正外為法などの日本独自の経済制裁に関する法制度については、（1）国会に対する連帯責任の体制の下、日本国憲法第73条の規定に基づき外交を処理することとされている政府（内閣）の基本姿勢と立法者の意思とが相反していること、（2）それまでの議員立法の制定分野に照らして新規な点、あるいは特異な点があることにその特徴を認めることができる。

第3節 小括

本章では、日本独自の経済制裁に関する法制度の立法過程を概観し、その特徴を見た。

経済制裁に関する法制度としては、外為法や特定船舶入港禁止法、北朝鮮人権法等があるが、これらは輸出管理も含めた法制度に関して言えば、特定船舶入港禁止法及び北朝鮮人権法という新法制定という例外はあるものの、基本的には必要の生じた都度、既存の法律の一部を改正して対処する形をとってきた。

2004年2月の外為法の改正、同年6月の特定船舶入港禁止法制定及び2006年6月の北朝鮮人権法の制定により、日本独自の経済制裁の法制度は創設されたが、これ

---

121) 茅野『議員立法の実際』133-143頁。
122) 福田孝雄「議員提案法政の立法過程についての考察 ―臓器移植法を例として―」『川崎医療福祉学会誌』Vol.15、No.2、2006年、339-351頁、https://www.kawasaki-m.ac.jp/soc/mw/journal/jp/2006-15-2/04_fukuda.pdf。福田は、最近（当時）の傾向としては、従来のように特定の分野に限られるとは言えなくなっており、拉致関連など新しい分野のものも見られるという。

らはいずれも議員立法による。制度創設の意義は、国際協調型の枠組みによらず、日本独自の判断で経済制裁の発動が可能となったということで、このことは主権国家として当然のことであり、また制度創設自体が北朝鮮に対する強いメッセージになったということである。

　これを政治的に見ると、第1回日朝首脳会談以降、拉致問題に関する北朝鮮の対応に国民の多くが強い憤りを示す中で、政府が北朝鮮に対し強い姿勢に出ることのない状況を受けて、立法府としての国会が議員立法という形で、拉致被害者家族や国民一般の要請に進んで応じたという政治的な意味合いがある。つまりこの議員立法には、政府が北朝鮮に対する経済制裁に否定的な姿勢を示していたのに対し、当時の拉致事件をめぐっての国内世論の高まりを受けて、拉致問題解決に向けての強い姿勢をとる議員自身の姿を、国内向けにアピールする政治的狙いがあったと見ることもできるのである。

　立法過程については、第1に日本独自の経済制裁に係る法案はいずれも与野党共同提案による、あるいは与野党合意の下での議員立法であり、しかも外交権を行使する政府が当面は執行する考えのない中で、法制化がなされた点に特徴があり、第2にそれまで福祉、医療などの分野が多かった議員立法としては分野的に特異であった点に特徴を見出すことができる。

　また、立法に際しては与野党の事前協議で、野党である民主党案の制裁発動後の国会承認制度を法案に取り込むとともに、審議過程で、民主党提案による制裁発動時にその理由説明を求める附帯決議を採択するなど与野党の協調が見られた。時に激しく対立する関係にある与野党が、安全保障分野で協調したという点でも議員立法によるこの制度導入の政治的意味合いは大きい。

第3章
日本独自の経済制裁についての課題設定

第1節　独自の経済制裁の存在理由と
　　　　　その発動を阻むもの

1　独自の経済制裁の存在理由

　これまで経済制裁の概念や分析の枠組みやアプローチ、日本独自の経済制裁の構造などを論じ、その中で、日本独自の経済制裁という政策手段を獲得した政権が、国内政治における局面で何をしようとしたのかについて分析する旨論じたが、そもそも経済制裁は国際連携の中で実施されることで効果を最大限に発揮するはずである。その意味で、国連の加盟国に対して法的な拘束力を有する形での安保理決議に基づき、国連のすべての加盟国が参加する枠組みの経済制裁が理論的には最も有効である。

　しかし、後に述べる事例1から事例3の日本独自の経済制裁に実例を見るように、安保理決議に基づかない独自の経済制裁も一方で存在する。それはなぜであろうか。それは、独自の経済制裁には安保理決議に基づく経済制裁にはない利益、あるいはそれを上回ると考えられる利益があると、制裁を実施する政権側が判断するからである。では、その安保理決議に基づく経済制裁にはない利益、あるいはそれを上回ると考えられる利益は何であろうか。

　まず安保理決議に基づく制裁は、国連憲章第7章第41条にいう「その決定を実施するために、兵力の使用を伴わないいかなる措置を使用すべきかを決定することができ、且つ、この措置を適用するように国際連合加盟国に要請することができる」と定める規定に基づき実施される[123]。そして、この安保理決議における決定は「平和に対

---

[123] 国際連合広報センターホームページ、「国連憲章テキスト」、https://www.unic.or.jp/info/un/charter/text_japanese/。

する脅威、平和の破壊又は侵略行為の存在を決定し、並びに、国際の平和及び安全を維持し又は回復するために」なされる[124]。すなわち「国際の平和及び安全を維持し又は回復するために」という概念は広く曖昧な概念ではあるが、建前としては安保理決議に基づく経済制裁はこのような目的の下に発動されるのである。

次に安保理の決定によるには、当然のことながらそこで意思決定がなされなければならない。制裁を発動するか否か、安保理決議にどのようなレベルの拘束力を持たせるのか、制裁のメニューをどうするのかなどについて、特に拒否権を有する5つの常任理事国の同意は不可欠である。

このように安保理決議に基づく経済制裁は、発動の事由、その時期、制裁の内容等は安保理の決定に左右される。そうすると必然的に、発動の事由は一定のものに制限され、発動の時期については各常任理事国の同意が得られてからとなり、その内容も各常任理事国の利害の最大公約数的なものを限度とせざるを得ない。つまり、安保理決議に基づく経済制裁は、効果の面では強力な措置と言えるが、制裁の目的ないし理由、タイミング、制裁メニューの点で制限的となっているのである。

これに対して、国内政治においては様々なイシューが登場する。日本独自の経済制裁には拉致事件も理由の1つに加えられているが、政治的課題は広い範囲に及び、その限界を知らない。またこれらに対する対応も、スピード感を持って対処しなければならないものから、比較的時間に余裕のある案件まで実に様々である。対応のメニューも同様である。こうした国内における独自の政治的な要請と、上述した安保理決議の射程範囲との間には大きな間隙があり、この間隙を埋める政治的手段として、独自の経済制裁が必要とされる余地があるということができる。つまり独自の経済制裁には、安保理決議ではカバーすることのできない国内の政治的な要請への適時適切な対応という点に存在理由があると見るべきなのである。

2 日本独自の経済制裁導入以前の状態

ここで、日本独自の経済制裁導入以前の状態を見ておく。本論文では2000年代、特に日本独自の経済制裁制度を初めて定める2004年の外為法改正以降を主に対象とするが、実はそれ以前にも人の移動等の制限を中心とする措置ではあるが、日本は北朝鮮に対して3回制裁措置を実施している[125]。

---

124) 国際連合広報センターホームページ、「国連憲章テキスト」、https://www.unic.or.jp/info/un/charter/text_japanese/。
125) 宮本「国連安保理制裁と独自制裁」23-24頁。宮本は、日本の独自の対北朝鮮制裁は2006年7月5日から始まったという認識が一般的と考えられるとし、これら3回の措置が制裁措置として認識されることは稀であると指摘する。

1回目は1983年10月8日のミャンマーのアウン・サン廟での爆破事件に対して、同年11月7日に発動した措置である。具体的には（1）日本と北朝鮮の外交官の第三国における接触制限、（2）国家公務員の北朝鮮渡航の原則見合わせ、（3）北朝鮮からの公務員入国の原則不許可、（4）日本・北朝鮮間航行の特別機乗入れ不許可、の4つである[126]。

　2回目は1987年11月29日の大韓航空機爆破事件に対し、1988年1月26日に発表された措置であり、これには1回目と同様の措置のほか、（1）安保理などでの北朝鮮非難の動きに積極的に同調、（2）北朝鮮船乗員の上陸審査厳格化、が付け加えられている[127]。

　そして3回目は1998年8月31日の北朝鮮によるテポドン発射に対して同年9月12日になされた対北朝鮮人道援助及び国交正常化交渉の停止などの措置である。このとき北朝鮮から発射された飛翔体は日本上空を越えて着弾したが、このことは北朝鮮が日本全土を射程とするミサイル開発に成功したことを意味した。日本政府は、これは日本の安全保障上の重大事態であり、安保理などの場でミサイル開発阻止非難に向けて働きかけたが、北朝鮮との関係を優先する中国の抵抗や北朝鮮の核開発凍結重視の米国の弱い対応により、安保理議長声明の形での北朝鮮非難声明を採択することができず、日本の対北朝鮮外交の限界を露呈していた[128]。

　このような事態が重なる中で、政治の場では徐々に日本単独で制裁発動を行い、国家意思を示すことの重要性を強調する勢力が超党派で現れてくる。しかし、当時の大蔵省はこの動きに対して、経済制裁は国際協調が前提で課されるべきで単独では実効性などの面で難しく、仮に日本単独で経済制裁を発動しても第三国経由で流れるカネやモノは止められないと反論している[129]。

　しかし、その後も自民党外交委員会や「対北朝鮮外交カードを考える会」等で外為法を改正し、日本単独での経済制裁を求める声は継続していく。2002年の日朝首脳会談直後の拉致問題をめぐっての北朝鮮の不誠実な対応に対する国内世論の激高を経て、2004年に外為法改正や特定船舶入港禁止法制定による日本独自の経済制裁制度が創設された面はあるものの、実際には日本独自の経済制裁制度の創設は、それ以前からのこうした流れの延長線上にあったのである。つまり、本論文では2000年代初頭以降を考察の対象とするが、拉致問題で日本国内の世論が北朝鮮に対する怒り

---

[126] 『日本経済新聞』「政府、ラングーン爆弾テロで対北朝鮮措置を決定―外交官の接触を制限」1983年11月8日。
[127] 同上、「北朝鮮制裁、非難決議に同調―船員上陸審査も強める」1988年1月24日。
[128] 同上、「検証ミサイル問題、日本の強硬姿勢、米中の壁で不発―対北朝鮮、限界を露呈」1998年10月4日。
[129] 同上、「北朝鮮ミサイル問題、強まる経済制裁論―超党派議員『日本単独でも』」1999年8月5日。

で沸騰する以前の段階から、その効果などを踏まえた制裁に関する政策判断として、国際協調型の制裁措置を国是としていた日本としては、自らの安全が脅かされているにもかかわらず、安保理で米国や中国が反対の姿勢をとると、発動要件の「国際協調」という条件が足かせになり、主権国家であるにもかかわらず強い意思表明である経済制裁を発動できない状態にあったのであり、こうした状態は一部の政治家から問題視される状況にあった。その意味で、これを可能とする制度が創設されたことに対しては、日本単独での経済制裁を主張してきた議員の期待感は非常に大きかったのである。

また加えて言えば、日本は憲法で戦力の不保持が定められ、武力行使が厳しく制限されている。自衛隊法を含め現行法体系及びその運用は、武力行使に対して極めて抑制的である。新たに創設された日本独自の経済制裁は、経済の「力」によって日本の意思を対外的に貫徹しようとするものであり、武力行使が厳しく制限されている日本にとって、そこには武力に代替する意味合いを認めることができるのである。

第2節　日本独自の経済制裁の発動を阻むもの

2004年の外為法改正や特定船舶入港禁止法制定による日本独自の経済制裁制度は、立法に携わった議員を始め多くの期待を背負って成立したのであった。しかしながら、その後これらがすぐに発動されることはなく、その発動まで2年超の期間を待たなければならなかった。

日本独自の経済制裁に関する立法の特徴は、先述したとおり、北朝鮮に対する経済制裁発動に対する基本姿勢に関し、政府と立法府の間の齟齬にあった。法案成立当時、政府が法案が成立しても当面使わないと表明している法律が成立するのは、ほとんど前例がないと言われている[130]。

改正外為法案の審議は2004年1月28日、衆議院財務金融委員会で行われたが、民主党（当時）の松原仁委員が、この外為法が成立した場合は速やかにこれを発動すべきと考えると自身の考えを述べた上で、経済制裁の発動のタイミングについて質問したのに対し、谷垣禎一財務大臣（当時）は、「北朝鮮との間では、現在、平和的な形での問題解決に向けていろいろな努力が継続されているというふうに考えておりますので、現時点での外交上の判断として北朝鮮に対する経済制裁を行うというふうには考えておりません」（傍点は筆者）と答弁している[131]。そして「ただ、政府として

---

130)『日本経済新聞』「入港禁止法案、今国会成立へ」2004年6月2日。この記事は特定船舶入港禁止法の成立に関するものである。

131) 第159回国会衆議院財務金融委員会第2号（平成16年1月28日）会議録、松原仁委員の質疑に対する谷垣禎一財務大臣答弁。

は、北朝鮮がさらに事態を悪化させるような何らかの措置をとってくる場合には、その時々にきちっとした断固たる対応をとらなければならない」と付言している[132]。

また、2004年3月3日の衆議院予算委員会では、公明党の漆原良夫委員の、外為法改正により、抜かずの宝刀を政府に与えたのではなく、拉致問題解決のために経済制裁も辞さないという政府の断固たる姿勢と決意を求めるとの質疑に対し、小泉総理は、「刀というのは人を切るためにあるのではない。各国の防衛力も、使うためにあるのではない、抑止するためにあるんだということを常に念頭に置かなきゃならないと思っております。いわば、伝家の宝刀、抜かないで済むんだったら、抜かないにこしたことはないというふうに考えておりますので、そういう点は十分考えながら、どのような対応が適切かということで、平和的解決を目指していきたい」と自らの考えを力説している[133]。

さらに法案成立後の2004年10月9日、ハノイ訪問中の小泉総理は「経済制裁が有効に効くかどうか考えなくてはならない。（核問題や日本人拉致問題で）誠意ある対応を取るよう粘り強く働きかけていきたい」と述べ、北朝鮮への経済制裁の発動に慎重な考えを改めて示したことは前述のとおりである[134]。このように当時、北朝鮮に対する日本独自の経済制裁の発動について政府は否定的であったのである。

第3節　国内における政治的効果を狙ったポジティブな働きかけと到達点

では、安保理決議に違えてまで独自に発動する、そのような経済制裁は、どのような具体的な政治上の要請に基づき、どのようにその存在理由を発揮しているのであろうか。この問い掛けが本論文における分析の視座である。

独自の経済制裁には、安保理決議ではカバーしきれない国内の政治的な要請への適時適切な対応という点に存在理由があるとしても、制裁発動への道筋は様々である。政権側が能動的に働きかけて独自の経済制裁を発動したのか、あるいは国内の政治的アクターの強力な圧力に押されて、やむを得ず受動的に発動せざるを得なかったのかという制裁発動のイニシアティブは解明されなければならない。また、日本独自の経

---

132) 第159回国会衆議院財務金融委員会第2号（平成16年1月28日）会議録、松原仁委員の質疑に対する谷垣禎一財務大臣答弁。
133) 第159回国会衆議院予算委員会第18号（平成16年3月3日）会議録、漆原良夫委員の質疑に対する小泉純一郎内閣総理大臣答弁。
134) 『読売新聞』「北朝鮮への経済制裁発動 首相、慎重姿勢示す」2004年10月10日。

済制裁の発動理由は、例えば外為法には「我が国の平和及び安全の維持のため特に必要があるとき」（外為法第10条）と規定されているが、実際には発動理由の１つに拉致問題が入っていることが特徴になっている。独自制裁の発動の理由として、安保理決議における制裁の理由とは異なる制裁理由は具体的に何かについても、政治的要請の内容を特定する上で改めて具体的に確認しておく必要がある。さらに発動に当たって、政治的に関係のある立法府や圧力団体とのやり取りや調整はどうしたのか、また、発動の国民向けアナウンスは具体的にどのようになされたのかなど、その実相を知る必要がある。

制裁の効果に関しても、実際に実施された制裁についてその効果をどのように評価することができるのかについては考察されなければならない。もとより経済制裁を具体的な政策を実施する政策手段と位置づけた場合、その効果については、先述したとおり、正確な評価には困難が伴うが、効果の現れる局面を政治的なものとして捉え、例えば先述したように、政権と立法府の局面、政治過程における政権と利益団体の局面、そして政権と国民一般という基本的な局面という形で多面的に捉え、それぞれの局面に対して事実に基づき評価を加えることで、政治的効果の実相を合理的に解明することは可能であると考える。

その上で独自の経済制裁の政治的効果を論じるのであれば、こうした独自の経済制裁について、単に３つの局面を個別に確認するにとどまらず、それを取り巻く政治的文脈の中にこれらを改めて置いて全体的に評価し、一連の経済制裁で政権が何を達成しようとしたかを探究し、そして達成することのできた到達点があれば、その到達点の内容や政治的な意味合いについて明確にされなければならないと考える。つまり1990年代末の日本の状況と対比して見るとき、2000年代初頭という時代状況の中で、日本独自の経済制裁という政治手法を獲得した政権が、制裁というツールを用い政治的に何を達成できたのか、そして一連の制裁によってその達成された到達点の政治的な意味合いは具体的に何かについて、個別の各政治的局面に着目しての分析を踏まえ、政治的な文脈の中で明らかにすべきであると考えるのである。

第４節　日本独自の経済制裁制度創設時の政治的状況

日本独自の経済制裁の国内における政治的効果を分析する前提として、当時の国内政治の文脈を確認するが、日本独自の経済制裁の制度が導入された当時は小泉政権

の時期に当たる[135]。その時期の政治的文脈の詳細は後述するが、以下、2001年からの小泉政権登場の背景についての政治状況を中心に述べ、併せて当時の国際社会の関連する特徴について簡単に触れる。

1　国内の当時の政治的状況

　小泉総理は2001年4月26日から2006年9月26日までの5年5か月の長きにわたり政権を担当した。この小泉政権は民意を背景に強力なリーダーシップの下、個性的な政治手腕を発揮して構造改革を推し進めた点に特徴がある。

　こうした小泉政権がこの時期に誕生した背景については3点指摘することができる[136]。第1にグローバリゼーション（globalization）の進展により、国際競争力を持つ企業や新中間層と、農業、建設業、流通業などのそれまで政府に保護されていた層との間に対立軸が浮上してきたこと、第2に1990年代初頭のバブル崩壊後、何度も景気対策がとられたが、効果がなかったことから、真の景気回復には構造改革が必要との認識が一般に広まっていたこと、第3に1990年のイラクのクウェート侵攻や湾岸戦争時に、国際社会における日本の役割が問われはじめ、そうした中で日米関係が深化し始めたことなどを挙げることができる。

　小泉政権前の細川護熙政権や橋本龍太郎政権においては、規制改革や財政支出の削減といった新自由主義的な改革と既存の古い政治構造が適合しない状態に陥っていた[137]。このことは橋本の後任総理の小渕恵三が財政構造改革法を凍結し、財政出動に力を入れ、改革を停滞させたことに表われている[138]。

　20世紀末の日本では、国民は長期化するデフレへの対処として構造改革が必要であるとしていたが、一方で国民の間には政治不信と閉塞感が充満していたと言える[139]。国民は、理念に基づく政策選択を明確に提示できるようなリーダーシップを待望し、

---

135) 本論文では「小泉内閣」、「小泉政権」というように「内閣」、「政権」の語を用いて時々の政府を言い表している。「内閣」は組織に着目した語、「政権」は権力の所在に着目した語とも言い得るが、本論文ではこれらの意味するところは、政権の座にある具体的な内閣という組織を意味しており、2つの語を同じものとして用いている。

136) 内山融『小泉政権』中公新書1892、中央公論新社、2007年、177-178頁。

137) 同上、180-181頁。細川政権はウルグアイ・ラウンドでコメ市場の部分開放を決断するなど経済自由主義の立場を明確にし、橋本政権でもそうした立場から財政構造改革や行政改革に着手した。しかし、細川は国民福祉税構想で躓き、政治スキャンダルで政権を降り、橋本も参議院議員選挙の敗北の責任をとって辞任した。

138) 同上、180-181頁。

139) 同上、181頁。

特に都市部の新中間層は自分達の政策志向に合った経済自由主義的な理念の下に政党を糾合できるような指導者を望む状況にあった。そこに小泉が登場し、2001年4月に政権を担ったのである。小泉は所信表明演説で「構造改革なくして日本の再生と発展はない」と明言した[140]。この言葉は、このときの日本の国民の切望する政治課題を的確に表している。

　小泉政権は、与党や政府間の反対を押し切ってトップダウンで、すなわち官邸主導で政策決定を行い、強引に構造改革を実行した[141]。小泉は「郵政民営化」、「社会保障費の段階的削減」、「三位一体の改革」を進め、また「骨太の方針」を定め、政府介入を抑制し、市場原理を重視する新自由主義の新機軸を政策過程に取り入れていく[142]。特に「郵政民営化」を小泉改革の本丸と位置づけ、推進したが、参議院で関係法案が否決されると、郵政民営化について国民の信を問う意味で2005年8月、衆議院を解散し、9月11日、第44回衆議院議員総選挙が行われる。いわゆる「郵政選挙」である。

　選挙結果は自民党が212議席を296議席に飛躍的に伸ばす一方で、野党である民主党は177議席を113議席に減らし自民党圧勝の結果となった。そして郵政民営化関連法案は同年10月14日に成立した。

　対外政策を見ると小泉政権は、後述するとおり、総理のリーダーシップの下に、2001年10月29日にいわゆるテロ対策特別措置法[143]を制定し、さらに2003年7月26日に「イラクにおける人道復興支援活動及び安全確保支援活動の実施に関する特別措置法」(イラク特措法)を制定して対米協力の強化と自衛隊の海外派遣を進めている。このことは、対米支援のために日本が十分な行動をとることができるであろうかといった、当時の米国側の懸念を払拭することとなったと言える。

　このように、総じて言えば小泉政権は「聖域なき構造改革」が前面に出た政権であり、一方で対外政策面では、日米の協力体制が強化され、米国側の日米同盟に対する信頼感を高めることになった政権であったと評価することができる。

---

140) 第151回国会における小泉総理大臣所信表明演説、https://www.mofa.go.jp/mofaj/gaiko/bluebook//2002/gaikou/html/siryou/sr_01_03.html。

141) 内山『小泉政権』iii頁。

142) 内山『小泉政権』46頁。

143) 正式名称は「平成13年9月11日のアメリカ合衆国において発生したテロリストによる攻撃等に対応して行われる国際連合憲章の目的達成のための諸外国の活動に対して我が国が実施する措置及び関連する国際連合決議等に基づく人道的措置に関する特別措置法」である。

2　国際社会の政治状況

　このような国内の政治状況はより大きな視点で見ると、グローバリゼーションの動きとの関連を指摘することができる。グローバリゼーションには、経済面、社会・文化面、そして主権という側面など様々な局面があり、これらに対する見解も多岐にわたり、これを簡単に定義づけることは難しい。ただ、人や物、金融、そして企業活動が地球規模で拡大する現象と、これに伴い文化や価値観、国境に対する意識が変化する現象などを指しているものと見ることは可能であろう。歴史的にはグローバル化自体は、輸送技術や通信技術などの発達によりこれまでも進展してきているが、特に2000年代前後、これらの技術が急速に発達したことなどにより、多国籍企業などによる経済のグローバル化を中心にグローバリゼーションの現象が顕著に現れ、国際関係だけでなく国内政治にも影響を与える現象として注目されてきたと言うことができる。先述のとおり、小泉政権登場の背景について、グローバリゼーションの進展により、国際競争力を持つ企業や新中間層と、農業、建設業など従来政府に保護されていた層との間の対立軸の浮上を指摘したが、これもグローバル化が国内政治に及ぼす影響の1つである。こうした経済のグローバル化は情報技術の発達により一層加速される一方で、2008年のことにはなるが、米国で株価の大暴落が起こり、金融危機が急速に世界大に拡大するといった負の側面も引き起こすこととなる。

第5節　小括

　日本独自の経済制裁導入には、国際協調型の経済制裁しか行使できない日本としては、北朝鮮に対して強い意思表示を行うにも、安保理の理解を得ることができないと経済制裁という強い形での意思表示さえできないという、主権国家として不本意な状態があり、その状態からの脱却を切望する思いが議員側にあった。さらに武力行使が厳しく制限されている中で、日本独自の経済制裁には武力に代替する意味合いを認めることも可能である。このようなことから、この制度には導入に関係した議員を中心に強い期待感が背景としてあった。

　国内政治においての現実のイシューには様々なものが登場し、これらに対する対応はスピード感を持って対処しなければならないものから、比較的時間に余裕のあるものまで実に様々である。対応のメニューも同様である。

　一方、安保理決議に基づく経済制裁には、制裁理由、発動の時期、制裁メニューが国連憲章の定めや安保理の決定に依存するという本来的な性質からの限界がある。こうした制限に基づく安保理決議の射程範囲と国内の政治的な要請との間隙を埋める

政治的な手段として、独自の経済制裁が必要とされる余地がある。つまり安保理決議に基づく制裁との関係で言えば、独自の経済制裁は安保理決議ではカバーしきれない国内の政治的な要請への適時適切な対応という点に存在理由がある。

日本独自の経済制裁の国内における政治的効果を分析しようとする本論文においては、安保理決議に違えてまで独自に発動する、そのような経済制裁は、どのような具体的な政治上の要請に基づき、どのようにその存在理由を発揮しているのであろうかという問いが中核的な課題となっている。

日本独自の経済制裁導入時は小泉政権期にあたるが、当時の政権は制裁を発動する意思はなく、議員立法という手法で制度を導入した議会側と政権との間には、制裁発動についての基本的な姿勢の点で齟齬が存在していた。当時の政治的な文脈を見ると、小泉政権は「聖域なき構造改革」を掲げ、郵政改革などに邁進したが、その改革にはグローバル化の影響も見受けられた。一方、対外政策を見ると、小泉政権期には、総理のリーダーシップの下に、テロ対策特別措置法やイラク特措法を制定し、自衛隊の海外派遣を行うなどにより、日米関係が強化されたという政治的な大きな流れも認めることができる。日本が初めて手に入れた日本独自の経済制裁について政治的意味合いを評価するには、こうした政治的な文脈に置いて評価し、一連の独自の経済制裁で政権が達成しようとした到達点を明らかにすべきなのである。

このような視座を設定した上で、日本独自の経済制裁の分析に入るわけであるが、次章では、具体的な日本の事例の分析に入る前にその参考とするため、諸外国の独自の経済制裁ないしそれに準じる措置の実施状況について見ておきたい。

第 4 章
諸外国における独自の経済的措置等の事例

　ある国家が安保理決議に基づく経済制裁ではなく、敢えてそれとは異なる制裁を含む経済的措置などを単独で行おうとする場合、そこには国内における独自の具体的な政治的意図あるいは政治的目的の存在が推測される。本章では、この点に注意しながら、それらが充足される実相を見るため対象を経済的措置に広げ、米国及び EU における独自の措置によって、それぞれの国における独自の政治的な要請がどのように具体的に対処され、国内における政治的な効果が図られたかについて見ていきたい。

第 1 節　米国の独自経済制裁の状況

　米国は経済制裁の発動について長い歴史を有し、その発動領域も広範囲に及んでいるが、その経済制裁については、大きく国連の安保理決議に基づく経済制裁、有志国による経済制裁、そして独自の経済制裁の3つに区分することが可能である[144]。本論文で検討の対象とする独自の経済制裁について見ると、例えば 2018 年 5 月にイランとの核合意である「包括的共同作業計画」（Joint Comprehensive Plan of Action: JCPOA）から離脱した後に復活させた対イラン制裁や、対ベネズエラの石油禁輸、金融制裁などを挙げることができる[145]。
　しかし、本章ではそれぞれの国内における独自の政治的な要請がどのように具体的に対処され、国内における政治的な効果ないし意図が図られたかについて各国の実例を概観することがそのテーマであることから、ここでは米国国内の政治的な要請に応じる形で進められた対キューバ経済制裁の事例をここでのテーマの適例として取り上げ、その経済制裁の内容や政治的な状況を見る。
　米国は 1959 年のキューバ革命後のキューバを冷遇し、1961 年には国交を断絶し、

144）杉田『アメリカの制裁外交』22-24 頁。

145）同上、22-23 頁。

対キューバ経済制裁からピッグス湾事件まで様々な圧力をキューバに対してかけてきた。その理由は1つには、キューバのカストロ（Fidel Castro）政権が国内政策として、農地改革や米国系企業の接収などの急進的な改革措置を相次いで実施してきたからである[146]。またもう1つには、冷戦期における米国のキューバに対する見方として、キューバは米国にとって1962年10月のミサイル危機からアフリカや中南米における革命の支援に至るまでその安全保障上の脅威と位置づけられ、米国の対外政策を実施する上で重大な障害と考えられてきたからである[147]。

　キューバと米国の基本的な対立関係を見ると、キューバは米国に対し（1）無条件の国交正常化、（2）グアンタナモ（Guantanamo）米海軍基地の返還、（3）経済制裁の解除を強く求めているのに対し、米国はキューバに対し（1）人権擁護、（2）民主的な選挙、（3）複数政党制（キューバは共産党の一党体制）、（4）政治犯の釈放などが実現しない限り要求に応じない姿勢を堅持している[148]。

　キューバでは多くの国民がカストロを支持したが、一方で、カストロに対する反対派の人達も一部におり、その多くは革命政権成立の時点で農場経営などで経済的な成功を収めていた富裕層であった。これらの富裕層に属する人達は私有財産制を認めない社会主義体制を嫌い、主に米国のフロリダ州に亡命し、その後に米国でその経済力をバックに米国政府や立法府に対して熱心に自分達の要求を働きかけるようになった[149]。

　米国の対キューバ関係の最大の問題点は、米国民一般がキューバに対して無関心なことであると指摘されることがあるが、対キューバ経済制裁に反対する意見は米国内にほとんどない状況にあった[150]。一方、キューバのカストロ議長に対して恨みを持つ亡命キューバ人はフロリダ州とニュージャージー州を中心に200万人以上おり、これらの亡命キューバ人の要求は、冷戦時のように、キューバが米国の安全保障上の脅威と見なされていた時には米国の対キューバ政策は安全保障上の戦略に従って決定されたため、亡命キューバ人の影響力は限定的なものであったが、平時においてはその主張は積極的なロビー活動を通して米国の対キューバ政策に大きく反映されていた。例えば、後述するいわゆるトリセリ法を提案したロバート・トリセリ（Robert Torri-

---

146) 外務省ホームページ「キューバの選択～カストロと社会主義」、https://www.mofa.go.jp/mofaj/press/pr/wakaru/topics/vol45/。

147) 宇野健也「米・キューバ関係の展望」『アジ研ワールド・トレンド』第121巻、日本貿易振興機構アジア経済研究所、2005年、27頁。

148) 外務省ホームページ「キューバの選択～カストロと社会主義」、https://www.mofa.go.jp/mofaj/press/pr/wakaru/topics/vol45/。

149) 同上。

150) 宇野「米・キューバ関係の展望」27-28頁。

celli）下院議員（当時、民主党、ニュージャージー州選出）は本来リベラルな議員であり、対キューバ経済制裁の解除を支持していたと言われたが、地元ニュージャージー州のキューバ系米国人票を無視できないこと及び亡命キューバ人団体から多額の献金があったことなどから対キューバ経済制裁を強化するトリセリ法（Torricelli Act）を起草したと言われている。対キューバ経済制裁は米国の対キューバ政策の柱であり、議会が重要な役割を担っていた[151]。そこでは亡命キューバ人の活動が、そしてその支援を受けた議員の活動が大きく影響していたのである。

米国のキューバに対する経済制裁は1962年以来、大統領令によって実施されてきたが、1992年にはキューバ政府に対する適切な圧力の行使とキューバ国民に対する支援を通じて、キューバでの民主主義への平和的移行を促進するための法案である「キューバ民主主義法」（The Cuban Democracy Act of 1992：CDA）、いわゆるトリセリ法を成立させた。これは、それまで米国の行政府がキューバに対して実施してきた経済封鎖などの制裁的な措置を、議会のイニシアティブにより国際社会共通の政策として定め直し、経済制裁などについて同盟国に協力を求め、キューバにおける民主的な政権への移行を目指そうとするものである[152]。そこでは一方でキューバ国民への食糧供与や医薬品販売を認めるものの、他方で第三国にある米国系子会社にも対キューバ貿易を禁止するなど制裁を強化するものであった[153]。

さらに1996年には「キューバの自由・民主的連帯法」（The Cuban Liberty and Democratic Solidarity (Libertad) Act of 1996）、いわゆるヘルムズ・バートン法（Helms-Burton Act）を成立させた。この法律はキューバにおける暫定的な政府を民主的に選挙された政府へと導くために、カストロ政権に対する国際的な制裁を定めるもので、トリセリ法を強化した内容となっている[154]。内容的には多岐にわたり、非常に厳しい対キューバ制裁法であり、かつ対キューバ制裁に関して行政府の判断を拘束するもので、対キューバ制裁諸法の象徴的な存在であるとされている[155]。

ここでこれら2法案について具体的に見ていくと、まずその目的については、ともにキューバに多党制に基づく選挙で選ばれた政府を持つ民主主義制度を確立することであり、とくにヘルムズ・バートン法の場合、これらの選挙でカストロとその後継指名を受けた弟のラウル・カストロ（Raúl Castro）は被選挙権を有しないとしてい

151）宇野「米・キューバ関係の展望」、27-28頁。

152）CUBAN DEMOCRACY ACT ("CDA"), UNITED STATES CODE, TITLE 22. FOREIGN RELATIONS AND INTERCOURSE CHAPTER 69.

153）渡邉 優『グアンタナモ』彩流社、2020年、241頁。

154）PUBLIC LAW 104-114-MAR. 12, 1996 110 STAT. 785 , https://www.govinfo.gov/content/pkg/PLAW-104publ114/pdf/PLAW-104publ114.pdf.

155）渡邉『グアンタナモ』242頁。

るので、現政権から権力を奪うことも目的となっている[156]。

制度の枠組みについては、まずトリセリ法の制裁の枠組みは次のとおりである[157]。

1　キューバと貿易を行っている国家がキューバとの貿易・信用関係を制限することを奨励し、米国から援助を受ける資格や債務免除等を受ける資格を剥奪する。
2　第三国所在の米国企業とキューバとの取引を禁止する。
3　キューバに寄港した船舶が米国内の港等で荷揚げ・荷下ろしすることをキューバから出港後180日間禁止する。
4　米国企業の対キューバ貿易を禁止する。
5　米国民のキューバ渡航を禁止する。
6　キューバ系米国人の在キューバの親族への送金を禁止する。

また、ヘルムズ・バートン法に定める制裁の枠組みは次のとおりである[158]。

1　米国はキューバの国際金融機関への加盟に反対し、仮に加盟が実現した場合には米国の当該機関への拠出を禁止する。
2　キューバ政府が接収した米国人の財産については、接収時の価格で5万ドル以上の財産に限り、これに投資する第三国の法人及び個人に対し、米国内の元の所有者は米国の裁判所に損害賠償請求の訴えを起こすことができる。（ただし、本項は大統領が6か月間は適用除外とすることが可能）
3　このようなキューバにおける米国人の接収財産を活用する第三国企業の幹部社員、大株主、それらの家族に対して米国務省は入国を拒否できる。
4　民主的に選ばれた政府がキューバに誕生しない限り、制裁を解除できない。
5　グアンタナモについては、キューバで民主的に選ばれた政府との間で、グアンタナモ米海軍基地のキューバへの返還のための交渉を行い、または双方が合意する条件の下に現行の合意を再交渉する。

議会は国内アクターの1つであるが、そこでの法案審議の過程では、トリセリ法についてはソ連崩壊によって経済的な支援を失ったキューバは「制裁を強化すればカス

---

[156]　山岡加奈子「米国の対キューバ経済制裁―ヘルムズ・バートン法成立以降の米国政府内の議論を中心に」『アジア経済』第41巻第9号、日本貿易振興会アジア経済研究所、2000年、27頁。
[157]　黒川修司「長い制裁―米国の対キューバ経済制裁は効果があったのか？」『東京女子大学紀要論集』65巻2号、2015年、96頁。
[158]　渡邉『グアンタナモ』242-243頁；山岡「米国の対キューバ経済制裁」31頁。

トロ政権は倒れる」と期待されて成立した[159]。ヘルムズ・バートン法については、法案審議の過程で、米国内の元所有者に損害賠償請求を認める条項と接収財産を活用する第三国企業関係者の入国拒否に係る条項について、激しい意見の対立があった。論点は、キューバにおける接収に関し第三国の法人、個人を訴えることを認める規定は国際法上の国内管轄権の尊重に反するのではないか、接収当時キューバ国民であった者に請求権を認めることは国際法の自国民保護の法理に反するのではないか、また元所有者が賠償請求するのであれば接収を行ったキューバ政府にすべきではないかというものであった。またこれらの条項については、該当条項を削除しようとする上院と、存続させようとする下院の間でも対立があった[160]。

　法案制定の意義については、トリセリ法についてはネガティブな意義が指摘されるところであり、それは、米国の主権の及ぶはずのない第三国に所在する米国系企業に対してキューバとの取引の禁止を強要する点であり、米国法の域外適用であるとして厳しく非難された[161]。一方、ヘルムズ・バートン法については、クリントン（William J. Clinton）大統領は、後に述べる米民間機撃墜事件を切っ掛けに断固とした迅速な対応が必要となり、これ以上米国市民の生命が不当に奪われることを許さないという強いメッセージをキューバに送るために、上下両院に対して法案可決を要請したことから分かるように、その意義については、キューバに対し米国市民の生命の安全を確保するという迅速かつ断固としたメッセージの発出に見出すことができる[162]。内容に関しては、ヘルムズ・バートン法についてもネガティブな意義が指摘されるところであり、先述のとおり、制裁メニューには国際法違反の部分があるとの批判が出ている[163]。

　法案の制定プロセスにおいては、大統領は重要アクターの１つであるが、トリセリ法に関して、当時の大統領選挙のクリントン候補は1992年４月23日、フロリダ州マイアミでキューバ系市民の前で同法案に賛成の立場を明らかにし、多額の選挙資金を獲得している。またブッシュ（George H. W. Bush）大統領も「共産主義に弱腰」と評価され、フロリダ州とニュージャージー州のキューバ系市民の票を失うことを恐れ、同年10月にはトリセリ法に署名している[164]。また、ヘルムズ・バートン法の制定プロセスでは、先述したとおり、1996年２月にキューバ難民の海上救助やキュー

---

159) 山岡「米国の対キューバ経済制裁」28 頁。

160) 同上、31-32 頁。

161) 黒川「長い制裁」96 頁。

162) 山岡「米国の対キューバ経済制裁」41 頁。

163) 黒川「長い制裁」98-99 頁。

164) 同上、96 頁。

バ反政府勢力団体への支援活動を行っていたキューバ系米国人の乗った民間機が、公海上でキューバ革命軍に撃墜され、4名が死亡するといった事件が発生した[165]。この米国民間人の犠牲者を出した事件を契機に米国内で反キューバ世論が沸騰し、キューバに対する武力行使を求める声さえ出る状況にあった[166]。当時のクリントン大統領は元々、対キューバ政策の主導権を議会に渡してしまうこの法案に強く反対の立場であったが、こうした中で、クリントン大統領は当初の立場を180度転換し、議会と合意の上、上下両院で可決された同法案に3月12日に署名した。その背景として、大統領選挙の大票田であるフロリダ州のキューバ系市民の票を獲得するのが目的とも指摘されているが、国内政治の観点から見ると、国内世論における反キューバという米国の国民感情の急激な沸騰を受け、これに迅速かつ断固とした法案の成立という形で政治的に対処したものと評価することができる[167]。

　対キューバ経済制裁は米国の対キューバ政策の柱であり、国内アクターである議会が重要な役割を担っており、そこではキューバ系の米国人の活動が、そしてその支援を受けた議員の活動が大きく影響する基本構造になっていた。こうした構造については、一方で亡命キューバ人社会の世代交代や1980年代以降の経済難民の増加に伴い亡命キューバ人社会が変わりつつあるとともに、他方で米国内の農業関係者や財界が農産物の販路や投資対象としてキューバに関心を示すようにもなり、米国社会一般のキューバに対する姿勢が徐々に変化してきているとも言われてきた[168]。しかし、その基本的な構造は依然強固であり、対キューバ経済制裁を解除するまでには至っていない。

　トランプ（Donald J. Trump）政権は、2019年4月、ヘルムズ・バートン法の第3章を同年5月から発動すると発表した。この同法第3章が、先述したキューバ政府に接収された資産を利用する第三国の企業に対して、その資産の元所有者が米国裁判所に損害賠償訴訟を起こすことができることを認めるものである。同法自体は1996年8月1日に発効しているが、歴代米国大統領は、この第3章の規定をこれまで6か月ごとに適用除外とする措置を繰り返してきたのであったが、トランプ政権は2019年に入ると、適用除外期間を45日、30日と徐々に短くし、その間、大統領によるキューバ制裁強化に関する覚書に基づき、キューバ制限リストに記載されるキューバ軍関係の国営企業に対する損害賠償訴訟を可能にするなど、キューバに対する圧力を強化し

165）渡邉『グアンタナモ』242頁。

166）同上、242頁。

167）『読売新聞』「米民間機撃墜事件、対キューバ制裁強化法案にクリントン大統領が署名」1996年3月13日。

168）宇野「米・キューバ関係の展望」28-29頁。

てきていた[169]。

　一方、バイデン（Joseph R. Biden Jr.）政権は、2022年5月、トランプ前政権時に強化された対キューバ規制の一部を見直し、キューバ系移民の家族への査証発給の迅速化やキューバの首都ハバナ行きチャーター便増の検討など、人権を始めとするキューバ国民支援に力を入れると発表している[170]。しかしながら、基本的には依然として先述した両国の対立点の解決には程遠い状況にある。

　このように米国の対キューバ経済制裁は、安保理決議に基づくことなく、米国独自の判断で、国内のキューバ系米国人らの政治的な要求を充足しつつ発動されてきた。これは、米国政治が、特定の議員らの選挙対策という国内における独自の政治的要請を充足させてきた結果であると言える。またヘルムズ・バートン法については、1996年2月の米民間機撃墜事件を受けて国民の間に反キューバ感情が沸騰し、キューバに対する武力行使を求める声さえ出る状況の中で、クリントン大統領は当初の立場を180度転換し、議会と合意の上、上下両院で可決された同法案に同年3月、署名し成立させたものであった。その政治的な意味合いについて言えば、大統領選挙でキューバ系米国人の票を獲得するのが目的との指摘もあるが、国内政治的に見ると、国内世論における反キューバというナショナリスティックな国民感情の沸騰を受け、経済制裁で断固たる姿勢を迅速に示す形で政治的に対処したものと評価することができる。このときとられた措置には、キューバ系米国人達が主張した海上封鎖などの軍事措置は含まれていないのである[171]。

　米国の対キューバ制裁に関し、東京女子大学の黒川修司は、経済制裁は軍事行動ほどリスクが大きくないためか、頻繁に利用される外交手段であり、米国では多くの国に制裁あるいは輸出規制を強化してきたが、その効果があるかどうか議論が絶えないままに、議会あるいは国内世論を満足させるために頻繁に利用されている旨指摘している[172]。そしてその上で、経済制裁については議会対策や国内世論対策として利用すべきでないと結んでいる[173]。しかしながら、利益団体によるロビー活動は米国における政治過程の1つの特徴として現実に存在しているところであり、さらに、米国内におけるキューバ系米国人の政治的要求がまったく存在しないのであればいざ知らず、また、ナショナリスティックな国民感情が現実に存在している以上、どのような形で

169）日本貿易振興機構、ビジネス短信「米国がヘルムズ・バートン法第3章の5月2日発動を発表」2019年4月18日。

170）同上、「バイデン米政権、対キューバ規制を緩和、トランプ前政権からの政策を転換」2022年5月20日。

171）『読売新聞』「キューバ制裁強化 軍事措置含まず クリントン米大統領が5項目発表」1996年2月27日。

172）黒川「長い制裁」79頁。

173）同上、107頁。

その独自の政治的な要求に応え、また沸騰した国民感情を収めるのかについての代案のない主張については現実的、政治的には説得力を持ちづらい。米国における現実政治は、国内で生起するその独自の政治的な要請に応えなければならないのである。

第2節　EUの独自制裁の状況

EUにとって制裁は、EUの共通外交・安全保障政策（Common Foreign and Security Policy：CFSP）を推進する上で不可欠の手段になっている[174]。EUの制裁は懲罰的なものではなく、紛争や危機の要因となった政策や行動の是正を目的としている。EUの制裁には、安保理決議を履行するための制裁のほか、EU独自の制裁がある。すなわち、具体的には、EUによる制裁は安保理決議を履行するために発動されるだけでなく、次のCFSPの目的を遂行するために独自の制裁として発動されている[175]。

【CFSPの目的】
1　国際的な平和と安全保障の促進
2　紛争の防止
3　民主主義、法の支配、人権の支持
4　国際法の諸原則の擁護

つまりEUにおける独自経済制裁は、これらのCFSPの目的を遂行するために行われている。また、このように独自の経済制裁の発動目的を具体的に示し、見やすい形で公表している点は、EU独自の経済制裁に係る制度の特徴となっている。

制裁の発動に当たっては、制裁によって意図しない影響が及ぶことを回避するため、制裁対象を指定する際は、被制裁国において是正が必要な政策や行動の責任者を慎重に決定し、達成すべき目標に応じて制裁内容が設定されている。

次に、EUの制裁措置の決定プロセスについて見ると、制裁の採択、更新、解除に関しては、EU外務・安全保障政策上級代表兼欧州委員会副委員長（以下「EU上級代表」という）が提出する立法提案に基づき、加盟各国の外相が出席する「EU外務理事会」

174）駐日欧州連合代表部公式ウェブマガジン「EUの制限措置（制裁）について教えてください」、https://eumag.jp/questions/f0322/。

175）同上。

において全会一致で採択されることになる[176]。ここでEU加盟国間の政治的な合意が得られた後、EU上級代表と欧州委員会が、必要な法令である「EU理事会決定（Council Decision）」（以下「理事会決定」という）やそれに付随する「EU理事会規則（Council Regulation）」（以下「理事会規則」という）を準備し、EU理事会に提出し、これらが採択に付される。EU理事会は、理事会決定及び理事会規則に規定された指定基準に基づいて、特定の制裁対象を指定する。

制裁を発動する場合は、EU各加盟国が一義的に責任を負うことになり、各加盟国にはそれぞれの法的管轄区域で制裁を実施する義務が賦課される。EU理事会の理事会決定はEU加盟国に対し直接の拘束力を有する。また、理事会規則は一般市民や企業に適用される法令であり、EUの法的管轄内のあらゆる人や組織に対して拘束力を有する。これを具体的に言えば、武器禁輸や渡航禁止などの制裁は、各加盟国が直接実施することになるが、この場合、EUにとって実施に必要となる行為はEU理事会の理事会決定のみである。一方、資産凍結や輸出禁止などの経済制裁は各加盟国ではなくEUの権限になっているので、実施に当たっての具体的な法的な根拠となる理事会規則が必要になる。理事会規則はEUの市民や企業を直接拘束するもので、EU外務・安全保障政策上級代表と欧州委員会の共同提案を受け、理事会で採択され、EU官報に掲載された後に発効する[177]。EUが最も多く実施する制裁は、武器禁輸、資産凍結、渡航制限である。

以上のEUの経済制裁の決定プロセスを見ると、その意思決定は、まずは各加盟国の外相が出席するEU外務理事会で意思決定がなされ、そこで政治的な合意が形成されていることが分かる。そこでは各国の外相は、それぞれの国家の意向を受けながらも、EU上級代表や他の加盟国との政治的な調整を行う。この意思決定のプロセスは、単一国における独自の経済制裁の意思決定の仕組みとは構造が異なっており、自国内の諸勢力の意向を踏まえつつ、EUや他の加盟国との間で対外的な折衝がなされるという特徴に鑑みると、分析の視点の設定にはハーバード大学のパットナム（Robert D. Putnam）の主張する「2レベル・ゲーム」（Two-Level Games）理論の見方が参考になる[178]。

パットナムの2レベルの分析方法は、具体的には、まず国家間の交渉プロセスを「レベルⅠ」と位置づけ、そこでの暫定的な合意に到達するための交渉人（negotiator）間の交渉（bargaining）を分析の対象とし、次に国内の動きを「レベルⅡ」と位置づけ、

---

176) 駐日欧州連合代表部公式ウェブマガジン「世界的注目を集めるEUの制裁の仕組み」、https://eumag.jp/issues/c0814/。

177) 同上。

178) Robert D. Putnam," Diplomacy and Domestic Politics: The Logic of Two-Level Games", *International Organization*, Vol. 42, No.3（Summer）, The MIT Press., 1988, pp.427-460.

各々の国内構成員の間での、その合意を承認するかどうかに関する議論の過程を分析対象とする手法である[179]。EU とその加盟国との交渉についての考察の視点としては、この 2 レベル・ゲームの視点は有効である。それは、各加盟国にとっては、EU における交渉が妥結するには、国内の諸勢力の了承も同時に得なければ国家としての意思決定に十分でないからである。

　EU としての独自の経済制裁についての EU 外務理事会の意思決定には、こうした各加盟国の国内における具体的な政治状況との間に各加盟国政府が介在し、距離があるため、前節で述べた米国の独自の経済制裁におけるような、国内の政治的な要請を直接的に反映するといった点に関して言えば構造的に感受性が弱い面がある。こうした感受性の弱さを補い、実際には各加盟国政府において、EU 独自の経済制裁によっても充足されない国内の政治的要請を汲み取り、独自の政治的な判断で制裁を賦課しているのが、各加盟国の実情であると言える。そこには、EU の官僚機構による一方的な政策決定に対する加盟各国のナショナリズムからの自己主張がある。ここでは EU の中心的な加盟国であるドイツの独自制裁及び措置の事例を取り上げ、その実相を見る。

　ドイツ連邦銀行（Deutsche Bundesbank）は、ドイツの金融制裁、すなわち資本取引及び支払い取引に対する制限を所掌しているが、そこでの制裁の枠組みは、国連の安保理決議に基づくもの、EU の決定に基づくもの、そして国の決定に基づくものの 3 層構造になっている。この 3 つ目の「国の決定に基づく」制裁を「国家制裁措置」（Nationale Sanktionsmaßnahmen）あるいは単に「国家制裁」と言うが、この制裁は、ドイツ連邦銀行が、安保理決議及び EU の決定とは別に、ドイツ政府の決定に基づき行うことが認められた金融制裁のことで、EU の制裁レジームの中で国家に認められた制度である。

　この国家制裁措置は、EU 加盟国においては例外的な措置として、緊急の理由により EU 理事会が何らの措置をとらない限り深刻な政治的状況が発生するような場合に、

　パットナムは 1978 年 7 月の西ドイツ（当時）のボンで開催された第 4 回先進国首脳会議いわゆる「ボン・サミット」（Bonn Summit）の交渉過程を分析し、外交交渉における交渉者と国内での批准関係について、この「2 レベル・ゲーム」理論を提示した。パットナムによれば、国際的な交渉の多くは 2 レベルのゲームと見做すことができるとされ、まず国家内のレベルでは、国内グループは政府に対し自分達の意向に沿った政策を採用するよう圧力をかけることによって自らの利益を追求しようとし、政治家はこうした国内グループの中に政治的連立を形成することによって、権力を追求するという。そして次の段階として、国家間レベルでは、政府は国内の圧力を満足させることができるよう自身の能力を最大限にしようとし、交渉相手国の伸長による不利な結果を最小限にするよう努めるという。外交交渉における意思決定者としては、国家として主権を保持しつつ、国家間の相互依存関係を維持し続けようとするのであれば、この国内及び国家間の 2 つのレベルのどちらも無視することはできないと主張する。

179) Ibid., pp.435-436.

資本及び支払いの作用する分野で独自の措置をとることができる仕組みになっている[180]。ドイツにおける国家制裁措置は、連邦経済エネルギー省（Bundesministerium für Wirtschaft und Energie）が、連邦外務省（Auswärtiges Amt）及び連邦財務省（Bundesministerium der Finanzen）と合意し、かつドイツ連邦銀行との協議を経て、対外貿易法（Außenwirtschaftsgesetz）第4条及び第6条に基づき限定的な緊急措置として実施するものとされている。この国家制裁措置は、安保理決議に基づく制裁の遅れによる影響を回避し、その後なされるであろうEUの制裁内容を見越して発動され、EUによる制裁の発効までの間あるいは最大6か月の間、一時的に適用されることになっている[181]。このようにEUの金融制裁の分野では、EUそれ自体の制裁と加盟国独自の制裁との間が「国家制裁措置」という形で制度的に調整され、両者の整合性が図られる仕組みとなっている。すなわち、EUの制裁の枠組みに各加盟国の独自制裁である国家制裁措置が組み込まれているのである。

しかしながら、各加盟国において政治的な要請は当然のことながら多岐にわたり、「国家制裁措置」で対処できる要請には自ずと限界がある。この「国家制裁措置」はあくまでEUという枠組みの中での経済制裁であって、各加盟国にはこの枠組みでは捕捉することのできないナショナリスティックな（nationalistic）政治的要請が存在する。ドイツの例を見ると、ドイツ政府ではこの国家制裁措置以外にも2022年4月、在ベルリンのロシア大使館に勤務する相当数の職員を「好ましからざる人物」に指定する方針を決定している[182]。これは、ドイツのベーアボック（Annalena Baerbock）外務大臣によれば、ウクライナ北部のブチャ（Bucha）で起きたロシアの指導者とそれに従う人々による信じられない程の残虐行為を目の当たりにして、ドイツにおける自由そして社会の結束の理念に反するものとして、ドイツ政府の措置として決定したものである。ここでドイツ政府は外交官追放処分という措置に独自の制裁としての意味を持たせて用いている。

こうした外交官追放処分はこのときが初めてではなく、ドイツ政府は、例えばロシア対外情報庁（Russia's Foreign Intelligence Service: SVR）に所属する外交官を、欧州宇宙機関（European Space Agency: ESA）が開発したロケット「アリアン」（Ariane）の発射装置に関する情報のスパイ容疑で逮捕していたが、2021年夏に当該外交官を追放処分とした[183]。また2021年12月には、ドイツの裁判所で2年前に

---

180) ドイツ連邦銀行ホームページ、「Finanzsanktionen」、「Sanktionsregimes」、「Nationale Sanktionsmaßnahmen」、https://www.bundesbank.de/de/service/finanzsanktionen/sanktionsregimes。

181) 同上。

182) "Germany declares' significant number' of Russian diplomats as undesirable," REUTERS, April 5, 2022.

183) "Germany expelled Russian diplomat over space tech spying Spiegel," REUTERS, January 28, 2022.

行われた殺人事件がロシア政府の関与の下に行われたと認定されたことを受け、ロシアの外交官2人を国外追放する旨発表している[184]。さらに時期はやや遡るが、ドイツ政府は非違行為を行った外国政府に対する制裁として、2014年7月に米国情報機関の高官をスパイ容疑で追放処分としている[185]。さらに2012年2月にも同様に、シリアの外交官をスパイ容疑で追放処分としている[186]。

このように、ドイツではEUの制裁の枠組みの中に、独自制裁として「国家制裁措置」制度が位置づけられてはいるものの、そこでカバーすることのできない国家の主権に関わるナショナリスティックな政治的な要請に対しては、例えば外交官追放処分という措置で、独自の判断によって対処しているのである。

EUの加盟国は27あり、経済的な規模や国内の政治課題、それに対する対処の仕方も異なっている。本節ではドイツの事例を示したが、ここではEUの各加盟国におけるナショナリスティックな独自制裁あるいは独自措置については、安保理決議に基づく制裁やEU独自の制裁との関係も含め、日本独自の経済制裁等の措置のあり方に貴重な示唆を提供する研究課題であることを指摘するにとどめたい。

なお、EUは2020年12月、「EUグローバル人権制裁制度」(EU Global Human Rights Sanctions Regime)の創設を発表した。これは、人間としての尊厳、自由、民主主義、平等、法の支配及び人権の尊重はEUとEUの共通外交・安全保障政策の基本的な価値であるとの認識を示した上で、世界各地での人権侵害に終止符を打つことはEUの主要な優先事項であり、EUグローバル人権制裁制度がEUにより具体的かつ直接的な方法でEUによる人権擁護を可能にする手段である、とするものである[187]。EUの独自制裁の観点から言えば、この制度はEUの独自制裁の発動目的である、先述したCFSPの4つの目的の1つである、「民主主義、法の支配、人権の支持」について特別に具体的な枠組みを定め、対外的にアナウンスすることで、EUがその基本的な価値実現に取り組む姿勢を政治的にアピールするものと評価することができる。

この仕組みは、発生した場所を問わず、世界各地の深刻な人権侵害に責任、関与または関連のある個人、組織及び団体（国家・非国家主体を含む）を対象とすることができる点に特徴がある[188]。実際、EUは2021年3月22日、中国の新疆ウイグル自治区及びミャンマーでの人権侵害に関与した個人及び団体に制裁の発動を決定

---

184) "Germany expels Russian diplomats after hitman sentenced in Berlin," BBC News, December 15, 2021.

185) "Germany expels top U.S. spy," USA TODAY news, July 10, 2014.

186) "Diplomats From Syria Are Expelled by Germany," The New York Times, February 9, 2012.

187) Council of the EU, Press release 8 December 2020, EU Global Human Rights Sanctions Regime: Declaration by the High Representative on behalf of the European Union.

188) 駐日欧州連合代表部公式ウェブマガジン「EU、グローバルな人権制裁制度を承認」。

した[189]。

　こうしたEUとしての統一的な取組みは、当然のことながら、被制裁国の主権との緊張関係が懸念されるのはもちろんのこと、一面では各加盟国の自主的決定権を刺激し、独自制裁の射程範囲を含め各加盟国の制裁のあり方に大きな影響を与えることになる。

第3節　小括

　ある国家が、安保理決議に基づく経済制裁ではなく、敢えてそれとは異なる経済制裁を独自に行おうとする場合、そこには国内における具体的な政治的な効果あるいは意図の存在が推測される。本章では、米国及びEU、そしてドイツの例を見た。米国の対キューバ制裁は、米国内における政治家に対するキューバ系米国人の働きかけ、そしてその政治家の選挙対策がカストロ体制打倒を目指しての長期にわたる経済制裁の要因であることを見た。また、ヘルムズ・バートン法の成立は、米国民の死者を出した米民間機撃墜事件を受けて国民の間に反キューバ感情が沸騰し、対キューバ武力行使を求める声さえ出る状況の中で、国内世論における反キューバというナショナリスティックな国民感情に、迅速かつ断固たる姿勢を制裁成立という形で示し政治的に対処したものであった。自国民が犠牲になったことに対する国民の怒りへの、制裁という形での政治的対処である。

　EUの経済制裁には、安保理決議に基づくものとEU独自の経済制裁とがあり、EU制裁という枠組みの中で、EU独自の制裁と各加盟国独自の経済制裁の役割が調整され、ドイツの場合は独自制裁として正規に「国家制裁措置」が位置づけられ、全体の枠組みとしては国連安保理決議に基づく制裁、EU独自の制裁、国家制裁措置という3層構造になっている。しかし、各加盟国における国内の政治的な要因には様々なものがあり、こうした3層構造のEU制裁の枠組みでもカバーできない、主権に関わるナショナリスティックな要請がある場合があり、その場合にはEUの制裁枠組みの外でさらに独自の措置が制裁としての意味で課されている例をドイツに見た。

　米国やEUの国々では、国内における無視できない固有の政治的な要因があり、それらによって安保理決議とは別に、その国独自の制裁などの措置がとられている。これらの無視できない国内の政治的要因への対応は、湧き上がる国民感情に迅速に対処する対策や、有権者の働きかけに応じて自身の当選を賭けた対策であったり、自国の主権に対する外国政府の非違行為についての非難であったりするなど幅広い範囲に及

---

[189] 産経新聞ウェブ、「EUが対中制裁を発動　ウイグルで人権侵害、天安門事件以来」2021年3月22日。

んでいる。これらの政治的要請に対しては、国際協調型の国連制裁では決して充たすことはできないのであり、各国の政権は存立の安定を確保する上からも独自措置をとることでこれらの政治的要請に応じることが不可欠となっているのである。

　次章以降では、以上の各国における国内政治上の要請に対する充足の実情を念頭におきながら、日本独自の経済制裁に視点を移し、運用の実際について具体的に見ていく。

第 5 章
日本のこれまでの対北朝鮮経済制裁の概観

　日本の経済制裁には、先述のとおり、国際協調型の経済制裁と日本独自の経済制裁があるが、北朝鮮に対してはこれまで両者の形態の経済制裁が累次にわたり課されてきた。本章ではこれらの全体像を概観するとともに、その発動の背景ないし契機ともなった政治的な文脈として、日米の対北朝鮮政策の連動及び乖離についての流れを見る。その上で、その影響などに関し北朝鮮の貿易状況のこれまでの推移を見ていく。

第 1 節　国連安保理決議等に基づくこれまでの対北朝鮮経済制裁の概要

　北朝鮮は累次の弾道ミサイル発射実験及び核実験を行ってきたが、安保理は「国際の平和及び安全に対する明白な脅威」を認定し、国連憲章第 7 章に基づき加盟国に対し同憲章第 41 条の非軍事的措置を義務づけてきた[190]。

　具体的には、安保理決議第 1718 号、第 1874 号、第 2087 号、第 2094 号、第 2270 号、第 2321 号、第 2356 号、第 2371 号、第 2375 号、第 2397 号の 10 回の決議による義務づけである。安保理では、度重なる核実験及び弾道ミサイル発射実験を経済制裁の根拠とし、その対象者を、大量破壊兵器及び弾道ミサイル関連計画に関与している者又は支援を提供している者としている[191]。

　日本はこれらの安保理決議に基づき北朝鮮に対し経済制裁を発動し、現在に至るまで措置を拡大させてきた[192]。

---

[190] 外務省ホームページ、例えば「国際連合安全保障理事会決議第 1718 号　和訳（官報告示外務省第 598 号（平成 18 年 11 月 6 日発行））」、https://www.mofa.go.jp/mofaj/area/n_korea/anpo1718.html。

[191] 外務省ホームページ、「国連安保理決議に基づく制裁措置」、https://www.mofa.go.jp/mofaj/files/100324618.pdf。

[192] 山田「日本による北朝鮮への独自措置」133-149 頁。

なお、関連する安保理決議にはこれらのほか 2006 年 7 月 15 日に採択された安保理決議第 1695 号がある。これは国連憲章第 41 条を根拠とする義務づけを内容とするものではなく、そこでの措置はあくまで加盟国に対する「要求」[193]レベルにとどまるものである。しかしながら、後述するとおり、日本政府はこの「要求」に応じ、2006 年 9 月 19 日、15 法人、1 個人への資金移転を防止する経済制裁を発動した。
　またこれらのほかに、外為法に基づき「国際平和のための国際的な努力に我が国として寄与するため」という理由で閣議了解を経ての、経済制裁も実施されている[194]。

第 2 節　日本独自の経済制裁の概要

　次に日本独自の経済制裁を概観するが、対象については外為法ないし特定船舶入港禁止法に基づくもので、第 1 章で述べた独自性に関する考え方に基づき、内閣官房長官発表で「我が国独自の対北朝鮮措置」としてアナウンスされた経済制裁を摘出することとする。これらをリスト・アップすると、以下のとおりである。

- 2006 年 7 月 5 日発表に係る措置[195]
- 2006 年 10 月 11 日発表に係る措置[196]
- 2009 年 4 月 10 日発表に係る措置（期間の延長・1 年間と新規の措置）[197]
- 2009 年 6 月 16 日発表に係る措置[198]

---

193) 外務省ホームページ、「国際連合安全保障理事会決議第 1695 号　訳文」、https://www.mofa.go.jp/mofaj/area/n_korea/abd/un_k1695.html。

194) 例えば、News Release「北朝鮮の核関連、その他の大量破壊兵器関連及び弾道ミサイル関連計画等に関与する者に対する資産凍結等の措置」平成 25 年 8 月 30 日、外務省・財務相・経済産業省、https://www.mofa.go.jp/mofaj/press/release/press18_000036.html。

195) 政府インターネットテレビ、内閣官房長官声明「北朝鮮からの弾道ミサイル又は何らかの飛翔体発射について」平成 18 年 7 月 5 日、https://nettv.gov-online.go.jp/prg/prg585.html。

196) 首相官邸ホームページ、官房長官記者会見「北朝鮮による核実験に係る我が国の当面の対応について」平成 18 年 10 月 11 日、https://warp.ndl.go.jp/info:ndljp/pid/244428/www.kantei.go.jp/jp/youkanpress/rireki/2006/10/11_p.html。

197) 首相官邸ホームページ、官房長官談話等「我が国の対北朝鮮措置について（内閣官房長官発表）」平成 21 年 4 月 10 日、https://warp.ndl.go.jp/info:ndljp/pid/284573/www.kantei.go.jp/jp/tyokan/aso/2009/0410seimei.html。

198) 首相官邸ホームページ、官房長官談話等「我が国の対北朝鮮措置について（内閣官房長官発表）」平成 21 年 6 月 16 日、https://warp.ndl.go.jp/info:ndljp/pid/284573/www.kantei.go.jp/jp/tyokan/aso/2009/0616happyou.html。

- 2010年4月9日発表に係る措置（期間の延長・1年間）
- 2010年5月28日発表に係る措置[199]
- 2011年4月5日発表に係る措置（期間の延長・1年間）
- 2012年4月3日発表に係る措置（期間の延長・1年間）
- 2013年4月5日発表に係る措置（期間の延長・2年間）
（2014年5月のストックホルムでの日朝合意（以下「ストックホルム合意」という）を受け、同年7月4日一部解除を決定）
- 2015年3月31日発表に係る措置（期間の延長・1年間）
- 2016年2月10日発表に係る措置[200]
- 2016年12月2日発表に係る措置[201]
- 2017年4月7日発表に係る措置（期間の延長・2年間）
- 2019年4月9日発表に係る措置（期間の延長・2年間）

これらの経済制裁の主な内容を述べると、まず2006年7月5日の経済制裁では、特定船舶入港禁止法によって万景峰（マンギョンボン）92号の入港禁止や北朝鮮当局職員の入国禁止などの措置がとられた。

2006年10月11日発表に係る措置では、同月9日の北朝鮮の核実験を受けて、

1　特定船舶入港禁止法に基づき、すべての北朝鮮籍船の入港を禁止
2　外為法に基づき北朝鮮からの輸入を全面的に禁止
3　北朝鮮国籍保有者（在日朝鮮人の北朝鮮当局職員を含む）の入国原則禁止

などの制裁措置がとられた。独自制裁の発動の要件に拉致問題が明記されたのは、この経済制裁からである[202]。

2009年4月10日には、期間の延長に加えて、新規の措置として同月5日の北朝

---

[199] 首相官邸ホームページ、官房長官記者会見、閣議の概要について、平成22年5月28日、https://warp.ndl.go.jp/info:ndljp/pid/2629568/www.kantei.go.jp/jp/tyoukanpress/201005/28_a.html。

[200] 首相官邸ホームページ、官房長官記者会見、「わが国独自の対北朝鮮措置について」平成28年2月10日、https://warp.ndl.go.jp/info:ndljp/pid/9919870/www.kantei.go.jp/jp/tyoukanpress/201602/10_a2.html。

[201] 首相官邸ホームページ、官房長官記者会見、「わが国独自の対北朝鮮措置について」平成28年12月2日、https://warp.ndl.go.jp/info:ndljp/pid/10290080/www.kantei.go.jp/jp/tyoukanpress/201612/2_a.html。

[202] 宮本 悟「国連安保理制裁と独自制裁」中川正彦編『国際制裁と朝鮮社会主義経済』アジア経済研究所、2017年、25頁。

鮮による飛翔体発射を受け、

1　北朝鮮に向けての渡航者の現金持出し届出基準額を 100 万円超から 30 万円超への引き下げ
2　北朝鮮に向けての送金の報告基準額を 3000 万円超から 1000 万円超への引き下げ措置

を発表した。
　同じく 2009 年 6 月 16 日発表に係る措置では、同月 12 日の安保理決議第 1874 号の採択後、日本独自の経済制裁として対北朝鮮輸出の全面禁止（対北朝鮮全面禁輸）などの措置を発動している[203]。
　2010 年 5 月 28 日発表に係る措置では、同年 3 月 26 日に発生した韓国哨戒艦沈没事件[204] を受け、

1　北朝鮮に向けての渡航者の現金持出し届出基準額を 30 万円超から 10 万円超への引き下げ
2　北朝鮮に向けての送金の報告基準額を 1000 万円超から 300 万円超への引き下げ

を決定し、当該措置を 7 月 6 日から施行した[205]。
　2016 年 2 月 10 日には、同年 1 月 6 日の北朝鮮による核実験及び 2 月 7 日の人工衛星「光明星」発射を受けて、日本政府は

1　北朝鮮との人的往来の規制
2　北朝鮮に向けての渡航者の現金持出し届出基準と対北朝鮮の送金報告基準の引き下げ
3　人道目的の北朝鮮籍船舶と北朝鮮に寄港した第三国籍船舶の入港禁止
4　資産凍結の対象となる個人と団体の拡大

---

[203]　宮本「国連安保理制裁と独自制裁」25 頁。

[204]　外務省ホームページ、「韓国哨戒艦沈没事件」2010 年 3 月 26 日、韓国海軍の哨戒艦「天安（チョナン）」号が黄海・白翎（ペニョン）島近海で沈没し、46 人（6 人の行方不明を含む）の犠牲者を出した事件。米国等からなる軍民合同調査団は、北朝鮮製魚雷による外部水中爆発によって沈没したものとの結論を出した。https://www.mofa.go.jp/mofaj/area/n_korea/shokaitei_10/index.html。

[205]　宮本「国連安保理制裁と独自制裁」26 頁。

を発表した[206]。

2016年12月2日には、北朝鮮による累次のミサイル発射や、同年9月9日の核実験を受け、11月30日に採択された安保理決議第2321号に加えて、日本独自の経済制裁として、

1　北朝鮮との人的往来の規制の拡大（再入国禁止対象者の拡大）
2　北朝鮮に寄港した日本籍船舶の入港禁止
3　資産凍結対象の個人と団体の拡大

を発表した[207]。

第3節　日本独自の経済制裁をめぐる日米の対北朝鮮政策の連動と乖離

1　日本独自の経済制裁に対する米国の考え方

　日本を取り巻く政治状況には日米関係の影響が色濃く表れるが、日本独自の対北朝鮮経済制裁発動の政治的な文脈も、その例外ではない。そこで、ここでは日本独自の対北朝鮮経済制裁発動の背景となり得る日米の対北朝鮮政策の連動と乖離について整理する。

　日本独自の経済制裁に対する米国の考え方の把握に関しては、「米国」というものをどう捉えるかという難しさがある。まず、米国内には様々な考え方が存在し、例えば、行政府の考え方を見ても、大統領の考え方から、国務次官補、駐日米大使、行政府の担当職員まで様々であり、全体を1つにまとめることはできない。政治的アクターとしては、その他に議会、利益団体、マスコミもある。また、政治家の発言には、儀礼的に表現された美辞麗句の裏に、真意が存在する場合がある。

　また、米国の考え方は、日本単独の制裁に対してというより、それも含めた日本の北朝鮮に対するそのときの姿勢に対してなされることが多い。例えば、制裁だけでなく、拉致問題に対する追及など日本の対北朝鮮の強硬姿勢に対する米国のリアクションに表れる。

206）宮本「国連安保理制裁と独自制裁」26-27頁。

207）同上、27頁。

さらに根本的には時の政権によって対北朝鮮政策は異なるので、そもそも米国の考え方の軸自体が一定していない点にも注意を要する。
　ここでは、こうした限界を前提にしながらも、外部に表れたその時々の顕著な事柄から日本独自の経済制裁に対する米国の考え方を整理したい。

2　日本独自の制裁発動前のブッシュ政権期の考え方

　日本独自の経済制裁の制度が創設された2004年当時は、ブッシュ（George W. Bush）政権の第1期に当たる。ブッシュ政権は、2001年9月11日の米国同時多発テロ後に、テロを対象としたいわゆる「ブッシュ・ドクトリン」により地球規模でのテロとの戦争に突入していた[208]。2002年1月には、ブッシュ大統領は一般教書演説で米国の脅威の対象として、イラン、イラク、北朝鮮を「悪の枢軸」と呼び、テロに加えてこれらの国を脅威対象に加えた[209]。つまり、テロとの戦いを第1段階、テロ支援国家による大量破壊兵器の脅威の阻止を第2段階に設定し、中長期的な戦いに挑んだ[210]。これが9.11以降の米国の対外戦略の基調である。

　一方、日本独自の経済制裁は、2004年2月に外為法の改正、同年6月に特定船舶入港禁止法の制定によって創設された。その初めての発動は、2006年7月、北朝鮮のミサイル発射を受けて特定船舶入港禁止法を適用して行われた。この制度創設時から初めての発動までの間の、米国の日本独自の制裁に対する考え方は、核問題を協議する6者会合の枠組みが壊れることを懸念することなどを理由に、日本の制裁発動には否定的な態度であった。主な理由を挙げると、次のとおりである。

（1）北朝鮮との間で行われている核問題に関する協議の進展に悪影響を与える[211]。日本が発動するには、核に関する協議を一緒に行っている米国、中国、ロシア、韓国の同意が必要である。
（2）日本が制裁を発動すると、北朝鮮によるミサイル発射の可能性が高まること

---

208) 川上高司「ブッシュ政権下の安全保障政策―地球型社会における安全保障の変化―」『海外事情』平成20年12月号（第56巻第12号）、拓殖大学海外事情研究所、2008年、2-33頁。
209) "President Delivers State of the Union Address," January 29,2002, http://www.whitehouse.gov/news/release/2002/01/print/2002012.html.
210) 川上高司『米軍の前方展開と日米同盟』同文舘出版、2004年、108頁。
211)『読売新聞』「北制裁控えるべきだ」2004年12月19日。全米外交政策会議（National Committee on American Foreign Policy: NCAFP）、ザゴリア（Donald Zagoria）理事（ニューヨーク州立大教授）の発言である。

になる[212]。
- (3) 制裁は一度発動したらその後使えなくなるので、慎重に判断すべきである[213]。
- (4) 制裁は日本だけで決定するにはあまりにも複雑な問題であり、日・米・中・ロ・韓が一緒に実施することが重要である[214]。

これに対し2005年2月9日、ボルトン（John R. Bolton）米国務次官（軍備管理・国際安全保障担当）が来日し、自民党の安倍晋三幹事長代理（当時）と会談している。このとき安倍氏が、北朝鮮による拉致問題に関し「金正日総書記の政策や態度を変えさせるために経済制裁が必要だ。十分に米国と相談し、中国、韓国にも事前通告する」と説明したところ、ボルトン氏は「日本が決めることだ」と語ったとされる[215]。つまり日本独自の制裁については、一々米国に相談せずに日本が自ら判断して決めることであるという考え方である。

日本独自の経済制裁についての米国側の考え方は、明確に定まったものはないが、先述のとおり、北朝鮮との核問題の協議の枠組みを壊しかねないことから、制裁発動に否定的であった姿勢が窺える。そして、このとき当時の小泉首相の発言などに見られるように、日本政府も北朝鮮に対する独自制裁の発動には消極的であり、日米両者の姿勢は同一方向に連動していたと評価することができる。

3　2006年10月11日発表の日本独自の制裁発動と米国の姿勢

米国は、北朝鮮による2006年7月のミサイル発射及び同年10月の核実験を受け、対北朝鮮で「圧力」をかける強硬姿勢をとる。一方、当時は対北朝鮮制裁を加盟国に義務づける安保理決議の採択に中国が反対し、議長声明に落ち着く可能性が高かったことから、米国は安保理決議の形での対応を当てにすることなく、多国間の有志国による制裁の発動を目指し、日本、韓国、オーストラリア、インドネシアなどに制裁発動を呼び掛けた[216]。

---

212) 『読売新聞』「拉致で『北』制裁ならミサイル凍結中断も」2005年1月16日。ラドメーカー（Stephen Rademaker）国務次官補（軍備管理担当）の発言である。

213) 『日本経済新聞』「前国務副長官、『北朝鮮制裁慎重に』」2005年2月26日。アーミテージ（Richard L. Armitage）前国務副長官の発言である。

214) 同上、「対北朝鮮制裁―外相『6カ国協議、進展を考慮』、駐日米大使『中韓ロの協力重要』」2005年2月7日。ベーカー（Howard H. Baker Jr.）駐日米大使の発言である。

215) 同上、「北朝鮮制裁『日本が判断』」2005年2月10日。

216) 同上、「『核実験強行なら北朝鮮制裁』、国際社会、強硬論広がる、日米など『有志』で発動も」2006年10月6日。

日米両政府は、10月5日には「協力して厳しい対応」をとる旨表明し、日米はそれぞれ独自制裁の検討に入っている[217]。すなわち、有志国と連携して対北朝鮮で強硬姿勢をとる米国の姿勢と、拉致問題も理由に加えて単独制裁をとろうとする日本の方向性は、日本政府が国内向けにどうアナウンスするかはともかく、合致していた。つまり、米国は日本独自の経済制裁の発動を自身の対北朝鮮戦略に位置づけていたのである。

　その後、北朝鮮が10月9日に核実験に踏み切ったことで、安保理の方は、議長声明ではなく決議採択を行うことで中国の賛同が得られ、10月14日に拘束力のある決議第1718号が採択された。

4　2006年11月の中間選挙後のブッシュ政権の政策転換

（1）新たな対北朝鮮政策

　2006年11月7日の米国の中間選挙での最大の争点はイラク政策であったが、ブッシュ政権の進めたイラク戦争が支持されなかったことなどにより、民主党が圧勝し、1994年以来続いた共和党主導の議会運営が終わった[218]。

　ブッシュ政権からはこのとき、既にウォルフォウィッツ（Paul D. Wolfowitz）国防副長官は政権を去り、11月8日にはラムズフェルド（Donald H. Rumsfeld）国防長官が更迭され、その後、ボルトン国連大使も議会承認を得られる見込みがなく辞任し、米国の対外強硬路線を主導したいわゆるネオコン（Neoconservatism; 新保守主義者）はほぼいなくなった[219]。ブッシュ政権では超党派のつくる「イラク研究グループ」（Iraq Study Group: ISG）の提言を踏まえてイラク政策の見直しを進める方向であった。北朝鮮政策も、こうした外交政策の転換を受け、方向転換が図られる。

　ブッシュ政権の対北朝鮮政策は、それまでの多国間協調で「圧力」重視の強硬路線から、米朝2国間の直接対話を重視する柔軟路線へと変化した[220]。このとき、安倍首相は拉致問題について「6者会合でも取り上げる」と強硬姿勢を表明しているが、ブッシュ政権は先の中間選挙に敗れてから、協議のプロセスを進めたいとの意向を前面に

---

217)『日本経済新聞』「核実験なら、日米、独自制裁も」2006年10月7日。10月5日、クラウチ（Jack Crouch Ⅱ）米大統領次席補佐官（国家安全保障担当）は谷内正太郎外務次官と会談し、「日本と協力して厳しい対応」をとると表明している。

218) 村田晃嗣『現代アメリカ外交の変容―レーガン、ブッシュからオバマへ』有斐閣、2009年、203-205頁。

219)『日本経済新聞』「ボルトン大使辞任、米政権、ネオコンほぼ退場、外交政策、修正を加速へ」2006年12月5日。

220) 同上。

出してきており、中国やロシア、そして対話に傾く韓国のスタンスもある中で、日本の強硬姿勢が際立つに至る[221]。ここで、北朝鮮問題という日本にとって大きな安全保障上の懸念に関して、日米間で目標や路線で乖離が生ずる懸念が出てきたのである[222]。

また、ブッシュ政権における対北朝鮮外交においては、ライス（Condoleezza Rice）国務長官の意向を受けて、ヒル（Christopher R. Hill）国務次官補（東アジア・太平洋担当）が中心的な役割を果たすようになった。米国で国務省が対北朝鮮交渉を主導するようになったのは、ラムズフェルド国防長官が更迭され、チェイニー（Richard B. Cheney）副大統領ら政権の対北朝鮮強硬派の勢力が退潮したためであった[223]。

（2）6者会合における新たな合意の成立

北朝鮮の核問題を多国間で協議する6者会合は、2005年11月以降開催されない状態にあったが、こうした米国の姿勢の変化や中国及びロシアの外交努力もあり、2006年12月に再開された。米国は米朝2国間折衝に応じるなど柔軟な姿勢を示した[224]。北朝鮮に対して行われていた金融制裁問題についても米朝の作業部会で協議することとし、協議は順調に進み、2007年2月13日には、既存核施設の無力化と、その引き換えに北朝鮮に対してエネルギー支援を行うことで合意が成立した[225]。ただし、この合意において日本政府は拉致問題が進展しない限りエネルギー支援に参加しない方針を堅持している。

この間の事情を見ていくと、2006年12月、6者会合で米・中・ロ・韓の4か国は北朝鮮と個別会談を行ったが、日本だけは北朝鮮との会談ができない状態にあった[226]。これに対し安倍首相は同月22日、北朝鮮に対して「国際社会は圧力を強めていくことになる。国際社会が結束して国連決議を履行していくことが大切だ」と北朝鮮に対する強硬な姿勢を改めて強調している[227]。

---

221)『日本経済新聞』「北朝鮮包囲網　緩み警戒、日本　際立つ強硬姿勢」2006年12月10日。
222) 五百旗頭 真編『日米関係史』有斐閣、2008年、318-319頁。
223) 村田『現代アメリカ外交の変容』215頁。
224) 荒木和博「米国と朝鮮半島―その関係の本質について―」『海外事情』平成21年2月号（第57巻第2号）、拓殖大学海外事情研究所、2009年、50-62頁。
225) 6者会合の合意内容は、外務省ホームページ、「共同声明実施のための初期段階の措置（平成19年2月13日）」https://www.mofa.go.jp/mofaj/area/n_korea/6kaigo/6kaigo5_3ks.html；村田晃嗣『現代アメリカ外交の変容―レーガン、ブッシュからオバマへ』有斐閣、2009年、214頁。
226)『日本経済新聞』「米朝、金融制裁で初協議―核も並行、北朝鮮、日本除き会談」2006年12月20日；同上、「北朝鮮『日本外し』鮮明、拉致問題などでけん制」2006年12月20日。
227) 同上、「6カ国協議―日朝対話、日本政府、圧力路線崩さず、停滞長期化の公算」2006年12月23日。

6者会合は、先述のとおり、2007年2月13日に既存核施設の無力化と、その引き換えに対北朝鮮エネルギー支援を行うことで合意を成立させ、閉幕する。エネルギー支援については、拉致問題を抱える日本を除いて、4か国が公平に負担することとなった[228]。北朝鮮は、このときの日本が核問題を取り扱う6者会合の場で拉致問題の解決を主張したことに対して「日本は対話に参加する資格がない」と批判し、6者会合における協議が進展しないのは「全面的に日本の不当かつ破廉恥な妨害策動のためだ」と強調している[229]。

（3）対北朝鮮政策における日米間の乖離

　2007年2月13日の6者会合における合意成立前の同月6日、日本政府は総理秘書官（政務担当）を通じてヒル国務次官補に対し、安倍総理の方針として、日本は拉致問題で進展がない限り対北朝鮮エネルギー支援に参加しないことや、米国のテロ支援国家の指定解除は拉致問題の進展を条件とすることを望むことなどを申し入れた[230]。
　しかし、その後、米国は金融制裁の一部解除の方向で北朝鮮との対話路線を鮮明にした[231]。拉致問題との関係でも、米国内にさえ、拉致問題は日朝だけの作業部会での扱いとし、全体協議の場では、協議の妨げとなることが懸念される日本の拉致問題に関する発言を認めずに、核問題の進展を図るような考え方も示されるようになる[232]。
　関係国としては北朝鮮との下交渉を通じてようやく実現した6者会合の枠組みが崩壊することは避けたいところであり、さらに、北朝鮮の核施設無力化の恩恵を受けるのは日本も他の4か国と同様であり、むしろ日本の受ける恩恵がより大きいと考えられるため、拉致問題を理由にエネルギー支援に要する経費分担に参加しないことについては、関係国の理解が得られにくかったのであろう。
　テロ支援国家指定解除との関係で言えば、2007年2月の6者会合の合意文書には、

---

228)『日本経済新聞』「各施設60日以内に停止」2007年2月14日。

229) 同上、「北朝鮮、日本に協議参加資格なし」2007年3月27日；同上、「北朝鮮労働党機関紙、6カ国協議『日本が妨害』2007年4月20日。

230) 同上、「薄氷の合意6カ国協議試される60日（下）支援参加、日本の切り札」2007年2月17日。6者会合における合意成立前の2月6日、井上義行首相秘書官（政務担当）はヒル国務次官補と会談し、①拉致問題で進展がない限り日本はエネルギー支援に参加しない、②テロ支援国家の指定解除は拉致問題の進展を条件にしてほしい、③米朝関係正常化の動きが先行するようなことはせず、日朝に合わせてほしい旨、安倍総理の方針を説明している。

231) 宮本「国連安保理制裁と独自制裁」17頁。宮本は、アメリカの敵国通商法の適用解除については他の制裁と内容が重複しているものが多くあるため、その適用を解除しても実際にはその制限が変わるとは限らないという。

232)『日本経済新聞』「対北朝鮮　ズレに覆い」2007年4月28日。

「テロ支援国家指定解除に向けた作業開始」が明記された。柔軟路線に傾斜する米国に対し、日本側が憤りの念をあらわにする場面もあったという[233]。その1年8か月後の2008年10月11日に、指定解除が米国政府によって発表された[234]。その前日の10日夜、中曽根弘文外務大臣（当時）が、日本政府として検証対象に関する疑義などを長時間にわたりライス国務長官に伝え、やり取りの末にライス氏が「引き続き協議」と引き取ったにもかかわらず、米国は翌11日夜、一方的に北朝鮮へのテロ支援国家指定解除の決定を通報してきている[235]。

こうした一連の経緯を見ると、日本の単独制裁は拉致問題を理由とする日本の強硬姿勢を北朝鮮に示す手段であったが、この時期の米国は、日本の制裁に対してというより、それも含めた拉致問題を理由とする日本の強硬姿勢に手を焼いており、人前で罵倒されたり、北朝鮮との下交渉で既に決定していたテロ指定解除に関し注文を付けられたりしたことで、米国の対北朝鮮政策を阻害する要因と見ていたということができる。

（4）政治的な言説

2007年2月、めったに海外に出向くことがないチェイニー副大統領が来日し、21日に安倍首相と会談した[236]。この会談は強固な日米同盟を印象づける場となったとされるが、チェイニー氏が繰り返したのは、テロとの戦いで米国と共同歩調をとり続けてほしいとの要請であった。イラク戦争の出口が見えず、英国などの各国が撤退する中で、米国の日本に対する期待感があった。チェイニー氏は日米関係の変調を修復するかのように、安倍首相との会談の冒頭で「6カ国協議での日本との協調を誇りに思う」「拉致の悲劇解決も共通の課題だ」と言明している[237]。

---

233)『日本経済新聞』「日米同盟安倍ブッシュ（上）対北朝鮮、足並み演出―『強い態度』効力どこまで」2007年4月29日。外務省の佐々江賢一郎アジア大洋州局長は、柔軟路線に傾斜する米国のヒル国務次官補を「お前の顔は2度と見たくない」と罵倒したとされる。

234) 外務省ホームページ、「米国による北朝鮮のテロ支援国家指定の解除について（平成20年10月12日）」https://www.mofa.go.jp/mofaj/press/danwa/20/dnk_1012.html; 宮本悟「国連安保理制裁と独自制裁」中川正彦編『国際制裁と朝鮮社会主義経済』アジア経済研究所、2017年、9-35頁。

235)『日本経済新聞』「北朝鮮核問題『テロ指定解除後』の行方㊤」2008年10月15日。

236) 外務省ホームページ、「チェイニー米国副大統領の来日（平成19年2月22日）」https://www.mofa.go.jp/mofaj/area/usa/visit/dc_0702/kaidan_g.html。

237)『日本経済新聞』「蜜月『変調』、結束を演出―米、対テロ、より関与を、日、北朝鮮政策に不安」2007年2月22日。

2007年4月には安倍首相が訪米し、ブッシュ大統領と日米首脳会談を行っている[238]。そこでは日米関係を「かけがえのない日米同盟」と表現し、拉致問題については、安倍首相が拉致問題解決への協力を改めて求め、ブッシュ大統領は支持を表明した。また、核施設停止・封印を約束した2月の6者会合の合意を北朝鮮が履行しなければ、追加制裁など圧力を強める方針で一致している。ただし、ブッシュ大統領は共同記者会見では、追加制裁を行うと断言することを避け、「制裁を行う能力がある」旨の発言にとどめている[239]。

なお、この会談で安倍首相は、ブッシュ政権が進めるイラク安定化策への支持を伝達し、航空自衛隊による空輸支援を続け、協力していく方針を説明するとともに、両首脳はイランの核開発阻止に向け、連携していくことも合意している[240]。これは先のチェイニー副大統領来日時の要請に対する返答と見ることができる。

この会談では北朝鮮のテロ支援国家指定解除について、6者会合の合意事項では「指定解除のプロセスを開始することに合意されただけであり、これから長い道のりになるとした上で、拉致問題についても考慮に入れるとの立場の表明があった」とされた。

しかし、日本政府が拉致問題に進展がないままで指定解除に踏み切らないよう何度も要請し、米国も日本の立場を尊重する姿勢を示してきたにもかかわらず、その後2008年10月に米国政府によって北朝鮮のテロ支援国家指定解除が発表されたことは、先に見たとおりである[241]。

5　オバマ政権の対北朝鮮政策

オバマ（Barack H. Obama II）政権は2009年1月に始まり、2017年1月に終わる。この間、北朝鮮は核兵器開発に邁進し、2014年には米国の大都市に向けて核兵器を発射すると明言するようになる[242]。

オバマ政権は2009年の政権発足当初、北朝鮮との対話を通じてその意図を確認し、

---

238) 外務省ホームページ、「安倍総理大臣」「日米首脳会談の概要（平成19年4月27日）」https://www.mofa.go.jp/mofaj/kaidan/s_abe/usa_me_07/j_usa_gai.html。

239) 『日本経済新聞』「日米共同記者会見の要旨」2007年4月28日。

240) 同上、「首脳会談、日米、強固な同盟再確認、北朝鮮核放棄へ連携、合意不履行なら追加制裁も」2007年4月28日。

241) 同上、「拉致置き去り回避へ全力」2008年10月12日。

242) 武貞秀士「北朝鮮の軍事戦略と日朝関係」『海外事情』平成26年9月号（第62巻第9号）、拓殖大学海外事情研究所、2014年、2-17頁。武貞は、北朝鮮の核兵器開発は米朝対話提案と一体となったものであり、北朝鮮は核兵器保持により米国との戦争は無意味になったとの発言を繰り返しながら、米朝対話を提案してきたと指摘する。

どのような条件を充たせば協議に戻るのかなど、6者会合再開を企図していたように見受けられた[243]。しかし、北朝鮮は、核施設からの査察官追放や再処理施設の再稼働などオバマ大統領のプラハ演説[244]に逆行するような強硬な行動をとる。

　オバマ政権は、挑発を継続する北朝鮮が核問題で妥協する意思はないとの見通しから、対北朝鮮政策の全面見直しを進めた。この見直しのベースとなる見通しは、北朝鮮の挑発行為は金正日総書記後継者問題や核保有国としての地位確保といった要因によるもので、当分の間、核廃棄はあり得ないという判断である。

　見直しの方向性は、第1に対話重視のブッシュ政権後期の方針からの転換であり、独自の金融制裁強化など「圧力」に軸足を移すこと、第2に日本や韓国などの関係国との連携強化である[245]。

　日米両政府の動きとしては、まず日米韓3か国の間の連携の枠組みが顕在化する。北朝鮮問題に関しては、従来より日米韓の3か国による政策調整が行われていたようであるが、2013年1月、日本側は北朝鮮による核実験予告を受け、米国と北朝鮮による核実験の阻止に向けた日米韓の緊密な協力を確認した[246]。

　同年2月13日、北朝鮮は3度目となる核実験を強行した。日本政府は米国に金融制裁の強化とテロ支援国家の再指定を働きかける考えで、安倍首相がオバマ大統領と電話で協議した。また米国は核実験を行った北朝鮮に対する追加制裁を柱とする安保理決議案の作成に着手するとともに、日米韓は強力な追加制裁をとるべきとの立場を確認している[247]。

　同年5月には飯島勲内閣参与が米韓両国に事前連絡なしに突然訪朝するといった出来事があり、米国が不快感を示す場面もあったが、基本的には日米韓の連携が日米両国の対北朝鮮政策の枠組みとしてより鮮明にイメージされるようになっていく。これは単に独自制裁だけの問題ではなく、2016年の韓国へのTHAAD（終末高高度防衛ミサイル）配置のように、ミサイル防衛などを含めた日米韓の安全保障体制構築の

---

243) 森本敏「北朝鮮の核・ミサイル実験と日本の安全保障」『海外事情』平成21年7月号（第57巻第7・8号）、拓殖大学海外事情研究所、2009年、2-18頁。

244) REMARKS BY PRESIDENT BARACK OBAMA, Hradcany Square, Prague, Czech Republic, https://obamawhitehouse.archives.gov/the-press-office/remarks-president-barack-obama-prague-delivered.

245) 『日本経済新聞』「対北朝鮮決議案合意—米、独自制裁へ政策見直し『日韓協調』『圧力』に軸」2009年6月11日。

246) 『藪中三十二『外交交渉四〇年　藪中三十二回顧録』ミネルヴァ書房、2021年、130-131頁；『日本経済新聞』「核実験阻止、米韓と連携、政府、北朝鮮の監視強化」2013年1月29日。2013年1月、外務省の杉山晋輔アジア大洋州局長は米国のデービース（Glyn T. Davies）北朝鮮担当特別代表と会談し、核実験阻止に向けた日米韓の緊密な協力を確認した。このときデービース氏は記者団から米国の独自制裁の可能性について質問を受けたが、回答を避けた。

247) 『日本経済新聞』「日米韓、禁輸品の拡大検討、対北朝鮮、新たな金融制裁も」2013年2月14日。

より大きな枠組みの問題にも連なっている。

　オバマ政権の対北朝鮮政策は「圧力強化」と「日米韓の連携」を柱とするとは言ったものの、「戦略的忍耐」（strategic patience）と言われるように、米国の明確なリーダーシップは見受けられない[248]。このときの米国の対北朝鮮政策は、日米韓の枠組みを1つの柱にしていたが、安倍首相の米韓両国に対する働きかけも日米韓の連携を志向するものであり、基本的には日米の対北朝鮮政策の方向性は同一方向を向いていたと理解することができる。つまり、米国としては、日本の政策が日米韓の枠組みという米国の志向と同じ方向に向けて連動する限りは、米国の意に何ら反するわけではなく、積極的に賛成・反対の意思表示をするまでもなく、さらに自ら進んで関係調整に腐心する必要もなかったというべきなのである。

　経済制裁に関して言えば、むしろ米国は制裁を定める安保理決議の採択の方に力点を置いていた印象があり、特に石炭輸出に規制をかける安保理決議第2270号や第2321号など、実効性のある制裁を内容とする安保理決議の採択に向け、中国の説得に多くの時間を割いていた感がある。

　独自制裁については、2013年2月の北朝鮮の核実験や2016年2月のミサイル発射を受けての日本側の対応を見ると、急遽、安倍・オバマ両首脳による電話会談に動くなど日本側の積極姿勢を窺うことができる。こうした経緯を見ると、独自制裁による対北朝鮮の圧力強化には日本側がむしろ主導する姿勢が伺えるのであり、米国の姿勢には日本政府から日米韓の連携での実施の呼び掛けがあれば、その都度応じていたといった受け身の印象が見受けられる。

第4節　北朝鮮の貿易状況のこれまでの推移

　次に、日本の経済制裁の北朝鮮に対する影響を見ていく。日本は北朝鮮に対して、以上見てきたように、2006年から経済制裁を賦課している。

　日本の北朝鮮に対する経済制裁には国際協調型経済制裁と日本独自の経済制裁があるが、これらのうち日本独自の経済制裁のみの北朝鮮への影響を分離して測定することは不可能である。

　加えて、北朝鮮経済の変化には、景気自体の循環の影響や気象条件の変化、政権

---

[248] 川上高司『「無極化」時代の日米同盟—アメリカの対中宥和政策は日本の「危機20年の始まりか」—』ミネルヴァ書房、2015年、252-253頁 ; Remarks by the President at the United States Military Academy Commencement Ceremony, U.S. Military Academy-West Point, New York, https://obamawhitehouse.archives.gov/the-press-office/2014/05/28/remarks-president-united-states-military-academy-commencement-ceremony.

表1　日本・北朝鮮間の輸出入額の推移

単位：億円

年	北朝鮮への輸出	北朝鮮からの輸入
2000年	222.8	277.0
2001年	1295.1	273.0
2002年	165.5	294.0
2003年	106.1	202.0
2004年	95.8	177.4
2005年	68.8	145.4
2006年	50.8	90.0
2007年	10.7	0.0
2008年	7.9	0.0
2009年	2.6	0.0
2010年	0.0	0.0

出典：財務省貿易統計を基に筆者作成。

の経済政策運営の巧拙、中国や韓国の影響など、日本の経済制裁以外にも様々な主要な諸要因の影響が存在することに十分留意しなければならない。そうした点も踏まえつつ、日本の対北朝鮮経済制裁の影響の1つの側面として、この間の日本・北朝鮮間の貿易額の推移を見ると表1のとおりである。

　日本から北朝鮮への輸出については、2001年の数値は特異な数値であるが、これを除くと2000年以降、3年間で半減するようなペースで急激な下降傾向を示しており、それがさらに2006年以降より急激に減少し、2009年6月に日本独自の経済制裁として北朝鮮に対して全面輸出禁止を打ち出した時には既に事実上輸出はほぼゼロに等しい状態であった。

　一方、北朝鮮から日本への輸入については、2002年をピークに急激に減少し始め、やはり3年間で半減するような急激な減少の仕方を示し、2006年10月に北朝鮮からの輸入を全面禁止にした翌年の2007年からはゼロになっている。輸入、輸出の両者に共通して言えることは、経済制裁を発動する前から日本と北朝鮮の間の輸出入額は急激なペースで大きく減少していたということである。

　次に、北朝鮮の主要貿易相手国との貿易総額と、その全体に占める構成比及び北

表2　北朝鮮の主要貿易相手国との貿易総額の推移

年	対 日本 単位：百万ドル	対 中国 単位：百万ドル	対 韓国 単位：百万ドル	貿易総額 単位：億ドル
2001年	475.0	737.0	403.0	26.7
（構成比）	17.8%	27.6%	15.1%	100.0%
2006年	122.0	1700.0	1350.0	43.5
（構成比）	2.8%	39.1%	31.1%	100.0%
2011年	0.0	5629.0	1714.0	80.3
（構成比）	0.0%	70.1%	21.3%	100.0%
2016年	0.0	6056.0	333.0	68.8
（構成比）	0.0%	88.0%	4.8%	100.0%
2019年	0.0	3094.0	7.0	32.5
（構成比）	0.0%	95.2%	0.2%	100.0%

出典：北東アジア経済情報データベース「北朝鮮の統計データ」を基に筆者作成。
注：右欄の「貿易総額」は北朝鮮の貿易総額全体の数値を示す。
　　2021年の数値はないため、直近の2019年の数値で便宜上代替した。

朝鮮の貿易総額全体の数値の2001年から2019年の推移を表2に示す。

　表1及び表2を総合して言えることは、2006年の安保理決議第1718号から2013年の同決議第2094号までの経済制裁を、いわゆる「初期の限定された範囲の対北朝鮮経済制裁」と捉えると、第1回日朝首脳会談が開かれた2002年以前には、日本は中国、韓国とともに北朝鮮の主要な貿易相手国であったが、その後、日本の占める割合が減少し、日本の輸入は2007年からゼロに、輸出の方は2009年からほぼゼロになり、翌2010年にはゼロになった。しかしこれに対し、北朝鮮と韓国との貿易は減少することもなく、中国との貿易に至っては徐々に増加している状況にあり、このことが、北朝鮮に対して実効性のある経済制裁を行うためには中国・北朝鮮間の貿易を制限することが不可欠であるという考え方が、米国を中心に現れる背景となったと指摘される[249]。

　また、経済制裁に対する議論が活発化した2002年以降の時点で、既に日本・北

249）三村光弘「朝鮮民主主義人民共和国に対する制裁の現状とその影響」『国際安全保障』第48巻第2号、国際安全保障学会、2020年、6-8頁。

朝鮮間の貿易額は急減しており、こうしたことに鑑みると、対北朝鮮全面禁輸に踏み切った 2009 年以降の時点では、モノの移動という点に限って言えば、日本独自の対北朝鮮経済制裁が北朝鮮経済に直接影響を与えることは難しい状況になっていたと言える[250]。ただし見方によっては、日本独自の経済制裁の意義について、第三国の個人や団体を含んだ金融制裁の拡大によって、安保理決議に基づく経済制裁の罰則措置としての役割を見出す解釈もある[251]。

貿易額の数字で見る限り、北朝鮮の日本への依存度がほぼなくなった一方で、中国への依存度が極度に高まり、やがてその依存度は 95％ を超えるまでになったこと、北朝鮮の貿易総額は表で見る限り少なくとも 2011 年までは順調に増加し、その後いずれかのタイミングで減少に転じていることが分かる。この減少のタイミングについて、環日本海経済研究所の「北東アジア経済情報データベース・北朝鮮の統計データ」で見ると、北朝鮮の貿易総額は 2014 年に 99.5 億ドルとピークに達し、翌 2015 年に 89.7 億ドルと減少に転じている。

なお、日本独自の経済制裁について、本論文では 2000 年代、特に日本独自の経済制裁制度の導入を定める 2004 年の外為法改正以降を対象とするものであるが、先述のとおり、日本はそれ以前にも、ごく限定された制裁メニューではあるが、北朝鮮に対して 3 回制裁措置を実施している[252]。しかし、これらは外交上の措置を中心とするもので、北朝鮮の経済活動に直接的な影響を及ぼすという意味での経済制裁とは異なるものといってよい。

第 5 節　小括

北朝鮮に対するこれまでの日本の経済制裁の概要を見たが、日本の北朝鮮に対する経済制裁には、安保理決議等に基づく国際協調型の制裁と日本独自の経済制裁がある。

国際協調型の経済制裁である安保理決議に基づく制裁は、安保理で「国際の平和及び安全に対する明白な脅威」を認定し、国連憲章第 7 章に基づき加盟国に対し同憲章第 41 条の非軍事的措置を義務づける形をとってきた。実際、安保理は北朝鮮による累次の核実験、ミサイル発射実験を受け、加盟国に制裁実施を義務づける安保理決議を 2006 年から 2017 年までの間に 10 回採択してきた。日本はこれらの安保理決

250）宮本「国連安保理制裁と独自制裁」27 頁。

251）同上、27 頁。

252）同上、23-24 頁。宮本はこれら 3 回の措置が経済制裁として認識されることは稀であり、日本独自の対北朝鮮経済制裁は 2006 年 7 月 5 日から始まったとの認識が一般的と考えられるという。

議に基づき北朝鮮に対し経済制裁を発動してきているが、基本的には現在に至るまで措置を拡大させてきた。

日本独自の経済制裁については、第1章で述べた独自性に関する考え方に基づき、外為法第10条及び特定船舶入港禁止法第3条に基づく制裁で、内閣官房長官発表で「我が国独自の対北朝鮮措置」としてアナウンスされた経済制裁を摘出することとしたが、これらをリスト・アップすると、日本は独自の経済制裁を2006年から2019年までの間で、期間延長も含め14回実施している。

これらの独自の経済制裁のうち、事例1として後に詳述するように、2006年10月11日発表に係る措置では、同月9日の北朝鮮の核実験を受けて、特定船舶入港禁止法に基づき、すべての北朝鮮籍船の入港を禁止する措置がとられ、外為法に基づき北朝鮮からの輸入の全面的な禁止といった厳しい措置がとられた。また、2009年6月16日発表に係る措置では、同月12日の安保理決議第1874号の採択後、日本独自の経済制裁として対北朝鮮輸出の全面禁止（対北朝鮮全面禁輸）などの厳しい措置がさらに発動されており、日本独自の経済制裁は厳しい内容になっているのが特徴である。

さらに、拉致問題との関係で言えば、2006年10月11日発表に係る制裁から、独自の経済制裁にはその発動理由に拉致問題が明記されるようになった。

独自の経済制裁発動の契機としての日米関係を見ると、ブッシュ政権期の米国は、当初は、日本独自の経済制裁発動に対しては、北朝鮮との核問題協議の枠組みを壊しかねないことなどを理由として否定的な印象が見られた。しかし、米国は2006年に北朝鮮がミサイル発射、そして核実験を強行すると、有志国による独自制裁を呼び掛けるようになる。日本は、日米関係の観点で見ると、国内向けのアナウンスは別として、この流れで独自の経済制裁を発動する。

ところが、2006年11月の米国中間選挙で共和党が大敗すると、米国の対北朝鮮政策は2国間の対話・柔軟路線へと方向転換する。その結果、拉致問題を抱え対北朝鮮強硬路線をとる日本側とは目標と路線の乖離が生じるようになる。

2009年に登場したオバマ政権は、対北朝鮮政策では日米韓の枠組みを掲げており、この方向性は日本の方向性と一致していた。むしろ米国は安保理決議の採択の方に力点を置いていた印象があり、独自制裁の実際の発動については安倍首相が主導し、日本政府から日米韓の連携での実施の呼び掛けがあれば、その都度応じていたといった受け身の姿勢も見受けられる。

次に、これまで実施されてきた日本の経済制裁の北朝鮮に対する影響を見るが、日本の経済制裁には、先述のとおり、安保理決議に基づく国際協調型経済制裁と日本独自の経済制裁がある中で、制裁の北朝鮮に与える経済的な影響に関して、これらのうち日本独自の経済制裁のみの影響を分離して測定することは不可能である。加えて、

北朝鮮経済の変化は景気自体の循環の影響や気象条件の変化、政権の経済政策運営の巧拙、中国や韓国の影響など、日本の経済制裁の影響を上回る様々な主要な諸要因が存在することに十分留意しなければならない。

　そうした点も十分に踏まえつつ、日本・北朝鮮間の貿易額の推移を見ると、日本から北朝鮮への輸出については、既に2000年以降、急激な下降傾向を示し、さらに2006年以降には一層急激に減少し、2009年6月に日本独自の経済制裁として対北朝鮮全面禁輸を打ち出した時には事実上輸出はほぼゼロに等しい状態であった。これに対し北朝鮮から日本への輸入についても、既に2002年をピークに急激に減少し始め、2006年10月に北朝鮮からの全面輸入禁止措置をとった翌年の2007年からはゼロになっている。輸入、輸出の両者に共通して言えることは、経済制裁を発動する前から既に日本と北朝鮮の間の輸出入額は急激なペースで大きく減少していたということである。

　また、北朝鮮の貿易総額全体に占める日本の割合は、2001年に17.8％であったものが、2006年には2.8％に激減し、その後日本への貿易依存度はゼロになったのに対し、北朝鮮の中国への依存度は極度に高まり、2001年に27.6％であった割合が、2011年には70.1％に急上昇し、そして2019年には95％を超えるまでになっている。つまり北朝鮮は2000年代初めのこの時期に、日本への貿易依存度がほぼなくなったのに対し、中国への貿易依存度が極度に高まり、やがては9割を超える状態になったのである。

第 6 章
日本・北朝鮮関係と日本の対北朝鮮政策

第 1 節　2000 年代から 2010 年代後半の
日本・北朝鮮関係

　まず日本・北朝鮮間の関係及び日本の対北朝鮮政策を概観するが、日本独自の経済制裁との関係でこれらを捉えると、日本の経済制裁は、「拉致、核、ミサイルといった諸懸案の包括的な解決のために」独自の措置を講ずるとの理由で発動されている[253]。そこでここでは、これらの「諸懸案」の各項目と「包括的な解決」の意味内容を確認することが中心になる。

　2002 年 9 月の小泉総理の訪朝当時、外務省アジア大洋州局長の職にあった田中均（ひとし）は、北朝鮮との交渉における諸課題は拉致問題を解決することを始めとして、その他にも核開発、ミサイル問題、過去の清算と日朝国交正常化という課題があり、これらは日本の国益に直結した課題であったと指摘する[254]。当時、小泉総理と金正日国防委員長が署名した、いわゆる「日朝平壌宣言」も核やミサイル開発などの安全保障上の問題や過去の清算と日朝間の国交正常化が両国の課題であることを示している。

　実際、2005 年 7 月には核問題に関する協議の場である第 4 回 6 者会合が約 1 年 1 か月ぶりに開かれ、2004 年末から中断していた日朝間協議を再開することで一致した[255]。その結果、2005 年 11 月、そして 12 月に日朝政府間協議がもたれ、そこで日本側が提案した「拉致問題を含む諸懸案を包括的に解決する」ために日朝間で「包

---

253) 例えば、内閣官房、外務省、財務相、経済産業省記者発表資料「外国為替及び外国貿易法に基づく北朝鮮向けの支払いの原則禁止及び資産凍結等の措置について」平成 28 年 2 月 19 日；首相官邸ホームページ、官房長官談話等「我が国の対北朝鮮措置について（内閣官房長官発表）」平成 21 年 4 月 10 日。

254) 田中 均『外交の力』日本経済新聞社、2009 年、108 頁。

255) 外務省ホームページ『平成 18 年版外交青書』「第 2 章 地域別に見た外交」「第 1 節 アジア・大洋州」、https://www.mofa.go.jp/mofaj/gaiko/bluebook/2006/html/framefiles/honbun.html。

括並行協議」を立ち上げることで一致を見たが、この「包括並行協議」は、拉致協議、安全保障協議、国交正常化交渉の3つの協議分野から構成されているのである[256]。

　そこで、ここでは日本・北朝鮮間に横たわる課題として、(1) 拉致問題、(2) 安全保障上の問題という「拉致、核、ミサイルといった諸懸案」に加え、(3) 日朝国交正常化という3つの課題を取り上げ、それらを概観し、その上でこれらの諸懸案の「包括的な解決」の意味合いを含む諸課題の相互関係について考察する。

第2節　拉致問題

　外務省によれば1970年頃から80年頃にかけて、北朝鮮による日本人拉致事案が多発した[257]。その目的は必ずしも明らかではないが、李恩恵(リウネ)拉致容疑事案、宇出津(うしつ)事件、辛光洙(シングァンス)事件等それまでの事例から、北朝鮮工作員の日本人化教育や日本に潜入した北朝鮮工作員による日本人への成り替わり等がその主要な目的とされている[258]。

　日本政府が拉致被害者として認定している者は17人であるが（2022年9月現在）、政府の方針としては、この他にも拉致の可能性を排除できない事案があるとの認識の下、拉致被害者としての政府認定の有無にかかわらず、すべての拉致被害者の安全確保及び即時帰国のために全力を尽くすとしている[259]。

　本論文では「拉致問題」とは、先述のとおり、日本の主権及び国民の生命と安全

---

[256] 外務省ホームページ『平成18年版外交青書』「第2章 地域別に見た外交」「第1節 アジア・大洋州」、https://www.mofa.go.jp/mofaj/gaiko/bluebook/2006/html/framefiles/honbun.html。

[257] 外務省ホームページ、「北朝鮮による日本人拉致問題」「我が国の基本的考え方」、https://www.mofa.go.jp/mofaj/area/n_korea/abd/rachi.html；警察庁ホームページ、「北朝鮮による拉致容疑事案について」、https://www.npa.go.jp/bureau/security/abduct/index.html。北朝鮮による拉致容疑事案は1974年6月に福井県の海岸付近で発生した姉弟拉致容疑事案、1977年11月に新潟県の海岸付近で発生した少女拉致容疑事案、1978年7月から8月の間に福井、新潟、鹿児島各県の海岸付近で発生した一連のアベック拉致容疑事案及び母娘拉致容疑事案、1980年から1983年に発生した欧州における一連の日本人拉致容疑事案等これまでに13件発生しており、北朝鮮に拉致された被害者は19人に上っているとされている。このうち2人は、朝鮮籍であるため、日本国民であることを要件とする認定基準に該当せず、日本政府から認定されていない。

[258] 警察庁ホームページ、「北朝鮮による拉致容疑事案について」、https://www.npa.go.jp/bureau/security/abduct/index.html。

[259] 外務省ホームページ、「北朝鮮による日本人拉致問題」「政府認定の拉致被害者」、https://www.mofa.go.jp/mofaj/a_o/na/kp/page1w_000081.html。

に関わる重大な侵害のことをいう[260]。ある人が日本国内から自分の自由意思によらずに強制的に北朝鮮に連れ去られた場合、これを「拉致」と言ってよいと考えるが、個人が拉致された事件はその個人にとって生命及び安全に対する重大な侵害行為としての性格を有するとともに、個人レベルの問題にとどまらず、日本にとっても国家主権に関わる重大な侵害としての性格を有するものと考える立場である。

　例えば、北朝鮮人権法は国連総会で採択された北朝鮮人権状況に関する決議を受けて、北朝鮮当局による人権侵害問題への対処を目的としているが、本論文の立場は、拉致問題とは「生命及び安全に関わる重大な侵害」を意味しており、思想信条の自由や表現の自由、営業の自由などの人権一般に対する侵害については問題に含めていない。また個人レベルで生命及び安全についての重大な侵害が解消されたとしても、国家としての日本の主権侵害は別問題であり、国家同士での主権侵害の是正という問題は残る。国家、そして国民に関わる重要問題ということで、ナショナリズムとの関連性を認める立場である。

　では、拉致問題の解決についてはどう考えるべきであろうか。例えば、拉致被害者が帰国した場合を例にとると、この場合、個人レベルでの生命及び安全に対する重大な侵害状況が解消されるとともに、同時に国家主権が侵害されている状況も解消されるので、その限りでは拉致問題は解決したと評価することができる。つまり、拉致被害者が帰国することによって、個人レベルでも国家レベルでも大筋では問題解決に至ると言える。

　しかしながらその場合でも拉致された個人には、拉致されたことによる損害が残り、主権を侵害された国家についても一旦なされた主権に対する侵害行為がなかったことになるわけではない。したがって、これらを解決するために帰国した個人は相手国に対して拉致による損害の賠償を求めることができるというべきであり、国家も主権侵害の程度に応じて、相手国から謝罪、賠償、今後繰り返さないための取決めの締結などを行い、国家として主権侵害の事実に何らかの対処をしなければならない。すなわち、拉致問題の解決とは、まずは拉致被害者の返還であり、その上で被害者個人に対する賠償と国家間での協議による謝罪、賠償、そして将来に向けての取決めであると考える。

　次に対象者の範囲に関する問題であるが、基本的には現在政府認定されている者に限定することなく、政府は責任を持って拉致の可能性を排除できない事案を精査し、北朝鮮に拉致されたと判断できる者はすべて対象にすべきである。それは、拉致問題は日本の主権が北朝鮮に侵害されたという国家主権にも関わる問題であるので、対象

---

[260] 例えば、第192回国会衆議院本会議第1号（平成28年9月26日）会議録；第192回国会参議院本会議第1号（平成28年9月26日）会議録。このときの衆議院及び参議院の決議を見ると、「拉致問題」を「我が国の主権及び国民の生命と安全に関わる重大な侵害」と規定している。

者の把握は政府が責任を持って行うべき事柄であると考えるからである。すなわち、拉致の可能性を排除できないという状況のままでの放置は許されず、そうした事案の精査は主権の保持という観点からの政府の義務であり、拉致被害者の多寡によって主権侵害の程度にも影響することからも、政府にとっては重要問題なのである。したがって、政府としては自らの責務として、拉致の可能性を排除できない事案をさらに精査し、曖昧な状態を解消して、拉致被害者の全体像を明らかにしなければならないものと考える。

そして、ここで把握できた者が既に北朝鮮で死亡していたとしても、個人の賠償請求については遺族はこれを引き継ぐことができるであろうし、これらの者を拉致したことによる国家主権の侵害という事実はなくなることはないので、死亡した拉致被害者についての真相究明も政府の責務となる。なお、この個人賠償請求については、主権侵害に係る政府間交渉に合わせて、政府が個人に代位して一括して北朝鮮と折衝すべき事柄である。

1　小泉訪朝と拉致被害者の帰国

2002年9月17日の小泉総理の訪朝時に行われた日朝首脳会談（第1回日朝首脳会談）で、北朝鮮の金正日国防委員長は、それまで否定していた日本人拉致を初めて認めて謝罪し、当時日本政府が認定していた拉致被害者13人のうち4人は生存、8人は死亡、1名は北朝鮮入境が確認できないと伝えた[261]。また、日本側が調査依頼していなかった者の拉致も認め、その生存を確認した。その上で関係者の処罰及び再発防止を約束するとともに、家族との面会及び帰国への便宜を保証すると約束した[262]。

2002年9月28日から10月1日にかけて、日本政府は事実調査チームを派遣し、生存者との面会や安否未確認者の情報収集を行った。しかし、北朝鮮提供の情報が限定されたものであり、内容も一貫性に欠け、さらに提供された遺骨が法医学的鑑定の結果、別人のものであることが確認されるなど疑わしい点が確認された。同年10月29日及び30日にクアラルンプールで開催された第12回日朝国交正常化交渉でも、日本側は150項目にわたる疑問点を指摘し、情報提供を求めたが、北朝鮮側からは

261）外務省ホームページ、「北朝鮮による日本人拉致問題」「政府認定の拉致被害者」、https://www.mofa.go.jp/mofaj/a_o/na/kp/page1w_000081.html。このとき北朝鮮が伝えた4人の生存者は、地村保志氏、地村富貴恵氏、蓮池薫氏、蓮池祐木子氏。8人の死亡者は、横田めぐみ氏、田口八重子氏、市川修一氏、増元るみ子氏、石岡亨氏、松木薫氏、原敕晁氏、有本恵子氏。1人の未入境者は久米裕氏である。

262）外務省ホームページ、「北朝鮮による日本人拉致問題」「拉致問題を巡る日朝間のやり取り」、https://www.mofa.go.jp/mofaj/a_o/na/kp/page1w_000082.html。

まとまった回答を得られなかった[263]。

2002年10月15日には拉致被害者5人が帰国した。日本政府は同月24日、(1) 拉致被害者5人が日本に引き続き残ること、(2) 北朝鮮に対して、北朝鮮にいる拉致被害者の家族の安全確保及び帰国日程の早期確定を強く求める方針を発表した[264]。

その後事態が進展しない中、2004年5月22日には小泉総理が再度訪朝し、金正日国防委員長との間で、拉致問題を始めとする日朝間の問題や、核、ミサイルといった安全保障上の問題等につき議論が行われた（第2回日朝首脳会談）。この会談で拉致問題については、次の点が申し合わされた。

(1) 北朝鮮は、拉致被害者の家族の一部5人が、日本に帰国することに同意する。
(2) 安否不明の拉致被害者は、北朝鮮が直ちに真相究明のための調査を白紙の状態から再開する。

この申し合わせに基づき、拉致被害者の家族5人は小泉総理と共に帰国した。また、残る家族3人もその後、同年7月18日に帰国ないし来日した[265]。

この第1次及び第2次の小泉総理訪朝による拉致被害者の奪還、そして被害者家族の帰国等については一定の評価を与えられるべきである。日本と北朝鮮は2000年3月に、1992年11月以来中断していた国交正常化のための政府間交渉を再開することで合意したが、そのとき日本政府は、拉致疑惑などの懸案に対して誠意を持って対応することを期待するとして、北朝鮮に対して世界食糧計画（United Nations World Food Programme: WFP）を通じて10万トンのコメ支援の実施を決定している[266]。さらにこの年の10月には日本政府は追加で50万トンのコメ支援を決定している[267]。この決定に対しては自民党内に慎重論があったが、国交正常化交渉の再開を狙う外務省が交渉のチャンネルを維持するために大規模な支援にこだわったとされる[268]。

その後、維持された交渉チャンネルを通じて水面下の、「裃を着て公式に対峙するのではなく、非公式にいろいろ解決の方法を探求していこう」という姿勢での交渉

---

263) 外務省ホームページ、「北朝鮮による日本人拉致問題」「拉致問題を巡る日朝間のやり取り」、https://www.mofa.go.jp/mofaj/a_o/na/kp/page1w_000082.html。
264) 同上。
265) 同上。
266) 『日本経済新聞』「日朝国交交渉、平壌で来月再開─政府、コメ10万トン支援発表」2000年3月8日。
267) 同上、「対北朝鮮、コメ追加支援を発表」2000年10月7日。
268) 同上、「まず結論ありき　50万トン」2000年10月5日。

が行われた[269]。そこでは、日本側は拉致事件に関し、北朝鮮が拉致を認め、真実究明を約束し、生存者を帰国させることを要求し、小泉総理訪朝までに拉致を認めるよう迫っている。北朝鮮側としては、拉致を認めるとするならば、それは金正日国防委員長本人であるという立場を崩すことはなく、その結果、2002年9月に小泉総理が訪朝して初めて北朝鮮として金正日国防委員長が拉致を認め、安否情報を公表したのであった[270]。と同時に、北朝鮮は水面下の交渉で「日本は過去の朝鮮支配に対して謝罪し、補償しなければならない」と要求し、何度も交渉した結果、国交正常化後に経済協力するという内容で合意し、日朝平壌宣言が発表されたのである[271]。その年の10月15日に拉致被害者5人が帰国したのは、前述したとおりである。

また、2004年5月の第2次小泉訪朝の際には拉致被害者の家族5人が小泉総理と共に帰国し、残る家族3人もその後帰国ないし来日することができている。このとき第2次小泉訪朝の首相会見の席上、小泉総理は、日本政府は北朝鮮に対して25万トンの食糧支援を行うと発表している[272]。第2次小泉訪朝に対しては自民党内や野党の間で評価が分かれたが、国民一般の評価としては、第2次日朝首脳会談を「評価する」人は65％に上り、「評価しない」33％を大きく上回り、内閣支持率も前回4月調査の48％から56％へと8ポイント上昇している。ただし、「評価する」65％の内訳は、「評価できる」が15％、「ある程度評価できる」が50％である。また、首相が表明した25万トンの食糧援助等については「やむを得ない」という消極的な支持が56％を占めていた。これに対し、食糧援助に反対との回答は33％、賛成は8％であった[273]。第2次小泉訪朝は、拉致被害者家族の帰国が実現したことから、国民からある程度評価され、その際に発表された食糧援助については国民から「やむを得ない」と受け止められたのである。

---

269) 田中 均『外交の力』日本経済新聞社、2009年、107頁。
270) 同上、109-110頁。
271) 同上、110-111頁。
272) 『日本経済新聞』「前進・不満…評価割れる」2004年5月23日。
273) 同上、「首相訪朝『評価』65％」2004年5月25日。

2　日朝実務者協議、日朝包括並行協議などの進展と停滞

　日朝実務者協議は第 1 回目が 2004 年 8 月、第 2 回目は 9 月に北京で、また第 3 回目は 11 月に平壌で行われた [274]。

　その後、日朝 2 国間の協議については 2004 年末から中断したが、先述のとおり、2005 年 7 月の第 4 回 6 者会合の際の日朝間の協議の際にこれを再開することで一致し、11 月には約 1 年ぶりに日朝政府間協議が行われた。翌 12 月の同協議では、拉致問題を含む諸懸案を包括的に解決するため、日朝間で「包括並行協議」を立ち上げることで一致するなど進展が見られたのは、先述のとおりである [275]。

　2006 年 2 月には第 1 回日朝包括並行協議が開かれるなど、2006 年前半には一定の成果が見られた [276]。また 4 月に行われた東京での日朝非公式協議では、拉致問題の解決に向けて誠意ある対応を改めて求めた [277]。

　しかしその後、同年 7 月に北朝鮮によるミサイル発射や、10 月には核実験実施な

---

274) 外務省ホームページ、「北朝鮮による日本人拉致問題」「拉致問題を巡る日朝間のやり取り」、https://www.mofa.go.jp/mofaj/a_o/na/kp/page1w_000082.html。① 2004 年 8 月に第 1 回、9 月に第 2 回の日朝実務者協議が開催され、北朝鮮側から安否不明者の再調査の途中経過説明があった。しかし情報の裏付けとなる具体的証拠や資料は提供されなかった。② 2004 年 11 月には第 3 回日朝実務者協議があり、北朝鮮の「調査委員会」との質疑応答や、証人からの直接聴取、拉致関係施設等への現地視察、拉致被害者の遺骨とされるもの等の物的証拠の収集が行われた。またここで、日本政府として拉致被害者と認定していないが北朝鮮に拉致された疑いが排除されない失踪者（特定失踪者等）について、北朝鮮側に具体的に名前を示して関連情報の提供を求めた。しかし、北朝鮮側からはこれらの者の入境は確認できなかった旨の回答がなされた。③日本政府は、第 3 回日朝実務者協議で北朝鮮側から提示された情報及び物的証拠を精査した結果、「 8 名は死亡、 2 名は入境確認せず」との北朝鮮側の説明を裏付けるものはなく、またこれまでの情報や物的証拠には多くの疑問点があり、さらに、拉致被害者の遺骨とされた骨の一部に、別人の DNA が検出されたとの鑑定結果を得たことから、日本政府はこれらの点につき北朝鮮側に抗議した。なお、このときの「 2 名は入境確認せず」の 2 名は久米裕氏及び曽我ミヨシ氏を指す。

275) 外務省ホームページ『平成 19 年版外交青書』「第 2 章 地域別に見た外交」「第 1 節 アジア・大洋州」、https://www.mofa.go.jp/mofaj/gaiko/bluebook/2006/pdf/pdfs/2_1.pdf。

276) 2006 年 2 月 4 日から 8 日に開かれた日朝包括並行協議では、①拉致協議、②安全保障協議及び③国交正常化交渉の 3 つのテーマを並行して議論した。拉致問題に関する協議では、日本は改めて①生存者の帰国、②真相究明を目指した再調査、③被疑者の引渡しを要求した。これに対し、北朝鮮は「生存者は既にすべて帰国した」という従来と同様の説明を繰り返し、また真相究明も安否不明者の再調査の継続すら約束せず、被疑者引渡しも拒否した。安全保障協議については、核・ミサイル問題、資金洗浄等の不法活動に関する日本の懸念を伝達したが、具体的進展はなかった。国交正常化交渉については、日本から日朝平壌宣言に明記されている「一括解決・経済協力方式」について北朝鮮側に正しく理解するよう働きかけたが、共通認識は得られなかった。

277) 拉致問題をめぐる日朝間の交渉の経緯については、外務省ホームページ、「北朝鮮による日本人拉致問題」「拉致問題を巡る日朝間のやり取り」https://www.mofa.go.jp/mofaj/a_o/na/kp/page1w_000082.html。

どもあり、日朝間の対話は途絶えた状態が続いた。12 月に 1 年 1 か月ぶりに開催された第 5 回 6 者会合第 2 セッションでも日朝間の協議は開かれなかった。ただし、第 5 回 6 者会合第 3 セッションでは日朝間の協議が行われ、6 者会合についてのみならず、日朝間の今後の取組みについても意見交換が行われた[278]。

その後、2007 年 2 月の 6 者会合で設置が決まった「日朝国交正常化のための作業部会」第 1 回会合が同年 3 月に開催され、日本政府は、

（1）すべての拉致被害者とその家族の安全確保と速やかな帰国
（2）真相究明
（3）被疑者の引渡し

を改めて要求した。しかし、北朝鮮側は、「拉致問題は解決済み」との従来の立場を繰り返した。9 月の第 2 回会合でも拉致問題は進展しなかった[279]。

日朝実務者協議が 2008 年 6 月に北京で、また同年 8 月に瀋陽でも開催された。

2008 年 6 月の北京での日朝実務者協議では、拉致問題に関し日本側から、（1）すべての拉致被害者の帰国、（2）真相究明、（3）被疑者の引渡しを改めて要求し、北朝鮮側が拉致問題を含む諸懸案の解決に向けた具体的行動をとれば、日本としても現在北朝鮮に対してとっている経済制裁の一部を解除する旨説明し、北朝鮮側の具体的行動を求めた。その結果、北朝鮮側は「拉致問題は解決済み」との従来の立場を変更して、拉致問題の解決に向けた具体的行動を今後とるための再調査を実施することを約束した。

同年 8 月の瀋陽での協議では、6 月の前回協議で双方が表明した措置、特に北朝鮮による拉致問題の調査のやり直しの具体的な態様について議論がなされた。その結果、北朝鮮が、権限が与えられた調査委員会を立ち上げ、すべての拉致被害者を対象に、生存者を発見し帰国させるための全面的な調査を開始すると同時に、日本は経済制裁について人的往来の規制解除及び航空チャーター便の規制解除を実施することが合意された（本論文では「2008 年瀋陽合意」という）。

しかし 2008 年 9 月 4 日になって、北朝鮮から 8 月の日朝協議の合意事項、すなわち 2008 年瀋陽合意は履行するとの立場に立つものの、日本で突然に政権交代[280]が行

---

278) 外務省ホームページ『平成 19 年版外交青書』「第 2 章 地域別に見た外交」「第 1 節 アジア・大洋州」、https://www.mofa.go.jp/mofaj/gaiko/bluebook/2007/html/framefiles/honbun.html。
279) 外務省ホームページ、「北朝鮮による日本人拉致問題」「拉致問題を巡る日朝間のやり取り」、https://www.mofa.go.jp/mofaj/a_o/na/kp/page1w_000082.html。
280) 当時の福田康夫総理大臣の辞任を指す。山本栄二『北朝鮮外交回顧録』筑摩書房、2022 年、265 頁。山本は、8 月に金正日が脳疾患で倒れたことと関係があるのではないかと指摘する。

われることになったことを受け、新政権が協議の合意事項にどう対応するかを見極めるまで調査開始は見合わせることとしたとの連絡があり、以後協議は停滞した[281]。

2012年11月、4年ぶりの北朝鮮との間の協議である日朝政府間協議がモンゴル国の首都ウランバートルで開催された。同協議では、拉致問題について踏み込んだ意見交換が行われ、さらなる検討のため今後も協議を継続していくこととなった。また日本側から、拉致の可能性を排除できない事案についても北朝鮮側に提起し、議論を行った。その後の協議は12月に開催することが決まったが、同月1日に北朝鮮がミサイル発射を予告したことから協議は延期となった[282]。

日朝両国は、2014年3月3日並びに同月19日及び20日に瀋陽で開催された日朝赤十字会談の機会を利用して、1年4か月ぶりに日朝政府間で非公式の課長級の意見交換を行い、政府間協議再開を調整することで一致した。これを受けて3月30日及び31日に北京にて開催された日朝政府間協議では、双方が関心を持つ諸懸案について率直な議論を行い、拉致問題について日本政府の基本的考え方を提起した[283]。

3　ストックホルム合意と経済制裁の一部解除

2014年5月にストックホルムで開催された日朝政府間協議で、北朝鮮側は拉致被害者を含むすべての日本人に関する包括的かつ全面的な調査の実施を約束した（ストックホルム合意）。日本側も、北朝鮮側のこうした対応を踏まえ、北朝鮮側が調査のための特別調査委員会を立ち上げ、調査を開始する時点で、日本独自の対北朝鮮経済制裁の一部を解除することとした[284]。

4　日朝政府間協議と特別調査委員会

2014年7月1日に北京で開催された日朝政府間協議では、北朝鮮側から、特別調査委員会の組織、構成、責任者等に関する説明があり、日本側からは、この委員会にすべての機関を対象とした調査権限が付与されているかといった質疑等を集中的に行った。7月4日、北朝鮮は特別調査委員会の権限、構成、調査方法等について、日本側の理解と同趣旨の内容を国内外に公表し、拉致被害者を含むすべての日本人

281）外務省ホームページ、「北朝鮮による日本人拉致問題」「拉致問題を巡る日朝間のやり取り」、https://www.mofa.go.jp/mofaj/a_o/na/kp/page1w_000082.html。
282）同上。
283）同上。
284）同上。

に関する調査の開始を発表した。これに対し日本側は、対北朝鮮経済制裁の一部解除として、人的往来の制裁措置並びに支払報告及び支払手段等の携帯輸出届出の下限金額引下げ措置のそれぞれの解除と、人道目的の北朝鮮籍船舶の入港を認めることとした[285]。この北朝鮮による特別調査委員会設置を受けての、同日（7月4日）の日本政府による制裁の一部解除については、その過程及び政治的効果を第8章第1節で詳述する。

　2014年9月29日、北朝鮮から調査の現状説明を受けるため、日朝外交当局間会合を瀋陽で開催した。同会合では北朝鮮側から、この段階では一人ひとりに関する具体的な調査結果を知らせることはできないが、日本側が平壌を訪問して特別調査委員会のメンバーと面談すれば調査の現状につき、より明確に聴取できるであろうとの説明を受ける程度であった[286]。

　その後、2014年10月に平壌で行われた特別調査委員会との協議では、日本側から（1）拉致問題が最重要課題であること、（2）すべての拉致被害者の安全確保及び即時帰国、（3）拉致に関する真相究明、（4）拉致実行犯の引渡しが必要であること、（5）政府認定の有無にかかわらず、すべての拉致被害者を発見し、一刻も早く安全に帰国させることを求めていることを繰り返し伝達した。また、（6）調査を迅速に行い、結果を一刻も早く通報するよう、北朝鮮側に求めた。

　北朝鮮からは、特別調査委員会及び支部の構成といった体制や、証人や物証を重視した客観的・科学的な調査を行い、過去の調査結果に拘ることなく新しい角度から調査を深めていくとの方針について説明があった。また特別調査委員会は、北朝鮮の最高指導機関である国防委員会から特別権限を付与されており、特殊機関に対しても徹底的に調査を行うとの説明があった[287]。

　2015年8月6日には、マレーシアにおける東南アジア諸国連合（Association of South-East Asian Nations：ASEAN）関連外相会議の機会に、岸田文雄外務大臣（当時）と李洙墉（リスヨン）外相の会談を行った。岸田外務大臣から、2014年5月のストックホルム合意の履行を求め、また日本国内の懸念を伝え、一日も早いすべての拉致被害者の帰国を強く求めた。これに対し北朝鮮側から、同合意に基づき特別調査委員会は調査を誠実に履行しているとの説明があった[288]。

---

285) 外務省ホームページ、「北朝鮮による日本人拉致問題」「拉致問題を巡る日朝間のやり取り」、https://www.mofa.go.jp/mofaj/a_o/na/kp/page1w_000082.html。

286) 同上。

287) 同上。

288) 外務省ホームページ『平成28年版外交青書』「第2章 地球儀を俯瞰する外交」「第1節 アジア・大洋州」、https://www.mofa.go.jp/mofaj/gaiko/bluebook/2016/html/chapter2_01_01.html。

5　北朝鮮の特別調査委員会の解体と調査中止

　北朝鮮による 2016 年 1 月の核実験及び 2 月の「人工衛星」と称する弾道ミサイル発射を受け、同月に日本政府が独自の対北朝鮮経済制裁の実施を発表したことに反発し、北朝鮮は同年 2 月、特別調査委員会による拉致被害者を含むすべての日本人に関する調査を全面中止し、同委員会を解体する旨発表した。日本政府は北朝鮮に対し厳重に抗議し、(1) ストックホルム合意を破棄する考えはないこと、(2) 北朝鮮が同合意に基づきすべての拉致被害者を一日も早く帰国させるべきことを主張した[289]。

6　北朝鮮人権状況決議

　国連においては、2016 年 3 月の人権理事会において、日本と EU が共同提出した北朝鮮人権状況決議が採択された[290]。また 11 月に採択された安保理決議第 2321 号は、拉致問題を始めとするとされる北朝鮮の人権問題に対する安保理を含む国際社会の強い懸念を表明した[291]。

7　解決されない拉致問題

　その後も日本政府は北朝鮮に対して繰り返し基本的な考えを伝えている。例えば 2018 年 2 月平昌(ピョンチャン)冬季オリンピックの開会式の際、文在寅(ムンジェイン)韓国大統領（当時）主催レセプション会場において、安倍総理（当時）から金永南(キムヨンナム)北朝鮮最高人民会議常任委員長（当時）に対し、拉致問題、核、ミサイル問題を取り上げ、日本側の考えを伝えた。特に、すべての拉致被害者の帰国を含め拉致問題の解決を強く申し入れた。また米国のトランプ大統領（当時）は、安倍総理からの要請を受け、2018 年 6 月及び 2019 年 2 月の米朝首脳会談において、金正恩(キムジョンウン)国務委員長に対して拉致問題を直接提起した[292]。

　しかし、第 1 回日朝首脳会談から既に 20 年が過ぎたにもかかわらず、日本政府が

---

289) 外務省ホームページ『平成 28 年版外交青書』「第 2 章 地球儀を俯瞰する外交」「第 1 節 アジア・大洋州」、https://www.mofa.go.jp/mofaj/gaiko/bluebook/2016/html/chapter2_01_01.html。

290) 北朝鮮人権状況決議の人権理事会における採択は 9 年連続 9 回目、国連総会本会議における採択は 12 年連続 12 回目。

291) 外務省ホームページ『平成 29 年版外交青書』「第 2 章 地球儀を俯瞰する外交」「第 1 節 アジア・大洋州」、https://www.mofa.go.jp/mofaj/gaiko/bluebook/2017/html/chapter2_01_01.html#s2110102。

292) 外務省ホームページ、「北朝鮮による日本人拉致問題」「拉致問題を巡る日朝間のやり取り」、https://www.mofa.go.jp/mofaj/a_o/na/kp/page1w_000082.html。

認定した日本人拉致事案12件17人のうち、12人はいまだ帰国できていない[293]。さらに、これらの者にとどまらず、北朝鮮による拉致が疑われる者は依然大勢残されている。日本政府は2006年10月に、拉致問題もその理由の1つとする日本独自の経済制裁を初めて発動しているが、政府の政策目標を拉致被害者の帰国とするならば、制裁発動も含め、この間の日本政府の取組みは成功したとは言い難い。拉致問題をめぐる交渉は行き詰まっている[294]。

第3節　核開発・ミサイル開発など日本の安全保障に関わる問題

1　北朝鮮の核不拡散条約脱退表明

　北朝鮮の核兵器開発に関する問題は、1993年に北朝鮮が核兵器不拡散条約（Treaty on the Non-Proliferation of Nuclear Weapon: NPT）からの脱退を表明し、国際原子力機関（International Atomic Energy Agency: IAEA）との保障措置協定[295]の遵守を拒否したことに端を発し、このことにより朝鮮半島において危機感が高まった問題である[296]。

　1994年6月に入ると、国連では安保理の制裁決議案が作成され、非公式協議が進んでいたが、北朝鮮は制裁決議は「宣戦布告である」と見なすと表明していた。米軍は北朝鮮の軍事的挑発に備え、パトリオット・ミサイルやアパッチ攻撃ヘリコプターを含めた新型の兵器や装備及び米軍兵士を追加配備するなど準備を進めた[297]。なお、当時のクリントン大統領は実際には、経済制裁の効果に関し制裁は北朝鮮を挑発する

---

293) 外務省ホームページ『令和3年版外交青書』「第2章 地域別に見た外交」「第1節 アジア・大洋州」、https://www.mofa.go.jp/mofaj/gaiko/bluebook/2021/html/index.html。
294) 石坂浩一編著『エリア・スタディーズ53　北朝鮮を知るための55章【第2版】』明石書店、2019年、275頁。
295) 外務省ホームページ、「国際原子力機関（IAEA）保障措置」、https://www.mofa.go.jp/mofaj/gaiko/atom/iaea/kyoutei.html。保障措置協定は、原子力が平和的利用から軍事的目的に転用されないことを確保する目的で、IAEAが当該国の原子力活動について行う査察を含む検認制度である保障措置を定める協定である。
296) 外務省ホームページ『平成15年版外交青書』「第2章 地域別外交」「第1節 アジア大洋州」、https://www.mofa.go.jp/mofaj/gaiko/bluebook/2003/gaikou/html/honpen/index.html。
297) 山本『北朝鮮外交回顧録』118-119頁。

だけで、過去の核活動の自白には繋がらないのではないかとその効果を疑問視していたという[298]。

2　「合意された枠組み」の成立

一方、米国と北朝鮮は協議を重ね、その結果、1994年10月に両者間に合意が成立した（「合意された枠組み」（October 1994 Agreed Framework））。合意内容は、北朝鮮が核兵器の原料となるプルトニウムを生産しやすい原子力発電施設（黒鉛減速実験炉）の運転を凍結・解体するとともに、NPT締約国にとどまり、IAEAの保障措置協定を完全に履行することを条件に、

（1）米国は、プルトニウムの生産が比較的難しい軽水炉2基を提供する。
（2）1基目の軽水炉が完成するまでの間、代替エネルギーとして米国は年間50万トンの重油を供給する。

などである[299]。
この「合意された枠組み」を受け1995年3月には、「朝鮮半島エネルギー開発機構」（Korean Peninsula Energy Development Organization: KEDO）が設立された。以後、ここで北朝鮮における軽水炉建設事業と重油供給に向けての取組みが行われる[300]。

3　北朝鮮のウラン濃縮計画の発覚

2002年10月に米国のケリー（John F. Kerry）大統領特使（当時）が訪朝した際に、北朝鮮はウラン濃縮計画の存在を認める[301]。国際社会は懸念を強め、同年10月、小泉総理は第10回アジア太平洋経済協力（Asia-Pacific Economic Cooperation: APEC）首脳会議に際し、ブッシュ大統領及び韓国の金大中大統領と日米韓三国首脳会談を行い、北朝鮮が核兵器開発計画を迅速かつ検証可能な方法で放棄するよう強く求める共同声明を発表した。APEC首脳会議も首脳声明を発出し、APECの参加諸国・地域全体が北朝鮮による核兵器開発計画の放棄を求めた。また同年11月のASEAN

---

298) 山本『北朝鮮外交回顧録』、119頁。
299) 外務省ホームページ『平成15年版外交青書』「第2章地域別外交」「第1節アジア大洋州」、https://www.mofa.go.jp/mofaj/gaiko/bluebook/2003/gaikou/html/honpen/index.html。
300) 同上。
301) 同上。

＋3首脳会議の議長プレスステートメントでも同様のメッセージが発出された[302]。

4　重油供給停止への動きと北朝鮮の対抗措置

　国際社会の働きかけにもかかわらず、北朝鮮は改善措置をとらなかったため、KEDO理事会は2002年11月14日に北朝鮮に対する重油供給の12月以降の停止を決定し、北朝鮮がウラン濃縮計画を完全に撤廃するために具体的かつ信頼できる行動をとらない限り、将来の重油供給も行わない旨を表明した[303]。

　これに対し北朝鮮は反発し、12月12日、「合意された枠組み」に従い実施していた核関連施設凍結の解除、及び電力生産に必要な核関連施設の稼働及び建設の即時再開を表明した。同月21日には黒鉛減速実験炉の封印撤去等、22日から24日には使用済み核燃料貯蔵施設の封印撤去等を行い、年末にはIAEAの査察官を国外退去させた[304]。

　これに対しIAEAは2003年1月6日、理事会で北朝鮮との保障措置協定の実施に関する決議を全会一致で採択し、翌7日には日米韓3国調整グループ会合（Trilateral Coordination and Outsight Group: TCOG）が開催され、北朝鮮の行動に対する国際社会の重大な懸念が表明された。

　こうした懸念にもかかわらず、1月10日、北朝鮮はNPTからの脱退を宣言した。その後も北朝鮮は改善措置をとらず、IAEA理事会で2月12日に北朝鮮の核兵器開発問題を国連安保理に報告することが決定され、同月14日に報告がなされた[305]。

5　「6者会合共同声明」とその後の北朝鮮の態度硬化

　北朝鮮の核開発問題に係る協議については、米国、北朝鮮に加え中国も関わって協議していたが、2003年7月にはこれら3か国に日本、韓国、ロシアを加えた6者会合が開催されることになり、8月に第1回会合が中国の北京で開かれた。第2回、第3回会合は2004年に開かれ、その後2005年7月に第4回6者会合が開かれた。
　第4回6者会合の会議は7月26日からの第1フェーズに関する会議から始まり、

---

302) 外務省ホームページ『平成15年版外交青書』「第2章地域別外交」「第1節アジア大洋州」、https://www.mofa.go.jp/mofaj/gaiko/bluebook/2003/gaikou/html/honpen/index.html。

303) 同上。このほか、11月29日のIAEA理事会決議でも北朝鮮が核兵器開発計画を迅速かつ検証可能な形で撤廃するよう呼びかけがなされた。

304) 外務省ホームページ『平成15年版外交青書』「第2章地域別外交」「第1節アジア大洋州」、https://www.mofa.go.jp/mofaj/gaiko/bluebook/2003/gaikou/html/honpen/index.html。

305) 同上。

休会期間を挟み約2か月にわたって行われたが、このとき6者会合として初めてとなる共同声明（「6者会合共同声明」）が9月19日に発表された。その中で北朝鮮は、「すべての核兵器及び既存の核計画」の検証可能な放棄を約束するなど、大きな前進が得られた[306]。

しかし、その後、北朝鮮は米国財務省が9月15日にマカオ所在の銀行バンコ・デルタ・アジア（Banco Delta Asia: BDA）に対してとった資金洗浄対策措置に反発し、11月の第5回6者会合の第1次会合で態度を硬化させ、そこでは共同声明実施の方向性を示す議長声明は採択されたものの、具体的成果を得られることなく休会となってしまう。その後も北朝鮮は、米国による当該措置解除を6者会合出席の前提条件としたことから、第2次会合は開催されない結果となった[307]。

6 日朝間協議と日朝包括並行協議

一方、2国間協議である日朝間協議は、第2節2項で述べたとおり、2004年11月の瀋陽での協議以降中断していたが、2005年7月からの第4回6者会合の際の日朝間の話合いでこれを再開することで一致し、同年11月に約1年ぶりに日朝政府間協議が行われた[308]。次いで翌12月24日及び25日にも日朝政府間協議が開催された。日本政府は、その場で拉致問題を含む諸懸案を包括的に解決するため、日朝間で「包括並行協議」を立ち上げることを提案し、意見の一致が見られ、その結果、2006年2月4日から「日朝包括並行協議」が開催されたことは先述したとおりである。

7 2006年の北朝鮮による弾道ミサイル発射と核実験の実施

2006年は日本の安全保障にとって重大な脅威となる事態が発生した年であった。北朝鮮はまず7月5日、テポドン2を含む7発の弾道ミサイルを発射した。日本政府はこの弾道ミサイルの発射は日本の安全保障や国際社会の平和と安定、さらには大量破壊兵器の不拡散という観点から重大問題であるとの認識の下、先述のとおり、7月5日に日本としては初となる万景峰92号の入港禁止や入国審査の厳格化等の、独自

---

306) 外務省ホームページ「第4回6者会合に関する共同声明（仮訳）」2005年9月19日、https://www.mofa.go.jp/mofaj/area/n_korea/6kaigo/ks_050919.html?msclkid=a03b4e97cf8311eca3508ea1bca4102a。

307) 外務省ホームページ『平成18年版外交青書』「第2章 地域別に見た外交」「第1節 アジア・大洋州」、https://www.mofa.go.jp/mofaj/gaiko/bluebook/2006/html/framefiles/honbun.html。

308) 同上。

の制裁を発表した[309]。

　北朝鮮は10月9日、さらに核実験の実施を発表した。日本政府はこの北朝鮮による核実験実施は、日本のみならず東アジアや国際社会の平和と安全に対する重大な脅威であり、断じて容認できないとの認識の下、先述のとおり、10月11日、日本独自の経済制裁としてすべての北朝鮮籍船の入港禁止、北朝鮮からのすべての品目の輸入禁止等の、広範かつ厳格な経済制裁の実施を発表した（事例1）[310]。

8　6者会合における「共同声明実施のための初期段階の措置」

　日本政府は、独自の経済制裁の実施や安保理決議の実行を通じ北朝鮮に圧力をかけていたが、米国や中国、ロシアの調整により2006年12月には約1年1か月ぶりに第5回6者会合第2セッションが再開された[311]。しかし、この12月のセッションは成果が得られなかった[312]。

　これに対し2007年2月8日から再開された第5回6者会合第3セッションでは、2月13日、「共同声明実施のための初期段階の措置」が採択され、次のとおり取り決められた[313]。

（1）採択後60日以内に北朝鮮が実施する措置として
　　①寧辺（ニョンビョン）の核施設の活動停止及び封印
　　②すべての必要な監視及び検証のためのIAEA要員の復帰等

309）外務省ホームページ『平成19年版外交青書』「第2章 地域別に見た外交」「第1節 アジア・大洋州」、https://www.mofa.go.jp/mofaj/gaiko/bluebook/2007/html/framefiles/honbun.html。

310）同上。

311）同上。6者会合の議長国である中国も会合の再開へ向け積極的な外交努力を展開した。唐家璇（とうかせん）国務委員は胡錦濤（こきんとう）国家主席の特別代表として10月12日に訪米し、13日にはモスクワを訪れた後、19日には北朝鮮を訪問し、胡国家主席のメッセージを金正日国防委員長に伝達した。さらに、帰国した唐国務委員は、20日、日本と韓国を歴訪したライス米国国務長官との間で会談を行った。ライス国務長官は、その後、21日にモスクワにてプーチン（Vladimir V. Putin）大統領及びラヴロフ（Sergey V. Lavrov）外相と会談を行った。このように各国の外交努力が活発になる中、10月31日に北京で米中朝の6者会合首席代表による3者協議が行われ、同協議の結果、6者会合が再開される運びとなった。

312）その後も、2007年1月16日から3日間、ベルリンにて行われた米朝間協議や、その直後に行われたヒル米国国務次官補による韓国、日本、中国歴訪など、朝鮮半島の非核化を実現すべく、関係各国による6者会合再開のための外交努力は継続された。

313）外務省ホームページ『平成19年版外交青書』「第2章 地域別に見た外交」「第1節 アジア・大洋州」、https://www.mofa.go.jp/mofaj/gaiko/bluebook/2007/html/framefiles/honbun.html。

（2）これと並行して、米中韓ロによる北朝鮮に対する重油5万トンに相当する緊急エネルギー支援の開始等[314]

　さらに、この採択文書は「初期段階の次の段階における措置」として、（1）北朝鮮によるすべての核計画の完全な申告の提出及びすべての既存の核施設の無能力化等にまで踏み込み、（2）米中韓ロによる対応措置として重油95万トン規模を限度とする経済・エネルギー及び人道支援の供与等[315]を定め、（3）これらの措置の実施及び第4回6者会合共同声明の完全な実施のため「朝鮮半島の非核化」、「日朝国交正常化」などをテーマとする作業部会の設置及びその30日以内の開催等を盛り込んだ。特に日朝関係については、日朝平壌宣言に従って不幸な過去を清算し懸案事項を解決することを基礎として、国交正常化のための協議を開始することで一致した[316]。

　日本はこの2月の6者会合における合意事項で定める、北朝鮮に対するエネルギー関係の支援措置に、拉致問題が未解決であることを理由に参加していなかったのであるが、同年3月7日からハノイで行われた日朝国交正常化作業部会の初日協議を北朝鮮は一方的に中止し、またその後3月19日から北京で行われた6者会合では、北朝鮮は、拉致問題の解決なしにエネルギー支援を実行しないとする日本を牽制するとともに、米中韓と相次いで2国間協議を開きながらも日本とは協議せず、「日本外し」ととれる行動をとるようになる[317]。そして4月には、北朝鮮の『労働新聞』は拉致問題の解決を最優先する日本政府の姿勢を批判する論評を掲げ、2月になされた6者会合の「合意の履行に難関が作り出され、6カ国協議が進展しないのは、全面的に日本の不当かつ破廉恥な妨害策動のためだ」と強調する[318]。北朝鮮は、拉致問題を最重要

314）日本は拉致問題を含む日朝関係に進展が得られるまで、不参加。
315）日本は、ここでも拉致問題を含む日朝関係に進展が得られるまで不参加。
316）外務省ホームページ『平成19年版外交青書』「第2章 地域別に見た外交」「第1節 アジア・大洋州」、https://www.mofa.go.jp/mofaj/gaiko/bluebook/2007/html/framefiles/honbun.html。「共同声明実施のための初期段階の措置」に対しては、外交青書によれば「すべての核兵器及び既存の核計画」の検証可能な放棄を定めた6者会合共同声明の完全な実施に向けての第一歩であり、北朝鮮が非核化へ向けた具体的行動に同意した点で大きな意義があり、また改めて、日朝関係が6者会合の枠組みの中に明確に位置付けられたことは、以後、拉致問題を含む日朝間の懸案事項に取り組んでいく上でも有意義であったと評価されている。
317）『日本経済新聞』「薄氷の合意6カ国協議試される60日（下）参加支援、日本の切り札」2007年2月17日；同上、「薄氷の合意6カ国協議試される60日（下）参加支援、日本の切り札」2007年2月17日；同上、「6カ国協議 作業部会」2007年3月1日；同上、「6カ国協議、日朝、冒頭から言い合い、米、北朝鮮の姿勢批判」2007年3月20日；同上、「米中韓と相次ぎ会談、北朝鮮が『日本外し』？日本は強く批判」2007年3月27日。
318）同上、「北朝鮮労働党機関紙、6カ国協議『日本が妨害』」2007年4月20日。

課題とする日本の強硬路線と、中間選挙後に米朝2国間交渉に方針転換した米国の対話路線との乖離状態を突き始めた[319]。

9　6者会合の崩壊

　米国は、ブッシュ政権（2001年から2009年）、オバマ政権（2009年から2017年）、トランプ政権（2017年から2021年）へと政権が移行していくが、ブッシュ政権では、先述のとおり、6者会合という枠組みをつくり、2005年9月に採択された「6者会合共同声明」では、北朝鮮はすべての核兵器及び既存の核計画の放棄を謳うまでになったが、一方で北朝鮮に対し一定の経済・エネルギー・人道支援が供与されることになった[320]。

　しかしながら北朝鮮が、国連安保理が2009年の北朝鮮のミサイル発射を受け議長声明を発出したことに反発して、6者会合に絶対に戻らないと宣言したことで、この6者会合の枠組みはオバマ政権発足後間もなく崩壊する[321]。

10　北朝鮮による核実験や弾道ミサイル発射と経済制裁の悪循環

　北朝鮮は、6者会合の枠組みからの離脱を宣言してから大胆に核兵器及びミサイル開発を公言し加速させた[322]。そして北朝鮮による核実験や弾道ミサイル発射などの挑発と、これに対する国際社会の経済制裁という悪循環に陥ってしまう[323]。

　2016年1月、北朝鮮は4回目となる核実験を実施し、2月には、「人工衛星」と称する弾道ミサイルの発射を強行した。これらを受け同月、日本は独自の対北朝鮮経済制裁の実施を決定し（事例2）、また国連安保理は3月には制裁を大幅に強化する決議第2270号を全会一致で採択した[324]。

　しかし、その後も北朝鮮は、潜水艦発射弾道ミサイル（Submarine-Launched Ballistic Missile：SLBM）を含め、弾道ミサイル発射を相次いで強行した。2016年

---

319) その後、2007年9月27日から30日、第6回6者会合第2セッションが開かれ、成果文書として、朝鮮半島非核化などを定める「共同声明の実施のための第2段階の措置」（2007年10月3日）が発表された。https://www.mofa.go.jp/mofaj/area/n_korea/6kaigo/6kaigo6_2kjs.html。

320) 山本『北朝鮮外交回顧録』274頁。

321) 同上、274-275頁。

322) 同上、275頁。

323) 同上、275頁。

324) 外務省ホームページ『平成29年版外交青書』「第2章 地球儀を俯瞰する外交」「第1節 アジア・大洋州」、https://www.mofa.go.jp/mofaj/gaiko/bluebook/2017/html/chapter2_01_01.html#s2110102。

6月に発射されたミサイルは、弾道ミサイルとして一定程度の機能を示したほか、8月に発射された弾道ミサイルは日本の排他的経済水域（Exclusive Economic Zone：EEZ）に落下した。また9月には3発の弾道ミサイルが同時に発射され、3発とも日本のEEZに落下した。さらに北朝鮮は同月、5回目となる核実験を、前回実験からわずか8か月というそれまでになく短期間のうちに実施し、その後も弾道ミサイル発射を繰り返した[325]。

このような北朝鮮の核・ミサイル開発に対して、同年11月、国連安保理は前回の決議第2270号をさらに強化し、北朝鮮への人、物資、資金の流れをさらに厳しく規制する安保理決議第2321号を全会一致で採択した。このとき日本は非常任理事国として安保理の議論を主導した。日本政府の方針はこれらの決議の実効性を確保するため、国連における制裁委員会の積極的な活用も含め、他の国連加盟国とも緊密に連携していくという方針である[326]。

また9月の核実験及び累次の弾道ミサイル発射、さらには拉致問題が解決に至っていないことを踏まえ、12月2日には拉致、核、ミサイルといった諸懸案を包括的に解決するためのさらなる措置として、日本政府は米国・韓国と緊密に連携し、独自の対北朝鮮経済制裁の実施を発表する（事例3）。

一方で、金正恩国務委員長は、2017年1月の「新年の辞」で北朝鮮が「核強国」、「軍事強国」であることを強調し、「大陸間弾道ロケット」の試験発射準備が最終段階に入ったと主張するなど、核・ミサイル開発を継続していく意思を表明した。その後も同年2月に弾道ミサイルを発射したほか、3月に入っても弾道ミサイルをほぼ同時に4発発射し、そのうち3発を日本のEEZに落下させるなど、核・ミサイル開発を継続している。

日本政府は、米国、韓国、中国、ロシアを始めとする関係国と緊密に連携し、北朝鮮に対し挑発行動の自制、6者会合共同声明や安保理決議の遵守を強く求めていく方針を示している[327]。

2017年には米国ではトランプ政権が誕生したが、この年、北朝鮮が大陸間弾道弾（Intercontinental Ballistic Missile：ICBM）及び6回目の核実験を実施するに至り、緊張が最大限に高まった[328]。2018年6月及び2019年2月には米朝首脳会談が

---

325) 外務省ホームページ『平成29年版外交青書』「第2章 地球儀を俯瞰する外交」「第1節 アジア・大洋州」、https://www.mofa.go.jp/mofaj/gaiko/bluebook/2017/html/chapter2_01_01.html#s2110102。

326) 同上。

327) 同上。

328) 山本『北朝鮮外交回顧録』275頁。

開催されたものの事態は改善されていない[329]。10月にはストックホルムで米朝実務者協議が行われたが、具体的な進展はない。北朝鮮は依然として、累次の安保理決議に従ったすべての大量破壊兵器、及びあらゆる射程の弾道ミサイルの完全な、検証可能な、かつ不可逆的な方法での放棄を行っていない。

第4節　日朝国交正常化に係る問題

1　3党共同声明と日朝国交正常化交渉の開始

　日朝国交正常化は、それ以前にも様々な動きがあったようであるが、具体的には1990年9月24日、当時の元副総理、金丸信と日本社会党（以下、「社会党」という）副委員長の田辺誠を団長とする訪朝団が平壌に赴き、同月27日午前の政府間実務者会談で北朝鮮側から国交正常化の提案を受けたことに端を発する。北朝鮮の提案の背景は、その日の午後、自民党、社会党そして朝鮮労働党の3党代表会議の席上明らかにされたが、それは、

（1）国際情勢が急激に変化したこと
（2）日本政府の一部に国交樹立前には「償い」をすることができないとの意見があること

の2点が挙げられた[330]。この提案を受け、28日には平壌にて「日朝関係に関する日本の自由民主党、日本社会党、朝鮮労働党の共同宣言[331]」が発出された。そこでは過去に日本が朝鮮人民に与えた不幸と災難、及び戦後45年間朝鮮人民が受けた損失について北朝鮮に公式に謝罪を行い十分に償うべきであり、3党は日本政府が国交を樹立すると同時に、かつて北朝鮮の人民に被らせた損害に対して十分に償うべきであると認める旨宣言している。そして3党は日朝間に存在している不正常な状態を解消し、できるだけ早期に国交関係を樹立すべきとしている。

---

329) 2019年6月にトランプ米大統領と金正恩朝鮮労働党委員長は板門店で面会しているが、米朝両国とも首脳会談とは位置づけていない。
330) 山本『北朝鮮外交回顧録』31-34、39-40頁。山本は「国際情勢が急激に変化したこと」についてその内容として、冷戦の崩壊による社会主義諸国の韓国承認や韓国の経済的、国際的地位の上昇を挙げている。
331) 同上、i-ii頁。

「戦後45年間」の損失への償いの部分に関しては日本国内で物議を醸したが、日朝国交正常化交渉の予備会談では交渉の議題を

(1) 日朝国交正常化に関する基本問題
(2) 日朝国交正常化に伴う経済的諸問題
(3) 日朝国交正常化に関連する国際問題
(4) その他双方が関心を有する諸問題（在日朝鮮人の法的地位、日本人配偶者問題など）

とすることで決定し、第1回日朝国交正常化交渉が1991年1月30日及び31日に平壌で開催された[332]。その後も交渉は継続し、1992年5月には第7回目の交渉が行われたが、この頃まで着実に進んでいた交渉が、第7回交渉が終わったあたりから次回日程をなかなか決定しないなど、北朝鮮側は消極的姿勢を示し始めた。その後ようやく第8回正常化交渉が北京で開かれたが、北朝鮮は「日本側がありもしない日本人女性の問題を持ち出しており、これ以上協議は必要ない」という理由で交渉を決裂させる[333]。

2　北朝鮮の経済難、食糧難、社会不安と国交正常化交渉の進展

　1994年から97年には、北朝鮮は経済難、食糧難、そして社会不安に見舞われるが、こうした事態に対し2000年3月、日本政府は北朝鮮に対してコメ10万トンを、国際機関を通じて供与することを発表し、4月には第9回交渉、8月には第10回交渉、10月に第11回交渉を行っていく[334]。

　日本・北朝鮮間では2000年10月の日朝国交正常化交渉第11回本会談以来、大きな動きは見られなかったが、北朝鮮赤十字会が2002年3月、中止していた日本人「行方不明者」消息調査再開を発表し、日朝赤十字会談開催の提案を行い、これを受けて同年4月29日及び30日、日朝赤十字会談が開催された。

　2002年7月31日にはブルネイでの第9回ASEAN地域フォーラム（ASEAN Regional Forum: ARF）閣僚会合の機会に日朝外相会談が行われ、そこでの合意に基づき8月に日朝赤十字会談（18日及び19日）及び日朝外務省局長級協議（25日

---

332) 山本『北朝鮮外交回顧録』48-56頁。
333) 同上、88-92頁。日本人女性の問題とは、いわゆる「李恩恵」問題のことであるが、山本は、決裂は意図的になされたものであり、背景として金日成から金正日への権力移譲や、日本との関係改善ではなく対米関係改善への強い意欲への変化の可能性を指摘している。
334) 同上、176-195頁。

及び 26 日）が行われた。局長級協議では、日朝関係を改善し、地域の平和と安定を図るために国交正常化を実現することが重要であるとの認識を共有した。また、日朝間の諸懸案を解決するための方法についてもここで協議し、諸問題の解決に向けて政治的意思をもって取り組むことが重要であるとの認識で一致した[335]。

3 小泉総理訪朝と日朝首脳会談

2002 年 8 月 30 日、日朝双方は小泉総理が北朝鮮を訪問し、金正日国防委員長と日朝首脳会談を行うことを発表した。

日本にとってこの日朝首脳会談の目的は、首脳間の率直な話し合いにより、金正日国防委員長の政治的意思を引き出し、

（1）拉致問題を始めとする諸懸案の解決に向けて局面の打開を図ること
（2）核問題やミサイル問題等の安全保障上の問題について国際社会の懸念を払拭するため、北朝鮮が国際社会の一員として責任ある行動をとるとともに、北朝鮮に米国及び韓国を始めとする関係国との対話を促し、問題解決を行うよう強く働きかけること

であった。

同年 9 月 17 日、小泉総理は日本の総理大臣として初めて北朝鮮を訪問し、金正日委員長との間で会談を行った[336]。日朝首脳会談では、先述のとおり、第 1 に、拉致問題については北朝鮮から拉致の疑いのある事案に関し情報提供がなされ、これに対して小泉総理から金正日委員長に強く抗議がなされた。金正日委員長は、過去に北朝鮮の関係者が行ったことを率直に認め、遺憾なことでありお詫びすると述べた。

第 2 に、不審船事案についても金正日委員長は軍部の一部が行ったものと思われると述べ、さらなる調査と再発防止を約束した。

第 3 に、安全保障上の問題については、金正日委員長は関係国間の対話を促進し、問題解決の重要性を確認するとともに、朝鮮半島の核問題に関連するすべての国際的合意を遵守し、期限なくミサイル発射を凍結すると発言した。

小泉総理としてはこの首脳会談を通じ、日朝間の諸問題の包括的な解決の促進を図る上で一定のめどがついたと考え、問題解決をより確かなものにしていくためにも

---

[335] 外務省ホームページ『平成 15 年版外交青書』「第 2 章 地域別外交」「第 1 節 アジア大洋州」、https://www.mofa.go.jp/mofaj/gaiko/bluebook/2003/gaikou/html/honpen/index.html。
[336] 同上。

国交正常化交渉を再開させるとの判断を行ったとされている[337]。

4　日朝平壌宣言

2002年9月17日、小泉総理と金正日国防委員長は、「日朝平壌宣言」に署名した[338]。

その中で「双方は、この宣言に示された精神及び基本原則に従い、国交正常化を早期に実現させるため、あらゆる努力を傾注することとし、そのために2002年10月中に日朝国交正常化交渉を再開することとした」と宣言した。また、「双方は、相互の信頼関係に基づき、国交正常化の実現に至る過程においても、日朝間に存在する諸問題に誠意をもって取り組む強い決意」を表明している。

経済協力に関しては、双方は日本が北朝鮮に対し国交正常化の後、「無償資金協力、低金利の長期借款供与及び国際機関を通じた人道主義的支援等の経済協力を実施し、また、民間経済活動を支援する見地から国際協力銀行等による融資、信用供与等が実施されることが、この宣言の精神に合致する」との基本認識を示した上で、国交正常化交渉で経済協力の具体的な規模と内容を協議することとしている。

そのほか、国交正常化を実現するにあたっては、

(1) 1945年8月15日以前の事由に基づく両国及びその国民のすべての財産及び請求権を相互に放棄するとの基本原則に従い、国交正常化交渉で具体的に協議すること
(2) 在日朝鮮人の地位に関する問題及び文化財の問題は国交正常化交渉で誠実に協議すること
(3) 国際法を遵守し互いの安全を脅かす行動をとらないこと
(4) 朝鮮半島の核問題の包括的な解決のため国際的合意を遵守すること
(5) 核問題及びミサイル問題を含む安全保障上の諸問題に関し、関係諸国間の対話を促進し、問題解決を図ることの必要性
(6) 北朝鮮側はこの宣言の精神に従いミサイル発射のモラトリアムを2003年以降も延長していく意向を有すること

などを宣言している。

---

337) 外務省ホームページ『平成15年版外交青書』「第2章 地域別外交」「第1節 アジア大洋州」、https://www.mofa.go.jp/mofaj/gaiko/bluebook/2003/gaikou/html/honpen/index.html。
338) 外務省ホームページ「日朝平壌宣言」、https://www.mofa.go.jp/mofaj/kaidan/s_koi/n_korea_02/sengen.html。

5　日朝国交正常化交渉の再開

　日朝国交正常化交渉は、日朝首脳会談を受け2002年10月29日及び30日にマレーシアのクアラルンプールで2年ぶりに第12回本会談が開催された。日本はこの会談に拉致問題及び核問題を始めとする安全保障上の問題を最優先課題として臨んだ[339]。

　同会談で拉致問題及び安全保障上の問題では具体的な成果はなかったが、北朝鮮は国交正常化及び経済協力が中核的問題であるとしながらも、日朝双方が日朝平壌宣言に従い諸懸案の解決に努力することについては意見の一致を見た。そして、次回の日朝国交正常化交渉の本会談が北朝鮮から11月末開催で提案された[340]。

　しかしその後、北朝鮮は拉致問題及び安全保障上の問題をめぐって、問題が複雑になっている情勢下では、本会談の準備協議を含め日朝国交正常化交渉を行う雰囲気は整っておらず、日朝安全保障協議も協議すべき状況にない旨を伝えてきた。以後、国交正常化交渉は2002年内には開催に至らなかった[341]。

6　小泉総理の再度の訪朝

　小泉総理は2004年5月22日に2回目の訪朝を行う。当時の日本の政治状況としては、核開発問題やミサイル問題といった日本の安全保障に関わる問題よりも、拉致問題の解決が重視される傾向に移行していった。こうした政治状況に対して小泉総理には、当時の時点では「北朝鮮と正常な関係に持っていくのが私の役目だ」と述べるなど、むしろ国交正常化への意欲を滲ませる姿勢を窺わせるものがあった[342]。

7　日朝国交正常化についての日本政府の基本的な認識

　日朝国交正常化についての現在の日本政府の基本的な認識であるが、拉致問題の解決と北朝鮮との国交正常化との関係で言えば、拉致問題の解決なくして北朝鮮との国交正常化はあり得ないという考え方が基本的な認識である[343]。そして、日本政府の

---

[339] 外務省ホームページ『平成15年版外交青書』「第2章 地域別外交」「第1節 アジア大洋州」、https://www.mofa.go.jp/mofaj/gaiko/bluebook/2003/gaikou/html/honpen/index.html。

[340] 同上。

[341] 同上。

[342] 山本『北朝鮮外交回顧録』275頁。山本は、その後、拉致問題の比重がさらに増し、次第に動きが取れなくなっていったという。

[343] 外務省ホームページ『令和3年版外交青書』「第2章 地域別に見た外交」「第1節 アジア・大洋州」、https://www.mofa.go.jp/mofaj/gaiko/bluebook/2021/html/index.html。

方針としては、2002年9月の日朝平壌宣言に基づき、拉致、核、ミサイルといった諸懸案を包括的に解決し、不幸な過去を清算して日朝国交正常化を図ることを基本としている[344]。

第5節　3つの諸課題の相互関係

　日本独自の経済制裁は、先述のとおり、北朝鮮に対し「拉致、核、ミサイルといった諸懸案の包括的な解決のために」発動されている。ここでは、拉致問題及び核、ミサイルといった日本の安全保障に関わる問題という「諸懸案」、そして日朝国交正常化問題という3つの課題はどのような関係になっているのかについて見ていきたい。

1　拉致問題と核、ミサイルという安全保障の問題との関係とその変質

　改正外為法や特定船舶入港禁止法など、日本独自の経済制裁に関する制度が創設された2004年当時の政府の基本的な考え方を見ると、拉致問題と核、ミサイルという安全保障上の問題との間に軽重はなく、両者が解決されなければ国交正常化はないというのが基本的な関係である。例えば2004年6月15日の参議院拉致問題特別委員会において川口順子外務大臣（当時）は、3つの課題についての考え方を次のように答弁している[345]。

　　「核問題も拉致問題もそれぞれ重要な問題であるということでございます。それぞれの問題を、その他ミサイルの問題、そのほかございますけれども、そういったものを解決をして、そして正常化をしていくというのが我が国の考え方であるわけでございます。
　　拉致と核の関連ということですけれども、拉致問題が解決をするような状況、あるいはそういう雰囲気があれば、核問題が解決をしやすい状況になっているということはあり得るだろうと思います。逆に、核問題について話が非常に前進をしているような状況、またそういうことをもたらしているような背景ですね、そういうことがあれば拉致問題の解決にもやはり拍車が掛かるような状況という

---

344) 外務省ホームページ『令和3年版外交青書』「第2章 地域別に見た外交」「第1節 アジア・大洋州」、https://www.mofa.go.jp/mofaj/gaiko/bluebook/2021/html/index.html。
345) 第159回国会参議院院拉致問題等特別委員会第2号（平成16年6月15日）会議録、緒方靖夫委員の質疑に対する川口順子外務大臣答弁。

ふうにつながるということはあり得ると思いますけれども、そういったそのつながり方を除いては基本的には核と拉致というのは独立した問題であるというふうに考えています。
　いずれにしても、政府の方針というのは、これは、核は六者で中心にして議論されますし、拉致は二者で議論されることになりますけれども、包括的な解決ということを言っておりまして、問題が包括的に解決をしなければ、すなわちそれぞれの問題が解決をしているという状況にならなければ、我が国として国交正常化はしない、正常化交渉は終わらないということを言っているわけでございます。」
（傍点は筆者）

　また、2004年12月10日の衆議院拉致問題特別委員会において細田博之官房長官（当時）も、拉致問題と核開発の放棄の問題については「この二つの問題をもって、いわば二眼状態ですね、どちらが重要かということはありません。軽重はないんですが、この両方について我が国はしっかりとした対応をしなきゃならないということですね」と両者の関係について答弁している（傍点は筆者）[346]。
　ところが、2005年9月21日の参議院拉致問題特別委員会で、麻生太郎外務大臣（当時）は、同年9月3日及び4日に北京で行われた日朝政府間協議及び第5回6者会合の第1次会合についての報告の中で「我が国にとって最優先の協議事項であった拉致問題につきましては、我が方から、生存する拉致被害者の早期帰国、安否不明者の真相究明、容疑者の引渡しを改めて強く求めております」という言い方をしている（傍点は筆者）。そして「我が方より、拉致問題等の懸案事項の協議、核、ミサイル問題等の安全保障問題の協議、過去の清算を含む国交正常化交渉という三つの協議を並行して進めるとの考え方を示すとともに、拉致を含む諸懸案の解決なくして国交正常化はないとの考えを改めて明確に説明し、お互いに検討を重ねていくことになりました」と述べている。また、「我が方からは、拉致問題解決の重要性を述べた上で、諸懸案の解決による日朝関係の進展が六者会合の進展に肯定的な影響を及ぼすこと、同時に、六者会合における核、ミサイルの進展が国交正常化の展望を容易にするとの考え方を改めて強調しました」と述べ、拉致問題解決が最優先の協議事項と言いながらも、核、ミサイル問題の解決の重要性も強調し、拉致、核、ミサイルなどの諸懸案の解決に向け、政府一丸となって取り組む姿勢を示している[347]。
　麻生外務大臣答弁の、拉致問題が「最優先の協議事項」という言い回しはある意味、

---

346) 第161回国会衆議院拉致問題等特別委員会第3号（平成16年12月10日）会議録、松原仁委員の質疑に対する細田博之官房長官答弁。

347) 第163回国会参議院拉致問題等特別委員会閉会後第1号（平成17年11月27日）会議録、麻生太郎外務大臣報告。

巧妙である。この言い回しは日朝政府間協議についての説明部分で用いられたが、問題の扱いが拉致問題は日朝２国間の協議案件、核・ミサイル問題は６者会合での協議案件という前提を置いて、麻生大臣の答弁を聞くと、２国間の問題を協議する場である日朝政府間協議における協議事項の中では当然、拉致問題が他の事項にも増して最優先で取り組まれるべき事項であるという意味では「最優先の協議事項」というのはごく当然のことである。一方、６者会合の協議事項は拉致問題ではなく、核、ミサイル問題となるのであって、そこでは、当然、核、ミサイル問題が「最優先の協議事項」となる。つまり、日朝政府間協議の最優先協議事項は拉致問題、６者会合の最優先協議事項は核、ミサイル問題という、ごく当然のことを「最優先」というインパクトの強い語で言い表しているにすぎず、これは両者間に「軽重はない」という従来の政府スタンスとそれほど齟齬のない形で「最優先」の語を使って聞き手に好印象を与えるものと受け止めることができるのである。要するに、麻生外務大臣のこの言い回しは、拉致問題特別委員会の出席委員に向けて拉致問題が「最優先の協議事項」とアナウンスすることで、いかにも何にも増して「最重要」事項であるような印象を与える効果があったと見ることができる。

　2006年1月23日には、衆議院本会議における前原誠司議員の日朝包括並行協議に関する質疑に対し、小泉総理は答弁で、日朝包括並行協議では、拉致、安全保障、国交正常化の各問題を取り上げ、日朝関係の全般的な進展を図る考えであるが、その中で、特に最優先課題である拉致問題に関し、生存者の帰国、真相の究明、容疑者の引き渡しを北朝鮮側に強く求め、問題解決に向けた具体的前進を図るべく最大限努力していく旨発言している（傍点は筆者）[348]。少なくともここで、拉致問題は、拉致、安全保障、国交正常化という３つの各問題との比較で、総理大臣から「最優先課題」とアナウンスされるに至ったと認めることができる。

　これに対して、安倍晋三政権（以下「安倍政権」という）発足後の2006年11年30日の参議院拉致問題特別委員会で、塩崎恭久官房長官兼拉致問題担当大臣（当時）は、「北朝鮮による拉致は、我が国の国家主権と国民の生命、安全にかかわる重大な問題であり、この問題の解決なくして日朝の国交正常化はあり得ません。安倍内閣では、拉致問題の解決を我が国の最重要課題として取り組むこととしており、去る９月29日に、拉致問題に関する総合的な対策を推進するため、総理を本部長とする、拉致問題担当大臣である私を副本部長として、すべての国務大臣が参加する拉致問題対策本部を設置いたしました」と報告している（傍点は筆者）[349]。「最優先課題」と「最

---

348) 第164回国会衆議院本会議第２号（平成18年1月23日）、会議録、前原誠司議員の質疑に対する小泉純一郎総理答弁。

349) 第165回国会参議院拉致問題等特別委員会第２号（平成18年11月30日）会議録、塩崎恭久官房長官兼拉致問題担当大臣報告。

重要案件」は意味合いが異なる。

　小泉政権期には核問題との優劣に「軽重はないんです」という関係にあった拉致問題はやがて「最優先課題」と表現されるようになり、小泉内閣退陣後成立した安倍新政権の発足とともに、拉致問題は我が国の国家主権と国民の生命、安全にかかわる重大な問題と改めて定義され、解決に向け総力を結集すべく、内閣総理大臣を本部長とする拉致問題対策本部も設置され、「我が国の最重要課題」となったのである。

　2008年6月19日の衆議院拉致問題特別委員会では、外務省の齋木昭隆アジア大洋州局長（当時）も「実務者協議におきましては、当然、この拉致問題、日本側にとっては最重要案件ということで、私の方から改めて、日本政府としての要求事項をすべて先方に対してぶつけました」と答弁している（傍点は筆者）[350]。

　さらに2016年には3月30日の衆議院拉致問題特別委員会で、加藤勝信拉致問題担当大臣（当時）は「拉致問題は安倍内閣の最重要課題であり、また政府の責任において最優先で取り組んでいくべき課題であります」と報告し、岸田文雄外務大臣（当時）も「日朝関係については、引き続き、日朝平壌宣言に基づき、諸懸案の包括的な解決に向けて取り組んでいく考えです。拉致問題は、我が国の主権及び国民の生命と安全にかかわる重大な問題であり、国の責任において解決すべき、安倍政権の最重要課題です」と発言している（傍点筆者）[351]。

　このように、拉致問題と、核、ミサイルという日本の安全保障に関わる問題との関係は、日本独自の経済制裁の制度がつくられた2004年当時は、「軽重はない」「核問題も拉致問題もそれぞれ重要な問題である」という関係にあったものが、その後、拉致問題の方が比重が増し、政権にとって日本の「最重要課題」であると答弁されるまでになったのである。

　この点に関し、2回の小泉訪朝に携わった外務省の山本栄二は、小泉総理は2004年5月の第2次小泉訪朝の時点では、北朝鮮と正常な関係にもっていくのが自分の役目であると述べ、日朝国交正常化への意欲を持っていたと思われるものの、その後、拉致問題の比重がさらに増し、次第に身動きがとれなくなっていったと当時の様子を述懐している[352]。そして2006年9月に安倍内閣が発足し、政府は拉致問題対策本部を設置することにより、拉致問題を最重視する姿勢を鮮明にしたという[353]。既に述べたように、2006年10月16日に第1回会合がもたれた拉致問題対策本部に係る官

---

350) 第169回国会衆議院拉致問題等特別委員会第5号（平成20年6月19日）、会議録、髙木毅委員の質疑に対する齋木昭隆外務省アジア大洋州局長答弁。

351) 第190回国会衆議院拉致問題等特別委員会第2号（平成28年3月30日）、会議録、加藤勝信拉致問題担当大臣及び岸田文雄外務大臣報告。

352) 山本『北朝鮮外交回顧録』256頁。

353) 同上、258頁。

房長官記者発表でも、拉致問題は我が国の最重要課題とされている。

2　諸懸案の包括的な解決

　現在の日本政府の基本的な方針は、日朝平壌宣言に基づき、拉致、核、ミサイルといった諸懸案を包括的に解決し、不幸な過去を清算して日朝国交正常化を図ることを基本としている[354]。

　この点との関連で、2002年9月の第1次小泉訪朝時に外務省アジア大洋州局長であった田中は、もともと拉致問題をうやむやにする、あるいは拉致問題を棚上げにして国交正常化に至るという政策の選択肢は、当時の日本にはなかったと指摘する。拉致問題の解決がなければ北朝鮮との国交正常化はなく、北朝鮮との国交正常化がなければ核問題の最終的解決もない、というのが「包括的解決」の概念であったと説明する[355]。そして、交渉は包括的な形でなされなければならないともいう。拉致問題だけを取り上げて交渉するのでは遅々としたものになるので、そうではなく、北朝鮮に対して国交正常化のメリットを具体的に提示しながら核の問題や拉致の問題について北朝鮮が大きく動く必要がある、つまりこれら3つの課題をこのように包括的に解決しなければならないと指摘する[356]。要するに、日本の対北朝鮮政策として、拉致問題の解決がなければ国交正常化はないとした上で、諸懸案の包括的解決というのは、北朝鮮に対して国交正常化のメリットを具体的に説きながら、核の問題や拉致の問題を解決しようという解決手法を指すのである[357]。そこには日朝国交正常化の問題は、「包括的」に解決されるべき課題として、確かに言葉の上では言及されていないにしても、実質的な意味合いでは、アメとムチという言葉でいうところの、アメという位置づけで、この「包括的」な課題に含ませているのである。

　「包括的解決」というときに、拉致問題、安全保障問題、国交正常化問題3者の相互関係は整理しておかなければならないであろう。現在の政府方針は、字義どおりに捉えると、「包括的」に解決されるべき問題は、拉致問題及び核、ミサイル問題であり、これらの「諸懸案」を包括的に解決し、その上で不幸な過去を清算して日朝国交正常化を図ることを基本としている。

354）外務省ホームページ『令和3年版外交青書』「第2章 地域別に見た外交」「第1節 アジア・大洋州」、https://www.mofa.go.jp/mofaj/gaiko/bluebook/2021/html/index.html。

355）田中『外交の力』204頁。

356）同上、204-205頁。

357）ただし、具体的に何をもって「拉致問題の解決」とするかは難問であり、その合意形成は難しい。スローガンとしての「拉致問題の解決」という言葉は別として、この「解決」の具体的な意味合いの曖昧さも拉致問題の解決を難しくしている原因の1つである。

しかし実際の交渉の場面においては、田中の指摘するように、これら3つの問題を同時に交渉のテーブルに載せて、それぞれの問題解決のメリット・デメリットを北朝鮮に具体的に提示し、3つの問題を同時並行的に扱う手法をとるのか、それとも日本政府の方針である「拉致、核、ミサイルといった諸懸案を包括的に解決し」、「日朝国交正常化を図る」という方針を字義どおりに捉え、「拉致」「核、ミサイル」の問題をまずは交渉のテーブルに載せ、これらが解決した後に次の交渉のステージで国交正常化交渉を行う手法をとるのかは、交渉の成否などの面で大きな違いが出てくるであろう。

　仮に日朝国交正常化という政策が正しい政策の選択であるとした場合、実際の北朝鮮との交渉場面では、国交正常化問題解決のメリットが北朝鮮にとって莫大なものであるならば、北朝鮮にそのメリットを具体的に提示しながら拉致問題の解決や、あるいは核やミサイルの問題の解決を目指す手法は十分有効であろう。交渉の現場ではアメとムチという例えの、ムチだけでは成果は限定的である。アメとなり得る経済支援には国交正常化が前提になるとされるが、仮にそうであるとすれば、アメである経済支援の提供をも用いながら拉致問題を解決するには、拉致問題と国交正常化問題とは同時並行で両睨みの状態で協議せざるを得ないことになるが、その場合には「包括的」に解決されるべき課題に日朝国交正常化問題も含まれることになる。

　実際、2004年6月の参議院拉致問題特別委員会において、当時の川口外務大臣は、核問題、ミサイル問題も拉致問題もそれぞれ重要な問題であり、それぞれの問題を解決して、そして国交正常化をしていくというのが政府の考え方であると表向きは答弁しているが、先述のとおり、日本政府は、少なくとも2005年12月には日朝政府間協議の場で「拉致問題を含む諸懸案を包括的に解決する」ために日朝間での「包括並行協議」の立ち上げを北朝鮮に提案し、これが北朝鮮に受け入れられ、2006年2月には拉致協議、安全保障協議、国交正常化交渉の3つの分野を「並行」して協議する枠組みを整えていたのである。

　次に、日朝国交正常化という外交政策が日本の政策として、仮に当面の間であるとしても否定されるのであれば、拉致問題や日本の安全保障問題を解決に導くためのアメ、すなわち北朝鮮を解決に向かわせる誘因については、国交正常化を前提としない経済的な措置が可能であるのか、可能であるとしてそれは具体的には何か、ということについて検討しなければならない[358]。

　交渉というプロセスで諸懸案を包括的に解決しなければならないという前提に立って考えるとするならば、圧力一辺倒でなく、相手方に見返りとして何を具体的に

358）日本は北朝鮮と国交はないが、例えば2000年に国際機関（世界食糧計画（WFP））を通じての形にして北朝鮮にコメの援助をした事例等がある。『日本経済新聞』「対北朝鮮支援、コメ50万トンで決着」2000年10月5日。

提示するかという点は、問題解決全体の枠組みを構築する上で答えを出しておかなければならない論点である。北朝鮮との交渉にあっては、有効性が心許ない圧力のみで日本の要求が実現するとも考えられない。見返りとしての具体的な措置については、日本・北朝鮮間の全般的な問題状況において日朝国交正常化という課題の位置づけとも絡んでの重要論点であり、政治判断が求められる。かつてのコメ支援や、後述する2014年のストックホルム合意における、北朝鮮に対する人道支援実施の検討の約束はその試みと受け止めることができ、その適否や有効性などについて改めて検証しておく必要があると思われる。

　また、日本・北朝鮮間の諸課題の重要度の序列に関していうと、拉致問題を、核、ミサイル問題との関係で優先順位が曖昧な状態から、日本の最重要課題と位置づけ、対外的に声高に発信したことで、逆に拉致問題の解決を難しくしてしまった可能性は否定できない。それは、北朝鮮にとって、日本から利益を少しでも多く、少しでも長い期間にわたって得ようとするならば、北朝鮮としては日本の最重要課題については、表向きは真摯に解決する素振りを見せながらも、日本から利益を引き出すための最も有効な手段として、決して拉致問題を解決することなく、温存し続ける可能性があるからである。その意味で、日本政府は、拉致問題が日本の最重要課題であると繰り返し国内向けに宣言したことで、国内のオーディエンス（audience）には快く受容され、自らの評価を高めたのであろうが、問題間の優先順位を曖昧な状態にとどめておく場合と比較して考えると、実はその解決を実務上は困難なものにしてしまった可能性は否定できない。これを国内政治向けの効果の視点で言い換えれば、拉致問題を他の問題と「軽重はないんです」という「曖昧戦略」から、「我が国の最重要課題」とアナウンスするように方向転換したことで、皮肉にもその解決は遠のいてしまった可能性はあるものの、それと引き換えに、政権は最重要課題となった拉致問題に取り組む、毅然とした自身の姿を国民に強くアピールする機会を獲得したものと政治的には評価することができる。

　また、日本独自の経済制裁の発動との関連でこれらの諸課題を見ると、拉致問題と、核、ミサイル問題という安全保障上の問題とは切り離すことができない関係にある。それは、現行の日本独自の経済制裁は、外為法に規定されているように「我が国の平和及び安全の維持のため特に必要があるとき」という発動要件が定められているが、核、ミサイル問題という日本にとっての安全保障上の問題であれば、通常、この要件を充足すると考えることができるのに対し、拉致問題について考えると、例えば北朝鮮の不誠実な調査などの事由では、制裁の発動要件をクリアできると即断するのは困難であると考えられるからである。また、日本人に対する北朝鮮の人権侵害を理由とする場合も同様である。実際、これまでの日本独自の経済制裁はいずれも、北朝鮮の核実験やミサイル発射を契機として発動されてきた。その際、拉致問題の扱い

は、経済制裁発動の理由に総理主導で拉致問題が記載されたり、あるいは発動理由としては明記されていないが、発動するか否かの検討に際して考慮したと口頭で説明されたりしてきたのが実情である。つまり、日本政府の拉致問題に対する取組みは、核実験やミサイル発射といった安全保障上の理由で発動されてきた対北朝鮮経済制裁を、それのみを理由とすることなく拉致問題も理由に追記する手法や、理由に記載はないが拉致問題も考慮はされたと口頭説明する手法を用いることで、日本の最重要課題である拉致問題も契機として制裁が発動されているように形を整えて、国内向けにアナウンスされてきたという一面もあるのである。

第6節　小括

　本章では日本・北朝鮮間の関係ないし日本の対北朝鮮政策を概観した。日本独自の経済制裁との関係でこれらを捉えると、日本独自の経済制裁は「拉致、核、ミサイルといった諸懸案の包括的な解決のために」独自の措置を講ずるという理由で発動されているので、「拉致、核、ミサイル」といった課題の存在を指摘することができる。また 2002 年 9 月の小泉総理訪朝時に日朝首脳会談が実現したが、そのとき発せられた「日朝平壌宣言」の内容を踏まえると、日朝間には国交正常化の問題も横たわっている。

　まず、北朝鮮による拉致事件は 2002 年 9 月の第 1 次小泉訪朝時の日朝首脳会談で、北朝鮮の金正日国防委員長は、日本人拉致を初めて認めて謝罪し、日本政府認定の拉致被害者 13 人のうち 4 人は生存、8 人は死亡、1 名は北朝鮮入境が確認できないと伝えた。また日本側が調査依頼していなかった者の拉致も認め、その生存を確認し、関係者の処罰及び再発防止を約束し、家族との面会及び帰国への便宜を保証すると約束した。10 月には拉致被害者 5 人の帰国が実現した。その後事態が進展しない中、2004 年 5 月の第 2 次小泉訪朝時に、金正日国防委員長との間で再度首脳会談が行われ、その結果、拉致被害者の家族 5 人が帰国し、残る家族 3 人もその後帰国・来日した。2014 年 5 月には北朝鮮による再調査を定めるストックホルム合意がなされるなどしたが、現在に至るまで日本政府認定の日本人拉致事案 12 件 17 人のうち 12 人は帰国できておらず、このほか、これらの者以外にも北朝鮮による拉致が疑われる者は依然大勢残されている。

　次に、核開発・ミサイル開発など日本の安全保障に関わる問題については、1993 年に北朝鮮が NPT 脱退を表明し、IAEA との保障措置協定の遵守拒否を宣言したときに遡る。このとき、米国と北朝鮮は 1994 年に「合意された枠組み」を結び、北朝鮮が黒鉛減速実験炉の運転を凍結・解体し、NPT 締約国にとどまり、IAEA の保障措

置協定を完全に履行することを条件に、米国が軽水炉2基を提供すること、及び1基目の軽水炉が完成するまでの間、年間50万トンの重油を供給することを約束し、危機を乗り越えた。

しかし、2002年10月に北朝鮮のウラン濃縮計画の存在が発覚し、以後事態は悪化した。2005年9月には6者会合として初めてとなる「6者会合共同声明」が発表され、北朝鮮が「すべての核兵器及び既存の核計画」の検証可能な放棄を約束するなど大きく前進した。ところが北朝鮮はその後、米国がバンコ・デルタ・アジアに対してとった資金洗浄対策措置を理由に態度を硬化させる。

2006年7月には北朝鮮による弾道ミサイル発射がなされ、10月には核実験が実施され、日本は独自の経済制裁や安保理決議の実行を通じ北朝鮮に圧力をかける。2007年2月からの第5回6者会合第3セッションでは「共同声明実施のための初期段階の措置」が採択され、さらにこの採択文書では「次の段階の措置」として、北朝鮮によるすべての核計画の完全な申告の提出、及びすべての既存核施設の無能力化等を定めた。

しかし北朝鮮は、安保理が2009年の北朝鮮のミサイル発射を受け議長声明を発出したことに反発し、6者会合拒否を宣言し、その結果、この6者会合の枠組みは崩壊する。北朝鮮は、その後も大胆に核兵器及びミサイル開発を加速させ、国際社会は北朝鮮による核実験や弾道ミサイル発射などの挑発と、これに対する経済制裁という悪循環に陥る。

次に、日朝国交正常化についてであるが、日朝首脳は2002年9月の日朝平壌宣言で、双方は「国交正常化を早期に実現させるため、あらゆる努力を傾注することとし、そのために2002年10月中に日朝国交正常化交渉を再開することとした」と宣言した。また、双方は、「国交正常化の実現に至る過程においても、日朝間に存在する諸問題に誠意をもって取り組む強い決意」を表明している。

これに対し、日朝国交正常化に対する現在の日本政府の基本的な認識は、拉致問題の解決と北朝鮮との国交正常化との関係で言えば、拉致問題の解決なくして北朝鮮との国交正常化はあり得ないという認識であり、その方針としては、2002年9月の日朝平壌宣言に基づき、拉致、核、ミサイルといった諸懸案を包括的に解決し、不幸な過去を清算して日朝国交正常化を図ることを基本としている。

最後に、拉致問題と、核、ミサイルという日本の安全保障に関わる問題との関係については、日本独自の経済制裁制度創設時の2004年当時は、両者の間に「軽重はない」「核問題も拉致問題もそれぞれ重要な問題である」関係にあったが、拉致問題の比重が増嵩し、拉致問題は安倍内閣成立によって日本にとっての最重要課題であると位置づけられるまでになった。

第 7 章
2006 年 10 月 11 日発表の独自経済制裁の国内における政治的効果（事例 1）

　第 7 章以下では、これまで述べてきた日本独自の経済制裁制度の内容や日本の対北朝鮮政策などを踏まえ、日本独自の対北朝鮮経済制裁の各事例について個別に国内における政治的効果を分析していく。

　事例は、2006 年 10 月 11 日発表の日本独自の経済制裁、2016 年 2 月 10 日発表の日本独自の経済制裁、そして 2016 年 12 月 2 日発表の日本独自の経済制裁であるが、それぞれに関し制裁発動に至った経緯や当時の日本の政治状況などを述べ、経済制裁の国内における政治的効果について具体的な資料に基づき、（1）政権と立法府、（2）政権と拉致被害者家族会、そして（3）政権と国民一般の関係、という 3 つの視点を設定し分析を加えていく。

　本章ではまず、2006 年 10 月 11 日発表の独自経済制裁の国内における政治的効果について分析する。

第 1 節　経済制裁発動の状況

　2006 年 10 月 11 日に発表された経済制裁の発動についてであるが、この事例を初めに取り上げるのは、日本独自の経済制裁として実質的に最初に行われた包括的な経済制裁であるからである[359]。

　北朝鮮は 2006 年 7 月 5 日、弾道ミサイル「テポドン 2 号」を含むミサイルを発射したが、その後 10 月 9 日、初の地下核実験に成功したと発表する。日本政府は 10 月 11 日夜、こうした事態への対処として塩崎恭久官房長官（当時）による記者会見

359）日本独自の経済制裁は 2006 年 7 月 5 日に既になされているが、この制裁は万景峰 92 号の入港禁止、北朝鮮当局職員の入国禁止など移動制限を中心とする、限定的なものであった。

を「北朝鮮による核実験に係る我が国の当面の対応について」と題して実施する[360]。そこで示された経済制裁は13日の閣議で決定されると説明されたが、その内容は次のとおりであり、船舶の入港禁止のみならず輸入禁止も含む総合的・包括的な内容の経済制裁となった。

まず、経済制裁発動の理由であるが、

1　北朝鮮自身が核実験を実施した旨を既に発表したこと[361]
2　気象庁が通常の自然地震の波形とは異なる地震波を探知したこと
3　北朝鮮のミサイル開発と併せ、日本の安全保障に対する脅威が倍加したものと認識されること
4　北朝鮮が拉致問題に対しても何ら誠意ある対応を見せていないこと
5　国連安保理において、国際社会全体として厳しい対応をとるべく議論が進められていること等

諸般の情勢を総合的に勘案し、発動するとしている。
また、北朝鮮に対する経済制裁の内容は次のとおりである。

1　すべての北朝鮮籍船の入港を禁止する。
2　北朝鮮からのすべての品目の輸入を禁止する。
3　北朝鮮籍を有する者の入国は、特別の事情がない限り認めない。ただし、在日の北朝鮮当局の職員以外の者の再入国は、この限りではない。
4　今後の北朝鮮の対応・国際社会の動向等を考慮しつつ、さらなる対応について検討する。

次に、国際社会における連携に関しては次のとおりである。

1　日米間のあらゆるレベルで調整・情報交換など緊密な連携をとる。
2　安保理等において、厳しい対応がなされるよう必要な働きかけを行う。
3　6者会合関係国、G8首脳等とのあらゆる接触の機会を活用して、調整・情報

---

360) 首相官邸ホームページ、官房長官記者発表、「北朝鮮による核実験に係る我が国の当面の対応について」、平成18年10月11日、https://warp.ndl.go.jp/info:ndljp/pid/244428/www.kantei.go.jp/jp/tyoukanpress/rireki/2006/10/11_p.html。

361) 『日本経済新聞』「米が北朝鮮核実験確認―外務省首脳、『失敗と聞いている』」2006年10月17日。外務省首脳は、北朝鮮の地下核実験は十分に着火せず爆発も広がらず、失敗だったとの報告を受けていたことを、独自制裁後に明らかにしている。

交換の上、連携・協力を行う。

そして、北朝鮮に対し引き続き、

1　国連安保理決議第 1695 号の義務の誠実な履行
2　すべての核兵器及び既存の核計画の放棄
3　NPT 及び IAEA 保障措置への早期復帰を約束した 6 者会合の共同声明の完全な実施

を改めて強く求めるとしている。

　また併せて、今回の輸入禁止等に伴って影響を受ける者に対し理解と協力を要請し、同時に政府として、きめ細かい支援を図るため対北朝鮮輸入禁止等に関する緊急対策会議を立ち上げ、関係省庁に具体策の検討を指示した旨付言している。

　官房長官記者発表の形で 10 月 11 日の夜、発表された経済制裁及び関連する事項については以上のとおりであるが、この経済制裁は安倍内閣成立後初めての経済制裁である。なお、先述のとおり、日本政府は、小泉前内閣時代に北朝鮮に対する措置として、北朝鮮の貨客船、万景峰 92 号の入港禁止や北朝鮮当局職員の日本入国禁止措置などを 7 月 5 日に発表し実施していた[362]。これに対し、今回の措置はこうした限定的な移動制限に止まらず、すべての品目の輸入禁止やすべての北朝鮮籍船の入港禁止を含むなど広範かつ厳しい経済制裁としての内容を備えている点に特徴がある。また、小泉前内閣時代の 7 月 5 日発表に係る措置は、その理由に拉致問題を明記していないが、今回の措置は安倍総理のリーダーシップの下に北朝鮮が拉致問題に対して何ら誠意ある対応を見せていないことを明示し、このことを経済制裁の理由の 1 つに掲げている点に特徴がある[363]。

---

362) 首相官邸ホームページ、官房長官記者発表、「北朝鮮による弾道ミサイルの発射事案に係る我が国の当面の対応について」、平成 18 年 7 月 5 日、https://warp.ndl.go.jp/info:ndljp/pid/244428/www.kantei.go.jp/jp/tyoukanpress/rireki/2006/07/05_a3.html。

363) 2006 年 7 月 5 日の小泉前総理時の措置に関しては、救う会全国協議会ニュース（2006.07.07）によれば、安倍晋三官房長官（当時）は記者会見で、今回の措置はミサイル発射を契機としたが、北朝鮮が拉致問題について誠意ある対応をしてこなかったことも総合的に勘案した旨述べたとされている。また後日、国会の事後承認に係る審査を付託された国土交通委員会でも、総合的な判断に拉致問題も含まれると政府は答弁している。しかし、このときの官房長官記者発表の資料「北朝鮮による弾道ミサイルの発射事案に係る我国の当面の対応について（平成 18 年 7 月 5 日（水）12:13）」に「拉致問題」の文字はない。

第2節　日本政府の対応の状況

1　小泉前政権の日本独自の経済制裁に対する基本姿勢

　小泉内閣は2001年4月から2006年9月まで続いたが、退陣に近い時期における、対北朝鮮経済制裁についての基本姿勢は、諸懸案の解決に向けて対話と圧力という考え方の下に粘り強く対応していくという方針であり、最終的な圧力は経済制裁の発動であるとの認識ではあるものの、そこに至るまでの間、段階的に様々な圧力を加えていくことが効果的であり、すぐに経済制裁を発動することなく、国際的な連携強化の取組みや厳格な法執行等の措置をとっていくという基本的な方針であった[364]。小泉総理自身、先述のとおり、「経済制裁は伝家の宝刀であり、抜かないで済むんだったら、抜かないにこしたことはない」と答弁しており、北朝鮮に対する経済制裁の発動には消極的であった。

　こうした政府の姿勢の背景については、1つには、例えば2004年8月に第1回日朝実務者協議が開催されたが、それ以降も北朝鮮との間で実務者協議がもたれ、また核やミサイル問題を扱う6者会合での協議の結果、2005年9月には「6者会合共同声明」が発表されるなど、北朝鮮との間で、議論進展の速度は別として、諸問題の解決に向けて協議が継続していたこと、また1つには、先に述べたとおり、当時、小泉総理は北朝鮮と正常な関係にもっていくのが自分の役目であると述べるなど、むしろ日朝国交正常化への意欲を強く持っていたことなどを指摘することができる[365]。

　しかし日本政府は2006年7月5日の北朝鮮による飛翔体発射を受け、(1)北朝鮮による弾道ミサイル又は飛翔体の発射は日本の安全保障に関わり憂慮すべきこと、(2)日朝平壌宣言違反かつ6者会合共同声明と相容れない行為で、国際社会の平和安全等の観点から極めて遺憾であることを理由に、同日、制限的ではあるが、日本独自の経済制裁発動に至る。

　このように日本政府は2006年になって7月と10月に日本独自の経済制裁を発動

---

[364] 第164回国会参議院拉致問題等特別委員会第3号（平成18年6月2日）会議録、景山俊太郎議員の質疑に対する金田勝年外務副大臣答弁。

[365] 『読売新聞』「北制裁控えるべきだ」2004年12月9日；同上、「拉致で『北』制裁ならミサイル凍結中断も」2005年1月16日。日本による対北朝鮮制裁の発動に関して、当時の背景として、例えば全米外交政策会議の役員が核をめぐる6者会合に支障があるので控えるべきだとし、制裁発動には米中韓ロの同意が必要との認識を示し、また当時の米国務次官補が日本が拉致問題を理由に対北朝鮮制裁を発動した場合、北朝鮮による対抗措置としてミサイル発射凍結の打ち切りを危惧していたことなどを挙げることができる。

するのであるが、この点に関し、2004年の独自の経済制裁創設後すぐには具体的な措置を発動しなかった理由として、国連の安保理決議と日本独自の経済制裁の関係に着目し、日本政府が安保理決議を先行させ、その決議によって日本独自の経済制裁に正統性を付与されるようにしたことを指摘し、その上で安保理決議の求める制裁措置を越えた追加の独自経済制裁を実行に移すことで、北朝鮮の批判を多少なりとも緩和させようとしたものであると解釈する見解がある[366]。

しかし、まずこの見解の指摘する安保理決議第1695号の採択は2006年7月15日であるのに対し、日本の独自経済制裁は7月5日に発動されたこと、また、同決議第1718号の採択は同年10月14日であるのに対し、日本独自の経済制裁は10月11日夜、発表され、また決定は10月13日の閣議であって、安保理決議が日本独自の経済制裁に先行するという指摘は事実に反している。

7月及び10月の両経済制裁とも、ミサイル発射あるいは核実験後迅速に対処されており、発動のタイミングはこれらの事象との関連で捉えられるべきものである。特に7月の日本独自の経済制裁は、ミサイル発射と同日に発動されており、発動のタイミングについては安保理決議採択との関連ではなく、危機に迅速に対処する姿勢を国民に示す必要性など、国内における政治的効果を強く意識した対応としての性格を窺わせる。小泉政権は北朝鮮との国交正常化協議の継続を優先させ、また、安全保障問題を扱う6者会合が進む中で、経済制裁には慎重な姿勢をとってきたため、2004年の制度創設後も独自の経済制裁を発動することはなかったと考えるべきことは前述のとおりであるが、7月5日の措置は北朝鮮のミサイル発射を受け、北朝鮮との協議継続よりも危機管理対応、そしてそれを求める国民の声に的確に対処する政治的判断が優先したものと見るべきである[367]。10月の経済制裁については衆参両院での非難決議を待って発表され、しかも制裁理由に拉致問題が進展していないことが明記されていることから、立法府や拉致被害者家族を十分に意識している点で、これを求める政治的な要請に的確かつ迅速に応じる必要性といった国内の政治要因を濃厚に反映している。

日本政府の基本方針は国際社会との連携であり、これら2事例に関しても、安保理決議の採択に向け積極的な働きかけを行っていたことは事実であるが、独自の経済制裁発動のタイミングに関しては、こうした国内の政治要因が決め手になっている。この点で、日本独自の経済制裁発出のタイミングについては、少なくともこの2事例

---

366) 宮川「北朝鮮に対する経済制裁」21-22頁。

367) 『読売新聞』「テポドン対応 政府周到に準備」2006年7月9日。日本政府は5月下旬に北朝鮮のミサイル発射の兆候を察知し、安倍官房長官（当時）の指示で極秘チームをつくり制裁発動に向け事前準備をしていた。このとき駐日米大使と協議も行っている。安保理決議採択に向けてであるが、安倍は「日本が確固たる決意を示」すことの重要性を指摘している。

に関しては、安保理決議採択との関係も念頭にはあるものの、それよりもむしろ衆参両院との関係や拉致被害者家族への配慮、危機管理の当たる姿勢の打ち出しなど、国内の政治的効果を十分に意識した「国内政治アプローチ」の視点での解釈が妥当なのである。

2　安倍政権の成立

小泉総理は2006年9月21日に自民党総裁の任期を終えるが、自民党総裁選挙がその前日の20日に行われた。総裁選は安倍晋三官房長官（当時）、麻生太郎外務大臣（当時）、谷垣禎一財務大臣（当時）の3人が立候補し争われたが、結果は安倍が圧勝した。

安倍内閣は9月26日に発足したが、内閣支持率は71％で2001年4月の小泉前内閣成立時の支持率80％には及ばなかったが、それに次ぐ歴代第2位の高い水準であった。また自民党支持率も55％で、小泉前内閣時の最高値51％を超える高さとなった[368]。拉致問題担当相の職が新設され、また、担当の首相補佐官に拉致被害者家族の信頼が厚い中山恭子元内閣官房参与が就任したことなどに対し、拉致被害者家族の期待感が高まる様子も窺えた[369]。安倍内閣は、「美しい国、日本」をつくるため「美しい国創り内閣」として、憲法改正や教育改革などの理念を掲げる一方で、小泉前総理の改革路線を継承する形で経済成長重視の政策を打ち出していく[370]。

3　安保理決議に向けての動き

国際社会との関係では安保理決議の採択に向けての動きがある。2006年10月11日発表の日本独自の経済制裁との関係では、北朝鮮の核実験実施を契機に10月14日に採択された安保理決議第1718号が関係するが、その特徴を見るためにも、まずは7月の北朝鮮のミサイル発射を契機に同月15日に採択された安保理決議第1695号から、その採択に至る経緯を順次見ていく。

（1）　安保理決議第1695号採択に向けた動き

日本政府は、北朝鮮が2006年7月5日に弾道ミサイル「テポドン2号」を含む

---

368)『日本経済新聞』「安倍内閣支持71％―発足時、小泉内閣に次ぐ高水準(本社世論調査)」2006年9月28日。
369) 同上、「教育・拉致『安倍カラー』―横田さん夫妻ら、『問題進展へ強力布陣』」2006年9月27日。
370) 同上、「安倍内閣は官邸主導で改革実績を示せ（社説）」2006年9月27日。

ミサイルを発射したことに対し、安保理で北朝鮮を非難し制裁を求める決議の採択を目指す方針を表明したが、世論調査によればこうした方針に国民の90.3％が「支持する」とした[371]。

　日本は当時、安保理の非常任理事国であったが、安保理の協議は日本政府の要請で始まり、7月5日午前（現地時間）には緊急非公式協議が行われた。7日には日本政府は米英仏と共同で北朝鮮のミサイル発射を「国際の平和と安全に対する脅威」と認定した上で「国連憲章第7章下で行動」すると明記し、北朝鮮のミサイル開発への資金移転阻止などの制裁を国連加盟国に義務づける案を提出した。

　これに対し同月12日、中国及びロシアは、脅威認定や国連憲章第7章に言及のない、制裁措置を加盟国に要請するにとどまる案を提出した[372]。中国及びロシアの主張は、北朝鮮への対処は段階を踏むべきであるというもので、1998年の核危機の時の安保理対応はプレス発表であったので、今度はその一段上の議長声明が適当であり、決議は将来に温存しておくべきであるという主張であった[373]。これに対しイギリスと議長国のフランスが折衷案を出し、日米、中ロ双方が譲歩し、7月15日、安保理決議第1695号が全会一致で採択された[374]。その骨子は次のとおりである[375]。

① 2006年7月5日の北朝鮮による弾道ミサイル発射を非難する。
② 北朝鮮に、弾道ミサイル計画関連のすべての活動停止、ミサイル発射モラトリアムに係る既存の約束の再度確認を要求する。
③ すべての加盟国に対し、国内法上の権限に従い、かつ、国際法に適合する範囲内で、監視の実施及びミサイルやミサイル関連の品目、資材、物品、技術が北朝鮮のミサイル・大量破壊兵器計画に移転されることの防止を要求する。
④ すべての加盟国に対し、国内法上の権限に従い、かつ、国際法に適合する範囲内で監視の実施及び北朝鮮からのミサイルやミサイル関連の品目、資材、物品、技術の調達、北朝鮮のミサイル・大量破壊兵器計画関連への資金移転防止を要求する。
⑤ 特に北朝鮮に対し、自制を示し、緊張を悪化させる恐れのある行動も差し控えること、政治的・外交的努力を通じ不拡散上の懸念に係る決議に基づく取組み継続の必要性を強調する。

371）『読売新聞』「制裁『支持』92％　北ミサイル本社世論調査」2006年7月8日。
372）同上、「安保理どこまで圧力」2006年7月7日；同上、「『7章』削除容認へ」2006年7月14日。
373）同上、「安保理どこまで圧力」2006年7月7日。
374）同上、「英仏仲介で最終局面」2006年7月16日；同上、「『対北決議を採択』」2006年7月17日。
375）外務省ホームページ、「国連安全保障理事会決議第1695号　訳文」、https://www.mofa.go.jp/mofaj/area/n_korea/abd/un_k1695.html。

⑥北朝鮮に対し、直ちに無条件で6者会合への復帰、2005年9月の6者会合共同声明の迅速な実施に向けての作業、特にすべての核兵器及び既存の核計画の放棄、条約及びIAEA保障措置への早期復帰を強く要請する。
⑦6者会合を支持し、早期再開を要請し、すべての参加者に、平和的方法による朝鮮半島の検証可能な非核化を達成し、かつ、朝鮮半島及び北東アジアの平和と安定を維持するため、2005年9月の6者会合共同声明の完全実施への努力強化を要請する。
⑧この問題に引き続き関与することを決定する。

　日本政府はこの決議を歓迎し、北朝鮮にこの決議に基づく措置の実施を求め、同時に輸出に関する措置の厳格な実施、及び金融資産の移転規制に関する措置の適切な実施についての外務大臣談話を発表している[376]。
　この安保理決議第1695号は、日本が提案から成立に至るまで積極的に関わった決議であり、しかも北朝鮮のミサイル発射に係る決議として初めて採択された決議であり、外務大臣談話はこれを積極的に評価している。特に中国及びロシアが決議に賛成したことは、決議に実効性を持たせる上で有意義とされた。
　しかし一方で、①加盟国に経済制裁実施を義務づける国連憲章第7章に言及していないことは実効性確保の上で致命的であり、②国連の慣習上、加盟国の具体的行動に強い拘束力を持たせる「決定する（decide）」との表現を控え、「求める（require）」という表現を多用したことについては、決議の効力を抑制的なものにしたという消極的な評価がなされている[377]。
　その後、日本政府は2006年9月19日、安保理決議第1695号に基づく措置として外為法を適用し、北朝鮮のミサイルや大量破壊兵器の開発に関与している疑いのある団体や個人に対して金融機関からの送金や預金契約などの資本取引を禁止した[378]。
　この措置は安保理決議第1695号及び「閣議了解[379]」に基づき実施するとされてい

---

376) 外務省ホームページ、「北朝鮮のミサイル発射に関する国連安保理決議1695の採択について（麻生外務大臣談話）」、平成18年7月16日、https://www.mofa.go.jp/mofaj/press/danwa/18/das_0716.html。

377)『日本経済新聞』「安保理が対北朝鮮決議―『7章』抜き決議効力は、玉虫色の解釈」2006年7月17日。

378)『読売新聞』「対北金融制裁を発動」2006年9月19日（夕刊）；外務省ホームページ「外国為替及び外国貿易法に基づく北朝鮮のミサイル又は大量破壊兵器計画に関連する資金の移転を防止する措置について」平成18年9月19日。

379) 閣議における意思決定には、憲法や法律に定められた職務権限事項や重要政策事項について行われる「閣議決定」と、主務大臣の権限で決定できる事項であり閣議決定を要しないが、国政全体への影響を勘案して各部の連絡を図るために行われる「閣議了解」がある。

るが、発動の根拠に関して見ると、外為法第10条で規定する日本独自の経済制裁の発動要件である閣議決定はなされておらず、したがってこの経済制裁は、法律上、日本独自の経済制裁には該当しない。

一方、経済制裁は元来「国際約束の誠実な履行のため必要があるとき」に発動することができ、先述のとおり、この場合の経済制裁を国際協調型と呼ぶこととしたが、その発動に係る運用については、従来の取り扱いでは安保理決議等が存在する場合に限っていたところである。今回は、安保理決議第1695号は文言上、経済制裁を「要求する」にとどめているのであるが、日本政府としては、これを実質的には強い拘束力を有するものと積極的に解釈した上で、「国際約束の誠実な履行のため必要があるとき」という要件に該当させ、安保理決議の誠実な履行として国際協調型の経済制裁を発動したものと理解すべきであろう。

したがって安保理決議第1695号は、先述のとおり、北朝鮮へのミサイル・大量破壊兵器計画関連の資金移転の防止を要請するものであるので、ここで日本政府によってなされた経済制裁の内容も同決議の制裁内容に合致する内容となっており、拉致問題に関わる団体や個人は対象となっていない。

(2) 安保理決議第1718号採択に向けた動き

2006年10月3日、北朝鮮外務省は「安全性が徹底的に保証された核実験をすることになる」との声明を発表した[380]。これに対し4日（現地時間）、日本政府は安保理メンバーに対し北朝鮮に自制を促す議長声明案を非公式で提示し、5日、安保理は日本提出の声明案をめぐり実務者協議を行った[381]。これまで圧力強化に慎重であった中国もこのときは柔軟な姿勢を見せ始めていた[382]。7日、声明案は中国及びロシアに配慮し具体性に欠け、解釈に曖昧さが残る文案になったものの、北朝鮮に対して緊張を悪化させる行動を慎むよう繰り返すとともに、核実験後の追加制裁も示唆する内容となった[383]。

こうしたやり取りをしていた最中、北朝鮮は10月9日、初の地下核実験に成功したと発表した。これを受けて、安保理は10日午前（現地時間）、国連憲章第7章に

---

380) 『日本経済新聞』2006年10月4日。
381) 同上、2006年10月5日。
382) 同上、2006年10月6日。
383) 同上、2006年10月7日。

基づく制裁を明記した米国提出の対北朝鮮制裁決議案の本格的な協議に入った[384]。このとき、中国外務省は一定の制裁を容認する姿勢を見せている[385]。

中国は北朝鮮に対して原油や食糧の供給によって強い影響力を持っていたが、北朝鮮に対する姿勢は当初、対話解決堅持の姿勢であった。しかしこのとき、初の地下核実験の発表を受けて、制裁を求める国際世論に鑑み、また6者会合の議長国としての責任もあって制裁容認に傾いたとされる。ただし、制裁発動に伴い北朝鮮の情勢悪化による難民の多数流入といった事態は容認できず、圧力を過度に強化することには依然踏み切れない事情があったとされる[386]。一方、ロシアはそれまでの6者会合で米国と北朝鮮の仲介役を果たすことで存在感を示してきたが、核兵器拡散阻止という原則については国際社会と共有しており、北朝鮮が核武装へと進むことには強い拒否反応があったという[387]。

このような中で10月12日午後（現地時間）、安保理常任理事国5か国と日本は、米国が同日提出した決議案に修正を加えた案で基本合意に至る。争点は4点であったが、これらは次のとおり調整された。

①国連憲章第7章の措置をとるという案に対し、同章第41条の非軍事的な制裁に限定する案とすることで、第42条の軍事的措置をとる道を排除する。
②安保理の対応がエスカレートすることを懸念する中国及びロシアに配慮し、追加措置が必要な場合はさらに別途、安保理の決定が求められることを強調する。
③北朝鮮に出入りする船舶への臨検については義務づけではなく、各加盟国が独自の判断で柔軟に対応できるようにする。
④武器禁輸についても、禁輸対象を、戦車、戦闘機、軍艦、ミサイルなどと具体的に定めることで範囲を狭める。

などという内容で調整され、合意を見た[388]。こうして加盟国に対し拘束力をもって対北朝鮮経済制裁の実施を求める安保理決議第1718号が2006年10月14日（現地時間）、全会一致で採択された[389]。

---

384)『日本経済新聞』「北朝鮮が核実験、安保理、制裁巡り調整急ぐ―中国に柔軟姿勢、日本は追加提案」2006年10月11日。

385) 同上。

386)『読売新聞』「対北制裁 なぜ容認」2006年10月12日。

387) 同上。

388) 同上、「対北朝鮮に非軍事的制裁」2006年10月13日。

389) 外務省ホームページ、「国際連合安全保障理事会決議第1718号和訳（官報告示外務省第598号（平成18年11月6日発行））」、https://www.mofa.go.jp/mofaj/area/n_korea/anpo1718.html。

第3節　新政権の新たな取組み

　2006年9月26日に発足した安倍内閣は、発足3日後の29日に拉致問題に対する対応を協議し、同問題への戦略的取組み並びに安否不明拉致被害者に関する真相究明、生存者の即時帰国に向けた施策等総合的な対策を推進するため、内閣総理大臣を本部長とする「拉致問題対策本部」を内閣に設置した[390]。また同日、安倍総理が拉致被害者家族と面会する。

　衆議院は同年10月10日の本会議で北朝鮮の核実験に対し、「北朝鮮の核実験に抗議し、全ての核兵器及び核計画の放棄を求める決議案」を全会一致で採択した[391]。なお、決議文の文面は拉致問題について触れていない。決議を受け、安倍総理は、「北朝鮮に対し厳重に抗議し、断固として非難し」、「ただいま採択されました御決議の趣旨を体し、」「厳格な措置を速やかにとるとともに、同盟国たる米国及び重要な隣国たる中国や韓国を始めとする関係国と連携しつつ、国連安保理において、厳しい措置を含む決議の速やかな採択に向け努力していく」と応じている[392]。

　また参議院は11日、本会議で北朝鮮が核実験実施を発表したことに抗議し、「北朝鮮の核実験に抗議し、すべての核兵器及び核計画の放棄を求める決議案」を全会一致で採択した。参議院の決議文では、日本人拉致問題や同年7月の弾道ミサイル発射にも言及している[393]。決議を受け、安倍総理は衆議院におけると同趣旨の決意を表明している。

　10月11日午後9時過ぎ、先述のとおり、塩崎官房長官の緊急会見が行われ、「関係閣僚の意見も踏まえ、安倍晋三首相の指示を得て、北朝鮮に厳格な措置を取ることを決定し、早急に実施のための所要の手続をとる」旨説明がなされ、首相のトップダウンで、安保理での制裁決議採択を待たずに独自の制裁を行うことが強調された。官房長官は制裁の理由として（1）北朝鮮自身が核実験実施を発表したこと、（2）気象庁が通常とは異なる地震波を探知したこと、（3）北朝鮮が拉致問題に何ら誠意ある対応を見せていないことなどを挙げたことは、先に述べたとおりである[394]。

---

390) それまでは、「日朝国交正常化交渉に関する関係閣僚会議」の下の専門幹事会（拉致問題）を中心に拉致問題について連絡調整が図られていた。この専門幹事会（拉致問題）は官房副長官を議長とし、「拉致問題特命チーム」と呼ばれていた。

391) 第165回国会衆議院本会議第6号（平成18年10月10日）会議録。

392) 同上。

393) 同上。

394) 『日本経済新聞』「北朝鮮核実験、日本、独自策で強い姿勢—『首相指示』印象付け」2006年10月12日。

日本経済新聞によれば、日本政府は「安倍色」の象徴である拉致問題を国連決議の決議文に盛り込むよう関係国に強く求めたが、「決議は核の問題についての合意を優先させる」という判断から断念せざるを得なかった。それだけに安倍総理は日本独自の経済制裁の理由に「拉致問題に誠意ある対応をとっていない」と明記することに拘ったとされる[395)]。

　10月13日に正式決定される日本独自の経済制裁は、塩崎官房長官により10月11日夜に記者発表されたが、その主な内容は、先述のとおり、(1) すべての北朝鮮籍船の入港禁止[396)]、(2) 北朝鮮からのすべての品目の輸入禁止[397)]、(3) 北朝鮮籍を有する者の入国の原則禁止などである[398)]。輸入禁止措置は、外為法改正により日本独自の経済制裁が可能となって以降初めての措置である。

　また、日本独自の経済制裁の国内に対する影響についてもここで注意が払われ、その経済的側面に対する対策がなされた。すなわち、輸入禁止によって日本国内の水産卸売業者などに影響が出る恐れがあるため、10月13日には「対北朝鮮輸入禁止等に関する緊急対策会議」が開かれ、そこで対北朝鮮輸入禁止等によって影響を受ける者に対するきめ細かな支援を講ずるための「対北朝鮮輸入禁止等に伴う当面の緊急対策について」と題する措置が決定された[399)]。

　拉致問題対策本部は第1回会合を10月16日に開催し、「拉致問題における今後

---

395)『日本経済新聞』「北朝鮮核実験、日本、独自策で強い姿勢―『首相指示』印象付け」2006年10月12日。なお、10月10日、拉致被害者家族会の横田滋代表らは、首相官邸で中山恭子首相補佐官に面会し、今後の安保理決議に、拉致問題を書き込んで欲しいとの緊急声明を手渡した。これに対し、中山補佐官は「今回は核実験の制裁が目的。拉致を加えることで全体がうまくいかなくなってはいけない。努力はするが、約束はできない」と説明したという。同上、「拉致問題、『安保理決議に明記を』―家族会、補佐官に緊急声明」2006年10月11日。

396) 同上、「対北朝鮮、輸入を全面禁止、日本、独自の制裁第3弾決定―半年間、船舶入港認めず」2006年10月12日。日本に停泊中の北朝鮮籍船舶には退去命令を出す。海上保安庁によると、2006年1月から9月の間、北朝鮮船籍の船舶は日本の主要港に延べ578回入港した。

397) 同上。2005年度の北朝鮮からの輸入額は、マツタケ、アサリなど農水産品や衣料品を中心に137億円である。

398)『読売新聞』「入港・輸入全面禁止」2006年10月12日。7月の制裁で北朝鮮の政府職員などに限定していた措置を拡大し、北朝鮮籍を有する者の日本への入国を、特別の事情のない限り認めないとしたもの。一般の在日朝鮮人の再入国は例外として認める。この入国禁止措置は13日を待たず即日実施した。

399) 首相官邸ホームページ、「対北朝鮮輸入禁止等に伴う当面の緊急対策について」平成18年10月13日、https://warp.ndl.go.jp/info:ndljp/pid/244428/www.kantei.go.jp/jp/tyoukanpress/rireki/2006/10/061013siryou.html。

の対応方針」を策定した[400]。そこでは、拉致問題の解決なくして北朝鮮との国交正常化はあり得ないことを改めて確認し、今後の対応方針として次の事項を決定している。

1　北朝鮮に対し（1）すべての拉致被害者の安全を確保し、直ちに帰国させること、（2）拉致に関する真相解明、（3）拉致実行犯の引き渡しを求める。
2　現在の経済制裁に加え、北朝鮮の対応を考慮しつつ、さらなる対抗措置を検討する。
3　厳格な法執行を実施する。
4　拉致問題対策本部を中心に、関係情報の集約・分析を行うとともに、国民世論の啓発を一層強化する。
5　いわゆる「特定失踪者」に係る事案を含め、拉致の可能性を排除できない事案に関する捜査・調査を全力で推進する。
6　拉致問題解決に向けた国際的な協調をさらに強化する。

なお、この第1回会合についての官房長官記者発表では、「拉致問題が我が国の最重要課題である」という認識が示されている。

第4節　国内における政治的効果の考察

　日本独自の経済制裁についての国内における政治的意味合いについては、制度創設面と運用面に分けることができる。ここで、国内における政治的効果について考察する前に、その制度創設面の政治的な意味合いを改めて確認しておく。
　日本独自の経済制裁は2004年に外為法の改正、特定船舶入港禁止法の制定などにより創設されたが、これらは北朝鮮による拉致事件の解決を図るため、立法府である国会側が与野党協議を経て、議員立法の形で進んで制度創設を図ったものである。議員立法は医療や福祉関係の分野が多い中で、国家の安全保障に関する議員立法は分野的にも珍しい立法である。
　政治的に見ると、これには2002年9月の第1回日朝首脳会談以降、拉致問題に関する北朝鮮の対応に国民の多くが強い憤りを示す中で、立法府としての国会が議員立法という形で、拉致被害者家族や国民一般の要請に応じたという政治的な意味合いがある。

400）首相官邸ホームページ、「拉致問題対策本部の第1回会合について」平成18年10月16日、https://warp.ndl.go.jp/info:ndljp/pid/244428/www.kantei.go.jp/jp/tyoukanpress/rireki/2006/10/16_p.html。

また、与野党協議の過程で、経済制裁発動後の国会承認制度を設けたことは政府の活動に対する国会のチェック機能を働かせようとしたものであり、また、法案審議の過程で附帯決議により、政府に対して経済制裁発動時に理由の明示を求めたことは、法執行の恣意抑制と国民の監視機能の充実に資するものであり、これらの２つの仕組みには日本独自の経済制裁に対する民主的な監視機能を高める意味合いを認めることができる。そして政治的な観点から見ると、前者の事後国会承認制は野党が主張し、後者の事前説明制も野党提案に係るものであったことに鑑みると、政策などの違いをめぐって、時に激しく対立することもある与野党間の協調が安全保障の分野で成立し、日本独自の経済制裁についての制度創設が実現したという点には政治的にも建設的な（positive）意義を見出すことができる。

　さらに政治的な観点から見ていくと、この制度創設は、主権国家であるにもかかわらず強い意思表明である経済制裁を発動できない不本意な状態からの画期的な転換であり、また戦後、武力行使が厳しく制限されていた日本にとって、新たな日本独自の経済制裁には武力に代替する意味合いを認めることができる点は前述したとおりである。

　以上、日本独自の経済制裁についてその制度創設面における政治的な意味合いを見たが、以下では、こうした意味合いを踏まえて、制裁発動による国内における政治的効果の分析を行い、その運用面での政治的な意味合いについて見ていくことになる。

　政治的効果を把握するためには、第１章で述べたとおり、（1）政権と衆議院、参議院の関係、（2）政権と拉致被害者家族会の関係、そして（3）政権と国民一般の関係に着目することになる。以下、順次分析していく。

１　政権と衆議院、参議院の関係

　日本独自の経済制裁の制度は、思うように進展していない北朝鮮による拉致問題の解決に向け「圧力」をかける手段を用意するために、議員立法によって創設されたことから、政権と衆議院、参議院の関係はこの拉致問題をめぐって顕著に現れる。加えて、国民の高い関心を背景に、政府の北朝鮮政策それ自体が日本の最重要課題と位置づけられるに至った拉致問題を中心に展開してきた面があり、衆議院及び参議院も特別委員会を設置するなどこの問題には問題意識を持って取り組んでいる。このようなことから、ここで日本独自の経済制裁に関する政権と衆議院、参議院の関係については拉致問題に関する議論を中心に見ていく。

　衆議院及び参議院は拉致問題特別委員会をそれぞれ2004年11月30日及び同年６月２日に設置した。この委員会は北朝鮮による拉致等に関する諸問題を調査し、その対策を樹立することが所管事項になっているが、実際の委員会運営を見ると、まず

拉致問題に対する政府の取組みの報告を受け、その後、政府の拉致問題に係る取組みに対し質疑を行い、疑問点があれば質し、政府に要望すべき事柄があれば要望するといった運用になっている。国会における審議は委員会中心になっており、拉致問題特別委員会はこのような流れで政府の拉致問題の取組みを国会として審議し、政府の取組みに対し具体的に追及する場となっている。

では、拉致問題特別委員会の審議はどの程度厳しくなされているのであろうか。ここでは、まず審議の外形的な側面である拉致問題特別委員会の会議時間（委員会の開会から閉会までの時間。以下同じ）の長短に着目し実態を確認し、その後、審議の実際の内容に着目することとする。また対象とする委員会は、日本独自の経済制裁が発動されたタイミングの前後の委員会とし、その審議の議事内容について具体的に確認する。

まずは、委員会審議の外形的な側面である拉致問題特別委員会の会議時間の長短についてであるが、ここでは、参議院と異なり解散総選挙があり、国民の審判を受ける機会が比較的多い衆議院について、その拉致問題特別委員会の開催日数と総会議時間の10年間の推移を整理し、次頁に「表3　衆議院 拉致問題特別委員会の日数及び会議時間」として示した。

特別会や臨時会は特殊事情の存在が想定されるので、まず各年の常会（通常国会）について、その拉致問題特別委員会の開催状況の推移を見ると、2005年の常会における拉致問題特別委員会の会議の総時間は9時間55分、以下、2006年は13時間27分、2007年2時間50分、2008年9時間28分、2009年2分、2010年2時間16分、2011年4時間28分、2012年5時間9分、2013年3時間13分、2014年6時間39分となっている。2006年の常会における拉致問題特別委員会では会議時間が13時間を超えており、その会議時間の長さが際立っている。このほか9時間を超えたのは2005年及び2008年の2回である。2009年は委員長及び理事を決定しただけで、その後委員会は開かれていない。与野党の対立状況や拉致問題の進展具合などの諸事情の影響も考慮しなければならないが、臨時会や特別会における開催状況なども加味して、会議時間の変化の大きな傾向を把握すると、衆議院の拉致問題特別委員会は、委員会が設置された2004年、そして2005年を経て2006年上半期までは会議時間が長時間に及んでいたことが窺える。

拉致問題特別委員会の設置は2004年であったが、この前の段階で国会としての問題意識が高まり、専担の特別委員会の設置としてそれが結実し、以後、2006年上半期までは十分に時間を費やして議論がなされたことが、外形上は窺うことができる。これに対し、それ以後の拉致問題特別委員会の会議時間は、2008年の前半や2011年の後半から2012年の前半、2014年前半は比較的長時間に及んではいるものの、基本的には会議時間は長くない。これらを見る限り、拉致問題特別委員会の会議時間

表3　衆議院 拉致問題特別委員会の日数及び会議時間

国会回次	国会種類	国会の会期	委員会日数	会議時間
第161回	臨時会	2004.10.12-2004.12.3	3日	6時間14分
第162回	常会	2005.1.21-2005.8.8	4日	9時間55分
第163回	特別会	2005.9.21-2005.11.1	4日	6時間14分
第164回	常会	2006.1.20-2006.6.18	9日	13時間27分
第165回	臨時会	2006.9.26-2006.12.19	4日	2時間
第166回	常会	2007.1.25-2007.7.5	4日	2時間50分
第167回	臨時会	2007.8.7-2007.8.10	2日	5分
第168回	臨時会	2007.9.10-2008.1.15	4日	3時間18分
第169回	常会	2008.1.18-2008.6.21	5日	9時間28分
第170回	臨時会	2008.9.24-2008.12.25	3日	1時間48分
第171回	常会	2009.1.5-2009.7.21	1日	2分
第172回	特別会	2009.9.16-2009.9.19	1日	2分
第173回	臨時会	2009.10.26-2009.12.4	3日	2時間15分
第174回	常会	2010.1.18-2010.6.16	4日	2時間16分
第175回	臨時会	2010.7.30-2010.8.6	3日	2時間30分
第176回	臨時会	2010.10.1-2010.12.3	4日	2時間40分
第177回	常会	2011.1.24-2011.8.31	6日	4時間28分
第178回	臨時会	2011.9.13-2011.9.30	2日	5分
第179回	臨時会	2011.10.20-2011.12.9	5日	5時間18分
第180回	常会	2012.1.24-2012.9.8	7日	5時間9分
第181回	臨時会	2012.10.19-2012.11.16	1日	3分
第182回	特別会	2012.12.26-2012.12.28	2日	4分
第183回	常会	2013.1.28-2013.6.26	5日	3時間13分
第184回	臨時会	2013.8.2-2013.8.7	2日	3分
第185回	臨時会	2013.10.15-2013.12.8	2日	7分
第186回	常会	2014.1.24-2014.6.22	5日	6時間39分

出典：「国会会議録検索システム」から筆者作成。

は、2006年上半期を過ぎると急激に短くなっていたと言える。

次に、2006年10月11日発表に係る日本独自の対北朝鮮経済制裁との関係を見ると、その直前の国会である第164回の常会（2006年1月20日に開会し同年6月18日に閉会）における拉致問題特別委員会と、経済制裁の発動と時期が重なる第165回の臨時会（同年9月26日に開会し12月19日に閉会）における拉致問題特別委員会の会議時間が問題となるが、これらは前者が、前述のとおり、13時間27分であるのに対し、後者は2時間であり、会議時間には6.5倍超の開きがある。審議事項などの違いもあり一概に言うことはできないが、日本独自の経済制裁の発動後の拉致問題特別委員会の審議時間は必ずしも長いとは言えない状況にあった。

一方、委員会における審議内容の方はどうであろうか。

まず第164回の常会における衆議院の拉致問題特別委員会の審議内容を見ると、遺骨問題など北朝鮮側に非があったにもかかわらず、日本政府が依然として対北朝鮮経済制裁を発動していない姿勢を糺し、経済制裁発動を促す質疑などが繰り返しなされている[401]。その後10月11日には、先述のとおり、政府から日本独自の経済制裁を発動する旨発表され、その後実際に発動されたのであったが、第165回の臨時会における拉致問題特別委員会の審議を見ると、1日目の9月28日は委員長と理事の選任、2日目の11月1日は理事補欠選任と官房長官兼拉致問題担当大臣や外務大臣等のあいさつで終わっている。3日目の12月7日は午前9時に開会し、視察の報告や質疑がなされた。質疑の内容は経済制裁の有効性や日朝包括並行協議の行方などを問うもので、広範囲に及んでおり、午前10時44分に閉会となっている[402]。この日の会議時間は1時間44分である。4日目の12月14日は閉会中及び必要が生じた場合に行う委員派遣について事前承認を求めるもので、2分で終わっている。

次に参議院の審議内容の方はどうであろうか。

第164回の常会における参議院の拉致問題特別委員会は、2006年1月20日、2月7日、6月2日と14日の4日間行われ、会議時間の総計は2時間43分である。審議における質疑内容は、輸出管理面での法執行の厳格化、総合的な情報収集や分析の必要性、国際連携に関するものであった。経済制裁の効果についても問われていたが、それは米国との連携に関するものであった[403]。

これに対し、第165回の臨時会における拉致問題特別委員会は3日間行われ、会議時間の総計は34分である。1日目の9月28日は委員長と理事の選任を行い、そ

401）第164回国会衆議院拉致問題特別委員会第2号（平成18年1月27日）会議録、北橋健治委員質疑；
　　第164回国会衆議院拉致問題特別委員会第3号（平成18年3月30日）会議録、松原仁委員質疑ほか。
402）第165回国会衆議院拉致問題特別委員会第3号（平成18年12月7日）会議録。
403）第164回国会参議院拉致問題特別委員会第3号（平成18年6月2日）会議録、森ゆうこ委員質疑。

の後、日本独自の経済制裁発動後となる、2日目の11月30日は外務大臣及び官房長官兼拉致問題担当大臣からの報告を受けただけである[404]。3日目の12月13日は閉会中継続審査及び必要が生じた場合に行う委員派遣について事前承認を求めるもので、1分で終わっている。

参議院は、衆議院より半年近く早く2004年6月2日に拉致問題特別委員会を設置するとともに、2006年10月11日には、北朝鮮の核実験実施発表に抗議し、核兵器と核計画の放棄を求める決議を全会一致で採択した。この参議院の決議には、先述のとおり、衆議院の決議には言及のない日本人拉致問題も明示されている。

しかし、そうした外形とは裏腹に、参議院の拉致問題特別委員会における審議の内実は、少なくとも第165回の臨時会における当該委員会の運営内容から判断する限り、実質的な審議をしている状況とは言い難い。

これらを踏まえて政権と衆議院、参議院の関係を見ると、日本独自の経済制裁の発動は2006年7月、そして本格的な経済制裁は10月であったが、衆議院の拉致問題特別委員会の会議時間で見る限り、2006年前半を境に会議の時間数は大幅に減少するとともに、経済制裁の発動以後の委員会については審議内容も政府の取組みを糺すようなものではなく、特に参議院に至っては政府からの報告を受けただけの状態で終わっている。

日本独自の経済制裁の発動は、それまで制裁発動に慎重であった政府が衆参両院の拉致問題特別委員会における委員を含め、多くの関係議員からの指摘や要請に応えた形となっている。また、制裁発動はこれらの特別委員会との関係だけでなく、衆議院及び参議院の本会議における北朝鮮に対する抗議決議における要請にも合致するものであり、政府が国会の要請に歩み寄ったような形となっている。国内におけるその政治的効果は、国民の間で極めて関心の高い拉致問題というテーマに関し、国会と政府の間で、制裁発動に関しそれまで対立点であったものが、政府から「採択されました御決議の趣旨を体し[405]」（衆議院の北朝鮮抗議決議採択後の安倍総理発言）という形での歩み寄りによって解消されたことにあると言える。日本独自の経済制裁の発動が国会に与えた政治的影響は、国会の意思を政府に十分尊重させ、制裁実施で日本としての意思を示させるものであり、国会の求めるところに従って北朝鮮に対し強い姿勢を示させたという点で、政府・国会間の良好な関係の形成にポジティブに働きかけたものと評価することができる。日本独自の経済制裁発動直後の拉致問題特別委員会の審議の不活発な状態は、こうした政治的効果を反映している面があるのではない

404）第165回国会参議院拉致問題特別委員会第2号（平成18年11月30日）会議録。
405）第165回国会衆議院本会議第6号（平成18年10月10日）会議録、決議採択後の安倍総理の所信表明発言。

かと考える。

なお先述の外務省の山本栄二によれば、2006年2月の日朝包括並行協議以降、翌2007年に至るまで、日朝間では全く対話が途絶えた状態が続き、結果的に拉致問題の進展はほとんど見られなかったという。メディアにおける拉致問題の扱いも、2003年をピークに徐々に小泉訪朝以前の水準にまで減少し、核実験など目に見える動きがあれば別として、そのような事例がなければ報道の量は減り、世論の関心も低下したと指摘している[406]。2006年10月11日に発表された日本独自の経済制裁は、見方によってはこうした時期に該当し、衆参両院の各議員は、当時のマスコミ報道や世論の傾向の影響下にあったと評価できる余地がある。

一方、外為法及び特定船舶入港禁止法では、制裁措置をとった場合、事後に国会の承認を得なければならないと規定している。外為法に基づく国会の事後承認については衆議院及び参議院は経済産業委員会に付託され、特定船舶入港禁止法に基づく国会の事後承認については衆議院及び参議院の国土交通委員会に付託された。

まず外為法に基づく事後承認については、衆議院の経済産業委員会で2006年12月1日に審議され、民主党の太田和美委員ほか4名の委員から質疑がなされた。質疑の内容は、事後の国会承認制の意義を問うもの、経済制裁の発動要件を問うもの、制裁が北朝鮮の国家体制に与えるインパクトを問うもの、経済制裁全体の効果を問うものなど広範に及び、その後、全員の賛成をもって承認された[407]。参議院の経済産業委員会では2006年12月12日に審議に付され、自民党の小林温委員ほか4名の委員から質疑がなされた。質疑の内容は、迂回輸入に対する対策を問うもの、日本・北朝鮮間の貿易で日本のシェアが減っている中での経済制裁の効果予測を問うもの、経済制裁の効果について専門機関による分析の必要性を問うものなど核心に迫る内容の質疑がなされ、その後全会一致で承認されている[408]。

次に特定船舶入港禁止法に基づく事後承認については、衆議院の国土交通委員会で2006年12月8日に審議され、民主党の鷲尾英一郎委員ほか2名の委員から質疑がなされた。質疑の内容は、入港禁止措置の理由に拉致問題がない点を問うもの、日本独自の制裁について近隣各国との連携を問うものなどであり、その後、全員の賛成でもって承認されている[409]。参議院の国土交通委員会では2006年12月14日に審議に付され、民主党・新緑風会の犬塚直史委員ほか2名の委員から質疑がなされた。質疑の内容は、日本の独自措置の発動について国際法上の留意点を問うもの、制裁措

---

406) 山本『北朝鮮外交回顧録』258-259頁。
407) 第165回国会衆議院経済産業委員会第6号（平成18年12月1日）会議録。
408) 第165回国会参議院経済産業委員会第8号（平成18年12月12日）会議録。
409) 第165回国会衆議院国土交通委員会第9号（平成18年12月8日）会議録。

置による日本人渡航者に対する影響を問うもの、日本以外で北朝鮮籍船舶の入港禁止を行っている国を問うものなどにで、その後、全会一致で承認された[410]。

　いずれの委員会も審議における質疑の内容に関して言えば、拉致問題特別委員会と比べると、上述のとおり活発に、かつ広範囲にわたっているが、政府の制裁発動に反対するという訳ではなく、全会一致で承認している。

2　政権と拉致被害者家族会[411]の関係

　拉致被害者家族会は、1999年5月に開催された第1回国民大集会以来被害者救出の手段として経済制裁を求め続けてきた[412]。例えば2005年4月24日には、拉致被害者家族会は「小泉首相に決断を求める国民大集会」を開き、北朝鮮への経済制裁の発動を決断するよう訴えている[413]。同年6月24日には首相官邸前の国会議員会館前で「拉致被害者を救うために北朝鮮に経済制裁の発動」を要請する座り込みまで行っている。このとき、「北朝鮮に拉致された日本人を早期に救出するために行動する議員連盟」（以下「拉致議連」という）[414]から平沼赳夫会長（当時）、安倍晋三自民党拉致問題対策本部長（当時）、岡田克也民主党代表（当時）、鳩山由紀夫民主党拉致問題対策本部長（当時）、赤城徳彦衆議院拉致問題特別委員長（当時）らが応援に駆けつけている[415]。

　拉致被害者家族会は、小泉総理に対し日本独自の経済制裁を発動できる制度が創設されたにもかかわらず一向に発動しないことに不信感を抱いており、継続的に全国各地で集会を開き、また政府関係者に面会し、北朝鮮に対する経済制裁の発動を政府に強く求めていた。

　小泉総理は自民党総裁任期の満了をもって退いたが、後継の自民党総裁を選ぶ選挙で安倍前官房長官が当選したことに対して、当時の横田滋拉致被害者家族会会長（当

410）第165回国会参議院国土交通委員会第7号（平成18年12月14日）会議録。

411）「北朝鮮による拉致被害者家族連絡会」は、北朝鮮による日本人拉致事件の被害者である家族とその親族によって1997年3月25日に結成された団体である。日本人拉致問題の早期解決及び被害者の全員帰国を目的としている。

412）救う会全国協議会ホームページ、『救う会全国協議会ニュース』、「改正された外為法を拉致解決に活用せよ！」（2004.2.9）。

413）救う会全国協議会ホームページ、『救う会全国協議会ニュース』、「小泉首相に決断を求める国民大集会に6000人」（2005.4.25）。当日は6000人が集まったという。

414）「拉致議連」とは、北朝鮮に拉致された日本人を早期に救出するために行動する党派を超えた議員連盟である。1997年4月に「北朝鮮拉致疑惑日本人救援議員連盟」が設立されたが、内部の意見対立で休眠状態になっていたものが、2002年4月、中堅・若手議員が中心になって現議員連盟として発足されたもの。

415）救う会全国協議会ホームページ、『救う会全国協議会ニュース』、（2005.6.25）。

時)は「予定通り、大きな差で安倍さんが総裁になった。これまで、官房副長官以来、幹事長、官房長官とずっとお世話になってきたので、当選されてよかった」と発言するなど、強い期待感を表明している[416]。安倍新総理の方もそうした拉致被害者家族会の期待に応じ、例えば、拉致被害者家族会等が 2006 年 9 月 29 日、塩崎官房長官への面会に赴いたところ、予定にはなかったにもかかわらず安倍総理が急遽面会に加わることになり、四十数分の間、懇談することとなったという。

　ここでの懇談の冒頭、安倍総理は「私の内閣で塩崎恭久官房長官に拉致問題担当大臣になって…(略)…もらうことになった。また、本日、拉致問題対策本部を設置し、私が本部長、官房長官が副本部長、中山補佐官が事務局長となって、すべての生存者の返還を達成したい。皆様方におかれてもこの問題は長く続いてその心労は大変なものだと思います。我々も全力で取組んでいきたい」と挨拶している。その後、安倍総理は自由懇談の場で「小泉総理訪朝から 4 年も経った。10 月には 5 人が帰国した。みなさんにもタラップで待ち受けるあの感激を味わってもらいたいとの思いでずっとやっていきたい」とまで表現し、拉致被害者家族の感情に訴える発言をしている。自由懇談の場面では、総理が少し涙ぐむ場面もあったという。出席した拉致被害者家族からは、いつも不安な気持ちで官邸に来ていたが、今日初めてさわやかな気持ちで玄関をくぐれた、今日という日をどれほど待ち望んできたか等の発言もあった[417]。

　そして後日、北朝鮮が核実験実施を発表したことに対し、安倍総理が日本独自の制裁強化を示したことに、拉致被害者家族会の中からは「暴挙を許さないという姿勢を政府が示してくれるのは心強い。できるだけ早く制裁を実施してほしい」と、政府の姿勢を高く評価する声も出てくる[418]。

　拉致被害者家族会の横田滋会長が、新たに就任した安倍総理について「官房副長官以来、幹事長、官房長官とずっとお世話になってきた」と言うように、拉致被害者家族会は、安倍総理に個人的な信頼感とでも言えるような気持ちを持ち、新内閣発足に極めて強い期待感を有していたと認めることができる。内閣発足後、拉致問題対策本部を早々に立ち上げ、安倍総理主導で制裁の発動理由に拉致問題を書き込んだ日本独自の経済制裁の発動は、拉致被害者家族会のそうした期待に十分応えるものであった。これを政治学的に見ると、拉致被害者家族会は圧力団体ないし利益団体に該当するが、これらの団体の影響を受けたことは、硬直化し、状況に適合しなくなった可能性のあ

---

416) 救う会全国協議会ホームページ、『救う会全国協議会ニュース』、「拉致被害者の年内帰国を求めて、安倍新総理への期待―連続集会」、(2006.9.22)。

417) 救う会全国協議会ホームページ、『救う会全国協議会ニュース』、「タラップで待ち受けるあの感激を味わってもらいたい―安倍総理、家族会に」、(2006.9.29)。

418) 『日本経済新聞』「北朝鮮が核実験―『さらなる制裁を』、横田さん夫婦ら、憤り・非難の声」2006 年 10 月 10 日。(夕刊)。

る公共的政策を利害関係者の意向に沿った方向で見直す契機になったものと評価することができる[419]。

なおここで、北朝鮮に対する日本独自の経済制裁を安保理決議採択に先行させた意味を考える。

日本独自の経済制裁の発動は、先述のとおり、安倍総理の強い意向を反映したものであった[420]。安倍総理は拉致被害者家族会からの厚い信望を得、大いに期待されており、その拉致被害者家族会は政府に対し安保理決議における制裁実施の理由として拉致問題の明記を要望していた。

しかしながら安保理決議の文案は北朝鮮の核、ミサイル問題を非難する内容のみで固まりつつあった。したがって、拉致被害者家族会の要望を入れ、拉致問題被害者家族に対して自らの取組みをアピールするには、次善の策として日本独自の経済制裁の方にその理由として拉致問題を明記し、しかもその発出時期は拉致被害者家族を落胆させることのないよう、安保理決議採択の前とするのが最も効果的と考えたと理解するのが自然である。またこの点にこそ、安保理決議に基づく制裁とは別に、日本独自の経済制裁を発動する政治的な意味を見出すことができる。このようなシナリオにも従い、北朝鮮に対する日本独自の経済制裁は、その発出を安保理決議採択に先行させたと考えるべきである。

ただし、日本独自の経済制裁と安保理決議を時系列で詳細に見てみると、別の姿も見て取ることができる。日本独自の経済制裁の官房長官記者発表は2006年10月11日の夜に行われたが、そこでは実際の措置の閣議決定については2日後の13日に行うとされた。一方、安保理の方は、後述するとおり、日本より14時間遅れの現地時間ではあるが12日午後には常任理事国と日本政府は、米国が同日提出した決議案に修正を加えた案で基本合意に至っている。実際、安保理では既に10日（現地時間）の段階で、国連憲章第7章に基づく義務的な制裁を明記した米国提出の対北朝鮮経済制裁決議案の協議に入っており、このとき中国政府も基本的には一定の制裁を容認する姿勢を見せていたのである。そして安保理は形を整えて、14日（現地時間）に正式に決議第1718号として採択を決定することになる。こうした流れを見ると、日本政府は、一方で日本独自の制裁を国連安保決議に先行させた印象を国内に、特に拉致被害者家族に対して与えながらも、もう一方ではその実、日米両政府が協調してその採択に向け取り組んできた安保理決議とほぼ同時に発動する対応をとっており、ここに米国を始めとする安保理の各理事国との良好な関係を維持しようと腐心する日本

---

419) ただし、その公共的政策の選択の具体的な内容が適当であったかどうかは別問題であり、さらにより大きな、そして長期的な視野に立った対北朝鮮政策の枠組みの中で適合的であったかどうかについては検討が必要であると思われる。

420)『日本経済新聞』「北朝鮮核実験、日本、独自策で強い姿勢―『首相指示』印象付け」2006年10月12日。

政府の姿を看取することができる。日本独自の制裁ではあるが、実際のところ、官房長官記者発表で制裁理由として国連安保理の対応との整合性がとれている旨述べているのは、日本政府のこうした配慮を示しているのである。

　さらに政府は、総理をトップとする拉致問題対策本部を 10 月 16 日に開き、内閣発足後 1 か月も経たないうちに政府としての「拉致問題における今後の対応方針[421]」を決定した形をとり、拉致問題に対して積極的に取り組んでいる姿勢を拉致被害者家族会、そして国民に対しアピールしている。つまり政府は、拉致問題解決に対する積極姿勢を拉致被害者家族会、そして国民に向け政治的にアピールし、拉致被害者家族会からは大いに歓迎されたのである。拉致被害者家族会の横田滋代表は「制裁が（北朝鮮）国内を圧迫している。国連安全保障理事会でも（制裁を）実行すると、さらに苦しくなる」と、制裁による問題解決への効果に期待を示している[422]。

3　政権と国民一般の関係

　日本独自の経済制裁に関して、政権と国民一般の関係はどうであろうか。安倍内閣によって発動された日本独自の経済制裁は広く国民に支持されたとみてよい。

　日本独自の経済制裁に係る法制度が整備された 2004 年の 9 月 27 日及び 28 日に実施された読売新聞社の全国世論調査では、北朝鮮に対する経済制裁の実施について「行うべきだ」が 67.5％、「そう思わない」は 23.1％という結果で、7 割近くの人が経済制裁実施に肯定的であった[423]。これに対し、およそ 2 年後となる日本独自の制裁発動後の 2006 年 10 月 14 日及び 15 日に行われた全国世論調査では、「表 4　国連安保理決議及び日本の独自制裁への支持・不支持状況」に示すように、「支持する」「どちらかといえば支持する」が 87.5％と 9 割近くの人が何らかの理由で日本の独自制裁を支持するという結果であった[424]。安倍内閣の日本独自の経済制裁の発動は国民に広く支持されたと評価することができる。

---

421) 北朝鮮による日本人拉致問題ホームページ、「拉致問題対策本部会合 / 開催状況 第 1 回平成 18 年 10 月 16 日」、https://www.rachi.go.jp/jp/shisei/taishohoushin.pdf。
422) 『読売新聞』「北への制裁 効果に期待」2006 年 10 月 15 日。
423) 同上、「『北に経済制裁も』68％」2004 年 10 月 1 日。
424) 同上、「北の脅威『強まる』81％」2006 年 10 月 17 日。

表 4　国連安保理決議及び日本の独自制裁への支持・不支持状況

問 1：北朝鮮に対する厳しい制裁措置を盛り込んだ国連安保理決議
問 2：日本政府が独自に行う北朝鮮に対する追加制裁措置

回　　答	問 1	問 2
支持する	73.6%	69.6%
どちらかといえば支持する	16.7%	17.9%
（小計）	90.3%	87.5%
どちらかといえば支持しない	2.7%	4.9%
支持しない	2.1%	4.0%
（小計）	4.8%	8.9%
答えない	4.8%	3.6%

出典：『読売新聞』2006 年 10 月 17 日を基に筆者作成。

　また安倍内閣の 1 か月の仕事ぶりについての評価を見ると、「評価する」が 53％となっており、「評価しない」の 28％を大きく上回り、評価する理由としては「中国・韓国訪問」の 38％に次いで「北朝鮮の核実験への対応」が 28％となっている[425]。「北朝鮮の核実験への対応」については安保理決議の採択に向けての取組みなども含まれるので、日本独自の経済制裁のみに係る評価とは必ずしも言えないが、いずれにしてもこれらも含めて、こうした評価結果が安倍内閣の 1 か月の仕事ぶりに対する国民の評価である。

　ただし、安保理決議と日本独自の経済制裁の関係を見ると、国民の反応は微妙である。表 4 に示すように、「北朝鮮に対する厳しい制裁措置を盛り込んだ国連安保理決議」を支持する人は 73.6％であるのに対し、「日本政府が独自に行う北朝鮮に対する追加制裁措置」への支持は 69.6％にとどまっており、両者の間には 4 ポイントの差が存在する。これは、国民一般が日本独自の経済制裁よりも、安保理決議の方を何らかの理由でより強く選好している姿を示していると言える。また、「どちらかといえば支持する」という条件付きの支持が、安保理決議に対するものより、日本独自の追加制裁に対するものの方が 1.2 ポイント多いということは、日本独自の経済制裁への支持には若干躊躇する気持ちが込められているものと理解することができる。さらに、「どちらかといえば支持しない」「支持しない」の割合について見ると、日本独自の追加制裁の方が、安保理決議の 1.8 倍ないし 1.9 倍で多くなっている。

---

425)『日本経済新聞』「造反組復党『反対』51％に、安倍内閣波乱の芽に、中韓歴訪には評価（本社世論調査）」
　　2006 年 10 月 30 日。

表5　安倍内閣の支持率（2006年9月調査から2007年3月調査）

	9月調査	10月調査	11月調査	12月調査	1月調査	2月調査	3月調査
支　持	71%	68%	59%	51%	48%	49%	43%
不支持	17%	21%	29%	40%	41%	41%	45%

出典：日本経済新聞社の緊急世論調査・世論調査に基づき筆者作成[426]。

　これらを考え合わせると、まずは北朝鮮に対する日本独自の経済制裁への国民の支持は十分高いと評価することができること、ただし、安保理決議に対する支持と比較して見た場合には、国民一般は日本独自の経済制裁よりも安保理決議の方を何らかの理由で、やや強く選好していたものと理解することができる。

　次に世論について見る。世論の短期的側面である内閣支持率を「表5　安倍内閣の支持率」として整理したが、これを見ると安倍政権の支持率は発足時の9月調査をピークに、以後急落する。

　この時期の安倍内閣の支持率は、内閣支持率の特徴である、変動が激しく、その時その時で大きく変動するという性格を示す動きになっている。日本経済新聞社の10月調査では、安倍内閣の実施した対北朝鮮経済制裁について「適切だ」が50％、「さらに強めるべきだ」も36％に上り、全体的に経済制裁を評価する声は8割を超えているにもかかわらず、内閣支持率は逆に3ポイント低下した[427]。

　しかしこれをもって、対北朝鮮経済制裁に対する評価が内閣支持率と全く関係ないと結論づけることは早計であるように思われる。むしろ対北朝鮮経済制裁の取組みは国民から評価されているのであり、内閣支持率が別の要因でより急激に低下するところを、対北朝鮮経済制裁に対する高評価が多少なりとも下支えしたとの評価も成り立つと考えられるからである。

　では、なぜ内閣支持率が低下したかである。この点に関しては、日本経済新聞社の世論調査で、対北朝鮮経済制裁についての高評価があったにもかかわらず、自民党自体の支持が前回調査と比較して4ポイントも低下し、逆に民主党支持が2ポイント上昇したことに表れている。この自民党評価の落ち込みは、旧態依然たる体質を小泉

426）調査期間は「9月調査」は2006.9.26～27、「10月調査」は10.27～29、「11月調査」は11.24～26、「12月調査」は12.22～24、「1月調査」は2007.1.26～28、「2月調査」は2.23～25「3月調査」は3.16～18。

427）『日本経済新聞』「安倍内閣支持68％」2006年10月30日。日本経済新聞社が10月27日から29日に実施した世論調査では、核実験を実施した北朝鮮への経済制裁について「適切だ」50％、「さらに強めるべきだ」36％となった。

政権後に再び国民の面前に現した自民党に対する国民の不支持の表明であると見るべきであり、これを具体的に言えば、郵政民営化に反対して自民党を離れた無所属議員、いわゆる造反組の復党を進めようとする自民党内の動きに対する国民の不支持であって、内閣支持率低下との関係で言えば、安倍総理がこうした造反組の復党に向けての検討を中川秀直自民党幹事長(当時)に指示した動きによるものと見るべきなのである[428]。

11月調査では内閣支持率は9ポイントも下がって59%に低下し、一方で郵政民営化に反対して自民党を離れた無所属議員の復党への「反対」は前回より6ポイント増えて57%になっている。復党への「賛成」は8ポイント減の25%である[429]。内閣不支持の理由については、「政策が悪い」が政権発足時の9月調査から9ポイント上昇して37%で首位となり、「指導力がない」も8ポイント上昇で35%となった[430]。11月調査では安倍内閣は「政策が悪」く「指導力がない」という評価になったのである。

12月調査では内閣支持率はさらに8ポイントも下がり51%に低下した。一方、不支持は29%から40%に上昇している。政権発足後3か月の仕事ぶりは「評価しない」が57%に上り、「評価する」の29%を大きく上回っている。内閣不支持の理由は、「指導力がない」が54%と首位で、前回調査より19ポイントも増えている。逆に支持の理由は「人柄が信頼できる」が48%で引き続き首位である[431]。つまり、安倍内閣は政権発足後3か月で「指導力がない」という理由で仕事ぶりが評価されなくなり、内閣に対する支持も急激に低下した。

2007年1月調査でも内閣支持率は続落し、48%となった。小泉内閣と比べて改革姿勢が「消極的だ」が11ポイント増えて41%に達し、「積極的だ」は前回と同じ7%にとどまった。これは、改革断行に向けた指導力が見えないことが支持率低下の一因とされる[432]。2月調査では内閣支持率は1ポイント増えて49%であった。支持の理

---

[428] 『日本経済新聞』「安倍内閣支持68%」2006年10月30日。日本経済新聞社の10月の世論調査によれば、自民党支持率は前回の55%から51%に下落しているのに対し、民主党支持率は18%から20%に上昇している。郵政民営化に反対して自民党を離れた造反組の復党について「反対」は51%、「賛成」は33%で、「反対」が大きく上回っている。

[429] 同上、「郵政造反『復党に反対』57%」2006年11月28日。日本経済新聞社が11月24日から26日に実施した世論調査では、復党反対は前回の51%から57%に増え、賛成は33%から25%に低下した。

[430] 同上、「『復党』安倍政権に影」2006年11月28日。日本経済新聞社の11月の世論調査では、内閣不支持の理由は(1)政策が悪い(37%)、(2)指導力がない(35%)、(3)安定感がない(29%)の順であった。

[431] 同上、「安倍内閣 支持率続落、51%」2006年12月25日。日本経済新聞社が12月22日から24日に実施した世論調査では、内閣不支持の理由は(1)指導力がない(54%)、(2)政策が悪い(39%)、(3)安定感がない(33%)、(4)自民党の内閣だから(23%)の順になっている。

[432] 同上、「安倍内閣 支持率続落48%、『改革に消極的』4割超す」2007年1月29日。

由は、「人柄が信頼できる」が最多の57％、逆に不支持の理由は「指導力がない」が63％で最多であった。また、政権発足後5か月の仕事ぶりは「評価しない」が52％、「評価する」は34％であった[433]。そして3月調査では内閣に対する不支持が45％に上り、初めて支持の43％と逆転する結果となる[434]。

　日本独自の対北朝鮮経済制裁とこの時期の内閣支持率の関係を考察すると、経済制裁の発動には内閣支持率を引き上げる効果を確認することはできない。

　内閣支持率は、郵政民営化の取組みや古い自民党体質からの脱却など、国民の改革への期待感に影響を受けていたと見ることができる。小泉前内閣の改革路線である郵政民営化問題において、造反した議員の復党をリーダーシップを発揮せずに認めてしまった、その印象が、「指導力」がなく仕事ぶりが評価されないとの評価結果となって表われ、結果として、内閣支持率が急激に低下したのではないかと考えることができる。この時期、国民はまだ改革を求めていたのである。また、いくつかの不祥事も重なり、これらの影響で支持率の低下を招いた面もある[435]。

　しかしながら、日本独自の対北朝鮮経済制裁の発動が内閣支持率に全く関係しなかったかというと、そう断定することまではできないと考えるべきである。すなわち、先述したとおり、10月調査の結果を分析すると、むしろ対北朝鮮経済制裁の取組みは国民から評価されていたのであり、内閣支持率が別の要因でもっと急激に低下するところを、対北朝鮮経済制裁に対する高評価が多少なりとも下支えしたものと評価することも十分可能なのである。なぜなら、安倍内閣の1か月の仕事ぶりに関しては、「評価する」が「評価しない」を大きく上回り、その理由としては「中国・韓国訪問」に次いで「北朝鮮の核実験への対応」が挙げられているからである。したがって、日本独自の対北朝鮮経済制裁の発動は何らかの形で、内閣支持率の下落幅をより小さくする形で寄与したと見ることは十分可能であり、ただ、その場合、内閣支持率という指標が、先述したとおり、短期的な評価に係るものであるが故に、経済制裁発動の高評価の影響は時の経過に連れて短期間でフェイド・アウトしていったものと見るべきではないかと考える。

　ちなみに、衆議院議員の総選挙及び参議院議員の通常選挙についてであるが、日本独自の経済制裁が発動された2006年の翌2007年7月29日に第21回参議院議員通常選挙が、また、2009年8月30日に第45回衆議院議員総選挙が行われている。第21回参議院議員通常選挙では自民党、公明党が議席を減らし、逆に民主党が議席

433）『日本経済新聞』「安倍内閣　支持率横ばい49％－仕事『評価せず』なお過半数」2007年2月26日。
434）同上、「安倍内閣、支持43％に低下－不支持45％、初めて逆転」2007年3月19日。
435）政府税制調査会の本間正明会長の辞任など。本間会長は公務員宿舎への不適切な形での入居を受けたとされた。政府主催のタウンミーティングでの「やらせ問題」もある。この件で責任をとって、安倍総理は給与の一部を返上する考えを示した。

を増やした結果、自民・公明の与党は参議院で過半数を確保することができず、いわゆるねじれ国会の状態となり、以後、厳しい政権運営を迫られることになった。国民は与党の政策、政権運営にノーという判断を示したのである。また、第45回衆議院議員総選挙では、自民党が公示前の議席より181議席減らし119議席に減少したのに対し、民主党は選挙前を大きく上回る308議席を獲得し、民主党中心の新内閣が成立した。郵政民営化の是非が問われた前回2005年9月11日の第44回衆議院議員総選挙、いわゆる郵政選挙で、改革を求める国民の声を受け大勝した自民党はここで政権の座から転落した。

　これら2つの選挙に対する日本独自の経済制裁の影響については、投票行動に与える要因は極めて多様かつ複雑であり、また制裁発動から選挙までの期間が長期に及んでいることなどから、明らかにすることはできない。

第5節　北朝鮮の反応

　北朝鮮は2006年10月10日、朝鮮労働党創建61周年を迎えた。朝鮮労働党の機関紙『労働新聞』は10月8日、「金総書記の不滅の党建設指導史があるので、わが軍隊と人民は主体の先軍偉業を最後まで完成させられる万年財富を持つようになった」と強調している[436]。10日の『労働新聞』の記念社説では米国の対北朝鮮敵視政策により「朝鮮半島には戦争の黒い霧が重く垂れこめている」と非難した上で、「国の軍事力を強化することに引き続き最優先的な力を入れるべきだ」と呼び掛けている[437]。このとき、前日の9日発表の核実験についてのコメントはなかった。

　日本独自の経済制裁の発表が10月11日、国連の安保理決議の採択が14日と続いたが、北朝鮮の反応としては安保理決議、そして米国に対する反発が見られた。北朝鮮外務省は「国連安保理の決議は我々の社会主義制度を崩そうとする米国のシナリオによるもので、我が共和国に対する宣戦布告と見なすしかない」「我々は米国の対朝鮮敵視政策の産物である国連安保理決議を断固として糾弾し、全面排撃する」「我々は対話を望むが対決にも準備ができている」と非難している[438]。こうした状況について、北朝鮮は当面、軍部が主導権を握る軍事優先体制を一段と強化するのではないかとの観測が広がった[439]。

---

436) 『日本経済新聞』「北朝鮮労働党創建あす61年、盤石な体制誇示、核実験強行も」2006年10月9日。
437) 同上、「北朝鮮労働党機関紙、『軍事力強化を優先』」2006年10月11日。
438) 同上、「北朝鮮外務省の声明要旨」2006年10月18日。
439) 同上、「北朝鮮、『軍事優先』強化へ―制裁強化で経済苦境に、治安・体制維持狙う」2006年10月17日。

第6節　小括[440]

　事例1は2006年9月、初めて政権の座に就いた安倍総理が日本独自の経済制裁を用いて、北朝鮮に対する強い姿勢を国内にアピールしたわけであるが、これを要求する衆参両院の決議や、それまで制度導入に取り組み、経済制裁を促してきた議員の要請に応え、また拉致被害者家族の強い期待にも応じて、新政権が制裁発動に舵を切った姿を示したことで、制裁に消極的な姿勢をとってきた小泉前総理の政策を大きく転換させた姿を国民にアピールした。

　このとき日本政府は、独自制裁の発表を国連安保理決議の採択に先行させたのであったが、これを時系列で見てみると、日本政府は、一方で日本独自の制裁を国連安保理決議に先行させた印象を国内に、特に拉致被害者家族に対してアピールしながらも、もう一方では、実際は日米両政府が協調してその採択に向け取り組んできた安保理決議とほぼ同時に発動する対応をとっており、ここに日米両政府の協調関係を維持しようとする日本政府の腐心を見て取ることができるのである。

　政権の示した姿勢は、初の核実験に成功した北朝鮮に対する非難の姿勢であり、また遅々として進まない拉致問題を自身の政権で解決しようとする強い決意である。強くアピールしようとする姿勢は、経済制裁のメニューがすべての北朝鮮籍船の入港禁止や北朝鮮からのすべての品目の輸入禁止を含み、広範囲に及んでいることに表れている。

　日本独自の経済制裁の存在意義との関係で言えば、それは安保理決議に基づく制裁とは異なり、発動の理由に拉致問題を書き込むことができ、しかも早期に、かつ拉致問題対策本部の開催と連動し、内容としても広範囲にわたる制裁メニューで発動できた点にその存在意義を認めることができる。

　制裁発動の要因ないし原動力については、国会の決議や議員の要請に押され、また拉致被害者家族の声に呼応した面も強いが、むしろ新たな政権として前政権との対立軸を強く前面に出しながら、自ら率先して北朝鮮に対して強い姿勢をとろうとした結

440）本章以下第9章までは、3つの事例についてその国内における政治的効果の分析を行うものである。経済制裁の有する、国内政治の面での「旗の周りに結集する」（rally-round-the-flag）効果に即して言えば、そこでどのような模様の旗印が掲げられ、それに対して、議会も含め国民がどのように結集させられてきたのかを見ることになる訳であるが、以下「小括」では、まとめ方の視点を統一させるため、この2つの要素に着目して整理した上で、政治的効果の部分を追記する形でまとめることとしたい。具体的には、旗印の模様については「政権の示した姿勢」として、そして、どのように結集させられてきたのかについては「制裁発動の要因ないしその原動力」に置き換えて整理し、その後「政治的効果」を記述する形でまとめたい。

果でもあった。そこには迅速に拉致問題対策本部を設置したことなどと相俟って、新たな政権の姿勢を国内に向けて強くアピールしようとする政治的な意図が表れている。

　その政治的効果については、日本独自の経済制裁発動によるアピールに対し、拉致問題特別委員会の審議時間の変化や審議内容が示すように国会側は受容し、また拉致被害者家族会も高く評価した。しかし逆に、以後、内閣支持率は低下傾向を示していく。日本独自の経済制裁発動と内閣支持率の関係については、両者の間に数字上は相関関係を認めることはできない。一方、日本独自の経済制裁と国民意識の関係に関して言えば、世論調査の結果が示すように、安倍内閣の制裁発動それ自体は国民に広く支持されていたのであり、このことが示すように、経済制裁発動の評価が内閣支持率の急激な低下を下支えした可能性はある。

第8章
2016年2月10日発表の独自経済制裁の国内における政治的効果（事例2）

第1節　経済制裁発動の状況

　制裁の目的を達成するには、運用に当たってその強化と緩和を状況に応じて適宜調整すべきとされているが、ここで2016年2月10日発表に係る経済制裁の事例を取り上げるのは、一旦一部解除した日本独自の経済制裁を再び独自判断で再発動した局面に着目することは、そこに何らかの特徴のある政治的な意味合いを見出しうるのではないかと考えるからである。そこで、再発動に当たってのタイミングも含めた判断や、国内における政治的効果を分析する。またあわせて、その前提として制裁の緩和の政治的効果についても本章で考察する。

　2016年2月10日発表の日本独自の経済制裁は、北朝鮮が国際社会の制止を無視して同年1月6日に4回目の核実験を行い、さらに約1か月後の2月7日、弾道ミサイル発射を強行した事態に対し、日本政府としてこの事態が日本の安全に対する直接的で重大な脅威であり、北東アジア及び国際社会の平和と安全を著しく損なうものとして断じて容認することができないとの基本認識の下、拉致、核、ミサイルといった諸懸案を包括的に解決するために何が最も有効かを検討した結果、とられた措置である。発表された独自措置の内容は次のとおりである[441]。

（1）人的往来の規制措置を実施する。具体的には、
　①北朝鮮籍者の入国の原則禁止
　②在日北朝鮮当局職員及び当該職員が行う当局職員としての活動を補佐する立場にある者の北朝鮮を渡航先とした再入国の原則禁止（対象者を従来より拡大）

---

[441] 首相官邸ホームページ「我が国独自の対北朝鮮措置について」（平成28年2月10日）、https://www.kantei.go.jp/jp/headline/northkorea201602/20160210_northkorea_sochi.html。

③日本から北朝鮮への渡航自粛要請
　④日本の国家公務員の北朝鮮渡航の原則見合わせ
　⑤北朝鮮籍船舶の乗員等の上陸の原則禁止
　⑥「対北朝鮮の貿易・金融措置に違反し刑の確定した外国人船員の上陸」及び「そのような刑の確定した在日外国人の北朝鮮を渡航先とした再入国」の原則禁止
　⑦在日外国人の核・ミサイル技術者の北朝鮮を渡航先とした再入国の禁止

(2) 北朝鮮を仕向地とする支払手段等の携帯輸出届出の下限金額を100万円超から10万円超に引き下げる。また、人道目的かつ10万円以下の場合を除き、北朝鮮向けの支払を原則禁止する。

(3) 人道目的の船舶を含むすべての北朝鮮籍船舶の入港を禁止するとともに、北朝鮮に寄港した第三国籍船舶の入港を禁止する。

(4) 資産凍結の対象となる関連団体・個人を拡大する。

1　2007年9月の安倍内閣退陣以降の推移

　安倍内閣は2007年9月26日に退陣し、その後、福田康夫内閣（2007年9月26日から2008年9月24日）、麻生太郎内閣（2008年9月24日から2009年9月16日）へと続く。
　先述のとおり、2007年7月29日、第21回参議院議員通常選挙が行われ、与党である自民党と公明党が参議院で過半数を確保することができず、いわゆる衆参ねじれの状態が現出する。2009年8月30日には第45回衆議院議員総選挙が行われ、民主党が圧勝し、政権交代となる。民主党政権は、鳩山由紀夫内閣（2009年9月16日から2010年6月8日）、菅直人内閣（2010年6月8日から2011年9月2日）、野田佳彦内閣（2011年9月2日から2012年12月26日）へと続く。しかし、2012年12月16日に行われた第46回衆議院議員総選挙では、自民党及び公明党が総定数の3分の2を獲得し、2012年12月26日に再び安倍内閣が成立した。
　民主党政権時代の日本独自の対北朝鮮経済制裁は、いずれも期間の延長を内容と

するもので、新しさはない[442]。

2　2012年12月の安倍内閣成立からストックホルム合意までの動き

　日朝協議は、北朝鮮が日本の首相交代などを理由にして2008年から停滞していたが、2012年11月に4年ぶりに日朝政府間協議がモンゴルのウランバートルで開催され、拉致問題について踏み込んだ意見交換が行われた。その後12月に再度協議を行う予定であったが、同月1日、北朝鮮がミサイル発射を予告したことから延期となってしまう。なお日本独自の経済制裁については、第2次安倍内閣発足後も2013年4月5日には期間延長が行われている[443]。

　2014年3月には瀋陽での日朝赤十字会談の機会を利用して1年4か月ぶりに日朝政府間で課長級の非公式の意見交換を行い、政府間協議再開を調整することで一致し、これを受けて3月30日及び31日に北京で日朝政府間協議が行われた。その後2014年5月にストックホルムで開催された日朝政府間協議で、北朝鮮側は拉致被害者を含むすべての日本人に関する包括的かつ全面的な調査の実施を約束した。これに対して日本側も北朝鮮が調査のための特別調査委員会を設立し、調査を開始する時点で日本独自の対北朝鮮経済制裁の一部を解除することとした。この「ストックホルム合意」の要点は次のとおりである[444]。

---

442)　『日本経済新聞』「北朝鮮砲撃─独自制裁余地少なく、政府、現行措置厳格運用へ」2010年11月25日；救う会全国協議会ホームページ、『救う会全国協議会ニュース』、「野田新政権に北朝鮮への全面制裁等要請？緊急国民集会」(2011.9.5)；『救う会全国協議会ニュース』、「野田総理と拉致被害者家族会代表者との面会」(2011.9.11)。民主党政権期には、制裁について2010年4月9日、2011年4月5日及び2012年4月3日の3回期間の延長が行われている。この間、例えば2011年6月10日には菅総理は、北朝鮮が9月を過ぎても約束を履行しなければ追加制裁を検討せよと指示したが、結局それを実現せずに退陣し、さらに退陣間際に朝鮮学校への支援手続を再開したことから、拉致被害者家族会の中では民主党に対する批判と失望の声が高まった。その後、拉致被害者家族会は、野田総理に全面経済制裁を要求している。ただし既に2010年11月24日には、仙谷由人官房長官が北朝鮮への追加的な制裁の余地は少ないため、現行の措置を厳格に適用する方針を示すに至るなど制裁の具体策は尽きていたという。

443)　このほか日本政府は2013年2月12日、北朝鮮の3回目の核実験を受け、北朝鮮に渡った朝鮮総連幹部の再入国禁止措置の対象に副議長5人を追加する措置を行っている。しかし、この措置は外為法、特定船舶入港禁止法には基づかない措置である。『日本経済新聞』「再入国の禁止対象の拡大」2013年2月13日。

444)　外務省ホームページ、「日朝政府間協議（概要）」平成26年5月30日、https://www.mofa.go.jp/mofaj/a_o/na/kp/page4_000494.html；『読売新聞』「北、拉致全面調査を約束　日本、制裁を一部解除へ」2014年5月30日。

（1）北朝鮮はすべての拉致被害者などの調査を包括的かつ全面的に実施する。
（2）北朝鮮は調査のための特別委員会を設置する。
（3）日本は北朝鮮の調査開始時点で人的往来の規制や北朝鮮籍船舶の日本への入港禁止などの独自制裁を解除する。
（4）日本は適切な時期に人道支援を実施することを検討する。
（5）北朝鮮は調査の状況を日本側に随時通報し、生存者が発見された場合には帰国させる方向で必要な措置を講じる。

3　日本独自の経済制裁の一部解除

　ストックホルム合意に対しては、拉致被害者家族は北朝鮮による調査の実施について歓迎の声を上げる一方で、きちんとした結果が出るまで油断できない、北朝鮮に騙されないよう慎重に進めて欲しいなどの意見を寄せた[445]。

　日本政府は 2014 年 7 月 3 日、北朝鮮が拉致被害者等再調査のために設置する特別委員会が、国防委員会から国内すべての機関を調査対象とする特別な権限を付与されていると判断し、対北朝鮮の日本独自の経済制裁を一部解除する方針を決定した。北朝鮮の特別調査委員会[446]は 4 日に設置され、日本政府は同日の閣議で制裁解除を正式決定した[447]。

　このとき日本政府が行った制裁の一部解除については、経済制裁の効果という観点で捉えると、その発動の効果とは別の形で、制裁を緩和するとアナウンスすることによる何らかの政治的な作用が発生すると考えることができる。そこで、以下、ストックホルム合意を受けてなされた制裁の一部解除についての政治的効果について考察する。

　まず、2014 年になされたストックホルム合意と、その 6 年前になされた「2008 年瀋陽合意」の類似性を指摘したい。2008 年瀋陽合意は、合意に至る協議の過程で北朝鮮による拉致問題の調査のやり直しの具体的な態様について議論がなされ、その結果、北朝鮮が調査委員会を立ち上げ、すべての拉致被害者を対象に、生存者を発見し帰国させるための全面的な調査を開始すること、そして日本はそれと同時に経済制裁について人的往来の規制解除及び航空チャーター便の規制解除を実施することが合意された。この合意内容は 6 年後になされたストックホルム合意の内容と大枠はほぼ

445）『日本経済新聞』「拉致再調査 歓迎と警戒」2014 年 5 月 30 日；『読売新聞』「家族、『油断できない』」2014 年 5 月 31 日。

446）特別調査委員会の下に、①拉致被害者、②行方不明者、③日本人遺骨問題、④残留日本人・日本人配偶者を所掌する 4 分科会が設置される。

447）『日本経済新聞』「北朝鮮制裁 一部解除へ」2014 年 7 月 3 日（夕刊）。

同じである。

　しかしこの2008年瀋陽合意は、北朝鮮から日本の政権交代を理由に調査開始の見合わせの話があり、その後、日朝間の協議は停滞する。この調査開始の見合わせは、同年8月に金正日が脳疾患で倒れたことと関係があるのではないかとの指摘があることは、前述したとおりである。

　その後、2011年12月17日、金正日が死去し、同年12月30日、金正恩が朝鮮人民軍最高司令官に推戴され、翌2012年4月13日には金正恩は国防委員会第一委員長に推戴される。朝鮮労働党及び軍部の要職の世代交代や2013年12月には国防委員会副委員長の張成沢(チャンソンテク)が粛清されるなどして、金正恩体制が徐々に形成されていく。仮に2008年瀋陽合意の反故が金正日の疾病、そして死去のためであったとするならば、拉致問題交渉の進み具合は金正恩体制が軌道に乗り始めたことによって、やっと6年前の状態に戻ったのである。

　こう考えると、北朝鮮は、ストックホルム合意に向けての交渉に入るかなり前の時点で、拉致被害者らの全面的調査を交渉材料にすれば、日本政府は制裁の一部解除を行うであろうことは分かっていたと考えることができる。と同時に、日本政府も条件次第で北朝鮮が全面的調査に応じる意向があることは、ストックホルム交渉に入るかなり前の時点で十分に認識していたのであろう。交渉の焦点は、相手からさらにどれくらいの果実を引き出すことができるかにあったと言ってよい。

　制裁の一部解除に関しては、2012年12月の時点で、当時第2次政権発足前の自民党の安倍総裁は、北朝鮮が拉致被害者の再調査に応じただけでは、制裁を緩和できないと明言している[448]。2008年瀋陽合意では北朝鮮が全面的な調査を開始することと同時に制裁を一部緩和するとし、制裁の緩和には調査開始が条件となっているので、この安倍発言は2008年瀋陽合意と整合性がとれている。2014年のストックホルム合意に向けての日朝交渉は、北朝鮮側は拉致問題に関して友好ムードを演出したと言われている[449]。その後、2014年5月になって、日本政府は独自制裁の段階的な解除を検討しているとの報道がなされる。まず北朝鮮が再調査を約束した段階で、北朝鮮から日本への航空チャーター便乗り入れ禁止、あるいは北朝鮮当局者の入国禁止のどちらかを解除し、次の段階として拉致被害者の生存者が確認できた時点でもう一方の制裁を解除し、さらに帰国が実現できた場合は次なる緩和も検討するという方針である。2008年瀋陽合意では北朝鮮の再調査開始（着手）で、チャーター便乗り入れ禁止と入国禁止の2項目を解除する方針であったが、ストックホルムでの交渉では「約束」

---

448)『産経新聞』「再調査のみ→制裁緩和ない 北拉致事件で安倍総裁」2012年12月20日。

449) 同上、「日朝協議『拉致』軟化『核・ミサイル』譲らず」2014年3月31日。

段階で一部解除を行うという段階的緩和という考え方である[450]。

　ストックホルムでの交渉は 2014 年 5 月 26 日から 28 日までの 3 日間の協議では妥結に至らず、継続協議と一度は公表されたが、急遽北朝鮮が全面的な調査を受け入れたことで 5 月 29 日に合意成立が発表された。もともと北朝鮮は再調査には応じる意向があったのであろうから、日本政府は北朝鮮の交渉手法に翻弄された形になったと言える。しかし、このとき日本政府は安倍総理自らが合意を公表することで、政治主導での決着を演出したとされる[451]。

　ストックホルム合意の特徴については、2008 年瀋陽合意では解除項目のメニューは入国禁止とチャーター便乗り入れ禁止の 2 項目であったが、ストックホルム合意ではこれらのうちチャーター便乗り入れ禁止は継続することとしたものの、入国禁止に加え、新たに送金規制や貨客船入港規制が解除項目のメニューに掲げられたことが特徴である。さらに 2008 年瀋陽合意の詳細な内容や交渉経過が明らかでないため比較できないが、ストックホルム合意では人道支援実施の検討も約束されたことが注目される。また、北朝鮮による調査対象が、拉致が疑われる特定失踪者や、かつて北朝鮮に渡った日本人配偶者などにも広げられたこともストックホルム合意の特徴となっている[452]。日本側の約束事項を全体的に見ると、解除を約束した制裁項目が多く、とりわけ北朝鮮に対する人道支援実施の検討を約束したことについては、調査実施と関連づけての必然性に疑問を禁じ得ない。さらに合意文書には、2002 年の日朝平壌宣言に則って不幸な過去を清算し、懸案事項を解決し、国交正常化を実現する意思が日本にあることが明らかにされている。

　ストックホルム合意後、政府・与野党拉致問題対策機関連絡協議会の席上、自身の「在任中の拉致事件解決」を掲げる安倍総理は、「ようやく固く閉ざされた拉致被害者救出の交渉の扉を開くことができた」と、日朝交渉の成果を強調している[453]。7 月 3 日、日本政府は、北朝鮮の「特別調査委員会」が実効性ある調査ができるものと判断し、日本独自の制裁を一部解除する方針を決定し、4 日、北朝鮮による特別調査委員会設置と同日に制裁解除を閣議決定した。

　このような一連の過程を見ると、ストックホルム合意は日本、北朝鮮の双方が合意を所与として進んできた姿勢を読み取ることができる。もともと、双方とも 2008 年瀋陽合意の到達ラインであれば合意できる状況にあったのである。ストックホルム

---

450)『産経新聞』「日朝協議 26 日からスウェーデンで、拉致再調査なら制裁緩和」2014 年 5 月 20 日。
451)『読売新聞』「拉致調査 北の回答焦点」2014 年 5 月 30 日。
452)『日本経済新聞』「拉致調査 10 年ぶり動く、実効性担保がカギ、生存者の早期帰国をめざす」2014 年 5 月 30 日。
453)『産経新聞』「日朝協議再開 首相『重要な一歩』拉致調査、北対応は不透明」2014 年 3 月 21 日；『日本経済新聞』「拉致巡る北朝鮮交渉、首相、与野党結束求める、制裁解除方針など説明」2014 年 6 月 13 日。

合意における日本の緩和項目及び提示項目を見ると、そこには送金規制の解除や人道支援実施の検討、国交正常化実現の意思の明示まで合意項目に入っており、2008年瀋陽合意の詳細は不明ではあるが、このストックホルム合意における日本政府の前のめり感が際立っていると言ってよい。しかも、北朝鮮側の調査の約束段階で制裁を一部解除する案も示されている。そこには「在任中の拉致事件解決」を掲げる安倍総理が第2次政権をスタートさせたものの、拉致問題が解決に向けて一向に進まず停滞している状況に、政治主導で突破しようという焦りとも言える姿勢を見ることができる。

制裁の一部解除に対する拉致被害者家族の反応は様々である。一方では「金正恩が調査委員長でないと意思決定できないと思うが、安倍さんを支持する」、「北朝鮮が足元を見る態度をとった場合、安倍首相が交渉を止めても支持する」、「今回の判断は仕方がない。特定失踪者も含め、全員を取り返してくれると信じて待ちたい」といった政府を、とりわけ安倍総理を支持する声がある[454]。ただ、他方では「細かいことがある程度わかったところで制裁を解除していただきたいと（政府に）何度も言ってきた。本当に大丈夫なのかという思いはある」と不安を述べる声も聞かれた[455]。

この日本独自の経済制裁の一部解除には、どのような政治的効果を認めることができるのであろうか。まず北朝鮮に対しては、第2次安倍内閣として登場した安倍政権は「与し易い」という政治的なメッセージを与えてしまったと考える。北朝鮮は、既に6年前に2008年瀋陽合意の到達ラインまでは再調査を受け入れていたのであって、北朝鮮はストックホルム交渉で最低でもそのラインまではやむを得ないと考え、交渉に臨み譲歩し妥結しようとしていたのであろう。むしろ北朝鮮の方が本音のところでは合意の早期成立を望んでいた可能性があり、その意向は3月頃の北朝鮮の友好ムードからも窺うことができる。北朝鮮はなんとか日本政府を交渉に引き出し、早期に合意したかったのである。ところが、日本政府が北朝鮮の実情を理解せず、むしろ安倍総理の「在任中の拉致事件解決」という命題を設定したことで、合意の早期成立に向けて自らを追い詰め、交渉における立場を弱くしてしまい、結果として必要以上に譲歩してしまったというのが、ストックホルム合意に至るプロセスであったと総括することができる。この合意のシグナルとしての、北朝鮮に対する政治的効果は、追い詰めると容易に譲歩してくるという、安倍政権は「与し易い」という印象を与えたことであった。

一方、日本国内における政治的効果としては、拉致被害者家族に対して、安倍総理が自身の「在任中の拉致事件解決」を掲げたことで、北朝鮮による再調査開始に前

---

454)『読売新聞』「失踪者家族ら政府支持」2014年7月4日；『読売新聞』「拉致 妥協しないで」2014年7月4日。

455) 同上、「拉致 妥協しないで」2014年7月4日。

のめりになり、焦りの気持ちから北朝鮮に対して大幅に譲歩してしまった印象を与えたのではないだろうか。合意文書では、制裁の一部解除は北朝鮮が「特別委員会を立ち上げ、調査を開始する時点で」行うと規定されているにもかかわらず、日本政府は実際の調査開始の時点ではなく、特別委員会の立ち上げ時点で制裁の一部解除を決定しているのである。拉致被害者の家族は北朝鮮の行動パターンについて、それまでの拉致被害者救出活動などを通じて知悉しており、制裁の一部解除の危うさに多くは気付いていた。制裁の一部解除についてはリスクがあり、拉致被害者の家族はそのことを知っていたのである。ただし、政治的な意味で重要なことであるが、拉致被害者家族の一部から「安倍さんを支持する」「信じて待ちたい」という声が聞かれたことから分かるとおり、内容は別として、安倍総理のとった努力の姿勢はそうした拉致被害者家族から一定の評価は得ており、制裁の一部解除に明確に反対する動きはこの時点では表れていない。

　このように考えると、制裁の一部解除はこれを行うことで、自身の在任中に、少なくとも北朝鮮に再調査をさせるとともに、拉致問題について日朝交渉を再開できたことを、拉致被害者家族に向けてというより、むしろ広く国民にアピールするという政治的効果を狙ったものと見ることができる。政治主導で成立させたストックホルム合意を安倍総理自らが国民に向けて発信したことから分かるように、拉致被害者家族から多少の反対があっても総理主導で北朝鮮に再調査をさせ、交渉の再開を実現しようとしたのである。つまり、制裁の一部解除の国内における政治的効果については、制裁の一部解除を論点から極力外し、総理の英断によって得られる果実である、いわゆる全面的な再調査の実施と日朝交渉の再開の方にアピール・ポイントを移して、広く国民一般に対して提示することができた点に求めるべきなのである。特に、このときのアピール・ポイントには特定失踪者も含めての再調査もあり、当時、特定失踪者の家族から政府支持の声が聞かれたことから分かるように、その家族に対するアピール度も大きかったと考えることができる。

　国民一般の反応は、北朝鮮が再調査することに応じて日本政府が制裁の一部解除をしたことについて、日本経済新聞社の2014年7月の世論調査によれば、

　　　「評価する」　　　45％
　　　「評価しない」　　39％

となっている[456]。また、読売新聞社の同年8月の世論調査によれば、

---

456)『日本経済新聞』2014年7月28日。

「評価する」　　　47％
「評価しない」　　42％

となっている[457]。国民の全体的な状況で言えば、北朝鮮に対する制裁の一部解除を何らかの理由で是認しない層が一定の塊で存在する一方で、この時点では、安倍内閣の対北朝鮮制裁の一部解除については政権の狙いどおり、国民からどちらかというと評価されたと見てよいであろう。

4　制裁の一部解除後の動き

　ストックホルム合意で約束された北朝鮮による調査は進展せず、日本政府は翌2015年3月31日の閣議で4月13日に期限を迎える独自の経済制裁の2年延長を決定する[458]。これに対し北朝鮮は、経済制裁延長の判断に加え、在日本朝鮮人総連合会（朝鮮総連）議長宅への家宅捜査を理由に、政府間対話はできないと通告する[459]。
　5月には、自民党の拉致問題対策本部はこのまま進展がなかった場合の制裁強化を検討するプロジェクトチームを新設し、6月中に報告書をまとめ、政府に申し入れることとした[460]。民主党の拉致問題対策本部も5月29日、日本政府が一部解除した北朝鮮への独自経済制裁の復活などを求める談話を発表した[461]。
　この間、水面下で北朝鮮との非公式接触は続いており、北朝鮮は拉致被害者調査にまだ時間が欲しいと調査継続の意向を示していることから、日本政府としては対話のチャンネルを維持したいという理由で、自民党が求めている制裁強化は当面先送りし、北朝鮮に迅速な報告を求めることとしたようである[462]。これに対し、拉致被害者家族会は7月4日、記者会見を行い、強力な制裁を北朝鮮に課すべきではないかと訴えている[463]。
　2016年1月6日、北朝鮮は「特別重大報道」を行い、「最初の水爆実験を実施し

---

457)『読売新聞』2014年8月4日。
458)『日本経済新聞』「制裁2年延長／送金緩和は継続 対北朝鮮 圧力と配慮」2015年4月1日。
459) 同上、「日朝協議、仕切り直し」2015年4月15日。
460) 同上、「拉致再調 進展せず」2015年5月28日。その後、6月25日に自民党の拉致対策本部は、進展がない場合に、解除した措置の再開とともに、①北朝鮮を渡航先とした日本への再入国禁止の対象を核・ミサイル技術者などに拡大、②人道目的の10万円以下の送金以外認めないなどの一層の制裁強化を求めた。
461) 同上、「民主、対北朝鮮で独自制裁復活求め談話」2015年5月30日。
462) 同上、「拉致調査から1年 北朝鮮制裁強化見送り」2015年7月4日。
463) 同上、「拉致被害者家族が会見『北朝鮮に強い姿勢を』」2015年7月5日。

た」と発表した[464]。日本政府はこの北朝鮮による「水爆」実験を受け、6日、対北朝鮮経済制裁強化の方針を固めた。内容としては、2014年7月に解除した北朝鮮籍者の入国禁止の制裁などの復活、そして人的往来や北朝鮮への送金に対する規制強化の案が出た。政府は国家安全保障会議を開き、日本独自の制裁強化に加え、安保理の非常任理事国として北朝鮮に対する非難決議や制裁決議の取りまとめを急ぐ方針を決定した[465]。

こうした政府の動きに対して拉致被害者家族からは、核実験の影響で拉致問題の解決が遅れるようなことがあってはならないと問題の置き去りを懸念する声が示される一方、他方では強い態度で臨むべきとの声も示された[466]。

さらに、北朝鮮は2016年2月7日に「人工衛星」と主張する事実上の長距離弾道ミサイルを、北西部の東倉里(トンチャリ)から発射した。発射されたミサイルの機体は、順次分離し、黄海、東シナ海、そして沖縄上空を通過して太平洋に落下した[467]。

日本政府は北朝鮮による1月の核実験を受け、一旦緩和した制裁の復活とさらなる強化を検討中であったが、安倍総理は2月7日の北朝鮮による事実上の弾道ミサイルの発射を受け、北朝鮮への独自制裁措置について前倒しの実施を決意し、「速やかな決定」に向け準備を急ぐよう関係閣僚に指示した。

この日本独自の経済制裁の発動時期については、1月の時点では安保理の制裁決議を見た上で実施する方針であったが、安保理決議が中国との調整に時間がかかっているため、2月7日のミサイル発射を契機に、それに先行して独自制裁を発動する方向に傾いたことによるものである[468]。後述する事例3(第9章)では、日本独自の経済制裁を安保理決議の直後に、しかも米韓との連携の下に発動しているのであるが、この2016年1月の時点でもそのような枠組みが当初は想定されていた可能性がある。前年2015年4月の「日米防衛協力のための指針」の見直し、同年9月の集団的自衛権を限定的に容認する平和安全法制の成立、一方で、同年4月の安倍総理による米国連邦上下両院合同会議における演説や、それらに引き続く2016年5月の日米両首脳による広島訪問、そして同年12月の真珠湾訪問の一連の文脈を見ると、日米関係は極めて強固になっており、その下での日米連携しての制裁発動は十分考えることができたのである。こうした日米関係を基軸とした日米韓の連携体制を十分念頭に置

---

464)『読売新聞』「北朝鮮が核実験『初の水爆実施』」2016年1月6日。

465) 同上。

466) 問題置き去りの懸念については、同上、「拉致家族『またか』」2016年1月7日。強い態度で臨むべきとの声については、同上、「拉致解決へ制裁強化を」2016年1月8日。

467)『日本経済新聞』「北朝鮮、ミサイル発射、核実験に続き強行、米本土まで射程か」2016年2月8日。

468) 同上、「北朝鮮、ミサイル発射-首相『制裁速やかに』、独自措置、入国禁止など復活へ」2016年2月8日。

き、その枠組みに配慮しつつも、日本政府は安倍総理のリーダーシップで、国連安保理決議を待つことなく独自制裁の早期発動に舵を切った。

　ここで、この制裁再開についての早期の判断について見ると、その要因は、北朝鮮の拉致問題調査の不実施というよりも、核実験に引き続き、それに近接した時期でのミサイル発射によるものと考えることができる。1月の核実験に続き、短い時間的間隔でミサイル発射がなされた事態に対して、政権としては危機管理、そして安全保障に万全を尽くす姿勢を国民に対して示す必要に迫られたと考えるべきである。また、2014年7月の制裁の一部解除後、北朝鮮の調査が一向に進展しないにもかかわらず、この時点まで制裁復活が遅れたのは、先述したとおり、北朝鮮との非公式接触が水面下で続いており、日本政府としては対話のチャンネルを維持したいという理由からであって、制裁復活によってこれが失われることを懸念したからであろう。この時期、日朝関係は膠着状態にあったが、これを破り、日本政府を制裁復活に踏み切らせたのが、北朝鮮による1月の核実験、そしてそれに引き続く2月のミサイル発射であったと理解することができる。

　加えて、当時、安倍政権の看板政策である「アベノミクス」に対する国民の支持が低調な傾向を示していたことも指摘しなければならない。安倍政権に対する支持率は、後述するように、2016年2月の読売新聞社の世論調査で前回調査（1月調査）から4ポイント低下し52％となっている。同社はその理由として、円高・株安の影響でアベノミクスへの懸念が広がったことや、閣僚などの失態が相次いだことを指摘している。政党支持率の方は、自民党支持は前回の数字より2ポイント上昇したのに対し、内閣支持率が低下しているので、安倍内閣自体に対する不支持が広がったのである。この安倍内閣の経済政策であるアベノミクスに対する評価を見ると、「評価しない」は50％で「評価する」の31％を大きく上回っている。「評価しない」が5割に届くのはこのときが初めてであり、「評価する」の数字は最低であった。特に内閣不支持層では「評価する」は8％にとどまり「評価しない」は85％にも達している。つまり、安倍の看板政策であるアベノミクスに対する支持が急落し、その点に、国民に対して積極的な対策をとる国内政治上の必要性が意識された可能性を認めることができるのである。

　さらにこのとき特筆すべきことは、2月9日、安倍総理は米国のオバマ大統領と、また韓国の朴槿恵(パククネ)大統領とそれぞれ電話会談を行い、国連安保理での北朝鮮に対する制裁決議採択に向け緊密に連携することで一致するとともに、日本独自の制裁措置の強化について検討している旨伝達しているのである[469]。事例3で見るような日本、米国そして韓国という、北東アジアに特化した国際連携を意識した政治的動きを既にこ

---

469)『読売新聞』「制裁決議で日米韓連携」2016年2月9日。

のときとっているのであり、また同時に日本独自の経済制裁が先行することについても、総理自らオバマ・朴両大統領に事前伝達している。そして実際、米・韓両国は日本の独自制裁に連動した動きを見せている。

　そもそも、従来の制裁の復活は別として、2月10日発表の日本独自の経済制裁のように、それまでの制裁内容を強化するのであれば、それについて「我が国の平和及び安全の維持のため特に必要がある」という、外為法第10条等の経済制裁の発動要件を充たす必要があり、それには北朝鮮による拉致問題調査が進展していないという事実のみでは必ずしも十分でなかった。その意味で、北朝鮮の不誠実な対応に対し制裁復活を求め、さらに制裁強化まで要求する拉致被害者家族会や、自民党の要求に応えなければならないという政治的課題を抱える政府にとって、北朝鮮の核実験やミサイル発射は、むしろ制裁を復活し強化するための要件を充足させる好機となったのである。

　さらに、これを契機に復活し、そして強化された日本独自の経済制裁については、ストックホルム合意で調査を約束したにもかかわらず、不誠実な対応をとる北朝鮮に対する憤りの高まりといった日本のナショナリズムの存在も依然背景にある。

　政権内部での制裁発動決定後、自民党、政府、国会の動き、そして拉致被害者家族会への働きかけが急展開する。

　自民党は2月7日、党本部で北朝鮮核実験・ミサイル問題対策本部の幹部会合を開き、緊急非難声明を発出し、前年の2015年6月にまとめた送金の原則禁止などの制裁案の速やかな実施を政府に対して求めた。民主党は談話を発表し、「我が国の平和と安全を脅かす暴挙で、断じて容認できない」と批判した[470]。

　衆議院及び参議院は2月9日の本会議で、北朝鮮の弾道ミサイル発射について断じて容認できず、北朝鮮に厳重に抗議し、強く非難するとの決議をそれぞれ全会一致で採択した。これに対して、安倍総理は衆議院及び参議院のそれぞれ本会議場で、決議の趣旨を体し、北朝鮮に対して安保理決議を完全に履行し、拉致、核、ミサイルといった諸懸案を包括的に解決するよう強く求めるとともに、国際社会に対しても安保理決議に基づく経済制裁を完全に履行するよう強く求め、引き続き全力を挙げて我が国の平和と国民の安全の確保に万全を期していくと応じた[471]。

---

470)『日本経済新聞』「北朝鮮、ミサイル発射―『大きな代償を』自民が緊急声明、野党も批判」2016年2月8日。
471)第190回国会衆議院本会議第10号（平成28年2月9日）会議録；第190回国会参議院本会議第9号（平成28年2月9日）会議録；『日本経済新聞』「北朝鮮抗議決議、衆参両院が採択、首相『毅然たる措置』」2016年2月10日。

日本政府はその後2月10日、対北朝鮮の日本独自の経済制裁を決定し発表する[472]。このとき、独自制裁に踏み切れば、北朝鮮を刺激し北朝鮮が日本人拉致被害者再調査の約束を破棄する可能性があることから、安倍総理は加藤勝信拉致問題担当大臣（当時）に拉致被害者家族と面会させ、政府方針への同意を事前に取り付けさせている。また、先述のとおり、衆参両院は9日に決議を採択したが、首相はこれを待って制裁を決定する形をとった[473]。こうして日本独自の対北朝鮮経済制裁は2016年2月10日に発表された。ただし、発動に向けての実際の閣議決定はそれよりもかなり遅れ、2月19日であった[474]。

　このとき、安倍総理主導で日米韓の独自制裁の連携が志向され、それらの制裁の打ち出し方についてどの程度明確に意思統一出来ていたかどうか定かではないが、2月10日に日本は、先述のとおり、独自制裁を発表し、韓国も独自制裁として開城工業団地の稼働中断を決定した。これに遅れて18日に、オバマ大統領は対北朝鮮独自制裁法（North Korea Sanctions and Policy Enhancement Act of 2016）案に署名し、これを成立させたが、日本政府は19日に臨時閣議を開き、独自制裁の実施段階の決定を行っている[475]。日本政府は、一方で独自制裁の発表のタイミングで韓国の制裁決定に合わせ、もう一方で実施の閣議決定のタイミングで米国の法案成立に合わせた形をとるという配慮をしているが、日米韓連携の打ち出しとしては急ごしらえで不完全感があり、インパクトに欠ける。

　国連の安保理決議については、中国は1月15日には安保理決議に参加する旨その意向を示した[476]。しかしながら、中国が、北朝鮮の体制混乱によって難民が国境地帯に押し寄せることを懸念し、北朝鮮の市民生活に影響が出るような制裁に反対の立場を示したため、その後、調整が難航し、交渉は2か月近くに及んだ[477]。

　決議案は石炭や鉄、鉄鉱石の輸入を禁止対象とするが、北朝鮮市民の生活に関わる目的の輸入は除く内容となった。これで安保理決議がまとまるかに見えたが、調整

---

472) 官邸ホームページ、内閣官房長官記者会見、「わが国独自の対北朝鮮措置について」、平成28年2月10日、https://warp.ndl.go.jp/info/ndljp/pid/11062479/www.kantei.go.jp/jp/tyoukanpress/201602/10_a2.html。

473) 『読売新聞』「強硬策 日韓が協調」」2016年2月11日。

474) 官邸ホームページ、平成28年2月19日臨時閣議案件、https://warp.ndl.go.jp/info/ndljp/pid/10992693/www.kantei.go.jp/jp/kakugi/2016/kakugi-2016021902.html。

475) 『日本経済新聞』「対北朝鮮、資金を遮断、米の独自制裁法成立、包囲網着々、日本は閣議決定」2016年2月20日。

476) 『読売新聞』「対北制裁決議案 中国『参加する』」2016年1月16日。

477) 『日本経済新聞』「中国、北朝鮮の石炭、輸入停止、核開発を抑制、制裁に『抜け道』指摘も」2016年3月2日。

の最終段階でロシアが自国産石炭の積出港からの輸入を禁止対象の例外とすべきことを主張したため、この部分を修正し、ようやく対北朝鮮経済制裁を定める安保理決議第2270号[478]は3月2日に全会一致で採択された。

3月31日、安倍総理はニューヨークで米国のオバマ大統領、韓国の朴大統領と日米韓首脳会談を行っている[479]。そこでは、北朝鮮の核実験やミサイル発射など相次ぐ北朝鮮の挑発行為に対し日米韓の3か国が結束して対応する方針を確認している。また、安倍総理は北朝鮮による拉致問題にも触れ、早期解決に向けた協力を求めている[480]。

第2節　国内における政治的効果の考察

事例2の日本独自の経済制裁について、国内における政治的効果を把握するため、以下、政権と衆議院、参議院の関係、政権と拉致被害者家族会の関係、そして政権と国民一般の関係に着目して順次分析していく。

1　政権と衆議院、参議院の関係

2016年2月10日に発表された日本独自の対北朝鮮経済制裁の内容は、先述のとおり、(1) 人的往来の規制措置、(2) 北朝鮮を仕向地とする支払手段等の携帯輸出届出の下限金額引下げ等、(3) すべての北朝鮮籍船舶及び北朝鮮に寄港した第三国籍船舶の入港禁止、(4) 資産凍結対象の団体・個人の拡大であるが、これらは、2014年7月に一部解除した制裁を復活させた上で、人の往来規制を強化し、送金を原則禁止するという自民党拉致対策本部の提言内容[481]に、方向性として合致した内容となっている。

そこでここでは、政権と衆参両院との関係に入る前に、自民党の動きを確認しておく。

---

478) 外務省ホームページ、「安保理決議に基づく対北朝鮮制裁」、「国際連合安全保障理事会決議第2270号　和訳（外務省告示第67号（平成28年3月11日発行））」、https://www.mofa.go.jp/mofaj/files/100324697.pdf。

479)『読売新聞』「日米韓『対北』結束確認へ」2016年4月1日。

480)『日本経済新聞』「首相、『世界経済、G7がけん引』」2016年4月1日；『日本経済新聞』「日米韓首脳会談の要旨」2016年4月2日。

481)『読売新聞』「自民、対北制裁強化を提言」2015年6月26日。そこでは、再入国禁止を核・ミサイルの技術者にも拡大するとともに、北朝鮮への送金禁止も人道目的の10万円以下を除いて禁止するなどを提言していた。そのほか、朝鮮学校に補助金を出している地方自治体への停止指導や朝鮮総連への厳格な法執行などを提言していた。

まず2016年1月6日、自民党は北朝鮮の核実験に対する緊急声明を発出し、

（1）政府に対し米国、韓国、中国、ロシアを始めとする関係国との関係強化などの外交努力をすること
（2）安保理で新たな制裁決議がなされる場合は必ず理由に拉致を含む人権侵害を明記させること
（3）独自制裁には自民党拉致問題対策本部が2015年6月に提言した制裁強化策を実施すること

を求めた[482]。

さらに自民党は2月7日の北朝鮮による弾道ミサイル発射を受けて緊急声明を発出し、政府に対し、

（1）安保理非常任理事国として本件を安保理で取り上げること
（2）そこで新たな制裁決議をする場合は必ず理由に拉致問題を含む人権を明記させること
（3）日本独自の経済制裁を発動すべきであり、内容は自民党拉致問題対策本部が2015年6月に提言した13項目の制裁強化策を実施すべきであること
（4）国民保護措置の強化を推進し、ミサイル防衛に万全を尽くすべきこと

を要請した[483]。

なお、民主党も1月12日には党拉致問題対策本部会合を開催し、そこで高木義明本部長（当時）は、北朝鮮がストックホルム合意後1年半以上経っても拉致問題を解決していないことに怒りを持っている、総理や官房長官には期限を決めてやるべきと強く言っている、制裁は「行動対行動」の原則でやるべきである、と発言している[484]。

衆議院及び参議院では与党が多数を占めていたが、このような自民党側の動きを背景に、2月9日の本会議で北朝鮮に対する非難決議を全会一致で採択した[485]。これ

---

482) 救う会全国協議会ホームページ、『救う会全国協議会ニュース』、「北朝鮮の核実験に対する緊急声明―自民党」（2016.1.8）。

483) 救う会全国協議会ホームページ、『救う会全国協議会ニュース』、「拉致を理由に制裁を―自民党声明、衆参両院全会一致で」、（2016.2.9）。

484) 救う会全国協議会ホームページ、『救う会全国協議会ニュース』、「期限を切って制裁を強めるべき―民主党拉致対が会合」、（2016.1.12）。

485) 第190回国会衆議院本会議第10号（平成28年2月9日）会議録；第190回国会参議院本会議第9号（平成28年2月9日）会議録。

に対して、安倍総理が衆参両院の本会議場で、決議の趣旨を体し北朝鮮に対し安保理決議を完全に履行し、拉致、核、ミサイルといった諸懸案を包括的に解決するよう強く求め、引き続き全力を挙げて我が国の平和と国民の安全の確保に万全を期していくと応じているのは、前述したとおりである[486]。またこのとき日本独自の措置をとり、毅然かつ断固として対応するとも述べている。日本政府は衆参両院の北朝鮮非難決議を待って「ただいまの御決議の趣旨を体」する形で独自制裁の発動を発表したのである。

　こうして見ると、このときの日本独自の経済制裁の発動については、内閣対国会という、ときに厳しい対立関係に陥ることのあり得る議院内閣制下の基本的な関係を、内閣と国会が共に北朝鮮に向かうという協調的関係として作り上げた点に、そしてこの協調的関係を衆参両院の「御決議の趣旨を体」するという総理側の配慮の姿勢によって作り上げた点に、その政治的な意味合いを認めることができる。またこのときの政府と自民党の関係は、独自の経済制裁発動を巡って方向性が合致していなかった、以前の小泉内閣の時とは異なり、北朝鮮に対する経済制裁発動及びその内容でほぼ完全に一致していたと言える。すなわち、このときの政治状況は、政府の配慮によって、日本独自の経済制裁を用いることで、政府、自民党、そして衆参両院で与党が多数を占める国会の3者の間で、共に北朝鮮に対峙するという協調関係が形成されていたと見ることができるのである。

　では、衆参両院の拉致問題特別委員会の審議の方はどうであろうか。2016年2月10日の日本独自の対北朝鮮経済制裁との関係で言うと、発動が発表された時期は第190回の常会の会期中（2016年1月4日に開会し同年6月1日に閉会）に重なり、そこでの拉致問題特別委員会の審議内容に着目しなければならない。

　まず衆議院拉致問題特別委員会の審議は、1月4日、3月30日、5月12日及び6月1日の4日間で、会議時間の合計は3時間20分である。1日目は委員長と理事の選任、2日目は補欠選任と拉致問題担当大臣や外務大臣等の報告ないし所信表明を聞き置き、終わっている。3日目は午後1時45分に開会し、拉致問題担当大臣の米国出張の報告及び質疑がなされた。質疑は、民進党（当時）の松原仁委員ほか7名の委員からなされ、その内容は北朝鮮に対する日本の独自制裁との関係で、訪朝後の再入国が原則禁止された在日朝鮮人科学技術協会の件や、行き詰まった対北朝鮮戦略を見直すべき、あるいは期限を区切るべきとの指摘など広範囲に及んでおり、午後4時45分に閉会した。この日は3時間の審議で終了している[487]。4日目は閉会中の審査について事前承認を求めるもので、2分で終わっている。

486）第190回国会衆議院本会議第10号（平成28年2月9日）会議録；第190回国会参議院本会議第9号（平成28年2月9日）会議録；『日本経済新聞』「北朝鮮抗議決議、衆参両院が採択、首相『毅然たる措置』」2016年2月10日。

487）第190回国会衆議院拉致問題特別委員会第3号（平成28年5月18日）会議録。

次に参議院の方はどうであろうか。第190回の常会における参議院の拉致問題特別委員会は、2016年1月4日、4月25日、5月20日及び6月1日の4日間行われ、会議時間の総計は2時間18分である。1日目は委員長互選と理事選任、2日目は外務大臣及び拉致問題担当大臣の報告を受け「本日はこの程度とし」散会となっている。3日目は午後1時に開会し、拉致問題担当大臣の米国出張の報告及び質疑がなされた。質疑は、北朝鮮による拉致問題とは直接関係のない、沖縄県における米軍属による死体遺棄事件についての質疑が、自民党の塚田一郎委員、民進党（当時）の白眞勲委員及び日本共産党の井上哲士委員からなされている。拉致問題に関する質疑は、これらの3名も含め6名の委員からなされた。内容は安倍内閣の最重要課題である拉致問題に対する本気度を問うもの、交渉の経過を問うもの、ストックホルム合意をどう考えるかなどに及び、午後3時2分に閉会、2時間2分で終了している[488]。なお、日本独自の経済制裁に関する質疑は見当たらない。4日目は閉会中の継続調査要求の決定に係るもので、1分で閉会となっている。

　この参議院拉致問題特別委員会における審議は、衆議院の場合と同じく3日目になされているが、衆議院の拉致問題特別委員会の審議時間が3時間であったのに対し、参議院の方は2時間2分であり、しかもその審議時間には沖縄県における米軍属の起こした事件に関する質疑時間も含まれている。

　参議院拉致問題特別委員会の設置目的は、「北朝鮮による拉致等に関する諸問題を調査し、その対策樹立に資するため」となっている[489]。この点に関し、沖縄県における米軍属の起こした事件については「北朝鮮による拉致等」の「等」で読んでいるのであろうが、通常の解釈では「等」とはこの場合、「北朝鮮による拉致」に類するもの、あるいは準ずるものを意味するであろう。したがって、米軍属による事件まで「等」に含めて解釈することは、委員会運営として妥当であるのかどうか疑問が残る。このように、「北朝鮮による拉致等」に必ずしも当てはまらない事項について委員会で取り上げ運営をすることは、そもそも衆議院と比較して審議時間の短さもある中で、北朝鮮による拉致問題に関する審議を十分に行わしめない結果ともなり、このときの参議院拉致問題特別委員会の拉致問題解決に向けた本気度が疑われかねない。

　衆参両院の拉致問題特別委員会の運営については、両者とも諸事情により多少の長短が生じることはあるが、概ね1日目が委員長及び理事の互選、2日目は政府からの報告、3日目の午前ないし午後に質疑、そして4日目に議会閉会中に必要が生じた場合における審査実施の承認という流れが基本形になっている。そこでの審議内容を

488）第190回国会衆議院拉致問題特別委員会第3号（平成28年5月18日）会議録。

489）参議院ホームページ、「今国会情報」、「委員会・調査会等所管事項」、https://www.sangiin.go.jp/japanese/kon_kokkaijyoho/iinkai/tiinkai.html。

2016年2月10日の日本独自の対北朝鮮経済制裁との関係に着目して第190回常会における衆参の各拉致問題特別委員会について確認すると、日本独自の経済制裁を前提とした上での議論がなされていたり、あるいはほとんど触れられていなかったりしており、政府が委員からその当否などに関し厳しく追及され、また厳しく批判されるというやり取りは見当たらない。
　次に国会による事後承認の審議について見る。
　外為法に基づく国会の事後承認については、先述のとおり、衆議院及び参議院ではそれぞれの経済産業委員会に付託され、特定船舶入港禁止法に基づく国会の事後承認については衆議院及び参議院のそれぞれの国土交通委員会に付託されたが、実際には本章の事例2と第9章の事例3に係る措置は、2017年の第193回国会の衆参両院の各委員会に一括して審議に付された。
　まず外為法に基づく事後承認については、衆議院経済産業委員会で、2017年5月31日に審議されたが、質疑及び討論する委員がおらず、すぐに採決に付され、起立総員で承認された[490]。参議院経済産業委員会では2017年6月8日に審議され、民進党・新緑風会の磯﨑哲史委員ほか1名が、日本のこれまでの輸出入禁止措置の効果や国連制裁の効果などについて質疑し、その後、全会一致で承認された[491]。
　次に特定船舶入港禁止法に基づく事後承認については、衆議院国土交通委員会で2017年5月26日に審議されたが、質疑及び討論する委員がおらず、すぐに採決に付され起立総員で承認された[492]。また、参議院国土交通委員会では2017年6月13日に審議され、同じく質疑及び討論する委員がおらず、すぐに採決に付され全会一致で承認された[493]。
　国会による事後承認制度は、政府のとった経済制裁に対する国会の監視機能を発揮させるとともに、これを承認することで政府及び国会が一体となって制裁を課す姿勢を被制裁国に示すという政治的な意義を有するものであるが、そこでの審議は充実しているとは言い難い。
　以上を踏まえて、日本独自の経済制裁について、政権と衆議院、参議院の関係を見ると、拉致問題が何ら進展せず、政府の取組みを疑問視する声も見受けられるようになってはいるが、両者は決して対立関係にある訳ではなく、むしろ反対に、政府のきめ細かな政治的な配慮によって政府、与党、そして国会が対北朝鮮に関して協調して同一方向を指向している姿を見て取ることができる。

490）第193回国会衆議院経済産業委員会第17号（平成29年5月31日）会議録。
491）第193回国会参議院経済産業委員会第17号（平成29年6月8日）会議録。
492）第193回国会衆議院国土交通委員会第20号（平成29年5月26日）会議録。
493）第193回国会参議院国土交通委員会第22号（平成29年6月13日）会議録。

2　政権と拉致被害者家族会の関係

　日本政府は 2016 年 1 月 6 日の北朝鮮の核実験を受け、対応に難しい選択を迫られる。日本は 1 月に国連安保理の非常任理事国になったことで、北朝鮮の核実験に対して安保理の議論をリードしなければならない立場に立った。ただし、北朝鮮に対して強い立場を示した場合、拉致問題の再調査が取りやめになり、拉致問題の解決が頓挫することが懸念された。こうした状況に対し日本政府の選択は、1 月 6 日の時点で既に、安保理に制裁決議発動を働きかけ、それを待って国際連携の下、北朝鮮に独自制裁を発動するというものであった。そこには先述した宮川眞喜雄の、安保理決議により日本の経済制裁に正統性を付与させるという主張のような考え方があり、これによって北朝鮮の批判を緩和し、極力、拉致問題解決のためのチャンネルを保持したいというような発想があったのではないかと思われる[494]。

　ところが北朝鮮が同年 2 月 7 日、「人工衛星」と称する事実上の長距離弾道ミサイルを発射するに及び、日本政府は急遽北朝鮮への独自制裁措置を前倒し実施する。すなわち、このとき中国との調整が難航していた安保理決議に先行して、日本独自の経済制裁を発動する方向に舵を切ったのである。安保理決議に向けての中国との調整が遅々として進まない中で、スピード感をもって速やかに日本の対応を国民に明確に示さなければならない点に、日本独自の経済制裁が機能する余地があったのである。それはさらに、このときは拉致問題の解決よりも、北朝鮮の核開発やミサイル発射に対する対応として経済制裁を強化する姿勢を広く国民一般に訴える方向に舵を切ったことを意味する。本事例 2 における政府の判断の特異な点はこのように、安全保障上の対応を日本の最重要課題である拉致問題に優先させた点である。

　このとき、拉致問題の解決が遅れ、置き去りにされるとの懸念の声を上げる拉致被害者家族への対応として、先述のとおり、安倍総理は加藤拉致問題担当大臣に拉致被害者家族と面会させ、政府方針への同意を事前に取り付けさせている。その上で 2 月 10 日、日本政府は対北朝鮮の独自経済制裁を決定し、発表した。首相の指示で担当大臣が直接面会するという、拉致被害者家族会に対する手厚い配慮である。このことは逆に、日本政府がこの経済制裁で拉致問題解決よりも、核開発に対する経済制裁強化に舵を切ったことの証左でもある。

　2016 年 1 月 6 日、拉致被害者家族会は「北朝鮮に拉致された日本人を救出するための全国協議会」（以下「救う会」という）との連名で、拉致問題と核問題をともに解決するため、両者を理由に追加制裁すべきことを政府に求める緊急声明を出している。拉致問題解決を目的に結成された団体が核問題の解決まで追求することの当否は置い

494）宮川「北朝鮮に対する経済制裁」21-22 頁

ておくとして、このときの緊急声明は、安保理決議に核やミサイルの問題だけでなく、拉致問題も制裁理由に併記するようにとの要請であった[495]。翌1月7日には、拉致被害者家族会は救う会とともに、記者会見を行った。そこで拉致被害者家族会の飯塚繁雄代表（当時）は概ね次のように発言している[496]。

- 私達は北朝鮮に対して、報告はいらない、拉致被害者を返してと訴えている。
- 政府には、拉致を理由に制裁をしてほしいと言っている。
- 政府は日朝協議の開始をもって「行動」と捉えて一部制裁を解除したが、協議それ自体は「行動」ではないので、制裁の解除に対しては遺憾である。
- 核問題により拉致問題が置き去りにならないようにしてもらいたい。拉致問題を前に進め、最優先で進めてもらいたい。
- 北朝鮮の核実験の暴挙があっても、拉致問題の解決を遅らせてはならない。
- 政府は「拉致・核・ミサイル」の包括的解決と言うが、国際社会は拉致問題をそれほど重く受け止めていないので、日本が独自に強く動いてほしい。

　拉致被害者家族会による1月6日の緊急声明の文面は、先述のとおり、拉致問題と核問題をともに解決するため、両者を理由に追加制裁すべきと政府に求める文面であったが、なぜそのような文面にしたのか不明であるが、1月7日の記者会見の内容を見る限り、拉致被害者家族会の、少なくとも当時の飯塚代表の想いは、制裁の一部解除には遺憾であったのであり、当然のことながら日本政府に求める要求内容の重点は、緊急声明の文面とは異なり、核問題の解決ではなく、拉致された被害者の救出であった。

　拉致被害者家族会は救う会とともに2016年1月28日、「『再調査』から1年半―全被害者を返せ！　緊急集会」を開催した。集会における決議文では、再調査開始から1年半を過ぎても拉致被害者の帰国を実現できていない現状に強く抗議し、政府に対し、北朝鮮に対してその旨明記して強力な制裁をかけること、また、安保理決議の制裁理由に、拉致を含む人権侵害を明記させることを求めている[497]。また、拉致被害者家族会の飯塚繁雄代表は「度重なる蛮行を見ると、（国際社会の）制裁が効いているという気がしない」と強調している[498]。拉致被害者家族会は、北朝鮮による再調査

---

[495] 救う会全国協議会ホームページ、『救う会全国協議会ニュース』、「拉致問題と核問題をともに解決することを政府に求める」(2016.1.6)。

[496] 同上、「北朝鮮特別調査委員会立ち上げ1年半と核実験—家族会・救う会会見」(2016.1.7)。

[497] 同上、「拉致も理由に北朝鮮に強力な制裁を—緊急集会決議文」(2016.1.29)。

[498] 『日本経済新聞社』「沖縄、上空通過『許せぬ』、北朝鮮ミサイル—拉致被害者家族『制裁効いてない』」2016年2月8日。

開始から1年半も経過し、未だ1人も被害者を取り戻すことのできない日本政府に対し強い苛立ちを示していた。

　拉致被害者家族会は2月10日に、拉致を理由に明記した追加制裁決定を歓迎する旨の声明を発出する。そこでは拉致被害者家族会の要求が全面的に受容されたとし、自分達が求めてきたことが大幅に反映されたとの評価を下している。

　しかし、北朝鮮が拉致被害者の調査を一向に進めていないにもかかわらず、ここまで制裁再開の決断をせずに引っ張ってきた日本政府が、なぜこのタイミングで制裁発動を決断したのかを考えると、政府としてはこの時期には拉致問題解決よりも、核開発に対する抑止の方に軸足を置いていたことを窺わせるのである。

　また、そもそも拉致被害者家族会が主張するように、北朝鮮が約束した調査を進めないことに対し、一旦解除した制裁を復活させ、さらに強力な制裁を課するには、「我が国の平和及び安全の維持のため特に必要がある」という、経済制裁の発動要件を充たす必要がある。この点は、拉致問題のみを理由に日本独自の経済制裁を発動することができると考え、政府に制裁強化を求める拉致被害者家族会と、政府の実際の制度運用との間には認識の上で乖離があると言える。

　政府のそれまでの日本独自の経済制裁の発動を見ると、基本的には北朝鮮の核実験やミサイル発射という日本の安全保障に対する脅威を契機として発動されてきた経緯があり、それは現行の制裁制度上やむを得ないところであるが、運用上の工夫により拉致問題を制裁の理由とする場合でも、それは日本の安全保障上の理由と抱き合わせの形になっており、拉致問題単独で制裁理由とされるような形にはなっていない。したがって、拉致問題の進展状況に応じて制裁の運用に緩急をつけるような運用実態にはなっておらず、また、このときの制裁復活、そして強化についても、日本政府としては北朝鮮の核実験やミサイル発射を契機とせざるを得なかったのである。

　拉致問題が何ら進展せず、また、制裁発動についての政府と拉致被害者家族会の認識の間の、こうした意識のずれが顕在化してくる状況を見ると、依然として基本的には良好な関係を維持しながらも、拉致被害者家族会の活動の態様は、政府と一緒に解決を目指すという協調型というより、要求を出して成果物を獲得するスタイルに変わってきていると見ることができる。拉致被害者家族会は10年前の2006年9月、当時の塩崎官房長官を訪ね、そこに安倍総理も加わり、なごやかに懇談し、参加者からは、これまでは不安な気持ちで官邸に来ていたが、今日初めてさわやかな気持ちで玄関をくぐれた、今日という日をどれほど待ち望んできたか等の発言もあったが、この10年間で拉致被害者家族会の政府に対する見方はこのように変化したように見受けられる。

　2月12日、拉致被害者家族会は、北朝鮮が特別調査委員会を解体すると発表したことに対し、そもそも同委員会は形式的なものであってほとんど意味はなく、実質的

に意味のない特別調査委員会の解体を一喜一憂するものではない、いまこそ制裁強化と国際連携で北朝鮮に対して強い圧力をかけるべきであるとの声明を発表し、政府に対して

(1) 制裁の早期実施と厳格な法執行
(2) 安保理決議の制裁への拉致理由の明記
(3) 朝鮮総連の活動取締りのための新法制定

を求めている[499]。「実質的に意味のない特別調査委員会」という表現は、実態のある話し合いを先行させず、形式だけの特別調査委員会に意味を見出し、制裁の一部解除に踏み切った政府への批判と解釈することができる。実際、拉致家族からは「政府が強硬な手段に出て、北朝鮮がどう動くかなと思っていたが、残念だ」、「拉致問題の一刻も早い解決のためにさまざまな知恵を絞って多角的な交渉を続けてもらいたい」といった声が出ている[500]。さらに「家族会としてはこれまで、北朝鮮側の特別調査委の報告では拉致問題は解決しないと言ってきた」、「ストックホルム合意では絶対に被害者は帰って来ないと思っていた」といった厳しい声も上がっている[501]。拉致被害者家族会の飯塚繁雄代表は特別調査委員会の解体について「驚いていない。特別調査委はもともと茶番だった」と言い切っている[502]。その後、拉致被害者家族会は2月21日に、救う会と合同会議を開き、「最終決戦は続いている、制裁と国際連携で全員救出実現を！」という運動方針の下、「交渉による救出」と「北朝鮮混乱時の実力による救出」の2つのケースを場合分けして方針を示すなど、広範囲にわたる運動について具体的な内容を決定した[503]。

3　政権と国民一般の関係

2016年2月12日から14日に行われた読売新聞社の世論調査によれば、安倍内閣の支持率は前回調査（1月30日から31日）の56％から4ポイント低下し52％

---

499) 救う会全国協議会ホームページ、『救う会全国協議会ニュース』、「『特別調査委員会』解体に抗議する家族会・救う会声明」(2016.2.12)。
500) 『日本経済新聞社』「『残念』『覚悟していた』北朝鮮が調査中止、拉致家族、政府に解決訴え」2016年2月13日。
501) 『産経新聞』「北、特別調査委解体『あの国らしいやり方』拉致被害者家族、冷ややか」2016年2月13日。
502) 同上、「北再調査中止、飯塚さん『もともと茶番』早紀江さん『またやったな』」2016年2月14日。
503) 救う会全国協議会ホームページ、『救う会全国協議会ニュース』、「家族会・救う会新運動方針」(2016.2.21)。

となった[504]。対北朝鮮経済制裁を迅速に発動したにもかかわらず低下したのである。同社によれば、内閣支持率低下の要因としては、円高・株安の影響で安倍内閣の経済政策「アベノミクス」への懸念が広がったこと、及び閣僚などの失態が相次いだことが指摘されている。政党支持率を見ると、自民党支持は42％で前回の40％を2ポイント上回ったのに対し、内閣支持率は低下しているので、安倍内閣それ自体に対する不支持が広がったのである。

また、北朝鮮によるミサイル発射に対する脅威に関しては

「大いに感じる」……　42％
「多少は感じる」……　38％
「あまり感じない」…　13％
「全く感じない」……　 5％
「答えない」…………　 2％

となっており、「大いに感じる」と「多少は感じる」を合わせて80％に上った。対北朝鮮の独自の経済制裁については、「評価する」が76％に上り、「評価しない」の14％を大きく上回っている。ただし、国際社会による制裁強化は、北朝鮮の核・ミサイル開発を中止させる効果があるかについては、「ある」は31％にとどまり、「ない」は56％で半数を超えた。独自の経済制裁は国民の高評価を受けたものの、政権に対する全般的な評価である内閣支持率については、経済政策に対する評価や閣僚等の失態で低下した。つまり、北朝鮮の核、ミサイルに対し脅威を感じる国民はかなり多く、北朝鮮に対する日本独自の経済制裁の発動は高く評価されたものの、それのみで内閣支持率を以前より引き上げるまでの効果は認められない。また、日本独自の経済制裁発動が高く評価されているにもかかわらず、過半数の国民が国際社会による制裁強化の効果はないと感じている状況は非常に興味深い。

さらに、世論の短期的側面である内閣支持率を独自制裁発動の前後3か月で見ると、安倍内閣の支持率は次頁の「表6　安倍内閣の支持率」のとおりとなる。

---

504)『読売新聞』「内閣支持低下52％」2016年2月16日。

表6　安倍内閣の支持率（2015年11月調査から2016年5月調査）

	11月調査	12月調査	1月調査	2月調査	3月調査	4月調査	5月調査
支持	49%	48%	47%	47%	46%	53%	56%
不支持	36%	36%	34%	39%	38%	40%	35%

出典：日本経済新聞社の緊急世論調査・世論調査に基づき筆者作成[505]。

　調査の実施主体が異なるため、数値自体は先述の読売新聞社調査とは若干違って出ているので単純比較はできないが、安倍内閣支持率という視点で見ると、その傾向としては、内閣支持率は激しい変動を示すことなく、支持は5割前後、不支持は概ね3割半ばから3割後半とほぼ一定しているように見受けられる。
　日本経済新聞社の11月調査の支持率は、その前の10月下旬調査より8ポイントも上昇している。これは、政権が「一億総活躍社会」の実現などを掲げ、経済重視を強調したことが要因とされる[506]。その後は支持率、不支持率とも11月調査以降2016年1月調査までは横ばいである。2月調査では支持率は47％で前回調査から横ばいであったが、不支持率は5ポイント上昇し、39％になっている。安倍内閣の経済政策である「アベノミクス」を「評価しない」は50％で、「評価する」の31％を上回った。この点に関しては、調査を実施した日本経済新聞社により、円高・株安などの影響で、安倍内閣の高い支持率の要因と言われた経済運営にも懐疑的な見方が広がっていると分析されている[507]。2015年2月以降、同様の質問で「評価しない」が5割に届くのはこのときが初めてであり、一方で「評価する」の数字も最低であったからである。内閣支持層を見ると、アベノミクスを「評価する」が55％で「評価しない」が23％であったのに対し、内閣不支持層では「評価する」は8％にとどまり「評価しない」は85％にも達した[508]。
　日本経済新聞社の2月調査の内閣支持率の結果は、経済運営に対する低評価が要因とされているが、これは、先述の読売新聞社の調査結果と同様の傾向を示しているこ

---

505) 調査期間は「11月調査」は2015.11.27～29、「12月調査」は12.25～27、「1月調査」は2016.1.22～24、「2月調査」は2.26～28、「3月調査」は3.25～27、「4月調査」は4.29～5.1、「5月調査」は5.27～29。
506) 『日本経済新聞』「内閣支持『安保前』水準に、経済重視を好感、『安定感』など上位」2015年11月30日。日本経済新聞社の世論調査では、内閣支持率は10月調査41％から11月調査49％へと上昇している。
507) 同上、「アベノミクス『評価しない』50％、内閣支持は横ばい47％」2016年2月29日。
508) 同上。

とから是認してよいであろう。内閣支持率に対する日本独自の対北朝鮮経済制裁の影響を考えると、読売新聞社の調査において日本独自の対北朝鮮経済制裁についての評価が良好であったことを考え合わせると、経済制裁発動の評価は、内閣支持率に全く関係がなかったというよりも、事例1の場合のように、数字として表面上は表れていないが、やはり内閣支持率の低下を内輪にし、横ばいにとどめた可能性を、あるいは不支持率がより上昇するのを抑制した可能性を認める方が説明としては合理性がある。

　3月調査でも、支持率、不支持率とも1ポイント低下でほぼ横ばいとなっている。予算の追加を伴う政府の経済対策については「必要」が55％となり、前回の2月調査より8ポイントも上昇した。逆に「必要ない」は9ポイント下がり26％で、景気の減速感の高まりで経済対策を求める意向が国民の間に強まっている[509]。

　4月調査では、内閣支持率が7ポイント上昇し、53％になった。これは熊本地震に対する政府の対応を「評価する」が53％で、「評価しない」の35％を上回ったことなどによる。内閣支持率が50％を上回ったのは2015年5月調査以来、11か月ぶりである。なお、不支持率も2ポイント上昇している[510]。

　5月調査では内閣支持率は56％で、前回調査より3ポイント上昇した。不支持率は5ポイント低下で35％となった。これは安倍総理が伊勢志摩サミットで議長を務めたこと、オバマ大統領の広島訪問の高評価が要因で、これらの外交成果が支持率を押し上げたと分析されている[511]。

　日本独自の対北朝鮮経済制裁と、この時期の内閣支持率の関係を考察すると、両者の数字の間に顕著な相関関係を認めることはできない。内閣支持率は、同時になされた質問項目の結果などから、安倍内閣の経済政策である「アベノミクス」の成果など、その経済運営や閣僚の不祥事などの影響を受けていたと見ることができる。また、伊勢志摩サミットで議長役をアピールしたことや、オバマ大統領の広島訪問などの外交成果も、同じくそれらの質問項目の結果から、視聴者（audience）に対し内閣の活動についての華やかな印象を与え、その支持率の上昇に寄与したものと考えることができる。

　しかしながら、ここでも日本独自の対北朝鮮経済制裁の発動が内閣支持率に全く無関係であったかというと、そう断定することもできないと言うべきである。内閣支持率は、先述のとおり、短期的な評価に係る指標とされているので、内閣の個別具体的なパフォーマンスの効果の射程は比較的短期間であると考えられるが、高評価を得

509）『日本経済新聞』「『経済対策を』55％に上昇、内閣支持率、横ばい46％」2016年3月28日。

510）同上、「内閣支持、53％に上昇、熊本地震対応に評価」2016年5月2日。

511）同上、「内閣支持、56％に上昇、オバマ氏訪問『評価』92％、サミット外交『評価』62％」2016年5月30日。

た日本独自の対北朝鮮経済制裁が発表された2月10日、あるいは閣議決定が報じられた2月20日後には短期間ながらも多少は世論に影響を与えていた可能性は否定できず、日本経済新聞社の実施した2月26日から28日の調査に係る内閣支持率にも、期間や程度については限定的ではあるが、高評価として寄与していたものと考えるのが素直な解釈ではないかと思われる。

しかしながら基本的には、この間の内閣支持率と日本独自の経済制裁の発動との間には、目に見える形での顕著な相関関係は認められず、日本独自の経済制裁の発動には内閣支持率を大きく上昇させる効果を確認することは出来ないと言わざるを得ない。ただ繰り返しになるが、両者の関係は、完全に無関係とまでは断定することはできず、日本経済新聞社の世論調査の2月調査のところで調査結果を引きながら述べたとおり、日本独自の対北朝鮮経済制裁の発動には、ごく短期間において内閣支持率の低下を内輪にとどめる効果、あるいは不支持率の上昇を抑える効果を指摘することができるのではないかと考える。

特に経済制裁の有するシンボリックな機能を考慮し、この面に着目して検討すると、日本独自の経済制裁が、「毅然かつ断固たる措置」をとる政権のイメージを国民に提示したことは、東日本大震災などの災害対応によって培われた「危機突破内閣」としての国民の抱く政権の全般的、基本的なイメージに方向性としては合致したものになっており、「毅然かつ断固たる」政権のイメージ形成に寄与こそすれ、マイナスには作用することにはなっていないと考えられる。

さらに、本事例2についての政治的効果を考える場合、ストックホルム合意での約束に従い日本側が制裁の一部解除を行ったにもかかわらず、北朝鮮側が拉致被害者等に係る再調査を遅々として進めないという不誠実な態度をとっていることに対する国民の憤りへの的確な対処という、ナショナリズムの側面での政治的効果も見逃すことはできない。制裁の再開とその強化という政権の示した北朝鮮に対する毅然かつ断固たる姿勢は、北朝鮮の不誠実な姿勢に対する国民のナショナリスティックな不満に対処するものであったと見てよい。

次に、衆議院議員の総選挙及び参議院議員の通常選挙についてであるが、日本独自の経済制裁が発動された2016年2月以降、直近の選挙は同じ年の7月10日に行われた第24回参議院議員通常選挙である。なお、第48回衆議院議員総選挙は翌年の2017年10月22日に行われており、制裁実施とはかなり間隔が空いている。

第24回参議院議員通常選挙では自民党が選挙前議席115を121に増やすとともに、公明党も選挙前議席20を25に増やした。自民党の獲得議席数は参議院議員の議席数のちょうど半分で、過半数に及ばなかったが、選挙後に無所属議員が1名入党した結果、単独過半数を実現した。一方、民進党は選挙前議席62を49議席に減らす結果となり、主要政党では一人負けの状態になった。自民党は前回の第23回参議

院議員通常選挙で勝利し、既にいわゆるねじれ国会の状態を解消していたが、第24回参議院議員通常選挙でも大勝し、政権運営の基盤をより盤石なものにした。ただし、このときの日本独自の経済制裁と投票行動との相関関係は両者の間に5か月の期間があり、確認することは難しい。

なお、日本独自の経済制裁発表の1年半以上後に行われた第48回衆議院議員総選挙の結果を参考までに示すと、自民党は公示前議席と変わらず、公明党は公示前議席35を29議席に減らし、一方で立憲民主党は公示前議席15を55議席に伸ばし、希望の党は公示前議席57を50議席に減らしている。

第3節　北朝鮮の反応

北朝鮮は2016年2月12日、日本政府が独自の制裁を発表したことへの対抗措置として、日本人拉致被害者の安否などに関する再調査を全面中止し、それのみならず特別調査委員会を解体すると宣言した[512]。これは同特別調査委員会の談話によるもので、同委員会はさらに、日本が10日に発表した独自の制裁強化策を批判し、「より強力な対応措置が続くだろう」と威嚇した。

日本政府としては、再調査の中止という北朝鮮の反応については「想定の範囲内だ」とするが、再調査のために設置した特別委員会の解体にまで踏み込んだ北朝鮮の真意については読み切れていない模様で、「我々の方から対話の窓口を閉ざすことはしない」という基本姿勢を維持し、北京の大使館ルートなどで北朝鮮との接触を試みるとしている[513]。

この後、米国は同年2月18日、対北朝鮮の対北朝鮮独自制裁法を成立させたが、このことに対しても北朝鮮外務省は「我々の人民経済全般を窒息させ、我々の体制を崩壊させようということであると公然とさらけ出した」と非難し、「米国の敵視政策がより高まるほど我々は経済と核の並進路線をさらに高く掲げていく」として、核開発継続の方針を強調した[514]。

---

512) 『読売新聞』「北、拉致調査を中止」2016年2月13日；『日本経済新聞』「北朝鮮、拉致調査を中止、日本の制裁強化に反発」2016年2月13日。
513) 『日本経済新聞』「政府、拉致調査中止を非難、継続要求『窓口閉ざさず』」2016年2月13日。
514) 同上、「米の独自制裁法、北が非難」2016年2月21日。

第4節　小括

　事例2は、日本政府が2014年5月のストックホルム合意を遵守し、北朝鮮に対する経済制裁の一部を解除したにもかかわらず、依然北朝鮮による拉致被害者調査が進展せず、制裁復活を求める声が強まっていた中で、むしろ2016年1月の北朝鮮の核実験及び2月のミサイル発射を1つの契機として、迅速な危機管理対応としての側面を国内に強調して発動されたものである。

　これは日本独自の経済制裁を発動することにより、北朝鮮が拉致被害者調査を打ち切る恐れのある状況下での発動であり、対応の性格としては核、ミサイル開発を推し進める北朝鮮に対する安全保障上の対応が、拉致問題に優先して対処されたものである。事例2における政府の判断の特異な点はこのように、安全保障上の対応を日本の最重要課題である拉致問題に優先させた点である。この時期には、既に北朝鮮に対する経済制裁に経済的な効果を発揮させるには中国の関与が不可欠な状態になっていたが、日本政府としては、中国を安保理決議に取り込むための調整に時間がかかっていたため、日本独自の制裁を前倒しして、危機に対し迅速に対処する姿勢を国民にアピールした。このときの日本独自の経済制裁は、安保理決議に基づく経済制裁を待つことなく、スピーディな対応を可能とする点にその政治的な存在意義を認めることができる。ただし、この時期、既に日米関係が盤石な関係にあったことを勘案すると、当初は事例3における対応のように、安保理決議の後、それに接着したタイミングで日米韓3か国連携の下に独自制裁を発動する可能性もあったのであるが、核実験から間隔を置かずになされたミサイル発射を受け、またアベノミクスが不人気になりつつあった日本政府は、日米の信頼関係を基軸に日米韓の枠組みも十分意識し配慮しながら、安倍総理のリーダーシップで独自制裁の早期発動に舵を切って国民一般に向けて危機管理対応の姿勢をアピールしたのである。

　政権の示した姿勢は、短期間に核実験及びミサイル発射を繰り返す北朝鮮に対する非難の姿勢であり、また、迅速に対処する政権の危機管理の姿勢である。2012年12月に再登場した第2次安倍内閣は自らを「危機突破内閣」と命名したが、迅速に危機管理に当たる内閣の姿をアピールした。また、ストックホルム合意で約束したにもかかわらず、解決に向け調査を進めない北朝鮮に対する憤りの姿勢も、この機に示すことが可能となった。そこには依然、ナショナリズムが背景にある。経済制裁のメニューについては既に広範囲にわたる措置をとっており、新たな制裁メニューを案出するのが困難な中、再入国禁止対象者の拡大や送金規制など、自民党拉致対策本部の提言を反映する内容とした。安保理決議を待たずに行う日本独自の経済制裁で、内容

よりむしろ北朝鮮の脅威に対しスピード感をもって「毅然かつ断固たる措置[515]」をとる形をつくり、迅速に危機管理に当たるイメージを国民にアピールしたのである。

制裁の発動ないし原動力は、国会決議や拉致被害者家族の要請に圧されたというより、政権側が進んで危機に対処する姿勢をとろうとした結果であった。

政治的効果については、日本独自の経済制裁発動により、北朝鮮の脅威に対し速やかな危機管理対応を国民に対してアピールした。国会決議を待って制裁発表を行うなどの配慮により、国会側は政府の対応を受容し、拉致問題特別委員会でも理解を得たと言える。そこには、政府、自民党、そして衆参両院で与党が多数を占める国会の3者の間に協調体制の存在を見て取ることができる。このときの制裁は、日本の危機管理や安全保障が前面に出た感があったが、拉致被害者家族会には事前了解を得るなどにより配慮がなされた。拉致問題が進展しない中で、拉致被害者家族との間には距離感も出始め、批判的な意見もあったが、こうした配慮などにより表面上は決定的な対立状態には陥っていない。一方、制裁発動後の2月下旬の内閣支持率は高くなることもなく、数字上は独自制裁と内閣支持率の間に相関関係の存在は認められない。ただし、経済制裁の有するシンボリックな機能を考慮すると、危機に当たって迅速に対処した形の日本独自の経済制裁が、「毅然かつ断固たる」政権という好イメージづくりに寄与した可能性は十分あり、少なくともマイナスに作用することにはなっていない。

さらに、政治的効果について言えば、毅然かつ断固たる政権の姿勢は再調査を進めない北朝鮮の不誠実な姿勢に対する国民のナショナリスティックな不満の感情に的確に対処するものになったと考えられる。

---

[515] 第190回国会衆議院本会議第10号、平成28年2月9日の決議採択後の安倍総理の発言。

第 9 章
2016 年 12 月 2 日発表の独自経済制裁の国内における政治的効果及び事例分析の整理（事例 3）

第 1 節　経済制裁発動の状況

　2016 年 12 月 2 日発表の日本独自の経済制裁は、安保理決議に基づく経済制裁がそれまでのターゲット型から包括型に準じた形態[516]に変質し始めた時期に発動されたものである。また、それまでの日本独自の経済制裁と異なり、安保理決議が既に採択された後に発動されている点も特徴となっている。しかも、この安保理決議は 2016 年 11 月 30 日に採択されているが、この決議採択には 9 月 9 日の北朝鮮の核実験後、3 か月近くの長期間を要している。その結果、日本独自の経済制裁の発動は、それまでと異なり、北朝鮮の核実験後大幅に遅れている。本事例を取り上げるのは、こうしたタイミングの点で 2016 年 12 月 2 日発表の日本独自の経済制裁は、従来の日本独自の経済制裁とは異なる特徴を示しており、その国内政治における意味合いないし効果について考察すべき点があると考えるからである。

　北朝鮮は 2016 年 9 月 9 日、過去最大規模と言われる 5 回目の核実験を実施した。これに対し、政府・与党は日本独自の経済制裁の強化を急ぐ考えを示し、安保理決議で新たな制裁決議採択に時間がかかる場合は、それを待たずに独自制裁に踏み切る可能性が報じられた[517]。安保理決議採択に向けた国連における調整は難航し、結果として採択は 11 月 30 日にずれ込み、日本独自の経済制裁発表はさらに遅れ 12 月 2 日となっている。この 12 月 2 日というタイミングは、事例 1 や事例 2 の迅速な対応と比較すると、あまりにも遅い。

---

[516] 2016 年 11 月 30 日に採択された安保理決議第 2321 号は、例えば北朝鮮原産の石炭については、専ら生計目的であっても年間 4 億ドルか 750 万トンのいずれか低い方に輸出を制限する規定が設けられている。これに対し、2016 年 3 月 2 日に採択された安保理決議第 2270 号は、石炭の禁輸措置を定めてはいるが、「専ら生計目的のためであり、核、弾道ミサイル計画や決議による禁止行為と無関係な場合」等は禁輸対象から除外している。

[517] 『読売新聞』「対北 独自制裁急ぐ」2016 年 9 月 10 日。

2016年12月2日発表の日本独自の経済制裁の内容は、菅義偉官房長官（当時）による記者会見で「我が国独自の対北朝鮮措置について」と題し、発表された[518]。そこでは、脅威の認識として、北朝鮮が短期間のうちに2回の核実験を強行し、20発以上の弾道ミサイルを発射し、その能力を増強していることは新たな段階の脅威であるとの認識を示した上で、安保理決議第2321号に基づく措置に加え、米国及び韓国とも協調の上、日本独自の経済制裁としての措置を発動するとしている。その内容は次のとおりである[519]。

1　人的往来の規制を強化する。具体的には、次の措置を実施する。
　（1）北朝鮮を渡航先とした再入国の原則禁止の対象となる、在日の北朝鮮当局職員が行う当局職員としての活動を補佐する立場にある者の拡大
　（2）北朝鮮を渡航先とした再入国の禁止の対象となる、在日外国人の核・ミサイル技術者の拡大
2　北朝鮮に寄港した日本籍船舶の入港を禁止し、これにより北朝鮮に寄港したすべての船舶の入港を禁止する。
3　資産凍結の対象となる北朝鮮の核・ミサイル計画等に関連する団体・個人を拡大する。

　先述したとおり、2016年7月10日の第24回参議院議員通常選挙は、自民党、公明党からなる与党が大勝した。議席数は公示前と比較すると、自民党は115議席を120議席に、公明党は20議席を25議席に増やす一方で、野党の民進党（当時）は公示前の62議席を13議席減らして49議席に落としている。その結果、与党が145議席を獲得し、半数の121議席を大きく上回り、衆議院での優勢な状況と相俟って政治的に安定した状態となっていた[520]。
　また、内閣支持率を長期にわたってみると、次頁の「表7　内閣支持率の2年間の推移（2015年7月から2017年6月）」に示すように、2015年7月、8月は内閣を「支持しない」が「支持する」を上回っており、内閣は不人気であったが、9月頃から「支持する」が上昇し始め、2015年11月頃には内閣を「支持する」が5割弱、「支持しない」が3割台という状態が基本的な構造として出来上がった。以後こうしたレ

518）首相官邸ホームページ「内閣官房長官記者会見」平成18年12月2日、https://warp.ndl.go.jp/info:ndljp/pid/11236451/www.kantei.go.jp/jp/tyoukanpress/201612/2_a.html。
519）外務省ホームページ「我が国独自の対北朝鮮措置について」平成18年12月2日、https://www.mofa.go.jp/mofaj/a_o/na/kp/page3_001907.html。
520）2014年12月14日に行われた第47回衆議院議員総選挙で、自民党、公明党からなる与党は衆議院で3分の2を超える議席を得ていた。

ベルの内閣支持傾向が2016年7月頃まで9か月程度という長期にわたって続いた後、2016年8月頃から内閣支持傾向はさらに一段と高まり、内閣支持率は50%を下回ることはなく、また内閣不支持率が33%を上回ることのない状態が2017年5月まで続いた。

表7　内閣支持率の２年間の推移（2015年7月から2017年6月） (%)

2015年	7月	8月	9月	10月	11月	12月
支持する	41	37	43	43	47	46
支持しない	43	46	39	40	39	36
調査開始	7/10〜	8/7〜	9/11〜	10/10〜	11/6〜	12/11〜
調査終了	〜7/12	〜8/9	〜9/13	〜10/12	〜11/8	〜12/13

(%)

2016年	1月	2月	3月	4月	5月	6月
支持する	46	50	46	42	45	48
支持しない	35	34	37	39	36	35
調査開始	1/9〜	2/5〜	3/11〜	4/8〜	5/6〜	6/10〜
調査終了	〜1/11	〜2/7	〜3/13	〜4/10	〜5/8	〜6/12

※6月からは全国18歳以上男女が調査対象

(%)

2016年	7月	8月	9月	10月	11月	12月
支持する	48	53	57	50	55	50
支持しない	36	32	26	33	26	32
調査開始	7/16〜	8/5〜	9/9〜	10/8〜	11/11〜	12/9〜
調査終了	〜7/18	〜8/7	〜9/11	〜10/10	〜11/13	〜12/11

(%)

2017年	1月	2月	3月	4月	5月	6月
支持する	55	58	51	53	51	48
支持しない	29	23	31	27	30	36
調査開始	1/7〜	2/11〜	3/10〜	4/7〜	5/12〜	6/9〜
調査終了	〜1/9	〜2/12	〜3/12	〜4/9	〜5/14	〜6/11

※2017年4月からは携帯電話にも電話をかけて調査

出典：NHK政治意識月例調査を基に筆者作成。

このように当時の内閣は、与党が国会の衆参両院を押さえるとともに、国民一般からの高い内閣支持率を背景に、政治的には極めて安定した状態にあった。内閣にとって課題があるとすれば、与野党の対立関係にあったというより、政権を維持するために与党内での支持を盤石にすることにあったと見ることができる。

　このような政治的な状況下において、北朝鮮は 2016 年 9 月 9 日、5 回目となる核実験を実施した[521]。安倍総理は、この核実験を受け、米国のオバマ大統領及び韓国の朴槿恵大統領とそれぞれ電話で対応を協議した。両者とは、安保理の緊急会合の開催及び北朝鮮への追加の経済制裁を含む新たな措置の必要性で一致した。安倍総理は朴大統領との協議後、記者団に対して「新たな段階の脅威に、今までとは異なる対応をしなければならないということで一致した」と述べている[522]。

　与野党からは北朝鮮に対する厳しい批判や制裁強化を求める声が相次いだ。自民党は急遽、北朝鮮核実験・ミサイル問題対策本部会合を開催した。席上、茂木敏充政務調査会長（当時）は北朝鮮に対し断固たる抗議の意思を示すことが極めて重要と指摘している。公明党も北朝鮮核実験対策本部を開き、安保理決議に基づく制裁措置を厳格かつ着実に実施することが重要との声明を発出した。野党の民進党（当時）も、北朝鮮は自らの行為が一層の孤立を招いていることを自覚しなければならないとし、日本共産党は無謀な暴挙を厳しく糾弾するとの談話を発表した[523]。

　政府・与党は北朝鮮による核実験を受け、日本独自の新たな経済制裁案の検討を急いだとされるが、既に厳しい制裁を課していることもあり、新たな制裁案の案出には手詰まり感があったとも指摘されている[524]。

　読売新聞社が 9 月 9 日から 11 日の間に実施した全国世論調査によれば、北朝鮮に対する制裁については、

「強めるべきだ」……… 81％
「その必要はない」…… 15％
「答えない」…………… 5％

---

[521] 官邸ホームページ、「内閣官房長官記者会見」平成 28 年 9 月 9 日午前、https://warp.ndl.go.jp/info/ndljp/pid/10201718/www.kantei.go.jp/jp/tyoukanpress/201609/9_a.html;「内閣官房長官記者会見」平成 28 年 9 月 9 日午後、https://warp.ndl.go.jp/info/ndljp/pid/10992693/www.kantei.go.jp/jp/tyoukanpress/201609/9_p.html。

[522] 『日本経済新聞』「北朝鮮『核弾頭実験に成功』―首相『脅威は新段階に』、米韓と追加制裁で一致」2016 年 9 月 10 日。

[523] 『読売新聞』「対北 独自制裁急ぐ」2016 年 9 月 10 日。

[524] 同上、「日本、乏しい追加策」2016 年 9 月 11 日。

となっており、「強めるべきだ」が「その必要はない」を大きく上回っている。また、このときの読売新聞社による内閣支持率も、前回調査（8月9日から10日）の54％から8ポイント上昇し、62％になっている。同社は、この調査結果は北朝鮮の核実験によって国民の間に危機意識が高まり、それが国際社会と連携して対処する安倍内閣に対する支持に結びついたのではないかと分析している[525]。

一方、安保理決議に関しては、9月19日、米国のオバマ大統領は国連総会でニューヨークを訪れていた中国の李克強首相（リークォーチャン）と会談し、安保理における北朝鮮に対する決議の実現に向け連携する方針を確認した[526]。

米国は、中国に経済制裁の強化を働きかけ、両者の交渉は、それまでの対北朝鮮制裁決議で最長となる2か月半を要した。中国と北朝鮮の関係は、中国から北朝鮮に原油を供給し、北朝鮮からはすべての石炭を中国向けに輸出する関係にあった。安保理の制裁を主導する米国は、金正恩政権を支える資金源を断つよう中国に迫り、その結果、中国は一方では北朝鮮崩壊を恐れ、原油供給の中断についてはこれを拒否しながら、もう一方の北朝鮮からの石炭輸出の方で譲歩して受け入れた。また併せて、北朝鮮側に年間1億ドルの輸出収入がある銅やニッケルなどの輸出も禁じることになった[527]。

11月30日（現地時間）には、安保理は北朝鮮による9月9日の5回目の核実験を受け、新たな制裁決議案を全会一致で採択し、決議第2321号として成立させた。決議案は米国が日本や韓国などと協議した上で起草したもので、前回3月になされた決議を一層強化する内容になっている[528]。その主な内容は次のとおりである[529]。

1　核・ミサイル開発と関連する疑いのある船舶については、制裁委員会が船籍国に船籍剝奪を要請し、同委員会が指定した港へ回航するよう求める。
2　北朝鮮の外交代表部職員や領事の数を減らすよう各国に求める。
3　北朝鮮の外交代表部や領事、外交官の銀行口座の数を各国が制限する。
4　北朝鮮によって所有、運航される船舶の登録を取り消す。
5　民生用に限り認められている北朝鮮からの石炭輸出量については、年間約4億ドルまたは750万トンを上限とする。

---

525)『読売新聞』「内閣支持率上昇62％」2016年9月13日。
526) 同上、「北制裁へ連携　米中首脳確認」2016年9月20日（夕刊）。
527) 同上、「北の生命線　石炭にメス」2016年12月1日。
528) 外務省ホームページ、「国際連合安全保障理事会決議第2321号 和訳（外務省告示第463号（平成28年12月9日発行）」、https://www.mofa.go.jp/mofaj/files/100324699.pdf。
529)『読売新聞』「北朝鮮制裁　安保理決議の要旨」2016年12月1日。

6　銅、ニッケル、銀、亜鉛の北朝鮮からの輸出を禁止する。
7　北朝鮮が核・ミサイル開発に使う外貨稼ぎのために労働者を海外に派遣することを懸念し、各国に警戒を求める。

　また、この安保理決議第2321号には、北朝鮮に、人々の「固有の尊厳」を尊重するよう求める規定も初めて盛り込まれており、明記はされていないが、これには日本人拉致被害者も含まれ、「とても重要な条項だ」と述べる米国のパワー（Samantha Power）国連大使の言葉も報じられている[530]。この指摘は、安保理決議第2321号の決議文[531]にある次のパラグラフに関するものである。

　「45．北朝鮮にいる人々が受けている深刻な苦難に対し深い懸念を改めて表明し、北朝鮮にいる人々の需要が大きく満たされていない中で、北朝鮮が、北朝鮮の人々の福祉に代えて、核兵器及び弾道ミサイルを追求していることを非難するとともに、北朝鮮が、北朝鮮にいる人々の福祉及び固有の尊厳を尊重し、確保することの必要性を強調する。」（傍点は筆者）

　この部分に関しては、例えば「日本人拉致被害者を含め」と明記され、問題視されていれば別であるが、明記されていない以上、この文言は「北朝鮮にいる人々」、すなわち北朝鮮で生活している一般の人々のこと全般を言っているにすぎないものと、素直に解釈せざるを得ない。つまり、これを文言どおりに読むと、特に「日本人拉致被害者」を排除している訳でも、また「日本人拉致被害者」を特別に対象にしている訳でもなく、ただ「北朝鮮にいる人々」のことを対象にしているにすぎない。
　実は、第2321号決議のおよそ9か月前の2016年3月2日に採択された安保理決議第2270号を見ると、既にその前文には、「北朝鮮が、国際社会が有するその他の安全保障上及び人道上の懸念に対応することが重要であることを再度強調し、」（以下「A：重要性強調部分」という）「北朝鮮の人々が受けている深刻な苦難に対し、深い懸念を表明し」（以下「B：懸念表明部分」という）との文言が記載されていることが分かる[532]。つまり、安保理の当該決議の背景や考え方を述べる前文においてではあるが、既に3月の安保理決議第2270号で、「北朝鮮の人々」が受けている深刻な苦難に対し、深い懸念が表明されているのである。

530）『読売新聞』「人権尊重初めて盛り込む」2016年12月3日。
531）外務省ホームページ、「国際連合安全保障理事会決議第2321号 和訳（外務省告示第463号（平成28年12月9日発行）」、https://www.mofa.go.jp/mofaj/files/100324699.pdf。
532）外務省ホームページ、「国際連合安全保障理事会決議第2270号 和訳（外務省告示第67号（平成28年3月11日発行）」、https://www.mofa.go.jp/files/000149966.pdf。

これに対し、2016年11月30日の安保理決議第2321号は「北朝鮮が、国際社会が有するその他の安全保障上及び人道上の懸念に対応することが重要であることを再度強調し」（A：重要性強調部分）という行（くだり）については第2270号と同様、前文に記載しているのであるが、第2270号では前文に置いていた「北朝鮮の人々が受けている深刻な苦難に対し、深い懸念を表明し」としている「B：懸念表明部分」については、後ろの本文の方にもっていき、パラグラフ45として具体的に明記した体裁にしている。そして本文のパラグラフ45で明記された内容について見ると、「B：懸念表明部分」に続けて新たに「北朝鮮にいる人々の福祉に代えて、核兵器及び弾道ミサイルを追求していること」について「非難する」とともに、北朝鮮にいる人々の「福祉及び固有の尊厳を尊重し、確保すること」について「必要性を強調」する（以下「C：核・ミサイル非難・必要性強調部分」という）としているのである。そしてここでは、この「北朝鮮にいる人々の福祉に代えて、核兵器及び弾道ミサイルを追求していること」について「非難する」という行の意味するところから分かるように、この「北朝鮮にいる人々」の解釈については、日本人拉致被害者が含まれる点を強調するより、まさに北朝鮮にいる大勢の人々一般を指すと解するのが素直な解釈なのである。

【安保理決議第2270号及び第2321号の構成】
安保理決議第2270号　前文　A：重要性強調部分
　　　　　　　　　　　　　B：懸念表明部分
　　　　　　　　　本文　（人権に関連する規定なし）

安保理決議第2321号　前文　A: 重要性強調部分

　　　　　　　　　本文
　　　　　　　　　　パラグラフ45
　　　　　　　　　　　B：懸念表明部分
　　　　　　　　　　　C：核・ミサイル非難・必要性強調部分

　したがって、このパラグラフ45について、日本人拉致被害者をはじめて含めた点に求めるべきでないのは当然のこととして、その意義を強いて挙げるとすれば、人権規定がはじめて国連安保理決議に規定されたことに求められるのではなく、3月の安保理決議では、本文の背景などを述べる前文の方に記載されていた人道上の懸念を表明する記述が、11月の安保理決議第2321号では本文中のパラグラフ45の方に移され、その上で、北朝鮮に対し、核、ミサイルを追求していることを非難するとともに、

「北朝鮮が、北朝鮮にいる人々の福祉及び固有の尊厳を尊重し、確保すること」の「必要性を強調」するという形ではあるが、より具体的で明確な表現で新たに定められた点に求めるべきなのである。

ただ1点付言すれば、自民党や拉致被害者家族は、安保理決議に基づく制裁の理由に拉致を書き込むことを求めていた。3月の安保理決議第2270号のように、本文で定める各措置の背景などを記載する前文において、「人道上の懸念に対応することが重要であることを再度強調し」「北朝鮮の人々が受けている深刻な苦難に対し、深い懸念を表明し」とするのであれば、前文のこの部分の意味内容を、その後の本文の方で制裁の具体的内容を定めるパラグラフ全体に及ぼし、本文で規定されている経済制裁の理由ないし背景として「人道上の配慮に対応すること」を挙げるということも、決議文の構成上は可能であったのであろう。

しかし、11月30日の安保理決議第2321号のように「人道上の懸念に対応することが重要であることを再度強調し」とする前文（A：重要性強調部分）を受ける形で、本文の方に、制裁とは別の内容を定めるパラグラフ45を置いて、この部分（B：懸念表明部分とC：核・ミサイル非難・必要性強調部分）で前文の該当部分を直接に受ける文面構成にしてしまったことによって、背景などを述べる前文の「安全保障上及び人道上の懸念に対応すること」の重要性を強調する部分と、パラグラフ45以外の、すなわち制裁の具体的内容を定める各パラグラフの規定との関係を切断してしまった、あるいは希薄にしてしまったと評価できる余地を残してしまったと考えることができる。すなわち、自民党や拉致被害者家族会が、安保理決議に基づく制裁の理由に拉致を書き込むことを求めていたにもかかわらず、日本政府は逆のことをしてしまった可能性があるのである。

一方、日本独自の対北朝鮮経済制裁については、日本政府は米国や韓国とタイミングを合わせて制裁発表に踏み切る方針をとった。12月2日、日本、米国そして韓国は、9月に核実験を実施した北朝鮮に対する独自の制裁強化策を揃って発表した。北朝鮮が核実験を実施してから日本が独自制裁を発表するまで3か月近くもかかった。これは独自制裁よりも、日米韓が連携し、まず安保理決議による制裁の方を優先したためであるとされる。北朝鮮への制裁の実効性を高めるには、安保理の常任理事国であり、かつ北朝鮮と経済的に深いつながりがある中国を関与させる必要があったが、慎重姿勢を崩さない中国の説得に時間がかかった[533]。そこには、独自の制裁内容に新規性のある有効な手段が見当たらない中で、迅速性を犠牲にしてでも中国の関与を引き出し、より実効性のある経済制裁を求める日本政府の姿勢が窺える。このことにより、独自の制裁の内容には新規性を持たせることはできないものの、安保理決議に基づく経済

---

[533] 『日本経済新聞』「対北朝鮮で独自制裁、日米韓が共同歩調、実効性は中国がカギ」2016年12月3日。

制裁も含め制裁全体を見た場合に、中国の関与を深め、例えば北朝鮮の石炭輸出により厳しい制限をかけ、また北朝鮮からの出稼ぎ労働者に対する懸念を示すことで、制裁をより強化することが可能となり、全体としての制裁内容に新規性を持たせることが可能になったのである。

こうした中、米国は既に9月に北朝鮮の金融機関のマネーロンダリングに関わった疑いのある中国企業を制裁対象に追加する措置をとり、中国に協力を求め、日本及び韓国もこの米国の制裁に追随する姿勢を早くから中国に伝えていた。こうした日米韓の連携の意義については、「北朝鮮に対し、日米韓の共同歩調をアピールする意義は大きい」との外務省幹部の言葉としても報じられている（傍点は筆者）[534]。

これを、日本独自の経済制裁発動の意義という観点から評価すると、安保理決議の履行という一般的なレベルでの国際連携と比較して見た場合、北東アジアにおいて日本、米国、韓国の3か国が、日米関係を基軸として一段と強固な連携の姿勢を北朝鮮に対して積極的に示したという点にその政治的な意味を見出すことができるのであり、その姿勢を国民にアピールすることができたと言える。

しかしながら、本事例3の経済制裁に対しては、一方でそのような評価が成り立つものの、他方で前2事例と比較して見た場合、国内で現実に生起し、緊急に対処を要する政治的要請には正対していないという点で、前2事例とはやや性格を異にする面がある。日本独自の経済制裁は、国際協調型経済制裁では充足することのできない、国内における具体的な政治課題、特に北朝鮮に対するナショナリスティックな要請に対処する点にその存在意義があることをこれまでの2事例で見てきたところであるが、本事例3は北東アジアという地域に特化した連携枠組みという、日本の国内政治の現実的要請とは若干距離のある対外政策を指向したという点に、独自の制裁制度創設以前の国際協調型制裁に傾いた思考傾向を見て取ることができるのであり、日本の制裁の独自性が、日米韓という枠組み、特に日米関係に収斂していく傾斜を見ることができるのである。

これは日本独自の経済制裁を能動的に活用して、強化された日米同盟に基づき、北東アジアにおいて進んで日米韓3か国の連携という地域に特化した枠組みをつくろうとした結果であったが、もちろん、国内向けのアピール・ポイントとしても成り立つものではある。ただ、前2事例と比較すると、北朝鮮に対するナショナリスティックな拉致問題や危機管理という、国内で現実に生起した政治的要請とは直接的な関係にないという点でやや性格を異にする面があるが、こうした対応を可能にした要因としては、政治的な諸アクターに影響されることのない政権基盤の盤石さを挙げることができる。

---

534)『日本経済新聞』「対北朝鮮で独自制裁、日米韓が共同歩調、実効性は中国がカギ」2016年12月3日。

日米韓の対応を個々に見ていくと、まず日本政府の対応であるが、核実験や弾道ミサイル発射を繰り返す北朝鮮に対して、「拉致、核、ミサイルといった諸懸案を包括的に解決するため、11月30日に採択された国連安保理決議第2321号に基づく措置に加え、米国及び韓国とも協調の上」、独自の経済制裁の強化を決めた[535]。その内容は、

1　人的往来の規制強化
2　北朝鮮に寄港した日本籍船舶の入港禁止
3　資産凍結対象の団体・個人の拡大

である。
　また韓国も12月2日、北朝鮮に対する新たな独自制裁の内容を発表した。具体的には、金正恩朝鮮労働党委員長の最側近である黄炳瑞（ファンビョンソ）軍総政治局長、崔竜海（チェリョンヘ）党副委員長を含む36個人、35団体を対象とした韓国での資産凍結や金融取引停止、北朝鮮に寄港した第三国籍船舶の入港禁止措置の延長などが柱となっている[536]。
　米国財務省も同じく12月2日、北朝鮮の16企業・団体と個人7人を制裁対象に追加すると発表した。声明では「核や大量破壊兵器の開発を支援する企業などに対する圧力を強化する」と強調している[537]。

第2節　国内における政治的効果の考察

1　政権と衆議院、参議院の関係

　まず制裁を実施した政権と衆参両院との関係を見る。このときの国会は、第191回臨時会が2016年8月3日に終わり、9月26日に開会する第192回臨時会との狭間であったが、9月14日には衆議院外務委員会が閉会中審査を開き、北朝鮮に対して「唯一の被爆国として断じて容認できない暴挙だ」と非難し、安保理における議論を主導するとともに、日本独自の措置を通じて圧力強化を求める「北朝鮮による5

---

[535]　官邸ホームページ、「内閣官房長官記者会見」平成28年12月2日午前、https://warp.ndl.go.jp/info:ndljp/pid/10249574/www.kantei.go.jp/jp/tyoukanpress/201612/2_a.html。
[536]　『読売新聞』「韓国も独自制裁」2016年12月2日（夕刊）。
[537]　『日本経済新聞』「対北朝鮮で独自制裁、日米韓が共同歩調、実効性は中国がカギ」2016年12月3日。

度目の核実験に対する抗議決議（案）」を全会一致で採択した[538]。参議院外交防衛委員会も同日、安保理での取組みや日本独自の措置を通じて圧力強化を追求すべきとする決議を採択した[539]。

9月16日には自民党は拉致問題対策本部などの合同会議を開き、北朝鮮の核実験を受け、人的往来の制限を強化するよう政府に求める要望書を取りまとめた。要望書は、

（1）現在実施している朝鮮総連幹部らの再入国禁止措置についての対象者の拡大
（2）資産凍結対象となる団体、個人の拡大
（3）第三国を経由した北朝鮮への迂回輸出入の防止の徹底
（4）北朝鮮に現金を持ち出す際の許可制の導入

などからなる[540]。

9月26日、衆参両院はそれぞれの本会議で「北朝鮮による5度目の核実験に対する抗議決議案」を採択した[541]。決議案の採択を受け、安倍総理はそれぞれの本会議で

（1）非常任理事国として新たな安保理決議の採択に向けた取組みを主導していく。
（2）日本独自の措置についても、拡充強化に向けて検討を進め、毅然かつ断固として対応する（傍点は筆者）。
（3）拉致問題は安倍政権の最重要課題であり、一日も早いすべての拉致被害者の帰国に向け、全力を尽くす。

と決意を述べた上で、「ただいまの御決議の趣旨を体し」、核、ミサイル、そして、引き続き最重要課題である拉致問題に関し北朝鮮が問題解決に向け具体的行動をとるよう強く求めていくと応じている[542]。日本独自の措置をとり、毅然かつ断固として対応するとしたのである。

前回、2016年2月10日に発表した日本独自の対北朝鮮経済制裁の発動に際しては、日本政府は1月の核実験に引き続き近いタイミングでミサイル発射がなされたことを受け、独自の経済制裁を急ぐ一方で、他方では衆参両院での北朝鮮非難決議を前

538）第191回国会衆議院外務委員会第2号（平成28年9月14日）会議録。
539）第191回国会参議院外交防衛委員会閉会後第1号（平成28年9月14日）会議録。
540）『日本経済新聞』「人的往来の制限拡大を、北朝鮮問題で自民が独自制裁提言」2016年9月17日。
541）第192回国会衆議院本会議第1号（平成28年9月26日）会議録；第192回国会参議院本会議第1号（平成28年9月26日）会議録。なお、このときの衆議院及び参議院の決議を見ると、「拉致問題」を「我が国の主権及び国民の生命と安全に関わる重大な侵害」と規定している。
542）同上。

提に、「ただいまの御決議の趣旨を体」する形をとって独自制裁の発動を発表するという配慮を示した。しかし、先述のとおり、今回はそこまで急ぐこともなく、むしろ日本独自の経済制裁のみならず安保理決議に基づく経済制裁も含む制裁全体に実効性を持たせるべく、中国を安保理による制裁決議の採択に引き込むことで、米国が中国と調整中であり、さらに日米韓の連携の下に独自の経済制裁の発動を同時に発表する方向でも調整を行っており、2月の時とはスピード感がまったく異なっていた。

衆参両院としても第192回の臨時会の冒頭に北朝鮮への抗議決議をすることができれば、国会としては速やかな対応を行ったということで、国民に対する責務を果たす点で十分であったのであろう。総理からも、決議の趣旨を体し（1）新たな安保理決議の採択に向けた取組みを主導していくこと、（2）日本独自の措置についても、拡充強化に向けて検討を進め、毅然かつ断固として対応することなどの言質を引き出すことができている。

先に述べたとおり、9月9日から11日の間に読売新聞社が実施した全国世論調査によれば、北朝鮮による核実験後、国民の間に危機意識が高まり、内閣支持率が急上昇したのであった[543]。このような国民からの負託の存在を踏まえて考えると、9月26日の衆参両院本会議場における日本独自の経済制裁の発動に関する総理発言には、その内容というよりも、「毅然かつ断固として対応する」という政府の姿勢を衆参両院に、そしてマスコミ報道を通じて国民に対しアピールし、その負託に的確に応えるイメージを打ち出した点に、その政治的効果を認めることができる。要するに、制裁発動はまだ先のことであったが、危機管理についての国民の負託にしっかりと応じている姿を、この時点で既に衆参両院に、そして国民に対してアピールできていたのである。

次に、衆参両院の拉致問題特別委員会の審議の方はどうであろうか。

2016年12月2日発表の日本独自の対北朝鮮経済制裁との関係で言うと、制裁発動が発表された時期は第192回の臨時会の会期中（2016年9月26日に開会し同年12月17に閉会）にあたり、そこでの拉致問題特別委員会の審議内容に着目しなければならない。

まず衆議院については、拉致問題特別委員会の審議は9月26日、12月7日及び12月13日の3日間で、会議時間の合計は1時間53分である。1日目は委員長と理事の互選、2日目は拉致問題担当大臣や外務大臣等の報告を聞き置き、終わっている。3日目は午後2時に開会し、質疑及び閉会中審査の件への決定がなされ、午後3時35分に閉議した。この日の審議時間は1時間35分である。以上で本臨時会における拉致問題特別委員会はすべて終了している。

質疑の内容について見ると、質疑は自民党の中川郁子委員ほか5名の委員からな

---

543)『読売新聞』「内閣支持率上昇62％」2016年9月13日。

され、その内容は、国連の北朝鮮人権問題の取組みと連携した具体的な戦略や、安保理制裁と日本の独自制裁の詳細な説明を求めるもの、啓発の取組みとしての政府シンポジウムの開催に関するもの、4年経っても成果の出ない政府方針の見直しを求めるものなどである。日本独自の経済制裁との関係で言えば、安保理による制裁決議の詳細を問う質疑に対しての答弁及び制裁の効果に関する答弁の2点があり、これらについて、このときの制裁及びこれを取り巻く事情について理解する上で参考となるので、以下に詳述する。

　まず12月13日、自民党・無所属の会（当時）の大西宏之委員の国連安保理決議の制裁及び日本独自の制裁の詳細を問う質疑に対し、岸田文雄外務大臣（当時）は次のように答弁している[544]。

> 「まず、御指摘の安保理決議第2321号ですが、本年3月、既に安保理決議2270号が発出されておりますが、これを強化し、北朝鮮への人、物、金の流れ等をさらに厳しく規制するものです。特に、北朝鮮の外貨収入源となっている石炭輸出について、生計目的の輸出であっても、年間で約4億ドル、約750万トンの上限を設定したという内容を含んでいます。また、今回、北朝鮮に関する安保理決議として、初めて主文において人道上の懸念が言及されました。これは、拉致問題を初めとする北朝鮮の人権、人道問題に対する安保理を含む国際社会の強い懸念が示されたものだと考えます。そして、我が国独自の対北朝鮮措置ですが、我が国は、これまでも北朝鮮に対して非常に厳しい独自措置を科してきましたが、今回、北朝鮮への人、物資、資金の流れを規制する措置を拡充強化することといたしました。その内容としまして、1点目は、北朝鮮を渡航先とした再入国の禁止の対象を拡大する。2点目としまして、北朝鮮に寄港した日本籍船舶の入港を禁止いたしました。これによって、北朝鮮に寄港した全ての船舶の入港が禁止されることとなります。そして第3に、資産凍結の対象の団体、個人を拡大した、こういった内容を含むものであります。」（傍点は筆者）

　まず、「人道上の懸念」という表現であるが、ここで問題となっている安保理決議第2321号には、先述のとおり、主文（本論文では「本文」という）にではなく前文の方に「人道上の懸念」という表現が用いられているが、その前文では「北朝鮮が、国際社会が有するその他の安全保障上及び人道上の懸念に対応することが重要であることを再度強調し」と規定されており、当然のことながら「拉致問題を初めとする」

544）第192回国会衆議院拉致問題特別委員会第3号（平成28年12月13日）会議録、大西宏之委員の質疑に対する岸田文雄外務大臣答弁。

という修飾句はない（傍点は筆者）[545]。また、重要な点であるが、「拉致問題」の意味に関しては、先述した９月 26 日の衆参両院の決議では「我が国の主権及び国民の生命と安全に関わる重大な侵害」と言っており、そこには「人道上の懸念」では扱いきれない、日本の主権の問題も含まれている。なお、この「人道上の懸念」という表現は、2016 年３月２日に採択された国連安保理決議第 2270 号の前文にも既に同様の表現がなされているのは、前述のとおりである。

一方、外務大臣の答弁で言う「主文」の方には、前文で示された「北朝鮮が、国際社会が有するその他の安全保障上及び人道上の懸念に対応することが重要であることを再度強調し」という行（A：重要性強調部分）を受ける形で、本文のパラグラフ 45 の方に、懸念を表明する部分（B：懸念表明部分）と、それに続けて新たに、核・弾道ミサイル追求を非難し、福祉及び固有の尊厳の尊重・確保の必要性を強調する部分（C：核・ミサイル非難・必要性強調部分）が置かれる文面構成となっているのは、前節（197 頁）で既に述べたとおりである[546]。

この本文のパラグラフ 45 の部分に関しては、先述のとおり、例えば、「日本人拉致被害者を含め」と明記され、問題視されていれば別であるが、明記されていない以上、この文言は普通に「北朝鮮にいる人々」（people in the DPRK[547]）、すなわち北朝鮮で生活している一般の人々のこと全般を言っているにすぎないと解釈せざるを得ない。当然、拉致されて現在北朝鮮にいる人々も含まれるが、とりたてて拉致被害者のことを指摘している訳ではないのは明らかである。

しかも、繰り返すが「拉致問題」とは、日本の主権及び国民の生命と安全に関わる重大な侵害のことであり、北朝鮮にいる人々の福祉や固有の尊厳を尊重し、確保しようとすることとは性格が異なっている。安保理において文案を起草する過程で拉致問題に関する懸念も協議されたのかどうか定かではないが、文言上はそのような書き振りになっておらず、外務大臣の発言した「拉致問題」に対する国際社会の強い懸念が示されたと「考えます」という答弁は、安保理決議の文面とはやや意味合いが異なっているのではないかとの印象を受ける。

９月９日の自民党の緊急声明等で、安保理の制裁決議には、理由として「拉致を

---

[545] 外務省ホームページ、「安保理決議に基づく対北朝鮮制裁」、第 2321 号、https://www.mofa.go.jp/mofaj/files/100324699.pdf. 本文のパラグラフ 45 では「北朝鮮にいる人々が受けている深刻な苦難に対し深い懸念を改めて表明し」と規定されている。この本文の「深刻な苦難に対し深い懸念」（its deep concern at the grave hardship）の文言を、前回の決議第 2270 号の書き振りを踏まえ、前文の「人道上の懸念」（humanitarian concerns）を意味するものと解釈し、言い換えて答弁しているのであろう。

[546] 同上。

[547] Search engine for the United Nations Security Council Resolutions, unscr.com/en/resolutions/doc/2321.

含む人権侵害」を明記するよう要望があったことを考えると、政府にとってこの部分をどう整理するかは重要なところである。外務大臣答弁において、安保理決議に明記されていないにもかかわらず、「拉致問題を初めとする」という言い方で強調して答弁することは、拉致問題とは、衆議院決議によれば単なる人権問題あるいは人道上の問題ではなく、「日本の主権及び国民の生命と安全に関わる重大な侵害」と定義されていることに思いを致せば、国連で初めて「拉致問題」が制裁理由になったかのような印象を各委員、そして拉致被害者家族に与えてしまう不適切な答弁なのである。

後述する参議院の拉致問題特別委員会における外務大臣の答弁からも明らかなように、前文には、例えば3月2日に採択された安保理決議第2270号にも「人道上の懸念」と書かれており、今回初めて本文の方に書かれるということで言及が強められただけのことであれば、拉致されて現在北朝鮮にいる人々も含めて、その人権侵害状況が人道上一層懸念されたと言えば足り、あえて日本の主権の問題とも関連する「拉致問題」と表現を変えてまで、拉致問題に対する国際社会の懸念が強まったような印象を与える答弁ぶりは、やはり適切とは言い難い。

次に、公明党の上田勇委員からの追加的な制裁措置によって期待される効果、及び11月30日に採択された安保理決議に基づく制裁の効果についての評価を問う質疑に対し、岸田文雄外務大臣は次のように答弁している[548]。

> 「我が国の独自の措置ですが、委員御指摘のように、これまでも北朝鮮に対して非常に厳しい独自措置を科してきましたが、今回、北朝鮮への人、物、金の流れを規制する措置をさらに拡充強化することといたしました。1つは、再入国禁止の対象の拡大、2つ目として、北朝鮮に寄港した全ての船舶の入港禁止、そして3点目として、資産凍結の対象となる団体、個人を拡大する、こうした内容を含んでいます。こうした厳しい内容、もちろん大きな効果があると思いますが、それに加えまして、この独自措置は、日米韓3か国で緊密に連携し、タイミングを合わせて12月2日に発表いたしました。これは、11月30日の新しい安保理決議2321号の採択後、間を置かず日米韓の緊密な連携のもとに毅然かつ断固たる姿を示す、こういった意味で、強いメッセージという意味でも大きな意味があると思っています。そして、この安保理決議2321号ですが、これは人、金、物の流れを厳しく規制するものですが、これは全会一致で採択されたこと、このことを高く評価したいと思いますし、その中で、北朝鮮の輸入額の約4割を占めると言われる石炭の輸出への上限設定をしたということ、これは非常に効果的で

---

[548] 第192回国会衆議院拉致問題特別委員会第3号（平成28年12月13日）会議録、上田勇委員の質疑に対する岸田文雄外務大臣答弁。

あると考えます。あとは、実効性の確保が重要だということであり、ぜひ安保理に設けられました北朝鮮制裁委員会あるいは専門家パネル、こうした組織とも緊密に連携をしながら実効性の確保に努めていきたい、このように考えております。」(傍点は筆者)

　質問は、経済制裁の効果に関するものであるが、この問いに対しては「厳しい内容、もちろん大きな効果があると思いますが」程度に答えておいて、それよりも、日本の独自措置は、日米韓でタイミングを合わせて12月2日に発表し、11月30日の新しい安保理決議第2321号の採択後、間を置かず日米韓の緊密な連携の下に毅然かつ断固たる姿を示すといった強いメッセージという意味でも大きな意味があると、その意義を強調している。つまり、日本の独自制裁は、その実質的、経済的な効果というよりも、日米韓の連携の下にメッセージとして毅然かつ断固たる姿を示すことに意味があると理解されていたのである[549]。この点は、12月2日の日本の独自制裁の発表後に外務省幹部が「北朝鮮に対し、日米韓の共同歩調をアピールする意義は大きい」と語ったことと平仄が合う[550]。

　しかも、北朝鮮に対するメッセージとしては既に12月2日の官房長官記者会見でなされていること、また、日米韓の緊密な連携の下に毅然かつ断固たる姿を示した点に意義があるとの外務大臣の答弁が、与党である公明党の委員からの質疑に対するものとしてなされたことを考えると、こうした制度設計は国民に対するメッセージとして企図され、この委員会の場でアピールされたものであった可能性は十分あり得る。

　ところが実際に12月2日に発表された韓国、米国の経済制裁の内容を見ると、韓国は北朝鮮の金正恩委員長の最側近ら政権の重要幹部や機関を新たに制裁対象に加えたが、もともと韓国と金融取引をしている北朝鮮の高官はほぼいない状況であり、実質的な影響はない[551]。また、米国は12月2日に北朝鮮の16企業・団体と個人7人を制裁対象とすると発表はしたが、これは独自の経済制裁というより、従来の制裁の対象拡大に過ぎない[552]。日本の場合も独自制裁の項目に目新しさはなく、従来の制裁メニューの対象拡大あるいは強化にすぎない。単独で打ち出すには、制裁内容のアピール度が弱かったのである。

　2016年12月2日の日本独自の経済制裁については、岸田外務大臣の答弁に「日

---

549) 実質的・経済的な効果については、安保理決議第2321号が北朝鮮の石炭輸出について民生用も含め上限を設定するという厳しい対応を行い、しかもその主な輸出先である中国も安保理決議に賛成したので、この安保理決議に基づく経済制裁の方に求めている。

550)『日本経済新聞』「対北朝鮮で独自制裁、日米韓が共同歩調、実効性は中国がカギ」2016年12月3日。

551) 同上。

552) 同上。

米韓の緊密な連携のもとに毅然かつ断固たる姿」を示すとあるように、それ単独の政治的効果というよりも、日米韓３か国連携の姿をアピールしようとするものであり、これらと安保理決議を含めた一連の日本政府の取組みを見るべきなのであろう。第５章の「表２　北朝鮮の主要貿易相手国との貿易総額の推移」（92 頁）で示したように、2016 年の北朝鮮の貿易相手国の占める割合は、日本はゼロ％、韓国は７％に対し、中国が 88％を占めている。北朝鮮の貿易に及ぼす影響としては、安保理決議に中国が積極的に関与し、しかも民生用も含めた石炭輸出にまで対象を大幅に拡大したことの意味は大きい。この安保理決議第 2321 号は前回３月の決議第 2270 号で制裁強化への方向転換の萌芽が見えていたものが、中国のより積極的な関与を得たことにより、民生用の石炭輸出に対しても制限を加えるなど、安保理の経済制裁を大きく強化するものであった。日本独自の経済制裁も、こうした国際連携強化の文脈にあわせて理解することができる。

　この文脈での日本独自の経済制裁においては、北朝鮮に対する経済制裁に協力の姿勢を示す中国に配慮しながら、日米韓の共同歩調をアピールしたのである。つまり、このときの国際連携の意味内容は、１つは安保理決議に中国を取り込んだ形での国連を中心とする連携と、もう１つは北東アジアという地域に特化した日米韓３か国の連携という２段階の国際連携が整った点に特徴があり、日本政府としては、前者には安保理決議に基づく経済制裁で対処し、後者には日本独自の経済制裁で対処する枠組みが構築されたと理解することができるのである。すなわち、このときの日本独自の経済制裁の存在意義について言えば、北東アジアにおける日米韓３か国の独自制裁の発表を揃えることで、３か国の連携枠組みを整える機能を果たした点に求めることができる。さらにこのとき、日本政府の積極的な取り組みの成果として、安保理決議による制裁の理由に拉致問題が初めて明記された形にしたものと理解すべきである。

　次に参議院の方はどうであろうか。第 192 回の臨時会における参議院の拉致問題特別委員会は、2016 年９月 26 日、12 月５日、同月７日及び 14 日の４日間行われ、会議時間の総計は２時間である。１日目は委員長互選と理事選任、２日目は外務大臣及び拉致問題担当大臣の報告を受け散会となっている。３日目は午後１時に開会し、質疑がなされた。質疑は、自民党の塚田一郎委員ほか７名の委員からなされ、その内容は、安保理の制裁決議の実効性は中国の実行いかんにかかっているが、どのように中国に対するのかとの質疑や、北朝鮮向けラジオ放送の政府支援に関するもの、北朝鮮の人権状況をどう国連に訴えていくのかに関するもの、拉致被害者の認定基準に関するものや拉致問題と核・ミサイル問題を切り分けて対応すべきと質すものなどに及び、午後２時 46 分に会議時間１時間 46 分で終了している[553]。４日目は継続調査要

553）第 192 回国会参議院拉致問題特別委員会第３号（平成 28 年 12 月７日）会議録。

求及び委員派遣の決定に係るもので、1分で閉会となっている。
　なお、この12月7日の参議院拉致問題特別委員会における審議の際に、公明党の山本博司委員から、拉致問題を含む北朝鮮の人権問題を安保理決議で初めて明確に取り上げた意義を問う質疑がなされ、岸田文雄外務大臣が答弁したが、その内容は次のとおりである554)。

　「御指摘の決議における人権問題ですが、今回の人権決議では新たに、北朝鮮にいる人々が受けている深刻な苦難に対し深い懸念を改めて表明するとともに、北朝鮮にいる人々の福祉及び固有の尊厳を尊重し確保することの必要性を強調するなどの言及が含まれました。この北朝鮮にいる人々には、我が国を含む各国からの拉致被害者も当然含まれることで関係国の認識は一致をしております。加えて、こうした記述が、従来は前文に書かれていたものが主文に書かれるということで、言及が強められています。これについては、国際社会全体のこの人権問題に対する強い懸念が強く示されたものであると認識をしております。」（傍点は筆者）

　この答弁をどう解釈するかについては、先に詳述したとおりであるが、そもそも「拉致問題」とは日本の主権及び国民の生命と安全に関わる重大な侵害のことであり、山本委員の質疑のように拉致問題そのものが安保理決議に規定されたわけではない。安保理決議では、人権規定の対象については、単に「北朝鮮にいる人々」と規定しているにすぎず、その範囲から特に拉致被害者を除く旨明記されていないので、拉致被害者が含まれることは当然のことであり、あえてここに含まれると強調するほどのことはない。「従来は前文に書かれていたものが主文に書かれるということで、言及が強められています」というのは、そのとおりであるが、ここでも拉致被害者を特別に取り出して記載されているわけではない。安保理決議の本文は「北朝鮮が、北朝鮮にいる人々の福祉及び固有の尊厳を尊重し、確保することの必要性を強調」しているだけである。
　なお、この岸田外務大臣の山本委員の質疑に対する答弁は、12月7日の参議院の拉致問題特別委員会の席上なされたものであるが、答弁自体は今回の安保理決議を「北朝鮮にいる人々」の人権に関するものと捉え、「北朝鮮にいる人々」には「拉致被害者も当然含まれる」と発言するなど、客観的な事実を述べている印象で、内容としては正確である。しかしながら、先述したとおり、この6日後の12月13日に行わ

---

554) 第192回国会参議院拉致問題特別委員会第3号（平成28年12月7日）会議録、山本博司委員の質疑に対する岸田文雄外務大臣答弁。

れた衆議院の拉致問題特別委員会における大西委員の質疑に対する岸田外務大臣の答弁では、「拉致問題を初めとする北朝鮮の人権、人道問題に対する安保理を含む国際社会の強い懸念が示された」と「考えます」と述べるなど、人権の問題を拉致問題に置き換えて答弁しており、この12月7日から13日の間の事情は明らかではないが、答弁のトーンも変わっており、若干適切さに欠ける印象がある[555]。

衆参両院の拉致問題特別委員会では、このように安保理決議や日本独自の経済制裁に関する質疑がなされたが、これらが厳しく糾弾されるということもなく、3日間ないし4日間の日程を終了した。こうして既になされた日本独自の経済制裁の発動は立法府によって是認された。

2 政権と拉致被害者家族会の関係

この頃、拉致被害者家族会の飯塚繁雄代表は、核問題、ミサイル問題は時間がかかるので、日本としては独自の問題である拉致問題に「突出して対応してもらいたい」と訴えている[556]。2016年9月17日、拉致被害者家族会等は「最終決戦は続いている！制裁と国際連携で全員救出実現を！国民大集会」を開催した。集会には全国から約千人の支援者が集まった。また集会に先立ち、拉致被害者家族会は安倍総理と懇談会を持った。集会では政府に対し、核・ミサイル問題と切り離して全拉致被害者救出のための実質的協議を行うよう求め、次の決議を行った[557]。

(1) 北朝鮮は、今すぐ、被害者全員を返せ。全被害者を返すための実質的協議に応ぜよ。
(2) 政府は、核・ミサイル問題と切り離して被害者帰国を先行させるための実質的協議を最優先で実現せよ。
(3) 立法府は、北朝鮮のようなテロ集団を支える活動を我が国で行うことを阻止する新法をつくれ。

---

555) 救う会全国協議会ホームページ、『救う会全国協議会ニュース』、「自民党拉致問題対策本部等が対北朝鮮制裁を議論」、(2016.12.7)。2016年12月7日、自民党では拉致問題対策本部、外交部会、国土交通部会合同会議が開催され、安保理決議及び日本独自の対北朝鮮措置について外務省などから説明を受け、質疑応答がなされた。そこでのやり取りの詳細は不明であるが、外務省から安保理決議の文中の「北朝鮮にいる人々」の中には拉致被害者も含まれるとの説明があった。しかしこれに対し、出席者からこの表現では拉致被害者救出はできないなどの質問が出たという。

556) 『日本経済新聞』「被害者家族会代表『拉致に突出して対応を』」2016年9月4日。

557) 救う会全国協議会ホームページ、『救う会全国協議会ニュース』、「国民大集会開催」、(2016.9.18)。

またこのとき、拉致被害者家族からは「日本国民が拉致されたのだから、政府は国際社会に頼りすぎることなく、主体的に取り組んで欲しい」といった声も聞かれた[558]。
　10月23日には拉致被害者家族会により北朝鮮による拉致問題の解決を訴える集会が開かれ、同会の飯塚繁雄代表は、核実験やミサイル発射が相次ぐ最近の情勢について「非常に複雑になっている。日本政府は被害者を取り戻す実質的な協議をしてほしい」と強調し、「政府はどんな状況でも解決を最優先に考えてほしい」と述べ、拉致問題を核やミサイル問題に劣後させることなく、拉致問題最優先の姿勢を政府に求めている[559]。
　12月2日には日本独自の経済制裁が発表されたが、同月9日には、「激動する南北情勢の中で拉致問題を考える国際セミナー」が拉致被害者家族会等の主催で開催された。拉致被害者家族会の飯塚繁雄代表は、冒頭の挨拶で、

（1）「何で早く解決できないのか。早くしろ」という声がよく聞かれるようになった。
（2）安保理の制裁決議やさらにきつい制裁をしようとの決定もなされたが、やはり北朝鮮がどういう状態になったら交渉に臨むのか、実質的協議にどうやったら引っ張り出せるのかが鍵である。
（3）制裁を課したからこれでいいということではなく、制裁がどれだけ効果があるのかを検証しながら、チャンスを捉えて、長引かせないようにしてほしい。

と発言した[560]。
　翌2017年1月15日には、政府や広島県などが主催した「拉致問題を考える国民のつどい」が広島市で開催された。そこで拉致被害者家族会の飯塚繁雄代表は交渉に進展が見られないことに焦燥感を示し、「政府には問題を早く解決するという大きな意志と決断が必要だ」と語気を強めた[561]。さらに飯塚代表は「どんな手段を取ろうとも被害者が帰ってくればいい。極端な話、1人3億、2億払ってでも帰ってくればいい」とも話し、経済支援も視野に協議の可能性を見出すべきとの考えを示した[562]。2017年2月、拉致被害者家族会は「政府は拉致問題を最優先とし今年中にすべての被害者を救出せよ！全被害者救出のための実質的協議を行え！」とする新運動方針を定める。

---

558)『日本経済新聞』「拉致被害者救出『力を尽くして』家族ら集会で訴え」2016年9月18日。
559) 同上、「拉致家族代表『実質的な協議を』、東京の集会で訴え」2016年10月24日。
560) 救う会全国協議会ホームページ、『救う会全国協議会ニュース』、「激動する南北情勢の中で拉致問題を考える国際セミナー報告1」、（2016.12.12）。
561)『日本経済新聞』「『北朝鮮に強く向き合って』、広島で拉致問題の集い」2017年1月16日。
562) 同上、「拉致問題の解決、経済支援考えて、埼玉の集会で家族訴」、2017年1月30日。

そのうち、経済制裁に関係する部分は次のとおりである[563]。

- 昨年、北朝鮮に対し政府は厳しい制裁を実施し、国際社会も国連安保理制裁と米韓などが独自制裁を実行した。私たちは、核とミサイル問題の中で拉致被害者救出が後回しになってしまうのではないかという危機感を持ち、拉致問題と核・ミサイル問題を切り離して被害者救出に最優先で取り組んで欲しいと政府に求めた。
- 安倍総理は9月17日の国民大集会直前、家族会と面談し「安倍政権にとって拉致問題の解決は最優先課題だ。『対話と圧力』、『行動対行動』の原則にのっとって、北朝鮮が拉致問題を解決しなければみずから未来を切り開いていくことはできないと認識させ、解決に向けて全力を尽くしていく」と決意を語った。
- 今なすべきことは、北朝鮮との間で、全被害者を返すなら日本は、かけた制裁を下ろすことができることなどを見返り条件として実質的協議を持つことである。
- 日本政府は全貿易の禁止や人道支援の停止など国連制裁よりも相当厳しい独自制裁をかけている。これは拉致問題が理由でかけられた制裁だ。したがって、全被害者が帰ってくるならこの部分の制裁は解除できる。制裁はかけるときと下ろすときの2回使える。まさに制裁を下ろすことを見返り条件として被害者救出のための実質的協議ができる段階に入った。
- 全被害者一括帰国なしに制裁を一部でも下ろすことはあってはならない。
- 国家犯罪、主権侵害である拉致問題の解決なくして制裁解除や人道支援再開などはあり得ない。
- 日本政府に、制裁と国際連携を背景にして実質的協議を持ち、全被害者を最優先で救出することを求める。
- 家族会は安倍総理との面会を求める。具体的には以下の運動を進めることとする。
    - 米国を始めとする各国政府が北朝鮮により強い圧力をかけるように、日本政府の一層の外交努力を求める。
    - 拉致問題を理由とした追加制裁を求める運動を継続する。
    - 金融制裁を可能にするいわゆる「日本版テロ国家指定制度」の拡充強化を求める。

この会議後の記者会見で飯塚代表は、「25年、30年の節目はあり得ない。国会議員はその気になってやっているのか疑問だ。安倍晋三首相に会い、いつまでに解決す

---

[563] 救う会全国協議会ホームページ、『救う会全国協議会ニュース』、「家族会・救う会新運動方針（最終版）」、（2017.2.19）。

るつもりなのか追及したい」と述べている[564]。

その後 2017 年 4 月 23 日、「拉致問題を最優先として今年中に全被害者を救え！国民大集会」が開催された。集会には全国から約千人の支援者らが集まった。安倍総理は集会に先立ち家族会メンバーらと懇談会を持ち、そして大集会冒頭の挨拶では「私が司令塔となり、北朝鮮に早期解決の決断を迫る」と発言した。採択された決議文は以下のとおりである[565]。

（1）北朝鮮は、今すぐ、拉致被害者全員を返せ。全被害者を返すための実質的協議に応ぜよ。
（2）政府は、核・ミサイル問題と切り離して全被害者救出のための実質的協議を最優先で実現せよ。協議では全被害者帰国の見返り条件として独自制裁解除などを使え。
（3）北朝鮮が全被害者を返す決断を渋る場合に備えて、政府と国会は、新法制定なども含むより強い独自制裁をかける準備をせよ。地方自治体は、朝鮮学校への補助金廃止、朝鮮大学校などの各種学校認可の再検討を行え。

この集会の席上、拉致被害者家族の一人は「何もできなかった 40 年は国家の恥。これ以上、恥をさらさないさないで」と強調している[566]。

日本独自の経済制裁についての拉致被害者家族会の主張を見ると、以前はその発動を強く求めるものであったが、2016 年後半以降は、例えば 12 月 9 日の「激動する南北情勢の中で拉致問題を考える国際セミナー」で拉致被害者家族会の飯塚繁雄代表が、制裁を課したからそれでいいということではなく、制裁がどれだけ効果があるのかを検証しながら、チャンスを捉えて、長引かせないようにしてほしいと主張するように変化してきている[567]。さらには 2017 年 4 月 23 日の国民大集会で決議されたように、拉致問題を核・ミサイル問題と切り離して実質的協議を最優先で実現すべしとし、協議では全被害者帰国の見返り条件として独自制裁解除を使えなどと主張する

564）『日本経済新聞』「拉致被害者救出『今年中に』、家族会」2017 年 2 月 20 日。
565）救う会全国協議会ホームページ、『救う会全国協議会ニュース』、「拉致を最優先に、今年中に救出を―国民大集会開催」、（2017.4.24）。
566）『日本経済新聞』「拉致家族『年内帰国を』、結成 20 年、早期救出求め集会、年重ね『もう待てない』」2017 年 4 月 24 日。
567）救う会全国協議会ホームページ、『救う会全国協議会ニュース』、「激動する南北情勢の中で拉致問題を考える国際セミナー報告 1」、（2016.12.12）。

ようになった[568]。

　2016年12月2日に発表された日本独自の経済制裁との関係で言えば、拉致被害者家族会からは特別に反対する主張はないのはもちろんであるが、これを大いに歓迎するという声も聞かれず、拉致問題がまったく前進しない状況にあって、むしろその後の主張を見ると、政府の制裁実施については様々な注文をつけるようになっており、表面上は政府との関係は良好な状態を保ちながらも、例えば、安倍首相に会い、いつまでに解決するつもりなのか追及したいと述べるなど、厳しい語調で政府の拉致問題に対する取組みを批判するようになっている。

3　政権と国民一般の関係

　2016年9月9日の北朝鮮による核実験を受けて、国民から危機管理対応を期待され、内閣支持率が急上昇した安倍内閣であったが、その後の12月2日の日本独自の経済制裁発表までの3か月弱の期間、制裁発動等の危機管理対応をとることもなく過ごしたが、発表前後の期間の安倍内閣の支持率を見ると、表8のとおりである。

表8　安倍内閣の支持率（2016年9月調査から2017年3月調査）

	9月調査	10月調査	11月調査	12月調査	1月調査	2月調査	3月調査
支　持	58%	60%	58%	64%	66%	60%	62%
不支持	32%	27%	30%	26%	26%	30%	30%

出典：日本経済新聞社の緊急世論調査・世論調査に基づき筆者作成[569]。

　この時期の安倍内閣の支持率は大きな傾向として見ると、6割前後の支持、3割前後の不支持という高い水準の支持率を維持して長期安定状態にあった。特に12月調査では支持率が64%になり、11月調査より一気に6ポイント上昇した。これは2013年10月以来、3年2か月ぶりの高水準となる。このとき12月27日から28

---

568) 救う会全国協議会ホームページ、『救う会全国協議会ニュース』、「拉致を最優先に、今年中に救出を―国民大集会開催」、（2017.4.24）。

569) 調査期間は「9月調査」は2016.9.23〜25、「10月調査」は10.28〜30、「11月調査」は11.25〜27、「12月調査」は12.28〜29、「1月調査」は2017.1.27〜29、「2月調査」は2.24〜2.6、「3月調査」は3.24〜26。一部を「支持率を追う―日経世論調査アーカイブ―」、https://vdata.nikkei.com/newsgraphics/cabinet-approval-rating/ で補足した。

日の間、安倍総理は米国の真珠湾を訪問している[570]。この真珠湾訪問を「評価する」と答えた人が84％に上ったが、真珠湾訪問の時期と一部重なる時期に行われた12月調査では、これが内閣支持率を押し上げる要因になったと分析されている[571]。1月調査も支持率は66％と、引き続き高い水準を維持している。

個別に見ていくと、2016年の9月調査はリオデジャネイロ五輪などを追い風に上昇したその前月の調査から戻した形であったが、依然高水準であった。しかし、安倍内閣の経済政策であるアベノミクスに対しては、「評価する」は38％、「評価しない」は45％で、危うい状態であった[572]。

10月調査では支持率は、前回調査より2ポイント高い60％でほぼ横ばいである。これに対し不支持率は5ポイントも下がって27％である。環太平洋経済連携協定（Trans-Pacific Partnership Agreement: TPP）の当時の国会での承認に「賛成」は38％、「反対」は35％で拮抗している。自民党が「連続2期6年」という党総裁任期を「連続3期9年」に延長することについては「賛成」と「反対」がともに42％で拮抗した[573]。

11月調査では、安倍内閣が進める経済や外交の重要政策で国民の理解が浸透していない現状が浮き彫りになった。政府・与党が、当時行われていた臨時会の会期を延長して成立を目指していた国民年金法改正案やTPPには反対も目立つ。外交に関しては、政府が南スーダンにおける国連平和維持活動（Peacekeeping Operations: PKO）に参加する陸上自衛隊に新たな任務として「駆けつけ警護」を付与したことについて、「反対」が45％で、「賛成」の41％を上回った[574]。

12月調査では内閣支持率が64％になり、11月調査より6ポイント上昇した。総理の真珠湾訪問が内閣支持率を押し上げた要因であることは、先に述べたとおりである[575]。

2017年1月調査では内閣支持率は66％で、前回調査からほぼ横ばいであった。こ

---

570) 外務省ホームページ、「安倍総理大臣のハワイ訪問」、https://www.mofa.go.jp/mofaj/na/na1/us/page3_001940.html。

571)『日本経済新聞』「内閣支持率64％に上昇、真珠湾慰霊『評価』84％（本社世論調査）」2016年12月30日。

572) 同上、「配偶者控除『賛成』53％、内閣支持、58％に下落（本社世論調査）」2016年9月26日；同上、「蓮舫代表に『期待』51％、民進幹事長に野田氏、49％『評価せず』、次期衆院選で野党『共闘すべき』23％（本社世論調査）」2016年9月26日。

573) 同上、「TPP『今国会で』38％、早期承認、反対、35％と拮抗（本社世論調査）」2016年10月31日；同上、「自民総裁の任期延長、賛否が拮抗、衆院解散いつすべき、『1月』11％（本社世論調査）」2016年10月31日。

574) 同上、「重要政策、理解に課題、年金法案に反対57％、TPP賛否なお拮抗、駆けつけ警護、反対45％（本社世論調査）」2016年11月28日。

575) 同上、「内閣支持率64％に上昇、真珠湾慰霊『評価』84％（本社世論調査）」2016年12月30日。

のとき韓国の釜山にある、いわゆる慰安婦問題を象徴する少女像設置問題をめぐって、日本政府は対抗措置として駐韓大使を一時帰国させている[576]。この点に関して「支持する」が72％に上り、「支持しない」は18％であった[577]。しかし、駐韓大使の一時帰国に対する高い支持は、内閣支持率の上昇要因として具体的に数字に表れていない。

2月調査は、トランプ米大統領就任後初めての日米首脳会談があったにもかかわらず、内閣支持率は前回調査と比較して6ポイントも下がって、60％となった。不支持率は逆に4ポイント上がって30％である。日米首脳会談については「評価する」と答えた人が58％と、「評価しない」の28％を大きく上回った。また日米首脳会談の共同声明で、沖縄県の尖閣諸島が米国の防衛義務を定めた日米安全保障条約の適用対象であると明記したことについて「評価する」が69％、「評価しない」は17％であった[578]。しかし、内閣の支持率は依然高い水準にあるものの低下し、逆に不支持率は上昇した。

3月調査については、内閣支持率は62％で前回と比較してほぼ横ばいであった。不支持率は前回と同じ30％である。学校法人「森友学園」に対する国有地売却問題をめぐり、それまでの政府説明に「納得できない」と答えた人は74％で、「納得できる」の15％を大きく上回った。政府説明に「納得できない」と答えた人は、内閣不支持層では95％、内閣支持層でも65％に達している[579]。

日本独自の対北朝鮮経済制裁と、この時期の内閣支持率の関係を考察すると、日本独自の対北朝鮮経済制裁がこの時期の内閣支持率に及ぼした影響は定かではない。日本独自の経済制裁は12月2日に官房長官記者発表によりアナウンスされ、先述のとおり、12月28日から29日に行われた世論調査では内閣支持率が64％になり、11月調査より6ポイントも上昇した。しかし、これは日本独自の経済制裁の効果によるというより、先述のとおり、12月27日から28日の安倍総理の真珠湾訪問を「評価する」と答えた人が84％に上ることから、このことが内閣支持率を押し上げる要因になったものと分析されている。

日本独自の対北朝鮮経済制裁について、もう少し長い期間で評価して見ると、独自の経済制裁については2016年9月9日の北朝鮮の核実験直後から、危機対応を内閣に期待する要請が強まり、これらを受けて、安倍政権は制裁発動に向けて検討す

---

576) 外務省ホームページ、「在釜山日本国総領事館前の少女像設置に対する我が国の措置」、https://www.mofa.go.jp/mofaj/press/release/press1_000130.html。

577) 『日本経済新聞』「駐韓大使の一時帰国、支持72％、日韓関係『今後も不変』53％（本社世論調査）」2017年1月30日。

578) 同上、「日米首脳会談『評価』6割、内閣支持率、6ポイント低下の60％（本社世論調査）」2017年2月27日。

579) 同上、「森友問題、政府説明『納得できず』74％、内閣支持率横ばい（本社世論調査）」2017年3月27日。

る旨、記者会見や衆参両院など様々な場でアナウンスしてきた経緯がある。こうしたアナウンスの効果は 12 月 2 日の官房長官記者会見を待つまでもなく、その 2 か月あまり前の 9 月中旬から既に生じていたものと考えるべきである。

　そもそも本論文では、先述のとおり、経済制裁のシンボリックな側面に着目し、日本独自の経済制裁を分析対象とするものであり、「日本独自の」と言う場合の「独自性」についても、主観的にそう表現された点を重視するものである。その意味で、突き詰めて考えると、実際に制裁が発動されていなくても、発動する旨のアナウンスが公式になされれば、そのアナウンスに政治的な意味合いを認めることは十分可能であり、ここに日本独自の経済制裁のアナウンスによる政治的効果が生じることになるのである。

　9 月 9 日から行われた読売新聞社の全国世論調査では、北朝鮮に対する制裁を「強めるべきだ」とする人が 81％に上り、こうした声を背景に、国際社会と連携して対処する安倍内閣に対する期待が高まり、内閣支持率も 8 月調査時と比較して 8 ポイントも上昇し、62％になっている[580]。その後、9 月 26 日の臨時会において衆参両院の本会議場で「毅然かつ断固として対応する」という政府の姿勢を発信したことは、国民の負託にしっかりと応える内閣の姿をアピールするものであり、この時点での政治的効果は一定程度あったと考えられ、この段階で既に内閣に対する評価を上げることはあっても、決して悪い評価には繋がっていないと考えることができる。

　また、このときの日本独自の対北朝鮮経済制裁は、制裁メニューに行き詰まりがある中で、その制裁内容よりも、日米韓の連携を強調することをアピール・ポイントとして制度設計されたと考えることができるが、こうした努力に対する高評価については、総理の真珠湾訪問の高評価に埋没してしまった感はあるが、少なくとも支持率を引き下げる方向には作用していないと評価してよい。

　そもそも翌 2017 年の 2 月調査に見るように、トランプ大統領との日米首脳会談を「評価する」と答えた人が、「評価しない」を大きく上回り、また、その共同声明で尖閣諸島を安全保障条約の適用対象である旨明記したことについて、「評価する」が、「評価しない」を大幅に上回ったにもかかわらず、内閣支持率は低下し、逆に不支持率は上昇している[581]。

　このように、外交関係や安全保障事案についての高評価は内閣支持率を必ずしも上昇させるとまでは言い切れない。しかし外交関係や安全保障事案についての高評価は、それが政権に対する肯定的な評価であるが故に、当然であるが内閣支持率という

---

[580] 『読売新聞』「内閣支持率上昇 62％」2016 年 9 月 13 日。

[581] 『日本経済新聞』「日米首脳会談『評価』6 割、内閣支持率、6 ポイント低下の 60％（本社世論調査）」2017 年 2 月 27 日。

数字にとってマイナスには作用していないものと考えるべきであり、むしろ外交関係や安全保障事案についての政権に対する高評価は、内閣支持率が別の要因でもっと急激に低下するところを、下支えしたものと評価することができるのである。つまり、2017 年 2 月調査における内閣支持率低下と不支持率の上昇は、外交関係や安全保障事案とは別の要因によるものと考えられる。

　次に、衆議院議員総選挙及び参議院議員通常選挙についてであるが、日本独自の経済制裁が発動された 2016 年 12 月以降、直近の選挙は翌年の 2017 年 10 月 22 日の第 48 回衆議院議員総選挙になってしまう。この第 48 回衆議院議員総選挙の結果は、既述のとおり、自民党は公示前議席と変わらず、公明党は公示前議席 35 を 29 議席に減らし、一方、立憲民主党は公示前議席 15 を 55 議席に伸ばし、希望の党は公示前議席 57 を 50 議席に減らしている。

　一方、参議院議員の方は、第 25 回通常選挙がさらに後の 2019 年 7 月 21 日に行われている。本事例 3 の日本独自の経済制裁との関係はほとんどないと考えるが、参考までに結果を示すと、自民党は改選議席 66 を 57 に減らし、単独過半数を維持できなかった。公明党は改正議席 11 を 14 に増やした。一方、立憲民主党は改選前の 9 議席を 17 議席に伸ばし、国民民主党は改選前の 8 議席を 6 議席に減らしている。

第 3 節　北朝鮮の反応

　北朝鮮外務省は、日本独自の経済制裁に対しての談話ということではなく、国連の安保理決議採択に対する談話として 12 月 1 日、「主権を侵害する行為だ。糾弾し全面排撃する」と非難する談話を発表した。談話では、核実験は「敵対勢力の核の脅威と制裁騒動に対する対応措置の一環だ」と主張し、「核の脅威には核で対応する」と指摘した[582]。また、金正恩委員長はこの日、韓国のソウルや延坪島(ヨンピョンド)などを攻撃目標とする朝鮮人民軍の砲兵部隊の演習を視察した[583]。

　12 月 22 日には、北朝鮮外務省は、北朝鮮の核実験を受けた安保理の制裁決議は朝鮮戦争の休戦協定に違反している旨批判する談話を発表した[584]。23 日には金正恩委員長は「全党初級党委員長大会」で、核開発と経済建設を同時に進める「並進路線」の正当性を強調し、安保理決議や日本独自の経済制裁は北朝鮮の「戦略的地位」の高まりを恐れる勢力が仕立て上げたもので、「我々の勝利の最も明白な証明だ」と主張

---

582)　『日本経済新聞』「北朝鮮『主権を侵害する行為』、安保理決議受け」2016 年 12 月 2 日。
583)　同上、「北朝鮮、韓国攻撃目標の演習視察」2016 年 12 月 3 日。
584)　同上、「北朝鮮、国連制裁決議は『違反』」2016 年 12 月 23 日。

している[585]。

第4節　3つの事例分析についての整理

　日本独自の経済制裁について、これまで3つの事例を取り上げ、国内政治アプローチの立場に立ち、その政治的効果について解明を試みてきた。
　日本独自の経済制裁は政策手法の1つでもあるが、本節では、経済制裁の有するシグナリング機能などを考慮し、その発動について、国内のアクターに向けて政権が何らかの姿勢を示し、政治的に働きかけ、そして国内における政治的効果を発揮していくという基本的な構造を枠組みとして設定し、整理していく。すなわち、ここでの整理の視点として、まずは政治的にアピールする際に示した（1）「政権の示した姿勢」、次いで制裁は立法府や利益団体、国民一般の要請に引き摺られて発動したのか、あるいは反対に政権側がこれらに能動的に仕掛けて発動したのかに関わる（2）「制裁発動の要因ないしその原動力」、そして（3）「政治的効果」についての評価という3つ視点を設定して、各事例について整理する。その内容は次のとおりである。

1　「政権の示した姿勢」

　事例1における「政権の示した姿勢」は、初の核実験に成功した北朝鮮に対する非難の姿勢であり、また、拉致問題を自身の手で解決しようとする強い政権の決意である。事例2における「政権の示した姿勢」は、迅速に対応する危機管理の姿であり、短期間に核実験及びミサイル発射を繰り返す北朝鮮に対する非難の姿でもある。制裁メニューの内容より、むしろ北朝鮮の脅威に対し「毅然かつ断固たる措置」をとる姿勢を示し、迅速に危機管理に当たるイメージを国民にアピールした。事例3における「政権の示した姿勢」は、北朝鮮の核実験に対し、国際連携の下に「毅然かつ断固とした」対応であり、拉致、核、ミサイルといった諸懸案の包括的な解決を図るため、国際協調の下、安保理決議に基づく措置に加え、強化された日米関係を基軸として北東アジアにおいて米国及び韓国とも国際的に協調して対処する姿である。

---

585)『日本経済新聞』「金正恩氏、核開発の正当性強調」2016年12月25日。

2　「制裁発動の要因ないしその原動力」

　事例1の「制裁発動の要因ないしその原動力」は、国会決議や議員の要請、そして拉致被害者家族会の制裁を求める声を背景に、むしろ政権として自ら率先して北朝鮮に対して強い姿勢をとろうとした結果であった。そこには制裁発動に消極的であった小泉前政権との違いを強く打ち出し、拉致被害者家族会に対し「強く」アピールする姿勢もある。事例2の「制裁発動の要因ないしその原動力」は、国会の決議や拉致被害者家族会の要請に押されたということではなく、政権側が危機管理に迅速に当たる姿勢を能動的にとろうとした結果であった。事例3の「制裁発動の要因ないしその原動力」は、安定した高支持率を基盤として、自民党の動きと連動して、政権側が安保理決議の採択に向け、国際協調の取組みを行い、その流れの中で、日米関係を基軸にして北東アジアにおいて日米韓連携という枠組みをつくり、日本独自の経済制裁を能動的にとろうとした結果であった。

3　「政治的効果」

　事例1の「政治的効果」については、日本独自の経済制裁発動によるアピールに対し、国会側はこれを受容し、また拉致被害者家族会も大いに評価した。しかし逆に以後、内閣支持率は急落したが、このことが示すように、日本独自の経済制裁発動と内閣支持率の間には数字の上では相関関係は認められない。事例2の「政治的効果」は、日本独自の経済制裁発動により北朝鮮の脅威に対し、速やかな危機管理対応を国民に対してアピールしたことである。このとき政権側は国会決議を待って制裁を発表するなどきめ細かい配慮を行った。また、この制裁発動に際し、事前に拉致被害者家族会の了解を得るなどの対応をとったことで、表面的には厳しい批判も見当たらない。しかし、内閣支持率はやはり数字の上では上昇することもなく、ここでも独自制裁と内閣支持率の間に顕著な相関関係は認められない。

　この事例1及び事例2の政治的効果に関してさらに言えば、それぞれ北朝鮮による拉致事件それ自体に対する国民の憤り、あるいは再調査に関する北朝鮮の不誠実な対応に対する国民の不満というものが背景に存在しており、こうしたナショナリスティックな政治的要求に、政権が的確に応じたという意味での政治的効果も認めることができる。

　事例3の「政治的効果」については、このときの日本独自の経済制裁はそれ単独の政治的効果というよりも、安保理決議を含めた一連の日本政府の取組みに対する国内政治への効果を見るべきである。そうした視点で見ると、衆参両院の拉致問題特別委員会を含め、国会は日本独自の経済制裁を受け入れたと見てよい。しかし、拉致問

題が解決に向けて進展しない中で、拉致被害者家族会からは、制裁を課したらそれでよいというわけではなく、その効果検証や実質的協議を求める声が出るなど厳しい批判の声が聞こえるようになる。また、内閣支持率は12月には上昇するが、これは安倍総理の真珠湾訪問によるものと分析されている。

3つの事例を通じて、日本独自の経済制裁については内閣支持率の相関関係は数字の上では確認することができない。しかし、日本独自の経済制裁は、それ自体は高評価を得ているのが実際のところであり、日本独自の経済制裁が「毅然かつ断固たる措置」として国会等でアナウンスされていることと相俟って、発動により制裁としてのシグナリング機能を発揮させ、「毅然かつ断固たる」政権のイメージ形成に寄与し、内閣支持率を下支えした面は否定できない。

第5節　小括

本節では第9章のまとめとして、2016年12月2日発表の日本独自の経済制裁の国内における政治的効果及び3事例を整理した分析結果を小括する。

まず本事例3の、2016年12月2日発表の独自制裁についてであるが、日本政府は同年9月の北朝鮮の核実験を受け、11月の対北朝鮮制裁を定める安保理決議採択後、12月に日米韓連携の下、独自の経済制裁の発動を同時発表した。これは前2事例と比較して制裁発動に時間がかかり、しかも安保理決議後に発動された点に特徴がある。小泉前政権との違いを打ち出した事例1、迅速な危機管理としての事例2とは際立った違いである。

北朝鮮に対する経済制裁の遅れは、中国の協力が制裁の実効性確保に不可欠な状況下で、その調整に時間をとられた結果であったが、それを可能にしたのは盤石な内閣の高支持率であった。逆に言えば、安定した高支持率であったが故に安倍政権としては、迅速な独自制裁の発動を必要としなかったのであり、加えて言えば、それを促すほどの強いナショナリスティックな政治的要求も政権は感知しなかったのであろう。

政権の示した姿勢は、北朝鮮に対し「毅然かつ断固とした[586]」対応であり、拉致、核、ミサイルといった諸懸案の包括的な解決を図るため、安保理決議に加え、米国及び韓国とも国際的に協調して対処する姿である。制裁メニューについては既に広範囲にわたる措置をとっており、制裁メニューに新しさを求めるのが困難な中で、内容よりも、安保理決議や米韓との連携といった国際連携の枠組みをつくり、国民に政治的にアピールした。日本独自の経済制裁はメニュー自体に新規性はなく、日米韓の3か国連

---

586) 第192回国会衆議院本会議第1号、平成28年9月26日の決議採択後の安倍総理の発言。

携をアピール・ポイントにせざるを得なかったのである。また日本政府の積極的な働きかけで、安保理決議に拉致問題が制裁理由として初めて明記された形にして拉致被害者家族を始め国内向けにアピールした。

「制裁発動の要因ないしその原動力」に関しては、自民党の反応は速かったが、こうした動きに押されたというより、これと連動して政権が安保理決議の採択に向け働きかけ、その流れの中で、日本の独自制裁を能動的に活用して、北東アジアにおいても日米韓連携という地域に特化した枠組みをつくろうとした結果であった。これは前２事例と比較すると、制裁発動の契機が国内で現実に生起した政治的要請とは直接的な関係にない、という点でやや性格を異にする面があるが、こうした対応を可能にしたのも盤石な政権基盤であった。

つまり、前２事例においては北朝鮮による拉致事件それ自体、あるいは再調査に関する北朝鮮の不誠実な姿勢に対する憤りというナショナリスティックな国民感情が存在し、この国民感情に現実的に応えなければならないという国内政治向けの要請が厳然と存在していたが、事例３では政権基盤が盤石であったということに加え、政権としては速やかに応じなければならない程のこうした国内向けの強い政治的要請の存在を感じていなかったということなのである。

「政治的効果」については、2016年12月2日発表の独自制裁単独の効果というよりも、その直前に出された安保理決議を含めた一連の日本政府の取組みとしての国内における政治的効果を見るべきである。安保理を舞台とした米中協調の流れの中で、日本政府は独自の経済制裁を、それとは別の舞台である北東アジアにおける日米韓の共同歩調のツールとしてアピールした。これに対しては、衆参両院の拉致問題特別委員会を含め国会は受け入れたと見てよいが、拉致被害者家族会からは、制裁を課したらそれでよいというわけではなく、その効果検証や実質的協議を求める厳しい声が出ている。拉致被害者の一部帰国から既に14年が経過し、この間、制裁を継続しているにもかかわらず問題が未解決の状況にあっては、制裁発動のみのアピールで拉致被害者家族会の要請を充たすことは難しい。

日本独自の経済制裁と内閣支持率の間には、数字の上では具体的な相関関係は認められない。しかし、経済制裁の有するシンボリックな機能を考慮すると、日本独自の経済制裁が「毅然かつ断固たる措置」をとる政権のイメージづくりに寄与し、内閣支持率を下支えした面は否定できない。

このときの日本独自の経済制裁の存在意義については、安保理決議という国連の一般的なレベルでの枠組みとは別のレベルで、日本、米国、韓国の３国が北東アジアに特化した地域的な国際連携の枠組みを設定し、独自制裁を揃って発表することで、北朝鮮に対して「毅然かつ断固とした」姿勢を積極的に示した点に、その政治的意義を見出すことができる。

またそれは同時に、日米同盟を基軸とした日米韓の枠組みという地域に特化した国際連携づくりの姿勢を国民にアピールするものでもあった。この点で、前２事例の日本の独自制裁が、国内で生じた具体的な政治的要請に直接的に応じる関係にあったこととは性格を異にしている。
　３つの事例分析の整理については、政治的にアピールする際に示した「政権の示した姿勢」、「制裁発動の要因ないしその原動力」、「政治的効果」の３つ視点を設定して整理した。
　まず「政権の示した姿勢」については、事例１は初の核実験に成功した北朝鮮への非難の姿勢であり、また、拉致問題を自身の手で解決しようとする政権の強い決意である。事例２は迅速に対応する危機管理の姿であり、短期間に核実験とミサイル発射を繰り返す北朝鮮に対する非難の姿でもある。事例３は北朝鮮の核実験に対し、国際連携の下での「毅然かつ断固とした」対応であり、拉致、核、ミサイルといった諸懸案の包括的な解決を図るため、国際協調の下、安保理決議に基づく措置に加え、米韓と国際的に協調して対処する姿である。
　次に「制裁発動の要因ないしその原動力」については、事例１は、議員の要請や拉致被害者家族会の声を背景に、政権として自ら率先して北朝鮮に対して強い姿勢をとろうとした結果であり、前政権との違いを打ち出す面もあった。事例２は、国会決議や拉致被害者家族会の要請に押されたということではなく、政権が危機管理に迅速に当たる姿勢を能動的にとろうとした結果であった。事例３は、盤石な政権基盤を基礎として、政権が安保理決議の採択に向け、国際協調の取組みを行い、その流れの中で北東アジアにおいても日米韓連携の形成に向け独自制裁を能動的に活用した結果であった。同時に、事例３には国内の政治課題からやや離れて国際協調型に回帰する発想も見ることができる。
　「政治的効果」については、事例１は、日本独自の経済制裁発動に対し国会側は受容し、また拉致被害者家族会も大いに歓迎した。また、政権発足後、内閣支持率は急落していくが、世論調査によれば日本独自の制裁それ自体は国民の高評価を得ている。このとき、独自制裁発動と内閣支持率の間に数字上は相関関係は認められない。事例２は、日本独自の経済制裁発動により、北朝鮮の脅威に対する速やかな危機管理対応を国民にアピールしたが、国会決議を待って制裁を発表するなどのきめ細かな配慮により国会側は受容し、拉致被害者家族会からも一応の理解は得た。しかし内閣支持率は上昇せず、独自制裁と内閣支持率の相関関係は数字の上では認められない。この事例１及び事例２について加えて言えば、北朝鮮による拉致事件それ自体、あるいは再調査に関する北朝鮮の不誠実な対応への憤りというナショナリスティックな国民感情に応じたという政治的効果も見出すことができる。事例３は国際協調を目指す文脈で発せられており、独自制裁それ単独の政治的効果というよりも、安保理決議を含めた

一連の日本政府の取組みについての国内における政治的効果を見るべきである。拉致問題特別委員会を含め、国会はこの独自制裁を受容したと見てよい。一方、拉致被害者家族会からは、厳しめの声が出ている。このときの独自制裁についても、内閣支持率を具体的に押し上げたという相関関係は数字上確認することができない。しかし日本の独自制裁は、それ自体は高評価を得ているのが実際のところであり、また、日本独自の経済制裁が「毅然かつ断固たる措置」として国会等でアナウンスされていることに鑑みると、日本独自の経済制裁が「毅然かつ断固たる」政権のイメージづくりに寄与し、内閣支持率を下支えした面は否定できない。

第10章
政治的文脈における日本独自の経済制裁の政治的意味合いと次なる課題

　本章では、日本独自の経済制裁の各事例についてのこれまでの個別の分析結果を踏まえ、これら一連の日本独自の経済制裁を総体として見た場合、日本独自の経済制裁には政治的な意味でどのような効果があったのかについて見ていきたい。

　2000年代初頭の国内政治状況を見ると、北朝鮮による拉致問題に対する対処に加え、北東アジアの安全保障環境を踏まえ、日米同盟の存在意義が政権によってクローズ・アップされ、そこにおける日本独自の経済制裁の果たした政治的効果の把握が課題として浮上する。日本独自の経済制裁は、こうした状況下で日本国内において政治的にどのような意味合いを有し、効果として何を変えたのであろうか。特に日本独自の経済制裁の有するアナウンス効果、あるいはシグナリングの作用によって、日本独自の経済制裁はこの時期の日米関係の強化などを始めとする政治的な文脈の中でどのように政権の印象形成に寄与したのであろうか。

　以下、当時の国内における政治的文脈を確認し、その上で、日本独自の経済制裁としてどう対応し、その結果、ナショナリスティックな国民からの要請に応じながらも、日米関係強化などの政治的な文脈の中で何が達成されたのかについて順次見ていきたい。

　またその上で、これまで各事例等を多角的に分析し、考察を試みてきた過程で、日本独自の経済制裁に関する研究課題が得られたので、次なる課題として3点に整理し、第3節で提示する。

第1節　国内における政治的文脈

　日米関係の強化を始めとする当時の政治的文脈における日本独自の経済制裁の国内における政治的効果を分析する前提として、まず小泉政権登場までの日米同盟の変遷を概観し、次に2001年からの小泉政権の、日米同盟に関する政治状況を含めた政治的文脈を概観し、その後2006年からの安倍政権のおかれた政治的文脈を見ていく。

1　小泉政権成立までの日米同盟の変遷

　まず日米同盟であるが、その起源は周知のとおり、1951年9月8日にサンフランシスコの米軍施設で署名された旧日米安全保障条約にあるが、これは敗戦後、独立を失ったままの日本が、占領者であった米国との間で締結したものであって、日本にとって不利な点を含んでいた[587]。この欠陥を修正したのが1960年のいわゆる安保改定で成立した新安保条約であった。日米関係はこの条約を基本に展開し、日米の同盟関係は日本外交の基軸となっていく。

　その後、日米安保体制にとって冷戦終結が1つの転機になる。日本国民にとっては米軍基地が国内に維持されることの利益がソ連の脅威の消滅で分かりにくくなっており、基地負担がむしろ目立ち、米国の方が日米安保体制から一方的に利益を受益しているのではないかとの不満が高くなった。一方、米国民には、在日米軍の戦略上の価値が分かりにくくなり、日本が軍事的保護に一方的にただ乗りしているといった認識が広がりやすい状況になった[588]。

　また、日米の政府関係者は1994年の第1次北朝鮮核危機の経験を踏まえ、米国が日本周辺で地域紛争を戦うことになった場合に、日本は集団的自衛権を行使できないため、米国に協力することができるのかといった不安感を抱くようになる[589]。こうした状況を受けて、日米両国は、1994年秋から始まり1996年4月の日米安保共同宣言で一段落した日米同盟再定義の過程の中で、日米同盟を、ソ連という特定の敵に対抗する同盟から、アジア太平洋地域内の不特定の秩序不安定化要因に対処して地域秩序を下支えする国際公共財へと、大きく規定し直した[590]。

　それを受けて、日米両国では日米同盟を地域秩序の安定化装置として機能させるため、同盟関係のあり方の見直しを行う。その結果、1997年9月に出された日米協力の指針（97ガイドライン）で、「平素から行う協力」、「日本に対する武力攻撃に際しての対処行動等」、「日本周辺地域における事態で日本の平和と安全に重要な影響を与える場合の協力」について、「日米両国の役割並びに協力及び調整の在り方について、一般的な大枠及び方向性」が示されたのである。

　この97ガイドラインでは、それまでと異なり、協力の力点が日本有事から日本周辺地域における事態に移され、その内容も具体的な計画に踏み込むものになっている。日本政府は、日本周辺地域で日本に対する攻撃を伴わない紛争が起こった場合にも米

587）防衛大学校安全保障学研究会編著『新訂第5版　安全保障学入門』亜紀書房、2018年、452頁。
588）同上、454頁。
589）同上、454頁。
590）同上、454頁。

軍に協力して行動する方針を明確にし、日米同盟におけるいわゆる「物と人との協力」ではなく「人と人との協力」の比重を高めた [591]。

2　小泉政権を取り巻く日米同盟をはじめとした政治的文脈

　小泉内閣は2001年4月26日から2006年9月26日までの5年5か月の長きにわたり政権を運営した。小泉政権がこの時期に登場した背景としては、先述したとおり、第1に1990年代初頭のバブル崩壊後、歴代政府は景気対策を打ってきたが、これらが十分効果を発揮することがなく、景気回復には構造改革が必要であるとの認識が広まっていたこと、第2にグローバル化の進展により、国際競争力を持つ企業や新中間層と、農業、建設業など政府に保護されていた古い体質の層との間に対立軸が浮上してきたこと、第3に1990年のイラクのクウェート侵攻や湾岸戦争時に、国際社会における日本の役割が問われはじめ、何らかの対応が求められていたことなどを挙げることができる [592]。

　20世紀末の日本は、長期化するデフレへの対処として構造改革を必要としていたが、国民の間には政治不信と閉塞感が充満していたと言える [593]。特に都市部では新中間層が経済自由主義的な理念を掲げ、そうした理念の下にリーダーシップを発揮できる指導者を望んでいた。

　2001年4月に政権を担った小泉は、所信表明演説で「構造改革なくして日本の再生と発展はない」と明言した [594]。小泉は「郵政民営化」、「社会保障費の段階的削減」、「三位一体の改革」を進め、また、いわゆる「骨太の方針」を定め、市場原理の重視と政府介入の抑制を旨とする新自由主義のアイディアを政策過程に取り込んでいく [595]。

　小泉は、自身の改革の一丁目一番地と位置づけた「郵政民営化」の関係法案が参議院で否決されると、郵政民営化について国民の信を問う意味で2005年8月、衆議院を解散し、9月に衆議院議員総選挙が行われる。選挙結果は自民党の圧勝となり、郵政民営化関連法案は2005年10月に成立した。このように、小泉政権は「聖域なき構造改革」が前面に出た政権であった。

　また、日米同盟の強化との関係で言えば、小泉総理のリーダーシップの下に進めた、

---

591) 防衛大学校安全保障学研究会編著『新訂第5版　安全保障学入門』亜紀書房、2018年、454-455頁。

592) 内山『小泉政権』177-178頁。

593) 同上、181頁。

594) 第151回国会における小泉総理大臣所信表明演説、https://www.mofa.go.jp/mofaj/gaiko/bluebook//2002/gaikou/html/siryou/sr_01_03.html。

595) 内山『小泉政権』46頁。

テロ特措法の制定、そして海上自衛隊の艦艇によるインド洋での米軍支援などの取組みがある。こうした取組みにより、対米支援のために日本が十分な行動をとることができるであろうかといった米国内の懸念を払拭することとなった。その後、イラク戦争後の人道支援復興でも日本は陸上自衛隊の部隊派遣を含め、積極的に米国に協力したことで、「世界の中の日米同盟」と言われるほど米国側の日米同盟に対する信頼感は高まった[596]。

また、日米両国は北朝鮮の核・ミサイルの脅威を前に、ミサイル防衛システム構築や、米国の「核の傘」を含む抑止態勢の整備の面でも協力関係を深めた。自衛隊と米軍は、相互運用性（インターオペラビリティ）の向上、作戦計画や日常演習における統合化の推進、情報共有の促進なども進めていった。こうした流れの中で、日米両国は、2005年2月、新たな脅威への対応を含めた、地域と世界における共通の戦略目標を発表するに至る。同年10月には「日米同盟：未来のための変革と再編」という文書で、それを達成するためのそれぞれの役割、任務、能力と、在日米軍及び関連する自衛隊部隊の再編についての具体的方向性について合意し、2006年5月の「再編実施のための日米ロードマップ」では、在日米軍の再編を実施するための詳細な事項も示した[597]。

在日米軍基地問題の解決を進めるための方策もその中で合意された。特に普天間飛行場の移設及び返還については、1996年4月の日米両国指導者の政治的決断による合意にもかかわらず停滞していた状況を打開すべく、在沖米海兵隊の一部をグアムの米軍基地に移転することなどが決定された。日米双方の側に、これらの施策が実行されれば、日米同盟は新たな段階に入るとの見方が広がっていた[598]。これが小泉政権下における日米同盟強化のプロセスである。

3　安倍政権を取り巻く日米同盟をはじめとした政治的文脈

小泉に続き政権を担当したのが安倍晋三である。安倍政権の期間は2006年9月26日から2007年9月26日までの第1次政権の1年間と、2012年12月26日から2020年9月16日までの第2次内閣以降の政権の7年8か月であり、これらを合わせると8年8か月に及ぶ長期政権である。なお、その間には2009年9月から3年3か月続いた民主党を中心とする連立政権がある。

2006年9月、総理の座に就いた安倍は国会での所信表明演説で、自身が目指す政

---

596) 防衛大学校安全保障学研究会『安全保障学入門』454頁。

597) 同上、455頁。

598) 同上、455-456頁。

策の方向を、「美しい国、日本」と語りかけ、その目指す姿について

(1) 文化、伝統、自然、歴史を大切にする国
(2) 自由な社会を基本とし、規律を知る、凛(りん)とした国
(3) 未来に向かって成長するエネルギーを持ち続ける国
(4) 世界に信頼され、尊敬され、愛される、リーダーシップのある国

と強調している。また、教育改革に最優先で取り組み、教育基本法改正案の早期成立を期すと言明し、具体策を検討する「教育再生会議」を早急に発足させると表明した。憲法改正にも言及し、国会で改正論議が深まり、方向性が出ることに強い期待感を示した。集団的自衛権の憲法解釈変更にも触れ、「日米同盟が効果的に機能するため個別具体的な例に即して研究していく」との方針を表明した[599)]。

新総理が所信表明で掲げた政策課題は、憲法改正や教育改革、外交・安全保障などに力点が置かれ、経済財政面の施策が薄い印象であった[600)]。この点に関連して（1）成長重視の政策が具体性に乏しく、まだ十分に練られていない印象を受けること、（2）総理の掲げる「イノベーション」には規制改革も不可欠であるが、所信表明で規制改革に言及がなかったのは残念であり、役所主導の小手先の政策ではなく、税制を含め民間の力を引き出すメリハリのある政策を具体化させるべきとの指摘も聞かれた[601)]。

新政権発足時は、小泉前総理の靖国神社参拝に反発した中国及び韓国との関係改善など、外交・安全保障や歴史認識問題でも課題が山積している状態であった。このときの安倍の在任期間は1年であったが、この間に成立させた主な法案は次のとおりである[602)]。

---

599)『日本経済新聞』「言葉通りに改革の炎を燃やし続けよ（社説）」2006年9月30日。

600) 同上、「誇れる国柄の再生（大機小機）」2006年10月5日。

601) 同上、「言葉通りに改革の炎を燃やし続けよ（社説）」2006年9月30日。

602) 教育基本法の改正については、旧法では「愛国心教育」は触れられていなかったが、新たに教育の目標の1つとして「伝統と文化を尊重し、それらをはぐくんできた我が国と郷土を愛するとともに、他国を尊重し、国際社会の平和と発展に寄与する態度を養うこと」が明記されるなど全般にわたり旧法が改められた。防衛庁設置法等改正は、それまで内閣府の外局であった防衛庁を独立の省庁としての防衛省に格上げするものである。海洋基本法は、国連海洋法条約に基づくものであり、海洋政策を一元的に進める規定を定めるものである。日本国憲法の改正手続に関する法律は憲法改正を行う際の国民投票に関するもので、憲法改正には不可欠の法律である。日本年金機構法の制定は一連の社会保険庁改革の中核をなすものであり、これらはいずれも重要法案であった。

・教育基本法改正　　2006年12月15日成立
・防衛庁設置法等改正　　2006年12月15日成立
・海洋基本法　　2007年4月19日成立
・日本国憲法の改正手続に関する法律　　2007年5月14日成立
・日本年金機構法　　2007年6月30日成立

　しかし、安倍内閣は発足当初は高支持率を誇ったものの、先述のとおり、郵政造反議員の復党問題や閣僚の「政治とカネ」をめぐる不祥事を受け、内閣支持率は急速に下落し、加えて、持ち主不明の年金記録問題などもあり、自民党は2007年7月の参議院議員通常選挙で惨敗する。そして9月に安倍は退陣し、政権を福田康夫に引き継ぐ。安倍は2006年7月に著した『美しい国へ』の最後のところで「この国を自信と誇りの持てる国にしたいという気持ちを、少しでも若い世代に伝えたい」と述べている[603]。

　その後、安倍は2009年9月から3年3か月続いた民主党中心の連立政権を間に挟んで、2012年12月、再度組閣する（第2次安倍内閣）。第2次安倍内閣以降の安倍政権は「アベノミクス」と呼ばれる経済政策、安全保障政策、そしていわゆる戦後レジームからの脱却を目指す歴史認識にその特徴がある。

　アベノミクスは2013年6月に閣議決定された「日本再興戦略2016[604]」でその全体像が示されたが、（1）大胆な金融政策、（2）機動的な財政政策、（3）民間投資を喚起する成長戦略の3つの政策を柱とする経済政策である。アベノミクスによって日本経済は好況を呈し、第2次安倍内閣発足後の5年目である2017年12月における評価で見ると、日経平均株価は首相就任時の2.23倍の2万2902円に上昇し、労働者賃金も春季労使交渉における経団連企業の賃上げ率2％超は4年続き、有効求人倍率もバブル期を超える状況になっている。日本経済の景気は政権交代前の2012年11月を底に、2017年10月時点で59か月連続して拡大し、好景気の長さは戦後2番目の長さになっている[605]。

　安全保障政策の面では、体制整備として、外交と防衛、インテリジェンスを統合した安全保障政策を可能にする「国家安全保障会議」及び「国家安全保障局」を設置するとともに、2013年12月には日本政府として初めてとなる外交と防衛を俯瞰す

---

603) 安倍晋三『美しい国へ』文春新書524、文藝春秋、2006年、232頁。
604) 内閣官房ホームページ、「日本再興戦略2016 ―第4次産業革命に向けて―」、https://www.cas.go.jp/jp/seisaku/seicho/pdf/zentaihombun_160602.pdf。
605)『日本経済新聞』「安倍政権5年、1強の閉塞、超えられるか、残り最長3年半、脱デフレが最大の使命」2017年12月24日。

る「国家安全保障戦略」を策定している[606]。

　2014年に入り4月、米国のオバマ大統領が国賓として来日し、安倍総理と首脳会談を行い、安全保障協力を通じて日米同盟を強化していく方針を確認している。さらに、沖縄県の尖閣諸島は日米安保条約第5条の適用範囲内であること、集団的自衛権の行使容認に向けた安倍政権の取組みをオバマ大統領は支持すること、北朝鮮の核開発問題に日米韓の3か国が連携することなどを確認している[607]。

　なお、拉致問題との関係では、国賓として来日したオバマ大統領は、このとき拉致被害者家族と面会し、「日本政府と連携し、具体的な解決策を考えていきたい」と応じている。このとき安倍首相、岸田外相（当時）らが同席している[608]。

　また、2014年4月にはそれまでの武器輸出三原則などに関する指針を変更し、新たに「防衛装備移転三原則」を策定した[609]。自衛隊の運用に関しては同年7月に集団的自衛権を限定的に容認する閣議決定を行うとともに、翌2015年4月には、「日米防衛協力のための指針」の見直しを行い、「切れ目のない日米協力」を確立すべく、島嶼防衛を明記し、自衛隊と米軍の一体的な運用を調整する「調整メカニズム」の平時利用を可能とする改定を行った[610]。

　この「日米防衛協力のための指針」は、冒頭で日米協力の目的を、「平時から緊急事態までのいかなる状況においても日本の平和及び安全を確保する」こと、及び「アジア太平洋地域及びこれを越えた地域が安定し、平和で繁栄したもの」とすることであると宣言している。ここで、アジア太平洋地域を越えた場所とは世界全体という意味とされている[611]。

　こうした一連の取組みを受けて、安倍政権は2015年9月に既存の10の法律改正と国際平和支援法を含めた平和安全法制を成立させている[612]。この平和安全法制は集団的自衛権の限定的行使を定める法律で、第1次安倍政権における制定に向けた取組み以来9年越しで成立を実現させたものである。

　第2次安倍政権下の平和安全法制制定で、自衛隊の活動範囲は大きく変わった。ここで認められた集団的自衛権の行使によって、自衛隊は、日本自体が攻撃されていな

606）信田智人「序論　安倍政権は何を変えたのか」『国際安全保障』第49巻第4号、国際安全保障学会、2022年、1頁。

607）『読売新聞』「日米同盟の強化確認」2014年4月24日（夕刊）。

608）同上、「オバマ大統領　拉致被害者家族と面会」2014年4月25日。

609）信田「安倍政権は何を変えたのか」1頁。

610）『読売新聞』「対中平時も一体運用協議」2015年4月28日。

611）防衛大学校安全保障学研究会『安全保障学入門』455-456頁。

612）信田「安倍政権は何を変えたのか」1頁。

くても日本の存立が脅かされるような事態であれば、米軍と武力行使を目的として共同作戦に入ることができるようになった。また、日本周辺における有事のような日本の安全に重要な影響が及ぶ場合には、自衛隊は重要影響事態法によって米軍の後方支援に限り支援ができるようになった。また、1990年のイラクのクウェート侵略のように対イラクで国際社会が連携するときには、国際平和協力事態として自衛隊が有志連合軍への後方支援をすることが可能となった。さらに、自衛隊に平時の米軍防護が認められたことで、日米で日頃の警戒活動をより安全に行うことも可能となった[613]。日本が集団的自衛権を限定的に行使できることを前提にした新たな日米防衛協力のための指針などの下で、日米両国間のパートナーシップは強く対等なものとなったとの評価も聞かれるようになった。安倍政権下で日米同盟はかつてなく強固なものとなったのである[614]。

安倍政権の歴史認識に関しては、2015年4月の安倍総理による米国連邦上下両院合同会議における演説、そして同年8月の「戦後70年首相談話」が特筆に値する。日本の総理が米国の連邦上下両院合同会議で演説するのは初めてである[615]。このとき安倍は、第2次世界大戦への「痛切な反省」を表明するとともに、日米同盟を「希望の同盟」と位置づけ、世界の安定や繁栄に貢献する決意を示している[616]。この演説は、出席議員や傍聴者が何度も起立して拍手を送るなど好意的に受け止められた[617]。

2015年8月の「戦後70年首相談話[618]」では、一方で歴代内閣の立場は今後も揺るぎない旨を表明するとともに、他方では大戦に関わりのない世代に謝罪し続ける宿命を背負わせてはならないとも述べ、積極的平和主義の下に、世界の平和と繁栄にこれまで以上に貢献していく旨表明している。この談話に対し韓国は前向きに評価し、中国も直接的な論評を避けた[619]。またこうした演説や談話に引き続くように、日米両首脳は2016年5月に広島を訪問し、同年12月には真珠湾を訪問している。

安倍は、就任直後の2013年1月に出版された『新しい国へ　美しい国へ 完全版』で、「戦後レジームからの脱却」が日本にとって最大のテーマであり、自民党は来る

---

613) 兼原信克『安全保障戦略』日本経済新聞出版本部、2021年、214頁。

614) 防衛大学校安全保障学研究会『安全保障入門』459頁。

615) 日本の総理による米国連邦議会における演説は1961年に当時の池田勇人総理が行っているが、このときは上下両院合同会議ではなく、下院での演説であった。

616) 『読売新聞』「大戦『痛切な反省』」2015年4月30日。

617) 同上、「首相演説　称賛の45分間」2015年4月30日（夕刊）。

618) 首相官邸ホームページ、「内閣総理大臣談話」（2015年8月14日）、https://warp.ndl.go.jp/info/ndljp/pid/10992693/www.kantei.go.jp/jp/topics/2015/150814danwa.pdf。

619) 『日本経済新聞』「戦後70年談話―韓国が一定評価―安倍氏に賭けた朴氏、慰安婦解決狙い不満封印」2015年8月28日；同上、「中韓と首脳会談、調整急ぐ、政府『談話への批判、抑制的』」2015年8月18日。

べき総選挙で「日本を、取り戻す」というスローガンを掲げて戦うとした上で、その意味するところは、戦後の歴史から、日本という国を日本国民の手に取り戻す戦いであると述べていた[620]。このいわゆる「戦後レジームからの脱却」という語は学術的な用語ではなく、政治的なメッセージ性を帯びた用語であり、そのメッセージとは、日本国民の生命と財産及び日本の領土は日本政府が自らの手で守るという明確な意識のないまま、拉致問題や領土問題、日米関係あるいはTPPのような経済問題などといった日本の課題を解決することなく先送りしてきた、そのような戦後の状態からの脱却という、ふんわりした概念であると言える[621]。国民向けのイメージ優先の言葉ではあるが、そこには、先の大戦の負い目から脱却し、大戦に関わりのない世代にいつまでも謝罪し続ける宿命を背負わせてはならないという想い、そして将来に向けて積極的平和主義の下に、世界の平和と繁栄にこれまで以上に貢献していくという想いが込められている。安倍の政権運営には、こうした目標に向かって取り組んできた軌跡を見てとることができる。

第2節　日本独自の経済制裁を取り巻く政治的文脈の中で目指したもの

　日本独自の経済制裁は、本論文で取り上げた3つの事例を通してみると、その時々の国内の政治的な要請に的確に対応し、そこで程度の違いはあるものの、国会や拉致被害者家族会、そして広く国民一般の支持を得るという政治的効果を発揮してきたと言える。日本独自の経済制裁の、国内における政治的な意味での存在意義はここにある。

　では、分析対象とする日本独自の経済制裁は、こうした国内の政治的要請を充足することを通じて、一体何を達成したのであろうか。それは、当時、国民の間に拉致問題で北朝鮮に対する怒りの念が沸き上がり、ナショナリズムのうねりが出現し、またデフレによる閉塞状態からの解放を求める国民の要請を受け、実質的な意味で主権を取り戻し、日本としての矜持の気持ちを実感させたことである。その上で、小泉・安倍政権期における日米同盟の強化という1つの大きな政治的な流れの中で、日米の同盟関係を基軸として安全保障体制を強化しながらも、ナショナル・アイデンティティの確立を目指し、価値観を共有する国際社会との連携の下、世界の平和と繁栄に貢献しようとする政権のイメージ形成に寄与したのである。

620）安倍晋三『新しい国へ　美しい国へ 完全版』文春新書903、文藝春秋、2013年、254頁。
621）同上、254頁。

小泉及び安倍の両政権期における日米同盟の深化について言えば、2002年9月の小泉第1次訪朝については、日本政府は米国に内密で北朝鮮と秘密交渉をし、突如総理の訪朝を発表し、米国を激怒させるという一幕もあったが、基本的にはこの頃は、韓国も含め日米韓は対北朝鮮政策で政策調整するような状況にあった[622]。小泉政権では、さらに先述のとおり、特別措置法を制定し、海上自衛隊の艦隊をインド洋に派遣し、アフガニスタンをトマホークで爆撃する有志連合軍海軍に対する給油等の後方支援を行うとともに、イラク戦争では戦闘が終わったところで陸上自衛隊をイラクに派遣して人道復興支援に当たらせている[623]。

　第1次及び第2次安倍政権では、一方で国内問題である拉致問題に深く関与しながらも、日米の関係は極めて強固に結びついた時期であったと言える。2015年4月の日米防衛協力のための指針の見直しや、同年9月の集団的自衛権の限定的な行使を認める平和安全法制の制定などの制度構築を行うとともに、ソフト面でも2015年4月の安倍総理による米国連邦上下両院合同会議における演説、同年8月の「戦後70年首相談話」、そしてオバマ大統領と2016年5月には広島を訪問し、同年12月には真珠湾を訪問している。

　本論文で取り上げた事例1では、日本政府は独自制裁の発表を国連安保理決議の採択に先行させたのであったが、これを時系列で改めて評価すると、日本政府は、一方で日本独自の制裁を国連安保決議に先行させた印象を国内に、特に拉致被害者家族に対してアピールしながらも、もう一方では、実際は日米両政府が協調してその採択に向け取り組んできた安保理決議とほぼ同時に発動するという対応をとっており、そこには日米両政府の協調関係も同時に維持しようとする日本政府の、極めて精緻な対応を看取することができる。

　そして、そこでの独自制裁発動の政治的な動機は、当時のナショナリズムの沸き上がった状況や安保理決議に先行させる形にしたことから理解できるように、拉致問題を始めとして、北朝鮮に対する強い非難の姿勢を国民に明確に示すというメッセージにあったと考えるべきである[624]。

　事例2については、この時期既に日米関係が盤石な関係にあったことに鑑みると、

622）藪中三十二『外交交渉四〇年 藪中三十二回顧録』ミネルヴァ書房、2021年、128-131頁。

623）兼原『安全保障戦略』214頁。

624）『日本経済新聞』「核実験なら、日米、独自制裁も」2006年10月7日。2006年10月5日にはクラウチ米大統領次席補佐官は谷内正太郎外務次官と会談し、「日本と協力して厳しい対応」をとると表明し、日米はそれぞれ独自制裁の検討に入っている。米国は当時、安保理は議長声明しか出せないと考えており、安保理を頼るのではなく、有志国と連携して対北朝鮮で強硬姿勢をとる考えであった。この米国の考えと、拉致問題も理由として単独制裁をとる日本の方向性は、日本政府が国内向けにどうアナウンスするかはともかく、合致していたのである。

2016年1月の当初は安保理決議とほぼ同時に日米韓3か国連携の下に独自制裁を発動する可能性もあった[625]。しかしながら、北朝鮮が1月の核実験に続き2月にはミサイル発射を立て続けに行ったことを受け、アベノミクスが不人気になりつつあった安倍政権が、独自制裁の早期発動に舵を切って国民に危機管理対応の姿勢をアピールしたのである。また、一度解除した制裁を再開し、毅然かつ断固たる姿勢を示したことで、不誠実な北朝鮮に対する憤りというナショナリズムへの対処という政治的効果も狙った。

　このとき、独自制裁の発動に当たって、安倍総理は米国及び韓国の各大統領と電話首脳会談を実施し、独自制裁を発動する旨事前に伝達するという配慮を行っている。さらに、日米韓3か国の枠組みについて言えば、急ごしらえで、発動のタイミングが一致していないなど不完全感はあるが、日米韓はそれぞれ独自制裁に踏み切っている。

　3月には日米韓3か国首脳は首脳会談を実施し、北朝鮮に対して結束して対応する方針を確認している。さらに安倍総理はオバマ大統領と5月には広島を訪問し、12月には真珠湾を訪問することになるのである。そこには、真珠湾で始まり広島で終わった戦争に、日米両首脳が決然と終わりを告げる意味合いがある。

　事例3の経済制裁は、このような日米同盟強化という政治的文脈の中で、2016年12月に、北東アジアにおける日米韓の連携の確たる存在をアピールするために発動されたものと理解することができる。すなわち、2006年10月に初めて発動された日本独自の経済制裁は、拉致問題の解決、そして北朝鮮に対するナショナリズムの発現という国内の政治的要因を強く意識して発動されたのであったが、その後、事例3に至る過程を見ると、日本独自の経済制裁は、強化された日米同盟を背景として、その政治的な文脈の中で、日米関係を基軸とする北東アジアにおける対北朝鮮政策の枠組みの1つの構成部分として企図されたものと理解することができるのである。それは、日米同盟が底流のように存在する政治的な文脈の中で、北東アジアにおける日米韓という、当時の安全保障の枠組みにおける経済制裁という形での一つの表れとも言える。事例3の翌年2月には日米首脳会談が行われたが、世論調査を見ると、日本経済新聞社及びテレビ東京による合同調査では58％の人が「評価する」と回答し、「評価しない」の28％を大きく上回っている[626]。共同通信社の調査でも「よかった」が

---

625)『日本経済新聞』「安保理対応　各国と連携」2016年1月7日。2016年1月の北朝鮮による核実験への対応についても、安倍首相から各閣僚が米韓中ロなどの関係国との連携についての指示を受け、日米共同での安保理招集を要請するとともに、外相はケネディ（Caroline B. Kennedy）駐日米国大使と会談し、国連での緊密な連携を確認し、次いで韓国の尹炳世外相とも電話会議を行い、日米韓の協力の重要性を確認している。

626) 同上、「日米首脳会談『評価』6割」2017年2月27日。

70.2%で「よくなかった」の 19.5% を大きく上回っている[627]。これらの数字は日米関係強化と、その延長線上にある日米首脳会談の実施に対する国民の支持を表す数字であり、日米韓 3 か国連携の枠組みでの日本の経済制裁も、こうした政治的な環境の中で用いられていたものと理解してよい。

　一連の日本独自の経済制裁の政治的効果について、制度創設からの流れを 1 つの時間軸に置いて言えば、そもそも日本は 2004 年に独自の制裁制度が創設される以前は、国際協調の枠組みでの制裁制度しか有しておらず、国連安保理の場で米国、中国の判断が優先されると、自身の判断で対外的に強い意思表示である経済制裁を発動することができない状態にあった。2004 年の日本独自の制裁制度の創設はこれを可能とするものであった。

　安倍政権は日本独自の経済制裁を発動し、拉致問題を含め国民のナショナリスティックな要請に応える姿勢を示した。その上で、国家安全保障会議の設置や平和安全法制の成立など強固な安全保障体制を構築し、「戦後 70 年首相談話」に見られるように、「戦後」を引き摺る日本の「戦後レジームからの脱却」を目指し、「日本を、取り戻す」といった目標の達成を目指し、さらに価値観を共有する国際社会との連携の下、世界の平和と繁栄にこれまで以上に積極的に貢献するという、日本の基本的な姿勢をアピールしたのである。

　日本独自の経済制裁の発動は、こうした政治的なプロセスにおいて、政権の「毅然かつ断固たる」イメージ形成に寄与した。このことは、グローバル化する社会の中で、拉致問題を契機に高まるナショナリスティックな国民感情に応じるものであった。

　その後、一方で北朝鮮に対する極めて激しい国民世論が沈静化傾向を示すに連れて、日米同盟という日本政治の基底を流れる文脈が顕在化し、その強化が図られる当時の政治的状況の中で、日本独自の経済制裁はその潮流に合致して、日米韓の枠組みの下で、政権の「毅然かつ断固たる」姿をシグナリングするものとなっていった。そして、このことはかえって強固になった日米同盟の枠組みに、日本が自身を組み込んでしまったという側面を否定することはできず、日本独自の経済制裁における「独自」性とは言っても、そうした枠組みからくる限界をつくってしまったものとも言えるのである。

　では、こうした日本の自己主張は、なぜこの時期になされたのであろうか。それは第 1 に、既述のとおり、北朝鮮による日本人の拉致事件の存在である。2002 年の第 1 次小泉訪朝によって拉致被害者の帰国は一部実現したが、その後の北朝鮮の不誠実な対応に対する国民世論のナショナリスティックな憤慨の念がこうした政治的な要請の直接的な契機となった。

　第 2 に、日本社会の基底を流れる潮流という視点で見ると、1990 年代半ばから引

---

627)『日本経済新聞』、「日米首脳会談で反応―『よかった』7 割、共同通信世論調査」2017 年 2 月 14 日。

き続くデフレによる閉塞感が 2000 年代初めの小泉構造改革を支持したように、この時期は国民の間に長期化したデフレに対する閉塞感が充満し、それが日本社会の基底をなしていたと認めることができる。この閉塞感に耐えていた国民の間に、いずれかのタイミングでこの気持ちを打ち破りたいという政治的な欲求が底流となって存在していたのである。

第 3 に、より大きな視点で見ると、グローバリズムの動きとの関連を指摘することができる。グローバリズムには、経済面、社会・文化面、そして主権という側面など様々な局面があり、これらに対する見解も多岐にわたるが、2000 年代の事象を見ると、経済のグローバル化が情報技術の発達により急速に加速する一方で、2007 年の米国のサブプライムローンの危機に端を発し、2008 年には一気に金融危機が世界に拡大するといった負の側面が現出した。

こうした行き過ぎたグローバル化に対して、欧米では、イギリスで 2015 年に EU からの離脱をめぐって国民投票が行われ、EU からの離脱が国民によって支持された（Brexit）。また、フランスでは移民排斥や EU からの離脱などを掲げる国民戦線（Front National: FN）に対する支持が広がった[628]。そして米国では、2016 年に自国第一主義を掲げるトランプ氏が大統領に選出される。

これらの欧米の現象について、これを急速に進展するグローバリズムに対する反作用と見るのか、あるいはその同一線上の事象と見るのかは別として、安倍政権の「戦後レジームからの脱却」という日本流の自己主張も、グローバル化の時代の流れの中で、これら欧米における事象と同時代の現象として位置づけることが可能なのである。グローバル化する世界の中で、21 世紀に向けて日本の将来を考えたときに、真珠湾で始まり広島で終わった戦争の「戦後」に終止符を打つという、日本流の自己主張である。世界大に視点を設定すると、グローバル化は直線的に進展するのではなく、行きつ戻りつしながら進んでいくともみられるが、この時期の日本の自己主張については、戦後の縛りからの解放という日本の独自性を示しながら、グローバル化に対峙する、あるいはそれに起因する政治的な過程の一局面と捉えることができる[629]。

そして第 4 に、この時期の日米同盟関係の強化と、そうした潮流へのこれら第 1 ないし第 3 の 3 つの要因の収斂である。

日本独自の経済制裁は、政権が拉致問題での北朝鮮の不誠実な対応に対する国民の憤りを契機とし、より根本的には長引くデフレで閉塞感を抱く国民の政治的要請に

---

628) 国民戦線は、2018 年に「国民連合」（Rassemblement National: RN）に党名を変更した。
629) 安倍政権の政策がすべてグローバル化に対する反作用との理解は早計のように思われる。安倍政権の進めた規制緩和や、外国人労働者の受け入れ拡大などはグローバル化との親和性の高い政策であると考えられるからである。その意味で、安倍政権の政策は反グローバル化一辺倒ということはできず、グローバル化を促進する政策との混合的な性格を有するものと理解すべきである。

的確に応じた上で、グローバル化し画一化する国際社会の中で、日本が矜持の念を持って自己主張したものと評価することができる。それが、やがて北朝鮮に対する国民の激高が下降傾向を示し始めるに連れ、政治的な文脈における日米同盟という底流が顕在化し、国内の政治的要請に応じつつも、そうした底流に適合的な政策がとられるようになっていく。

こうした日米同盟という底流との関係で米国の対外政策を見ると、当時のオバマ大統領の外交政策の基本、すなわちオバマ・ドクトリン（Obama Doctrine）は「ノーム（規範）の遵守」を旨とし、ノーム違反の国家に対して軍事力を使うことなく、経済制裁などの懲罰的な手段を課すというものであった。そこでは、軍事力の行使は米国民や同盟国が危機に脅かされたときであり、ノームに違反しても必ずしも軍事力を行使することはなく、核心的利益を守るときには同盟国との集団的行動をとることが成功の鍵となるという政策である[630]。

これは対北朝鮮政策について言えば、対話重視のブッシュ政権後期の方針からの転換であり、独自の金融制裁強化など「圧力」に軸足を移すとともに、日本や韓国などの関係国との連携強化の姿勢である[631]。

日米両政府の動きを見ると、首脳会談等で日米韓３か国の間の連携の枠組み強化を確認している[632]。日本独自の経済制裁の発動もこうした政治的な文脈で発動されるようになり、例えば2016年２月に安倍首相がオバマ・朴両大統領に電話で連携を呼び掛け、また同年12月には日米韓３か国が独自制裁を同日発表という形で発表するに至ったことは、こうした対北朝鮮政策に適合するものである。当時の日本独自の経済制裁は、日米同盟の強化という政権の取組みの中で、日米韓という北東アジアにおける安全保障の枠組みづくりを目指すという政治的なプロセスにおいて、日米韓連

---

630) 川上高司『「無極化」時代の日米同盟―アメリカの対中宥和政策は日本の「危機20年の始まりか」―』ミネルヴァ書房、2015年、252-253頁；Remarks by the President at the United States Military Academy Commencement Ceremony, U.S. Military Academy-West Point, New York, https://obamawhitehouse.archives.gov/the-press-office/2014/05/28/remarks-president-united-states-military-academy-commencement-ceremony;Paul J. Saunders, "A new Obama Doctrine at West Point?" Tokyo Foundation, June 04,2014,http://tokyofoundation.org/en/articles/2014/new-obama-doctrine.

631) 『日本経済新聞』「対北朝鮮決議案合意―米、独自制裁へ政策見直し『日韓協調』『圧力』に軸」2009年6月11日。

632) 外務省ホームページ、「日米首脳会談（平成27年11月20日）」(2015年11月20日)、https://www.mofa.go.jp/mofaj/na/na1/us/page4_001565.html#section6。2015年11月19日、安倍首相とオバマ大統領はマニラで日米首脳会談を行った。オバマ大統領から、北朝鮮問題に対応する意味でも日米韓の協力が不可欠である旨の発言があった。また、2013年１月には外務省の杉山晋輔アジア大洋州局長は米国のデービース（Glyn T. Davies）北朝鮮担当特別代表と会談し、核実験阻止に向けた日米韓の緊密な協力を確認した。

携の下、政権の「毅然かつ断固たる」イメージ形成に寄与したものと理解することができる。

こうした基本的な政治的文脈の中で、日本独自の経済制裁の発動を俯瞰すると、2006年10月から2016年12月の日米韓連携の下に発動された日本独自の経済制裁へと至る一連の流れは、米国との協調関係が際立っていることが窺える。当初は日本独自の制裁ということで、発動理由や発動時期、制裁メニューについてその「独自性」が日本政府によって国内向けにアナウンスされ、発動されたが、2006年下半期あたりから国民世論におけるナショナリスティックな高まりがやや落ち着きはじめると、やがては事例3に見るように、日米韓の連携の下に独自制裁が発表時期を揃えてなされるなど、独自色が薄まってくる様子を見てとることができるようになってくる。

このことは、「独自性」という日本独自の経済制裁の大きな特徴について言えば、2006年に北朝鮮の拉致問題に対する不誠実さに対応する国民のナショナリスティックな怒りや閉塞感、強力な自己主張を求める国民の要請を政治的な背景として、当時は日本の経済制裁の独自性が際立っていたものが、やがて当初の国民の激しい政治的な要請が弱まってくる2010年代半ばには、日本の政治の底流にある日米同盟を基軸とし、日米韓3か国という北東アジアにおける枠組みに、独自性がある意味、埋没していったプロセスと理解することを可能にするのである。

第3節　日本独自の経済制裁の次なる課題

本論文では日本独自の経済制裁の国内における政治的効果について考察してきたが、その過程で得られた知見などから、本節では日本独自の経済制裁に関しての次なる研究課題について若干述べたい。

第1に、日本独自の経済制裁は国内の政治的要請に対処するという効果を発揮したと理解し、その際、国内の政治的な局面として、政権と国会の関係、拉致被害者家族会との関係、そして国民一般との関係の3つの局面を設定し、分析を進めた。本論文の事例分析の対象とした3つの事例について見ると、政治的な局面におけるこれら3つの政治的アクターは、表面的にはそれぞれ基本的には制裁に賛同するという同一の立場であったと理解してよい。

しかしながら、国内における政治的な要請の範囲は広く、多様であることを考えると、今後の政治的要請の内容いかんによっては、それぞれの政治的アクターの間で利害関係が相対立する場合も十分想定されるところである。国会と国民一般との政治的要請については方向性が異なる可能性は低いとも考えられるが、特に利益団体あるいは圧力団体と、国会や国民一般との間では政治的要請の内容が相反することとなる

ことも十分想定される。こうして見ると、今後、日本独自の経済制裁の政治的効果について検討していくと、相対立する国内の政治的要請を前提に、それをどのように調整し、その上でどのような制裁を発動した形をとるべきかについては1つの研究課題になるものと考えることができる。

現状でも、例えば日本独自の経済制裁は、衆参両院の北朝鮮非難決議を受けて発動される形をとっている。これは立法府内で決議に先立ち利害関係を調整した上で、決議という形での立法府の意思決定を行い、これに基づき政権が経済制裁を発動することで、事前に一定程度利害調整が図られているものと理解することができる。また、政権と利益団体あるいは圧力団体との関係で言えば、事例2では、制裁の発動の前に担当大臣が拉致被害者家族会に事前説明し、了解を取り付け、その反発を和らげている。事例3では、日本独自の経済制裁についてはそのメニューに新規性はなく、インパクトはないが、拉致被害者家族会から要望のあった、安保理決議の制裁理由に拉致問題を明記することについて、これを充足した形にして、拉致被害者家族会の反発を和らげたと見ることができる。こうした対応は、様々なアクターの政治的な要請の内容が錯綜し、矛盾する状況下で、どのような形で日本独自の経済制裁を活用するかについての方向性を示唆するものであり、日本独自の経済制裁の実務上の有効活用を図る上で具体的な研究材料を提供する。

第2に、日本独自の経済制裁の発動要件を見ると、例えば外為法などは「我が国の平和及び安全の維持のため特に必要があるとき」としているが、日本独自の経済制裁が国内の政治的要請を充足するために用いられるとしても、これでは政策遂行手段としての外形上、あまりにも漠然とし過ぎている。経済制裁は、国内の私企業の経済活動に対する制限の側面もあるので、経済的自由を尊重する観点からも、また、行政の恣意的な執行を極力抑制する観点からも、文書化を通じての基準の明確化とその公表は必要である。

ただし、発動の基準を具体化し、明確化することで、制裁の有する政治的要請を充足する機能を発揮することができる範囲を狭めてしまうことになり兼ねない点にも留意しなければならない。つまり、国内の政治的要請を充足する機能を一定程度確保しつつ、制裁の発動基準の明確化や運用の公開性を高めるなどの外形を備え、その精度の向上や国民からの信頼感の確保といった政策手段としての完成度の追求が求められるのである。

この点に関しては、EUの経済制裁に関する制度が参考になる。EUは、経済制裁をEUの共通外交・安全保障政策（CFSP）の目標を達成するための手段として位置づけ、「国際平和と安全保障の推進」「紛争の防止」「民主主義、法の支配、人権の擁護」「国際法の原則の擁護」という4つの政策目標を実現するために、EU独自の制裁を課すこととしている。特に人権の擁護に関しては、2020年12月にEU理事会は「グロー

バル人権擁護制度」を承認し、EU の人権擁護の考え方を明確にし、アピールしている。また、EU における経済制裁については、制度の枠組みだけでなく、内容についてもホームページで比較的詳しく情報公開している。

　したがって、発動要件があまりにも漠然としている日本独自の経済制裁については、安保理決議に基づく経済制裁も含め、経済制裁全体をどのようなコンセプトで用いるかを検討し、発動要件についてある程度具体的にブレイク・ダウンするなどし、何らかの戦略を文書化しておく必要がある。その際、政治的要請を充足する機能を確保するため、特認的な発動要件については全体のバランスを崩さない形で制度化しておくべきである。要は、政治的要請を充足する機能を一定程度確保することと、政策手段として一定程度の完成度を備えた外形を整えておくこととのバランスを図った上での戦略文書化が必要であり、これらを踏まえて、より完成された制度の形を提示することが2点目の研究課題となる。ちなみに、EU では限定された範囲ではあるが、いわゆる「国家制裁措置」制度、すなわち EU の制裁制度の枠組みの中に加盟国独自の制裁を制度化している例があることは、先に見たとおりである。

　第3に、本論文では経済制裁の日本国内における影響のうち政治的な側面に着目したが、制裁の国内における影響については、このほかに経済面への影響もある。それには、日本独自の経済制裁それ自体による自国経済に対する負の影響もあるが、被制裁国からの対抗措置によって日本が経済的なダメージを被ることも十分想定しなければならない。被制裁国によってエネルギー分野やレアメタルに関する対抗措置をとられることで、日本経済は甚大な影響を受けることもあり得る点は十分留意しなければならない。これらは日本の産業活動だけでなく、国民生活にも幅広くマイナスの影響を及ぼし、延いてはそれが制裁実施国である日本の国内で新たな、しかも想定外の政治的要請を形成し、政権に向かって訴えかけてくる可能性さえ存在する。いわば「政治的な要請の逆襲」と言える。

　したがって政策決定者は、日本独自の経済制裁について政治的な目的を意図して発動を決断するとしても、そのことによって生じうるこれらのデメリットも含めて判断することとしなければならない。そこで、日本独自の経済制裁に関しては、平素から被制裁国の経済規模の大小や相互の複雑な経済関係の実相に十分留意し、日本独自の経済制裁が被制裁国に与える影響の射程範囲や、被制裁国の対抗措置による日本経済や国民生活への悪影響をシミュレーションし、制裁を実施することによる日本国内へのマイナスの影響を測定し、ある程度は「政治的な要請の逆襲」を想定しておくことが重要である。

　なお、北東アジアの状況として、日本、中国、韓国、そして参考までに米国の名目 GDP を示すと、次頁の表9のとおりである。日本の名目 GDP について付言すれば、そのピークは 2012 年の 6.27 兆ドルで、以後下降傾向を示している。

表9　日本・中国・韓国・米国の名目GDPの推移

(兆ドル)

	日本	中国	韓国	(参考) 米国
2000年	4.97	1.21	0.58	10.25
2005年	4.83	2.29	0.93	13.04
2010年	5.76	6.09	1.14	14.99
2015年	4.44	11.06	1.47	18.24
2020年	5.06	14.72	1.64	20.95

出典：THE WORLD BANK/ World Bank Open Data に基づき筆者作成。

　ここで1つの想定として、これらの近隣諸国との間で偶発的な衝突が起き、国民の間に対立感情が湧きあがるような場合を考えると、そのとき日本国内で日本独自の経済制裁を求める強硬な声が起こる可能性がある。こうした政治的な要請にどのように対処すべきか。国民感情は日本の現在の経済力にお構いなしに激高する恐れがあり、またかつての日本の経済力の記憶が多くの国民の間に残存していて、それに引き摺られて沸騰する可能性もある。そのとき国内世論は、経済制裁で出来ること、出来ないことや、被制裁国が対抗措置としてどのような措置をとることが想定され、それが日本経済に、延いては国民生活にどのようなマイナスの影響を与えるかなどについては、恐らく意に介さないで沸騰する可能性がある。日本の政策決定者は、偶発的な出来事によって突然、このような状況下で急造される国内の政治的な要請に対処しなければならなくなるのである。

　そうした事態に備え、事前のシミュレーションが必要であるが、その際、それぞれの経済的な措置の影響については、前述したとおり、名目GDPだけでなく、相互の経済の複雑な絡み合いの状況も考慮しなければならない。危機に当たって、政策決定者が国内の諸勢力の政治的な要請を充たすべきか否か、また、充たすとしてどのような形で、どの程度充たすのかを検討する際に、被制裁国からの対抗措置による経済的なデメリットも十分踏まえて冷静に意思決定することができるよう、事前にこれらについて研究しておく必要がある。すなわち、近隣諸国との間で紛争が生じた場合に、

国内の政治的な要請に応じて日本独自の経済制裁を発動したとして、被制裁国からどのような対抗措置があると想定されるか、それによって日本経済が受けるダメージの大枠や国民生活に生じる悪影響について具体的なシミュレーションを通じて評価するなど、十分に把握しておくことが研究課題となる。

第4節　小括

　日本独自の経済制裁は各局面におけるその期待された機能を発揮し、国内にアピールすることで政治的効果を果たしてきた。このことにより、日本は自らの政策判断の結果ではあったが、主権国家であるにもかかわらず、制裁という対外的に強い意思表示を、自国の判断で発動することのできない状態からの転換を果たした。と同時に、日本独自の経済制裁は、安倍政権が戦後70年首相談話や安全保障体制構築などの取組みと相俟って、「毅然かつ断固たる」姿勢を国民に示すことを通じて「戦後レジームからの脱却」を実現し、「この国を自信と誇りの持てる国」にしようとした過程にも寄与したのであった。すなわち、日本独自の経済制裁は、北朝鮮の拉致問題に対するナショナリスティックな憤りや、長引くデフレで閉塞感を抱く国民の政治的要請に的確に応じ、日本が実質的な意味での主権を取り戻し、グローバル化し画一化する国際社会の中で、日本が毅然かつ断固たる姿で「戦後レジームからの脱却」を主張するという政治的なプロセスで、その政治的効果を発揮したのである。そしてこのプロセスはさらに、日米同盟という強力な関係を背景として、日米韓の3か国が、国連の枠組みとは別に、北東アジアに特化して連携する国際的な枠組みを構築するプロセスへと進み、その過程で政府は、日本独自の経済制裁を通じ、地域の安全保障に取り組む姿勢を国民にアピールしたのである。この北東アジアに特化した国際的な枠組みの形成は、従来の国際協調型の発想に近づく面もあったが、ナショナリスティックな要素や日本が先導する主体的な取組みとしての側面など、そこには依然、安保理決議に基づく制裁では充足することのできない日本独自の経済制裁の存在意義を認め得る。

　事例1から事例3までの過程全体を通してみるとき、日本は、主権の確認というナショナル・アイデンティティの実現、グローバル化の進展する中での戦後日本としての自己主張、そして国連という枠組みとは異なる形での日米同盟を基軸とした日米韓という、3か国の協調枠組みの形成という一連の流れを辿ってきた。そして日本独自の経済制裁は、その過程において、政権の毅然かつ断固たる姿勢づくりに能動的な役割を果たしてきたと言える。

　本論文で得られた知見を踏まえ、日本独自の経済制裁に関しての次なる研究課題を指摘すると、第1に今後、日本独自の経済制裁の政治的効果について検討していくと、

国内に相対立する政治的要請が現出することがあり得るが、そのことを前提に、その政治的要請をどのように調整し、その上でそのような形で制裁を発動するのかについては１つの研究課題になる。第２に、経済制裁については国内の私企業の経済的自由を尊重し、恣意的な行政執行を極力抑制すべき観点から、制裁発動の基準の明確化を含め制度としての文書化が必要であり、その上で公表も求められる。一方、発動基準の明確化によって、制裁の有する政治的要請充足機能を発揮できる範囲を狭めてしまうことのないよう留意することも必要である。これら２つの必要性の充足についてのバランスをとりながら、より完成された制度の形を提示することが２点目の研究課題となる。第３に、日本独自の経済制裁に対して、被制裁国からの対抗措置が国民生活に及ぼすマイナスの影響については、事前にシミュレーションするなどにより精査し、政治的な目的での意思決定に活用することができるよう準備しておくことが、次なる研究課題である。

終　章
まとめ

第1節　総括

　本論文は、北朝鮮に対する日本独自の経済制裁について、国内に向けて積極的に作用した局面を分析し、国内におけるその政治的効果の実相を把握するものである。
　考察の結果、日本独自の経済制裁は、北朝鮮による拉致事件に対するナショナリスティックな憤りや、長引くデフレで閉塞感を抱く国民の政治的要請に的確に応じ、実質的な意味での主権を取り戻し、グローバル化し画一化する国際社会の中で日本としての自己主張をするという政治的なプロセスにおいて、政権の「毅然かつ断固たる」姿勢を形づくる面で、その政治的効果を発揮したものと理解した。つまり、日本独自の経済制裁は、グローバル化が進展する中で、いわゆる国際協調型の経済制裁では決して実現することのできない、いわゆる「戦後」からの脱却を目指す日本の確たる自己主張という形で、国内政治において能動的な役割を果たしたのであり、そのプロセスは、日本が、独自の経済制裁の能動的な役割を通じて、ナショナル・アイデンティティの実現、グローバル化の進展する中での日本流の自己主張というプロセスであった。
　一方、こうしたプロセスは国民の強烈なナショナリスティックな感情の鎮静化に連れて、政治的な文脈の基底に存在する日米同盟強化の流れへと収斂した。対北朝鮮の日本独自の経済制裁は、このプロセスの中で日米同盟を基軸とする日米韓という連携の枠組みの一構成部分に組み込まれることになる。それは、国連という枠組みとは異なる形での、日米同盟関係を基軸とする北東アジアという、地域に特化した地域的な国際協調の形成というプロセスであった。日本独自の経済制裁はこの政治的文脈の中に位置づけられ、一定の政治的効果を果たしたと言える。
　本論文では、まず経済制裁の効果に関する議論を整理するとともに、経済制裁の国内における政治的効果についてその意味合いを定義づけ、日本独自の対北朝鮮経済制裁の国内における政治的効果について、3つの事例を取り上げて分析し、得られた知見から政治的な意味合いを考察し、そして日本独自の経済制裁の次なる研究課題を

提示した。

　日本独自の経済制裁についての国内における政治的意味合いについては、まず制度創設面と運用面に分けることができる。

　日本独自の経済制裁の制度創設面については、この制度は2004年の外為法改正及び特定船舶入港禁止法制定により創設されたが、これらは北朝鮮による拉致事件の解決が思うように進まないため、与野党間の協議を経て議員立法の形で創設された。そこには、拉致問題についての北朝鮮の対応に国民の多くが強い憤りを示す中で、政府が制裁に否定的な姿勢を示している状況に対し、立法府としての国会が議員立法という形で、拉致被害者家族会や国民一般の政治的な要請に応えたという政治的な意味合いがある。

　またそれは、日本自身の政策判断ではあったが、主権国家であるにもかかわらず、強い意思表示である経済制裁を発動することができない状態からの転換でもあった。憲法で戦力不保持が定められ、武力行使が厳しく制限されている日本にとって、新たに創設された日本独自の経済制裁は、経済の「力」によって日本の意思を対外的に貫徹しようとするものであり、これには武力に代替する意味合いを認めることもできる。

　また与野党協議で、経済制裁の事後国会承認制度を設けたことは、政府の活動に対する国会のチェック機能を持たせようとしたものであり、また審議過程における附帯決議で、政府に対して制裁発動時に理由明示を求めたことは、国民の監視機能に資するものである。そして政治的には、与野党がこの安全保障上の問題に関し協調関係に立ち、制度創設が成ったという点に政治的な意味合いを認めることができる。

　事例分析では、このような経緯で成立した日本独自の経済制裁について対象とするものであるが、取り上げた具体的な経済制裁は、(1) 2006年10月11日発表の経済制裁、(2) 2016年2月10日発表の経済制裁、(3) 2016年12月2日発表の経済制裁の3事例である。

　ここで日本「独自の」経済制裁という場合、内容的に見て安保理決議の指示を越えた部分を指す客観的なアプローチと、政府が独自措置を講ずるとアナウンスする制裁を指す主観的なアプローチがあるが、本論文では、国際協調型制裁を対象とするのではなく、制裁が国内における政治的な要請にどう対処したかを分析しようとするものであり、それには国民向けにどのようなアナウンスがなされたのかなどが重要であることから、主観面に着目した。

　また、経済制裁の効果に関して言えば、経済制裁が政治的文脈の中で現実に果たしている役割に着目して国内における政治的効果を把握することになるが、分析に当たっては「政治的効果」を把握する視点として、3つの視点を設定した。

　その1つは、統治の基本構造である議院内閣制に着目しての視点であり、「政権と衆議院、参議院の関係」の視点である。2つ目は、政治過程における主要なアクター

という意味で利益関係団体に着目し、「政権と拉致被害者家族会の関係」の視点である。3つ目は、民主主義の根幹をなす政治的関係という意味で、政権が最終的かつ根本的に拠って立つ基盤を成す「政権と国民一般との関係」の視点である。

本論文ではこうした視点での分析をそれぞれ行った上で、各事例の経済制裁についてそれを取り巻く一連の政治的な文脈において評価を行い、その政治的効果を把握した。また、安保理決議とは別に、日本独自の経済制裁を設けるその存在理由についても、こうした政治的効果の分析を通じて確認した。

日本と北朝鮮の間には、拉致問題が未解決のまま残され、また、核開発、ミサイル開発といった日本の安全保障上の重大な課題が横たわっている。さらに、現在の日本政府は、拉致問題の解決なくして北朝鮮との国交正常化はあり得ないという基本的認識の下、拉致、核、ミサイルといった諸懸案を包括的に解決し、不幸な過去を清算して日朝国交正常化を図ることを基本としている。

北朝鮮の貿易総額全体に占める日本の割合は、2001年に17.8％であったものが、2006年には2.8％に激減し、以後、日本への貿易依存度はほぼなくなったのに対し、北朝鮮の中国への依存度が極度に高まり、2001年には27.6％であったものが、2011年には70.1％に急上昇し、そして2019年には95％を超えるまでになっている。

こうした実情であるにもかかわらず、経済制裁については依然その経済的な有効性に焦点を当てる研究が見られるのに対し、本論文は、あえて経済制裁の有するシンボリックな機能に着目し、その国内における政治的効果を考察しようと試みたものである（国内政治アプローチ）。日本独自の経済制裁について、国内における政治的効果を、3事例を用い実相を分析した結果、得られた知見は次のとおりである。

2006年10月の事例1の経済制裁は、衆参両院の北朝鮮非難決議や、それまで制度導入に熱心に取り組み、制裁実施を促してきた会派横断的な議員のナショナリスティックな要請に迅速に応え、北朝鮮に対する強い姿勢を国内にアピールしたものである。また、拉致問題に取り組んできた安倍総理自らの指示で制裁理由に拉致問題を書き込ませたことから分かるように、拉致被害者家族会の強い要求にも応じるものであり、新政権は制裁発動を断行し、それまで制裁に消極的な姿勢をとってきた小泉前総理の政策との違いを国民にアピールした。

このように、拉致問題に対して、スピード感をもって毅然とした対応をとり、日本の国家としての威厳を保持するために発動するには、安保理決議による経済制裁では理由的にも時間的にも不可能であり、ここに日本独自の経済制裁発動の国内における政治的効果があったと評価することができる。

2016年2月の事例2の経済制裁は、ストックホルム合意を受けて北朝鮮に対する制裁の一部解除をしたものを、2016年1月の北朝鮮の核実験及び2月のミサイル発射をきっかけとして、危機管理対応として発動されたものである。このことにより北

朝鮮が拉致被害者調査を打ち切る恐れのある状況下での発動であり、性格としては北朝鮮に対する安全保障上の対応が、日本にとっての最重要課題とされる拉致問題に優先して対処された。制裁発動に当たっては、日米韓の3か国で急遽連携強化についての協議も行われ、まだ連携は急ごしらえで不完全な印象はあるが、それぞれの国で独自制裁がなされている。

　このときの日本独自の経済制裁を政治的な文脈の流れで評価すると、この時期は、2015年8月の「戦後70年首相談話」に見られるように、「戦後レジームからの脱却」が図られ、「日本を、取り戻す」といった目標が達成されつつあった時期であり、さらに、既に国家安全保障会議が設置されるとともに、日米防衛協力ガイドラインの見直しや、2015年9月には集団的自衛権を限定的に容認する平和安全法制も成立させ、安倍内閣は強固な安全保障体制を構築した時期に当たる。

　安倍政権は、北朝鮮の核実験及びミサイル発射を受け、安保理決議を待つことなく、日本独自の経済制裁を発動させ、スピード感をもって「毅然かつ断固たる措置」をとり、自身の作り上げた「戦後レジームからの脱却」や強固な安全保障体制が、実質的にも十分機能していることを国内に示すことが求められたのである。また、当時は安倍政権の看板政策であるアベノミクスに対する国民の信認が低下し始めた時期でもあった。このときの日本独自の経済制裁発動には、こうした要請や政治状況に的確に対応した姿勢を国民に示すことができた点に、国内における政治的効果を認めることができる。

　さらに言えば、このときの制裁復活には、ストックホルム合意で再調査を約束したにもかかわらず不誠実な態度をとる北朝鮮に対する憤りという、国民のナショナリズムからの政治的要請に毅然かつ断固たる姿勢を示して応えたという政治的効果もある。

　2016年12月の事例3は、日本政府が同年9月の北朝鮮による核実験を受け、11月に対北朝鮮制裁を規定する安保理決議第2321号が採択された後、12月に日米韓連携の下、3か国が独自の経済制裁を揃って発表したものである。この事例3は前2事例と比較して日本独自の経済制裁発動に時間がかかり、しかも安保理決議の後になされている点に特徴がある。

　このときの政治的効果については、日本独自の経済制裁はそれ単独の政治的効果というよりも、直前になされた安保理決議を含めた一連の日本政府の取組みについての国内における政治的効果を見るべきである。すなわち、安保理決議に関しての米中協調の流れの中で、日本政府は独自の経済制裁を、日米韓の共同歩調の枠組みで制裁の同日発表という形を設定して発動し、国民にアピールした。これは「戦後70年談話」で示した積極的平和主義の下に、価値観を共有する国際社会と連携して、世界の平和と繁栄にこれまで以上に貢献していく姿勢を示したものである。

　このときの日本独自の経済制裁の存在意義を評価すると、北朝鮮に対する「毅然かつ断固たる」姿勢を国民に示したという点に加え、安倍内閣の「戦後レジームから

の脱却」を遂げた日本が、安保理決議の枠組みとは別に、積極的平和主義の下に価値観を共有する国際社会と連携して、日米韓という北東アジアに特化した対北朝鮮の枠組みを構築し、そこで独自の経済制裁を同日発表し、地域の安全保障に取り組む姿勢を国民にアピールした点に求めることができる。その背景には、かつてないほどに強固になった日米同盟の存在があり、こうした流れに対しては、その後に行われた日米首脳会談の実施に対する国民の高評価を勘案すると、国民の支持を得られていたことが窺える。

ただし、この事例3の独自制裁は、日本国内の政治的な要請を充たすことからやや離れ、あるいはその独自性の程度を薄め、その結果、その存在が安保理決議を含む国際協調の枠組みに埋没しているとの評価も可能にするものであった。事例3の制裁は、それまでの、例えば強烈なナショナリスティックな国民感情に応えるような事例のように、日本国内の特定の政治的要請を充足する必要性から離れ、日米の同盟関係を背景として北東アジアに特化した枠組みの形成という国際的な努力への協調という意味ではあるが、従来の国際協調型の発想に近づいた用いられ方をした。

しかしそこには、北東アジアに特化した枠組みづくりに、日本が独自制裁という打ち出しで主導的な役割を担うという点で、依然、安保理決議では充足することのできない日本独自の経済制裁の存在意義を認め得るのである。

さらに言えば、日本独自の経済制裁は、これまでも「拉致、核、ミサイルといった諸懸案を包括的に解決するため」に発動されてきており、拉致問題の解決を制裁理由に入れなければならない政治的な理由が存在する限り、日本独自の経済制裁の存在意義は今後とも存続する。

こうした各事例の分析結果を政治的な文脈で総じて評価すれば、日本独自の経済制裁は、北朝鮮による拉致事件に対するナショナリスティックな憤りや、長引くデフレで閉塞感を抱く国民の政治要請に的確に応じ、グローバル化し画一化する国際社会の中で、実質的な意味での主権を日本が取り戻すというプロセスにおいて、政権の印象形成に寄与するという形で政治的効果を果たしたというべきである。そしてやがては、より根本的には日米同盟の強化という当時の政治状況の底流が顕在化する文脈の中で、国連の枠組みとは異なるところで、北東アジアという地域に特化した日米韓という対北朝鮮の枠組みを構築するプロセスにおいて、国民に対して広く政権の姿勢をアピールするという政治的効果を果たしたものと評価することができる。

こうした分析等で得られた知見を踏まえ、日本独自の経済制裁に関しての次なる研究課題を指摘すると、第1に、今後日本独自の経済制裁の政治的効果について検討していくと、相対立する国内の政治的要請が現出する可能性があり、そのことを前提に、政治的要請を事前にどのように調整し、その上でどのような制裁を発動した形をとるのかについては1つの研究課題になると指摘することができる。

第2に、経済制裁については国内の私企業の経済的自由を尊重し、恣意的な行政執行を極力抑制すべき観点から、制裁発動の基準の明確化とその公表が必要である点である。一方、その際、発動基準の明確化で、制裁の有する政治的要請充足機能を発揮できる範囲を狭めてしまうことのないよう留意することも必要であり、これらの2つの必要性充足のバランスをとりながら、より完成された制度の形を提示することが研究課題となる。

　第3に、日本独自の経済制裁に対する被制裁国からの対抗措置が国民生活に及ぼすマイナスの影響については、事前にシミュレーションするなどにより精査し、政治的な目的での意思決定に活用することができるよう研究しておくことが課題である。

第2節　残された課題

　国家意思を実現する手段として経済的手法を用いる場合、大きくは制裁（sanction）と褒賞（inducement）の2つの手法に大別される。本論文では経済制裁を取り上げたが、アメとムチという表現で言い表した場合、これはムチである。一方、アメないし褒賞は、経済援助や技術者派遣などの人的支援である。目的を達成するには、ムチだけでは不十分であり、このことは本論文が対象とした日本の対北朝鮮関係の膠着状態が示しているようにも思う。特に軍事力を持たない日本にとって、対外政策において経済制裁をより効果的に用いることは重要であり、その際、アメとムチをどう組み合わせるかの視点を持ち、広く「経済的措置」、すなわちエコノミック・ステイトクラフトについての考察が求められるところである。こうしたことから、これらに関し制裁と褒賞の組み合わせなどについて実例を通した包括的な研究が、大きな課題として残されている。

謝　辞

　本論文は、36年間、行政実務に携わってきた私が異分野である安全保障の分野に挑戦した学術論文である。長年携わった実務とは無関係で、かつ学部学生時代には法律を学んだに過ぎない身であり、国際関係や安全保障の分野の専門的知識の習得に困難を来し、論文作成に文字どおり悪戦苦闘していた時に、拓殖大学海外事情研究所副所長（当時）の佐藤丙午教授に拾っていただいたような形でご指導いただくようになり、ゼミに加えていただくとともに、論文執筆に当たり懇切丁寧なご指導と多くの貴重なご示唆をいただいた。ゼミでは和気藹々と楽しく、また、論文作成に当たりご紹介いただいた大部の書籍からは知的な刺激を大いに受けることができた。論文の執筆も一項目、一項目で新たな発見を得ることができ、とても楽しく貴重な経験をさせていただいたと思っている。佐藤先生はご活躍される範囲が、大学院での授業はもちろんのこと、学会活動からマスコミ対応等々まで非常に広範囲に及び、一体いつお休みになっているのだろうとこちらが心配するほど非常にご多忙でいらっしゃるにもかかわらず、休暇期間中や夜間などまったく意に介されることなく、論文のご指導に貴重な時間を割いていただいた。佐藤先生からいただいたご指導、そして格別のご厚情にはこの場をお借りして心からお礼申し上げたい。
　また、同研究所の荒木和博教授からは、拉致問題等における重要な論点について貴重なご指導をいただくことができた。またそれだけでなく、荒木先生からは要所要所で励ましのお言葉をかけていただいた。同じく川上高司教授からは、日米同盟の視点という鋭いご指摘をいただくことができ、改めて研究を掘り下げ、論考を見つめ直す機会をいただくことができ、自身の考察がより深まったと感じている。荒木先生そして川上先生には大変感謝しており、やはりこの場をお借りしてお礼申し上げたい。
　また、お一人おひとりのお名前を記すことはできないが、ほかにも多くの有益なご意見をくださった諸先生方、諸先輩方や学友、大学院での勉学を支援してくださった方々の存在も決して忘れることはできない。あわせて感謝の言葉を申し上げたい。

参考文献目録

【書籍・論文（日本語）】

青木直人「北朝鮮をめぐる米中の合従連衡」『海外事情』平成17年6月号（第53巻6号）、拓殖大学海外事情研究所、2005年、26-35頁。
赤木完爾編著『朝鮮戦争 休戦50周年の検証・半島の内と外から』慶應義塾大学出版会、2003年。
秋田浩之「北朝鮮危機と米中攻防の行方」『海外事情』平成30年9・10号（第66巻6号）、拓殖大学海外事情研究所、2018年、31-45頁。
浅田正彦編『輸出管理―制度と実践』有信堂高文社、2012年。
浅田正彦「北朝鮮の核開発と国連の経済制裁」『論究ジュリスト』(19)、2016年、99-107頁。
アジア・パシフィック・イニシアティブ『検証 安倍政権 保守とリアリズムの政治』文藝春秋、2022年。
芦部信喜、高橋和之補訂『憲法第3版』岩波書店、2002年。
安倍晋三『美しい国へ』文春新書524、文藝春秋、2006年。
安倍晋三『新しい国へ 美しい国へ完全版』文春新書903、文藝春秋、2013年。
荒木和博『日本が拉致問題を解決できない本当の理由』草思社、2009年。
荒木和博『なぜ北朝鮮は崩壊しなかったのか』光人社、2011年。
荒木和博「日本にとっての朝鮮半島問題」『海外事情』平成17年6月号（第53巻第6号）、拓殖大学海外事情研究所、2005年、2-15頁。
荒木和博「米国と朝鮮半島―その関係の本質について―」『海外事情』平成21年2月号（第57巻第2号）、拓殖大学海外事情研究所、2009年、50-62頁。
荒木和博「『ポスト金正日』と権力闘争」『海外事情』平成21年7月号（第57巻第7・8号）、拓殖大学海外事情研究所、2009年、53-64頁。
荒木和博「北朝鮮における権力闘争の意味」『海外事情』平成26年5月号（第62巻第1号）、拓殖大学海外事情研究所、2014年、2-12頁。
荒木和博「安全保障問題としての拉致事件」『海外事情』平成29年6月号（第65巻第6号）、拓殖大学海外事情研究所、2017年、88-101頁。
荒木和博「北朝鮮の挑発・工作活動に関する再検証―今、あえて『北朝鮮とは何だったのか』と考えて見る―」『海外事情』平成30年9・10号（第66巻第6号）、拓殖大学海外事情研究所、2018年、95-109頁。
荒木和博「北朝鮮金正恩体制が恐れるもの」『海外事情』令和4年9・10号（第70巻第5号）、拓殖大学海外事情研究所、2022年、132-145頁。
アンドリュー・S・ナチオス『北朝鮮 飢餓の真実 なぜこの世に地獄が現れたのか？』古森義久監訳、坂田和則訳、扶桑社、2002年。
五百旗頭 真編『日米関係史』有斐閣、2008年。
石川 卓「北朝鮮のミサイル発射と日本の対応―ミサイル防衛の運用を中心に」『海外事情』平成21年7月号（第57巻第7・8号）、拓殖大学海外事情研究所、2009年、91-102頁。
石坂浩一編著『エリア・スタディーズ53 北朝鮮を知るための55章【第2版】』明石書店、2019年。
石澤靖治編著『政治コミュニケーション概論』ミネルヴァ書房、2021年。
伊集院 敦編著『金正恩時代の北朝鮮経済』文眞堂、2021年。
礒﨑敦仁、澤田克己『新版 北朝鮮入門 金正恩体制の政治・経済・社会・国際関係』東洋経済新報社、2017年。
伊藤亜人『北朝鮮人民の生活―脱北者の手記から読み解く実相』弘文堂、2017年。

伊藤光利、田中愛治、真淵 勝『政治過程論』有斐閣、2000 年。
稲木宙智布「特定船舶入港禁止法の成立経緯と入港禁止措置の実施」『立法と調査』No.272、参議院事務局、2007 年 9 月。
伊豫谷登士翁『グローバリゼーション―移動から現代を読みとく』筑摩書房、2021 年。
宇佐美正布「北朝鮮人権法の成立と拉致問題をめぐる動向〜拉致問題解決に向けた国際的な連携の強化へ〜」『立法と調査』No.258、参議院事務局、2006 年 7 月、16-19 頁。
内山 融『小泉政権』中公新書 1892、中央公論新社、2007 年。
宇野健也「米・キューバ関係の展望」『アジ研ワールド・トレンド』第 121 巻、日本貿易振興機構アジア経済研究所、2005 年。
梅林宏道『在日米軍 変貌する日米安保体制』岩波新書（新赤版）1666、岩波書店、2017 年。
太田昌克『核の大分岐 既存秩序の溶解か新規秩序の形成か』かもがわ出版、2021 年。
太田昌克、兼原信克、髙見沢將林、番匠幸一郎『核兵器について、本音で話そう』新潮新書 945、新潮社、2022 年。
小川浩之「EU 離脱とイギリスの安全保障―『内部からの脅威』としてのポピュリズムと欧州懐疑主義」『国際安全保障』第 48 巻第 4 号、国際安全保障学会、2021 年、39-58 頁。
奥迫 元「第 1 章 グローバル化時代における経済制裁をめぐる理論的再検討―経済制裁のグローバル・ガバナンスを求めて―」臼井実稲子、奥迫 元、山本武彦編『経済制裁の研究―経済制裁の政治経済学的位置づけ―』志學社、2017 年。
小此木政夫『朝鮮分断の起源―独立と統一の相克』慶應義塾大学法学研究会、2018 年。
小原凡司「アジアの安全保障」『海外事情』平成 30 年 9・10 号（第 66 巻 6 号）、拓殖大学海外事情研究所、2018 年、46-62 頁。
外国為替貿易研究グループ『逐条解説 改正外為法』通商産業調査会出版部、1998 年。
カス・ミュデ、クリストバル・ロビ、ラ・カルトワッセル『ポピュリズム デモクラシーの友と敵』永井大輔、高山裕二訳、白水社、2018 年。
兼原信克『安全保障戦略』日本経済新聞出版本部、2021 年。
兼原信克「NSC の創設について―何が変わったのか―」『国際安全保障』第 49 巻第 4 号、国際安全保障学会、2022 年、20-43 頁。
鐫木昌之、平岩俊司、倉田秀也編『朝鮮半島と国際政治―冷戦の展開と変容』慶應義塾大学出版会、2005 年。
上 英明『外交と移民』名古屋大学出版会、2019 年。
神谷不二『朝鮮戦争―米中対決の原形』中公文庫 590、中央公論新社、1990 年。
茅野千江子『議員立法の実際―議員立法はどのように行われてきたか―』第一法規、2017 年。
川上高司『米国の対日政策 改訂版 派遣システムと日米関係』同文舘出版、2001 年。
川上高司『米軍の前方展開と日米同盟』同文舘出版、2004 年。
川上高司『「無極化」時代の日米同盟―アメリカの対中宥和政策は日本の「危機 20 年の始まりか」―』ミネルヴァ書房、2015 年。
川上高司「2008 年米大統領選挙と日米関係―各大統領候補の対日政策―」『海外事情』平成 20 年 1 月号（第 56 巻第 1 号）、拓殖大学海外事情研究所、2008 年、50-71 頁。
川上高司「ブッシュ政権下の安全保障政策―地球型社会における安全保障の変化―」『海外事情』平成 20 年 12 月号（第 56 巻第 12 号）、拓殖大学海外事情研究所、2008 年、2-33 頁。
川上高司「第二期オバマ政権下の日米同盟―安倍政権は領土問題をいかに解決するか―」『海外事情』平成 25 年 1 月号（第 61 巻第 1 号）、拓殖大学海外事情研究所、2013 年、2-20 頁。

川上高司「オバマ・ドクトリンと日米同盟―オバマ訪日後のアジア―」『海外事情』平成 26 年 7・8 月号（第 62 巻第 7・8 号）、拓殖大学海外事情研究所、2014 年、82-96 頁。

川上高司「『混迷するアメリカ』と世界―オバマ政権残りの外交政策―」『海外事情』平成 27 年 2 月号（第 63 巻第 2 号）、拓殖大学海外事情研究所、2015 年、2-17 頁。

川出良枝、谷口将紀『政治学』東京大学出版会、2012 年。

姜 在彦『歴史物語 朝鮮半島』朝日選書 806、朝日新聞出版、2006 年。

姜 在彦『朝鮮半島史』KADOKAWA、2021 年。

神田 茂、寺林裕介、上谷田卓、佐々木健「3 年目を迎えた安倍外交―安全保障・経済における日米連携の強化と戦後 70 年―」『立法と調査』（2015.12 No.371）、参議院事務局企画調整室、2015 年、74-88 頁。

木宮正史『国際政治のなかの韓国現代史』山川出版社、2012 年。

木宮正史『ナショナリズムから見た韓国・北朝鮮近現代史』（東アジアの近現代史第 4 巻）、講談社、2018 年。

木村 幹『韓国現代史』中公新書 1959、中央公論新社、2008 年。

金 学俊『北朝鮮 50 年史―「金日成王朝」の夢と現実』李 英 翻案・翻訳、朝日新聞社、1997 年。

金 学俊『知られざる北朝鮮史（上）戦禍からの国家誕生』李 英 翻案・翻訳、幻冬舎文庫、幻冬舎、2005 年。

金 学俊『知られざる北朝鮮史（下）独裁国家の歩みと現在』李 英 翻案・翻訳、幻冬舎文庫、幻冬舎、2005 年。

久保慶一、末近浩太、髙橋百合子『比較政治の考え方』有斐閣、2016 年。

久保文明、金成隆一『アメリカ大統領選』岩波新書（新赤版）1850、岩波書店、2020 年。

久米郁男、川出良枝、古城佳子、田中愛治、真渕 勝『政治学〔補訂版〕』有斐閣、2011 年。

グレゴリー・ヘンダーソン『朝鮮の政治社会』鈴木沙雄、大塚喬重訳、サイマル出版会、1973 年。

黒川修司「長い制裁―米国の対キューバ経済制裁は効果があったのか？」『東京女子大学紀要論集』65 巻 2 号、2015 年。

黄 長燁『黄 長燁回顧録　金日成への宣戦布告』萩原 遼訳、文藝春秋、2001 年。

高 永喆「金正日権力の本質――党―軍関係と朝鮮王朝との類似性について―」『海外事情』平成 21 年 3 月号（第 57 巻 3 号）、拓殖大学海外事情研究所、2009 年、27-40 頁。

国際安全保障学会『国際安全保障―制裁レジームの実効性と課題』第 48 巻第 2 号、2020 年 9 月号、国際安全保障学会、2020 年。

小谷 賢「特定秘密保護法制についての一考察」『国際安全保障』第 49 巻第 4 号、国際安全保障学会、2022 年、63-81 頁。

小林 周「中東発エコノミック・ステイトクラフトの検証」『検証　エコノミック・ステイトクラフト　国際政治』第 205 号、日本国際政治学会、2022 年、94-107 頁。

五味洋治『朝鮮戦争は、なぜ終わらないのか』創元社、2017 年。

五味洋治『金正恩が表舞台から消える日　北朝鮮 水面下の権力闘争』平凡社、2021 年。

コンドリーザ・ライス『ライス回顧録　ホワイトハウス　激動の 2920 日』福井昌子、波多野理彩子、宮崎真紀、三谷武司訳、集英社、2013 年。

斎藤直樹『北朝鮮危機の歴史的構造 1945-2000』論創社、2013 年。

斎藤直樹『北朝鮮「終わりの始まり」2001-2015』論創社、2016 年。

斎藤直樹『米朝開戦―金正恩・破局への道』論創社、2018 年。

斎藤 眞、古矢 旬『アメリカ政治外交史〔第 2 版〕』東京大学出版会、2012 年。

坂井 隆「北朝鮮の政治体制」『海外事情』平成 25 年 2 月号（第 61 巻 2 号）、拓殖大学海外事情研究所、2013 年、46-59 頁。

坂元一哉『日米同盟の絆―安保条約と相互性の模索〔増補版〕』有斐閣、2020 年。

佐々木毅『政治学講義 第 2 版』東京大学出版、2012 年。

佐藤丙午「エコノミック・ステイトクラフト（Economic Statecraft）の理論と現実」『検証　エコノミック・ステイトクラフト　国際政治』第 205 号、日本国際政治学会、2022 年、14-28 頁。

佐藤丙午「『武器輸出三原則』から『防衛装備移転三原則』へ」『国際安全保障』第 49 巻第 4 号、国際安全保障学会、2022 年、82-99 頁。

佐藤丙午「朝鮮半島問題の行方」平成 25 年 6 月号（第 61 巻第 6 号）、拓殖大学海外事情研究所、2013 年、2-11 頁。

ジェイソン・ハイランド『外交官の使命　元駐日アメリカ代理大使回顧録』野口孝行訳、KADOKAWA、2020 年。

信田智人「序論　安倍政権は何を変えたのか」『国際安全保障』第 49 巻第 4 号、国際安全保障学会、2022 年 1-19 頁。

澁谷司「米朝首脳会談と『米中貿易戦争』」『海外事情』平成 30 年 9・10 月号（第 66 巻第 6 号）、拓殖大学海外事情研究所、2018 年、75-94 頁。

下平拓哉「平和安全法制の成立と自衛隊の運用―『作戦術』からの分析を中心として―」『国際安全保障』第 47 巻第 2 号（2019 年 9 月）、国際安全保障学会、2019 年、53-73 頁。

末波靖司『機密解禁文書にみる日米同盟―アメリカ国立公文書館からの報告』高文研、2015 年。

杉田弘毅『アメリカの制裁外交』岩波新書（新赤版）1824、岩波書店、2020 年。

杉之原真子「対米直接投資規制の決定過程からみるエコノミック・ステイトクラフト」『検証　エコノミック・ステイトクラフト　国際政治』第 205 号、日本国際政治学会、2022 年、45-60 頁。

鈴木一人「国連イラン制裁の実効性」『国際安全保障』第 48 巻第 2 号、国際安全保障学会、2020 年、68-87 頁。

鈴木一人「序章 エコノミック・ステイトクラフトと国際社会」村山裕三編著『米中の経済安全保障戦略―新興技術をめぐる新たな競争―』芙蓉書房出版、2021 年。

鈴木一人「検証　エコノミック・ステイトクラフト」『検証　エコノミック・ステイトクラフト　国際政治』第 205 号、日本国際政治学会、2022 年、1-13 頁。

スティーヴン・ヴァン・エヴェラ『政治学のリサーチ・メソッド』、野口和彦、渡辺紫乃訳、勁草書房、2009 年。

スティーブン・デイ、力久昌幸『「ブレグジット」という激震―混迷するイギリス政治―』ミネルヴァ書房、2021 年。

添谷芳秀『日本の外交「戦後」を読みとく』ちくま文芸文庫、筑摩書房、2017 年。

高橋杉雄「平和安全法制とグレーゾーン―評価と今後の課題―」『国際安全保障』第 47 巻第 2 号（2019 年 9 月）、国際安全保障学会、2019 年、39-52 頁。

髙見澤將林「平和安全法制の制定がもたらしたもの―その背景、プロセス・特色と今後の課題―」『国際安全保障』第 49 巻第 4 号、国際安全保障学会、2022 年、44-62 頁。

田久保忠衛『新しい日米同盟　親米ナショナリズムへの戦略』PHP 研究所、2001 年。

竹内舞子「国連による北朝鮮制裁の有効性」『国際安全保障』48 巻 2 号、国際安全保障学会、2020 年、24-45 頁。

武貞秀士『東アジア動乱　地政学が明かす日本の役割』KADOKAWA、2015 年。

武貞秀士『なぜ韓国外交は日本に敗れたのか　激変する東アジアの国家勢力図』PHP 研究所、2016 年。

武貞秀士「オバマ政権第二期で、朝鮮半島はどうなるか」『海外事情』平成 25 年 1 月号（第 61 巻第 1 号）、拓殖大学海外事情研究所、2013 年、39-53 頁。

武貞秀士「金正恩体制は何を目指すか―張成沢粛清のあと―」『海外事情』平成26年1月号（第62巻第1号）、拓殖大学海外事情研究所、2014年、66-77頁。

武貞秀士「国際社会の変動と朝鮮半島」『海外事情』平成26年4月号（第62巻第4号）、拓殖大学海外事情研究所、2014年、82-97頁。

武貞秀士「北朝鮮の軍事戦略と日韓関係」『海外事情』平成26年9月号（第62巻第9号）、拓殖大学海外事情研究所、2014年、2-17頁。

武貞秀士「北朝鮮の核兵器開発と日本」『海外事情』平成28年5月号（第64巻第6号）、拓殖大学海外事情研究所、2016年、67-76頁。

武貞秀士「2017年春、朝鮮半島の核危機」『海外事情』平成29年6月号（第65巻第6号）、拓殖大学海外事情研究所、2017年、2-13頁。

武貞秀士「米朝首脳会談後の朝鮮半島」『海外事情』平成30年9・10号（第66巻第6号）、拓殖大学海外事情研究所、2018年、63-74頁。

田中明彦『20世紀の日本2 安全保障―戦後50年の模索』読売新聞社、1999年。

田中明彦、日本経済研究センター編著『提言 日米同盟を組み直す』日本経済新聞出版社、2017年。

田中 均『外交の力』日本経済新聞社、2009年。

田中 均、田原総一朗『国家と外交』講談社、2005年。

谷口智彦『安倍晋三の真実』悟空出版、2018年。

谷口智彦『誰も書かなかった安倍晋三』飛鳥新社、2020年。

谷口智彦『安倍総理のスピーチ』文春新書1382、文藝春秋、2022年。

田上博道、森本正崇『理論と実際シリーズ3 輸出管理論―国際安全保障に対応するリスク管理・コンプライアンス』信山社、2008年。

玉城 素『北朝鮮 破局への道 チュチェ型社会主義の病理』読売新聞社、1996年。

張 雲「中国の強制的エコノミック・ステイトクラフトの論理―レアアース資源外交を中心に―」『検証 エコノミック・ステイトクラフト 国際政治』第205号、日本国際政治学会、2022年、77-93頁。

塚本勝一『北朝鮮・軍と政治』原書房、2012年。

鶴岡路人『EU離脱―イギリスとヨーロッパの地殻変動』筑摩書房、2020年。

鄭 榮蘭『日韓文化交流の現代史―グローバル化時代の文化政策：韓流と日流―』早稲田大学出版部、2017年。

寺林裕介「北朝鮮の核開発問題と六者会合（上）―北東アジアにおける多国間枠組みの形成―」『立法と調査』（2006.7 No.257）、参議院事務局企画調整室、2006年。

寺林裕介「北朝鮮の核開発問題と六者会合（下）―多面的機能を持ち始める六者会合―」『立法と調査』（2006.9 No.259）、参議院事務局企画調整室、2006年。

寺林裕介「北朝鮮の核実験と国連安保理決議1718―核不拡散を目指す米国の布石―」『立法と調査』（2006.12 No.262）、参議院事務局企画調整室、2006年、7-16頁。

寺林祐介「北朝鮮の核実験と国連安保理決議1874―具体的な実効性を伴った対北朝鮮制裁決議」『立法と調査』（296）9月、2009年、63-73頁。

寺林裕介「北朝鮮による日本人拉致に対する我が国の取組―拉致被害者5名の帰国から10年間の経緯―」『立法と調査』（2012.11 No.334）、参議院事務局企画調整室、2012年、85-104頁。

寺林裕介「北朝鮮の核・弾道ミサイル実験と国連安保理決議2270」『立法と調査』（2016.6 No.377）、参議院事務局企画調整室、2016年、18-26頁。

徳地秀士「平和安全法制の議論を振り返る―平和安全法制の効用と今後の課題―」『国際安全保障』第47巻第2号（2019年9月）、国際安全保障学会、2019年、20-38頁。

ドン・オーバードーファー、ロバート・カーリン『二つのコリア（第3版）国際政治の中の朝鮮半島』菱木一美訳、共同通信、2015年。
長尾雄一郎『英国内外政と国際連盟―アビシニア危機1935-36年―』信山出版、1996年。
中北浩爾『自民党―「一強」の実像』中公新書2428、中央公論新社、2017年。
中戸祐夫、崔 正勲編著『北朝鮮研究の新地平線―理論的地域研究の模索―』晃洋書房、2022年。
蓮池 薫『半島へ、ふたたび』新潮社、2009年。
蓮池 透、和田春樹、東海林勤、菅沼光弘、青木 理『拉致問題を考えなおす』青灯社、2010年。
長谷川将規「エコノミック・ステイトクラフトの歴史と未来―メガラ禁輸からTPPまで―」『検証　エコノミック・ステイトクラフト　国際政治』第205号、日本国際政治学会、2022年、1-13頁。
服部健司「核危機が暴く中朝関係の真実―崩壊も視野に政策転換か」『海外事情』平成29年6月号（第65巻6号）、拓殖大学海外事情研究所、2017年、28-40頁。
ハロルド・D・ラスウェル、エイブラハム・カプラン『権力と社会―政治研究の枠組―』堀江 湛、加藤秀治郎、永山博之訳、芦書房、2013年。
平井久志『なぜ北朝鮮は孤立するのか 金日成 破局へ向かう「先軍体制」』新潮社、2010年。
平岩俊司『朝鮮民主主義人民共和国と中華人民共和国―『唇歯の関係』の構造と変容』世織書房、2010年。
平岩俊司『北朝鮮は何を考えているのか 金体制の論理を読み解く』NHK出版、2013年。
ヒラリー・ロダム・クリントン『困難な選択（下）』日本経済新聞社訳、日本経済新聞出版社、2015年。
福田孝雄「議員提案法政の立法過程についての考察　―臓器移植法を例として―」『川崎医療福祉学会誌』Vol.15、No.2、2006年、339-351頁。
藤本明夫「北朝鮮への『人道的介入』の可能性」『海外事情』平成23年12月号（第59巻12号）、拓殖大学海外事情研究所、2011年、93-107頁。
古川勝久『北朝鮮　核の資金源「国連捜査」秘録』新潮社、2017年。
古矢 旬『グローバル時代のアメリカ　冷戦時代から21世紀』岩波新書(新赤版)1773、岩波書店、2020年。
ブルース・カミングス『現代朝鮮の歴史―世界の中の朝鮮―』世界歴史叢書、横田安司、小林知子訳、明石書店、2003年。
文 京洙『新・韓国現代史』岩波新書（新赤版）1557、岩波書店、2015年。
防衛大学校安全保障学研究会編著『新訂第5版　安全保障学入門』亜紀書房、2018年。
朴 斗鎮『揺れる北朝鮮―金正恩のゆくえ』共栄書房、2016年。
本多美樹「第10章　国連によるスマート・サンクション」臼井実稲子、奥迫元、山本武彦編者『経済制裁の研究　経済制裁の政治経済学的位置づけ』志學社、2017年。
松本栄子「米国の核不拡散に向けた経済制裁」『国際安全保障』第48巻第2号、国際安全保障学会、2020年、46-67頁。
松本充豊「中国のエコノミック・ステイトクラフトと台湾―『恵台政策』における観光客の送り出しの事例分析―」『検証　エコノミック・ステイトクラフト　国際政治』第205号、日本国際政治学会、2022年、61-76頁。
真鍋貞樹「北朝鮮人権法を通じた日米韓の連携―『民主主義の介入の是非』―」『海外事情』平成17年6月号（第53巻第6号）、拓殖大学海外事情研究所、2005年、43-55頁。
水島治郎『ポピュリズムとは何か』中公新書2410、中央公論新社、2016年。
道下徳成「北朝鮮ワンパターン外交と今後の展望」『海外事情』平成21年7月号（第57巻7・8号）、拓殖大学海外事情研究所、2009年、77-90頁。
道下徳成『北朝鮮　瀬戸際外交の歴史―1966〜2012年―』ミネルヴァ書房、2013年。

三村光弘「朝鮮民主主義人民共和国に対する制裁の現状とその影響」『国際安全保障』第48巻第2号、国際安全保障学会、2020年、1-23頁。

宮川眞喜雄「北朝鮮に対する経済制裁―核兵器開発等を伴う北朝鮮に対する経済制裁の評価―」『海外事情』59巻12号、2011年、14-38頁

宮川眞喜雄『経済制裁―日本はそれに耐えられるか』中公新書1054、中央公論社、1992年。

宮城大蔵『現代日本外交史』中公新書2402、中央公論新社、2016年。

宮本 悟「国際的制裁と対外政策」中川正彦編『朝鮮労働党と権力後継』アジア経済研究所、2011年、24-49頁

宮本 悟「国連安保理制裁と独自制裁」中川正彦編『国際制裁と朝鮮社会主義経済』アジア経済研究所、2017年、9-35頁。

村田晃嗣『現代アメリカ外交の変容 レーガン、ブッシュからオバマへ』有斐閣、2009年。

村田晃嗣「トランプからバイデンへ―アメリカ政治外交の変化と継続―」『国際安全保障』第48巻第4号、国際安全保障学会、2021年、19-38頁。

村野 将「平和安全法制後の朝鮮半島有事に備えて―日米韓協力の展望と課題―」『国際安全保障』第47巻第2号（2019年9月）、国際安全保障学会、2019年、74-93頁。

村山裕三編著、鈴木一人、小野純子、中野雅之、土屋貴裕著『米中の経済安全保障戦略―新興技術をめぐる新たな競争』芙蓉書房出版、2021年。

森本 敏「北朝鮮の核・ミサイル実験と日本の安全保障」『海外事情』平成21年7月号（第57巻第7・8号）、拓殖大学海外事情研究所、2009年、2-18頁。

森本 敏「日米同盟の深化と防衛力の役割」『海外事情』平成22年3月号（第58巻第3号）、拓殖大学海外事情研究所、2010年、2-18頁。

森本 敏「日米同盟の現状と将来―転機と機会―」『海外事情』平成26年7・8月号（第62巻第7・8号）、拓殖大学海外事情研究所、2014年、2-20頁。

森山茂徳『韓国現代政治』東京大学出版会、1998年。

矢嶋定則「東アジア情勢と『世界とアジアのための日米同盟』―当面する主要外交防衛問題―」『立法と調査』（2007.1 No.263）、参議院事務局企画調整室、2007年、30-42頁。

矢嶋定則「第2次安倍内閣の外交防衛政策―当面する主要外交防衛問題―」『立法と調査』（2013.10 No.345）、参議院事務局企画調整室、2013年、3-21頁。

藪中三十二『トランプ時代の日米新ルール』PHP研究所、2017年。

藪中三十二『外交交渉四〇年 藪中三十二回顧録』ミネルヴァ書房、2021年。

山岡加奈子「米国の対キューバ経済制裁―ヘルムズ・バートン法成立以降の米国政府内の議論を中心に」『アジア経済』第41巻第9号、日本貿易振興会アジア経済研究所、2000年、27-57頁。

山田卓平「日本による北朝鮮への独自措置―日本の国際義務に適合するか―」『龍谷法学』51巻3号、龍谷大学法学会、2019年2月、119-204頁。

山本章子『日米地位協定』中公新書2543、中央公論新社、2019年。

山本栄二『北朝鮮外交回顧録』筑摩書房、2022年。

山本慎一「平和安全法制と国際平和協力」『国際安全保障』第47巻第2号（2019年9月）、国際安全保障学会、2019年、94-113頁。

山本武彦「国連の対北朝鮮経済制裁はなぜ成功しないか 国連経済制裁の限界に関する一研究」臼井実稲子、奥迫 元、山本武彦編『経済制裁の研究 経済制裁の政治経済学的位置づけ』志學社、2017年。

吉次公介『日米安保体制史』岩波新書（新赤版）1741、岩波書店、2018年。羅 鍾一『粛清の王朝・北朝鮮 金正恩は、何を恐れているのか』ムーギー・キム訳、東洋経済新報社、2017年。

吉野文雄「対北朝鮮経済制裁の経済効果」『海外事情』平成21年7月号（第57巻第7・8号）、拓殖大学海外事情研究所、2009年、65-76頁。
李 鍾元『東アジア冷戦と韓米日関係』東京大学出版会、1996年。
李 鍾元、木宮正史編『朝鮮半島 危機から対話へ―変動する東アジアの地政図』岩波書店、2018年。
李 昊宰『韓国外交政策の理想と現実 李承晩外交と米国の対韓政策に対する反省』法政大学出版部、2008年。
林 東源『南北首脳会談への道―林 東源回顧録』波佐場清訳、岩波書店、2008年。
ロバート・A・ダール『現代政治分析』高畠通敏訳、岩波書店、2012年。
和田春樹『安倍首相は拉致問題を解決できない』青灯社、2018年。
渡邉啓貴「フランスのポピュリズムと治安・安全保障」『国際安全保障』第48巻第4号、国際安全保障学会、2021年、76-95頁。
渡邉 優『グアンタナモ』彩流社、2020年。

【国会会議録】

第159回国会衆議院財務金融委員会第2号（平成16年1月28日）会議録。
第159回国会衆議院国土交通委員会第25号（平成16年6月1日）会議録。
第159回国会衆議院予算委員会第18号（平成16年3月3日）会議録。
第159回国会参議院財政金融委員会第1号（平成16年2月5日）会議録。
第159回国会参議院財政金融委員会第2号（平成16年2月9日）会議録。
第159回国会参議院国土交通委員会第23号（平成16年6月11日）会議録。
第159回国会参議院北朝鮮による拉致問題等に関する特別委員会第2号（平成16年6月15日）会議録。
第161回国会衆議院北朝鮮による拉致問題等に関する特別委員会第3号（平成16年12月10日）会議録。
第163回国会参議院北朝鮮による拉致問題等に関する特別委員会閉会後第1号（平成17年11月27日）会議録。
第164回国会衆議院本会議第2号（平成18年1月23日）会議録。
第164回国会衆議院北朝鮮による拉致問題等に関する特別委員会第2号（平成18年1月27日）会議録。
第164回国会衆議院北朝鮮による拉致問題等に関する特別委員会第3号（平成18年6月2日）会議録。
第165回国会衆議院本会議第6号（平成18年10月10日）会議録。
第165回国会衆議院経済産業委員会第6号（平成18年12月1日）会議録。
第165回国会衆議院国土交通委員会第9号（平成18年12月8日）会議録。
第165回国会衆議院北朝鮮による拉致問題等に関する特別委員会第3号（平成18年12月7日）会議録。
第165回国会参議院経済産業委員会第8号（平成18年12月12日）会議録。
第165回国会参議院国土交通委員会第7号（平成18年12月14日）会議録。
第165回国会参議院北朝鮮による拉致問題等に関する特別委員会第2号（平成18年11月30日）会議録。
第169回国会衆議院北朝鮮による拉致問題等に関する特別委員会第5号（平成20年6月19日）会議録。
第190回国会衆議院本会議第10号（平成28年2月9日）会議録。
第190回国会衆議院北朝鮮による拉致問題等に関する特別委員会第2号（平成28年3月30日）会議録。
第190回国会衆議院拉致問題特別委員会第3号（平成28年5月18日）会議録。
第190回国会参議院本会議第9号（平成28年2月9日）会議録。
第191回国会衆議院外務委員会第2号（平成28年9月14日）会議録。
第191回国会参議院外交防衛委員会閉会後第1号（平成28年9月14日）会議録。
第192回国会衆議院本会議第1号（平成28年9月26日）会議録。

第 192 回国会衆議院北朝鮮による拉致問題等に関する特別委員会第 3 号（平成 28 年 12 月 13 日）会議録。
第 192 回国会参議院本会議第 1 号（平成 28 年 9 月 26 日）会議録。
第 192 回国会参議院北朝鮮による拉致問題等に関する特別委員会第 3 号（平成 28 年 12 月 7 日）会議録。
第 193 回国会衆議院経済産業委員会第 17 号（平成 29 年 5 月 31 日）会議録。
第 193 回国会衆議院国土交通委員会第 20 号（平成 29 年 5 月 26 日）会議録。
第 193 回国会参議院経済産業委員会第 17 号（平成 29 年 6 月 8 日）会議録。
第 193 回国会参議院国土交通委員会第 22 号（平成 29 年 6 月 13 日）会議録。

【ウェブ版関係資料・政府等団体】

首相官邸ホームページ、官房長官記者発表、「北朝鮮による弾道ミサイルの発射事案に係る我が国の当面の対応について」、平成 18 年 7 月 5 日、https://warp.ndl.go.jp/info:ndljp/pid/244428/www.kantei.go.jp/jp/tyoukanpress/rireki/2006/07/05_a3.html。

政府インターネットテレビ、内閣官房長官声明「北朝鮮からの弾道ミサイル又は何らかの飛翔体発射について」平成 18 年 7 月 5 日、https://nettv.gov-online.go.jp/prg/prg585.html。

首相官邸ホームページ、官房長官記者会見「北朝鮮による核実験に係る我が国の当面の対応について」平成 18 年 10 月 11 日、https://warp.ndl.go.jp/info:ndljp/pid/244428/www.kantei.go.jp/jp/tyoukanpress/rireki/2006/10/11_p.html。

首相官邸ホームページ、「対北朝鮮輸入禁止等に伴う当面の緊急対策について」平成 18 年 10 月 13 日、https://warp.ndl.go.jp/info:ndljp/pid/244428/www.kantei.go.jp/jp/tyoukanpress/rireki/2006/10/061013siryou.html。

首相官邸ホームページ、「拉致問題対策本部の第 1 回会合について」平成 18 年 10 月 16 日、https://warp.ndl.go.jp/info:ndljp/pid/244428/www.kantei.go.jp/jp/tyoukanpress/rireki/2006/10/16_p.html。

首相官邸ホームページ、官房長官談話等「我が国の対北朝鮮措置について（内閣官房長官発表）」平成 21 年 4 月 10 日、https://warp.ndl.go.jp/info:ndljp/pid/284573/www.kantei.go.jp/jp/tyokan/aso/2009/0410seimei.html。

首相官邸ホームページ、官房長官談話等「我が国の対北朝鮮措置について（内閣官房長官発表）」平成 21 年 6 月 16 日、https://warp.ndl.go.jp/info:ndljp/pid/284573/www.kantei.go.jp/jp/tyokan/aso/2009/0616happyou.html。

首相官邸ホームページ、官房長官記者会見、閣議の概要について、平成 22 年 5 月 28 日、https://warp.ndl.go.jp/info:ndljp/pid/2629568/www.kantei.go.jp/jp/tyoukanpress/201005/28_a.html。

首相官邸ホームページ、「内閣総理大臣談話」（2015 年 8 月 14 日）、https://warp.ndl.go.jp/info:ndljp/pid/10992693/www.kantei.go.jp/jp/topics/2015/150814danwa.pdf。

首相官邸ホームページ、「我が国独自の対北朝鮮措置について」（平成 28 年 2 月 10 日）、https://www.kantei.go.jp/jp/headline/northkorea201602/20160210_northkorea_sochi.html。

首相官邸ホームページ、官房長官記者会見、「わが国独自の対北朝鮮措置について」平成 28 年 2 月 10 日、https://warp.ndl.go.jp/info:ndljp/pid/9919870/www.kantei.go.jp/jp/tyoukanpress/201602/10_a2.html。

首相官邸ホームページ、平成 28 年 2 月 19 日臨時閣議案件、https://warp.ndl.go.jp/info:ndljp/pid/10992693/www.kantei.go.jp/jp/kakugi/2016/kakugi-2016021902.html。

首相官邸ホームページ、「内閣官房長官記者会見」平成 28 年 9 月 9 日午前、https://warp.ndl.go.jp/info:ndljp/pid/10201718/www.kantei.go.jp/jp/tyoukanpress/201609/9_a.html。

首相官邸ホームページ、「内閣官房長官記者会見」平成 28 年 9 月 9 日午後、https://warp.ndl.go.jp/info:ndljp/pid/10992693/www.kantei.go.jp/jp/tyoukanpress/201609/9_p.html。

首相官邸ホームページ、「内閣官房長官記者会見」平成 28 年 12 月 2 日午前、https://warp.ndl.go.jp/info:ndljp/pid/10249574/www.kantei.go.jp/jp/tyoukanpress/201612/2_a.html。

首相官邸ホームページ、官房長官記者会見、「わが国独自の対北朝鮮措置について」平成 28 年 12 月 2 日、https://warp.ndl.go.jp/info:ndljp/pid/10290080/www.kantei.go.jp/jp/tyoukanpress/201612/2_a.html。

首相官邸ホームページ、「内閣官房長官記者会見」平成 18 年 12 月 2 日、https://warp.ndl.go.jp/info:ndljp/pid/11236451/www.kantei.go.jp/jp/tyoukanpress/201612/2_a.html。

第 151 回国会における小泉総理大臣所信表明演説、https://www.mofa.go.jp/mofaj/gaiko/bluebook//2002/gaikou/html/siryou/sr_01_03.html。

内閣官房ホームページ、「日本再興戦略 2016─第 4 次産業革命に向けて─」、https://www.cas.go.jp/jp/seisaku/seicho/pdf/zentaihombun_160602.pdf。

外務省ホームページ、「国連安保理決議に基づく制裁措置」、https://www.mofa.go.jp/mofaj/files/100324618.pdf。

外務省ホームページ、「国際連合安全保障理事会決議第 1695 号　訳文」、https://www.mofa.go.jp/mofaj/area/n_korea/abd/un_k1695.html。

外務省ホームページ、「北朝鮮のミサイル発射に関する国連安保理決議 1695 の採択について（麻生外務大臣談話）」、平成 18 年 7 月 16 日、https://www.mofa.go.jp/mofaj/press/danwa/18/das_0716.html。

外務省ホームページ、「国際連合安全保障理事会決議第 1718 号和訳（官報告示外務省第 598 号（平成 18 年 11 月 6 日発行））」、https://www.mofa.go.jp/mofaj/area/n_korea/anpo1718.html。

外務省ホームページ、「国際連合安全保障理事会決議第 2270 号 和訳（外務省告示第 67 号（平成 28 年 3 月 11 日発行）」、https://www.mofa.go.jp/files/000149966.pdf。

外務省ホームページ、「日本の安全保障政策（平成 28 年 4 月 6 日）」、https://www.mofa.go.jp/mofaj/fp/nsp/page1w_000098.html。

外務省ホームページ、「国際連合安全保障理事会決議第 2321 号 和訳（外務省告示第 463 号（平成 28 年 12 月 9 日発行）」、https://www.mofa.go.jp/mofaj/files/100324699.pdf。

外務省ホームページ、「我が国独自の対北朝鮮措置について」平成 18 年 12 月 2 日、https://www.mofa.go.jp/mofaj/a_o/na/kp/page3_001907.html。

外務省ホームページ、「安倍総理大臣のハワイ訪問」、https://www.mofa.go.jp/mofaj/na/na1/us/page3_001940.html。

外務省ホームページ、「在釜山日本国総領事館前の少女像設置に対する我が国の措置」、https://www.mofa.go.jp/mofaj/press/release/press1_000130.html。

外務省ホームページ、「韓国哨戒艦沈没事件」https://www.mofa.go.jp/mofaj/area/n_korea/shokaitei_10/index.html。

外務省ホームページ、「北朝鮮による日本人拉致問題」「我が国の基本的考え方」、https://www.mofa.go.jp/mofaj/area/n_korea/abd/rachi.html。

外務省ホームページ、「北朝鮮による日本人拉致問題」「政府認定の拉致被害者」、https://www.mofa.go.jp/mofaj/a_o/na/kp/page1w_000081.html。

外務省ホームページ、「北朝鮮による日本人拉致問題」「拉致問題を巡る日朝間のやり取り」、https://www.mofa.go.jp/mofaj/a_o/na/kp/page1w_000082.html。

外務省ホームページ、「日朝政府間協議（概要）」平成26年5月30日、https://www.mofa.go.jp/mofaj/a_o/na/kp/page4_000494.html。

外務省ホームページ、「日米首脳会談（平成27年11月20日）」2015年11月20日、https://www.mofa.go.jp/mofaj/na/na1/us/page4_001565.html#section6。

外務省ホームページ、「国際原子力機関（IAEA）保障措置」、https://www.mofa.go.jp/mofaj/gaiko/atom/iaea/kyoutei.html。

外務省ホームページ、「第4回6者会合に関する共同声明（仮訳）」2005年9月19日、https://www.mofa.go.jp/mofaj/area/n_korea/6kaigo/ks_050919.html?msclkid=a03b4e97cf8311eca3508ea1bca4102a。

外務省ホームページ、「日朝平壌宣言」、https://www.mofa.go.jp/mofaj/kaidan/s_koi/n_korea_02/sengen.html。

外務省ホームページ、「キューバの選択～カストロと社会主義」、https://www.mofa.go.jp/mofaj/press/pr/wakaru/topics/vol45/。

外務省ホームページ、「日米安全保障体制（令和4年9月8日）」、https://www.mofa.go.jp/mofaj/area/usa/hosho/taisei.html。

外務省ホームページ、『平成15年版外交青書』「第2章 地域別外交」「第1節 アジア大洋州」、https://www.mofa.go.jp/mofaj/gaiko/bluebook/2003/gaikou/html/honpen/index.html。

外務省ホームページ、『平成18年版外交青書』「第2章 地域別に見た外交」「第1節 アジア・大洋州」、https://www.mofa.go.jp/mofaj/gaiko/bluebook/2006/html/framefiles/honbun.html。

外務省ホームページ、『平成19年版外交青書』「第2章 地域別に見た外交」「第1節 アジア・大洋州」、https://www.mofa.go.jp/mofaj/gaiko/bluebook/2006/pdf/pdfs/2_1.pdf。

外務省ホームページ、『平成28年版外交青書』「第2章 地球儀を俯瞰する外交」「第1節 アジア・大洋州」、https://www.mofa.go.jp/mofaj/gaiko/bluebook/2016/html/chapter2_01_01.html。

外務省ホームページ、『平成29年版外交青書』「第2章 地球儀を俯瞰する外交」「第1節 アジア・大洋州」、https://www.mofa.go.jp/mofaj/gaiko/bluebook/2017/html/chapter2_01_01.html#s2110102。

外務省ホームページ、『令和3年版外交青書』「第2章 地域別に見た外交」「第1節 アジア・大洋州」、https://www.mofa.go.jp/mofaj/gaiko/bluebook/2021/html/index.html。

News Release「北朝鮮の核関連、その他の大量破壊兵器関連及び弾道ミサイル関連計画等に関与する者に対する資産凍結等の措置」平成25年8月30日、外務省・財務相・経済産業省、https://www.mofa.go.jp/mofaj/press/release/press18_000036.html。

警察庁ホームページ、「北朝鮮による拉致容疑事案について」、https://www.npa.go.jp/bureau/security/abduct/index.html。

衆議院ホームページ、外国為替及び外国貿易法の一部を改正する法律案、https://www.shugiin.go.jp/internet/itdb_gian.nsf/html/gian/honbun/houan/g15905001.htm。

参議院ホームページ、「今国会情報」、「委員会・調査会等所管事項」、https://www.sangiin.go.jp/japanese/kon_kokkaijyoho/iinkai/tiinkai.html。

国際連合広報センターホームページ、「国連憲章テキスト」、https://www.unic.or.jp/info/un/charter/text_japanese/。

（一財）安全保障貿易情報センター、ホームページ、「経済制裁措置」、https://www.cistec.or.jp/export/keizaiseisai/saikin_keizaiseisai/index.html。

駐日欧州連合代表部公式ウェブマガジン、「EUの制限措置（制裁）について教えてください」、https://eumag.jp/questions/f0322/。

駐日欧州連合代表部公式ウェブマガジン、「世界的注目を集める EU の制裁の仕組み」、https://eumag.jp/issues/c0814/。

ドイツ連邦銀行ホームページ、「Finanzsanktionen」、「Sanktionsregimes」、「Nationale Sanktionsmaßnahmen」、https://www.bundesbank.de/de/service/finanzsanktionen/sanktionsregimes。

【ウェブ版書籍・論文資料・個人】

竹内舞子「経済安全保障としての経済政策―省庁、業界の壁を越えた協同を」『新春特別コラム：2022年の日本経済を読む～この国の新しいかたち』独立行政法人経済産業研究所、https://www.rieti.go.jp/jp/columns/s22_0016.html。

中谷和弘、「日本国際問題研究所　研究レポート」「経済制裁：国際法の観点から」20210222、https://www.jiia.or.jp/research-report/post-40.html。

中山俊宏「分析レポート：オバマ外交と北朝鮮」＜平成 24 年度研究プロジェクト「2012 年の北朝鮮」分析レポート＞、日本国際問題研究所、https://www2.jiia.or.jp/pdf/research_pj/h24rpj06/report-nakayama-20130325.pdf。

福田孝雄「議員提案法政の立法過程についての考察　―臓器移植法を例として―」『川崎医療福祉学会誌』Vol.15、No.2、2006 年 339-351 ページ、https://www.kawasaki-m.ac.jp/soc/mw/journal/jp/2006-j15-2/04_fukuda.pdf。

【青書・団体ホームページ等】

外務省、『平成 15 年版外交青書』『平成 18 年版外交青書』、『平成 19 年版外交青書』『平成 28 年版外交青書』『平成 29 年版外交青書』『令和 3 年版外交青書』ほか。

自由民主党ホームページ、https://www.jimin.jp。

北朝鮮に拉致された日本人を救出するための全国協議会、「救う会全国協議会ニュース」、www.sukuukai.jp/mailnews/。

水野賢一前参議院議員（元衆議院議員）「けんいちブログ」、https://mizunokenichi.com/2004/02/。

【書籍・論文・記事・資料（英語）】

Albright, David and Kevin O'Neill, eds., "*Solving the North Korean Nuclear Puzzle*," ISIS Reports, The Institute for Science and International Security, Washington,D.C. , 2000.

Allen, Susan Hannah, "The Domestic Political Costs of Economic Sanctions," *Journal of Conflict Resolution*, 52（6）, 2008, pp.916-944.

Baldwin, David A., *Economic Statecraft New Edition*, Princeton University Press, 2020.

Baldwin, David A. and Robert A. Pape, "Evaluating Economic Sanctions," *International Security*, Vol.23, No.2 (Fall 1998), pp.90-137.

Barber, James., "Economic Sanctions as a Policy Instrument," *International Affairs*, 55, 1979, pp.367-384.

Biersteker, Thomas J. and Pete A.G.van Bergijk, "How and When Do Sanctions Work? The Evidence," *On Target? European Union Sanctions as Security Policy Tools*, edited by Iana Dreyer and Jose Luengo-Cabrea. Paris：European Union, Institute for Security Studies, 2015.

Biersteker, Thomas J., Marcos Tourinho and Sue E. Eckert, "The effectiveness of United Nations targeted sanctions," Thomas J. Biersteker, Sue E. Eckert, and Marcos Tourinho, eds., *Targeted Sanctions: The Impacts and Effectiveness of United Nations Action*, Cambridge University Press, 2016, pp. 220-247.

Biersteker, Thomas J., Sue E. Eckert, Marcos Tourinho, and Zuzana Hudáková, "UN targeted sanction datasets (1991-2013) ," *Journal of Peace Research*, Vol.55 (3) ,2018, pp.404-412.

Blackwill, Robert D. and Jennifer M. Harris, *War by other means : geoeconomcs and statecraft*, The Belknap Press of Harvard University Press, 2016.

Blanchard, Jean-Marc F. and Norrin M. Ripsman, *Economic Statecraft and Foreign Policy: Sanctions, incentives, and Target state calculation*, Routledge, 2013.

Bremmer, Ian, Choi Sung-Hong and Yoriko Kawaguchi, "Northeast Asia:Defusing a Dangeraous Region," *International Herald Tribune*, December 29, 2005.

Cahill, Kevin M. eds., *Preventive Diplomacy: Stopping Wars before They Start*, New York: Basic Books, 1996.

Cameron, Iain, "Protecting Legal Right: On the Insecurity of Sanctions," Peter Wallensteen and Carina Staibano,eds., *International Sanctions: Between Words and Wars in Global System*, London:Routledge/Frank Cass, 2005, pp.181-206.

Carter, Barry E., *International economic sanctions : improving the hapharard U.S. legal regime*, Cambridge University Press, 1988.

Chan, Steve and A. Cooper Drury, eds., *Sanctions as Economic Statecraft:Theory and Practice*, London: Macmillan Press, 2000.

Charnovitz, Steven., "The Obama Administration's Attack on Appellate Body Independence Shows the Need for Reform," *International Economic Law and Policy Blog*, September 22, 2016.

Cohen, Benjamin J., *Currency Statecraft*, Chicago: University of Chicago press, 2018.

Cohen, David S., "Why Trump's Sanctions Aren't Working," *Washington Post*, March 30, 2019.

Congressional Research Service, "World Trade Organization: Overview and Future Direction," Washington,D.C.: Library of Congress, 2019.

Connolly, Richard, *Russia's response to sanctions :how Western economic statecraft is reshaping political economy in Russia*, Cambridge University Press, 2018.

Cortright, David and George A. Lopez, *Economic Sanctions:panacea or peacebuilding in a post-cold war world?*, Westview Press, 1995.

Cortright, David and George A. Lopez, *The Sanctions Decade :assessing UN strategies in the 1990's*, Lynne Rienner Publishers, 2000.

Council of the EU, Press release 8 December 2020, EU Global Human Rights Sanctions Regime: Declaration by the High Representative on behalf of the European Union.

Dahl, Robert A., *Modern Political Analysis*, 3d eds. Englewood Cliffs, N.J.: Prentice-Hall, 1976.

Dahl, Robert A. and Ian Shapiro, *On Democracy Second Edition*, New Haven and London, Yale Unversity Press, 1998.

Dassel, Kurt and Eric Reinhardt, "Domestic Strife and the Initiation of Violence at Home and Abroad," *American Journal of Political Science*, 43 (1) , 1999, pp.56-85.

Debs, Alexandre and Jessica Chen Weiss, " Circumstances, Domestic Audiences, and Reputational Incentives in International Crisis Bargaining, " *Journal of Conflict Resolution*, 60（3）, 2016, pp.403-433.
Doxey, Margaret P., *Economic Sanctions and Internationl Enforcement*, London: Oxford University Press, 1980.
Doxey, Margaret P., *International Sanctions in Contemporary Perspective 2nd ed.*, London: Macmillan, and New York: St Maartin's Press, 1996.
Drezner, Daniel W., "Allies, Adversaries, and Economic Coercion: Russian Foreign Policy since 1991," *Security Studies*, 6（1）, 1997, pp.65-111.
Drezner, Daniel W., *The Sanctions Paradox -Economic Statecraft and International Relations*, Cambridge University Press, 1999.
Drezner, Daniel W., "Bargaining, Enforcement and Multilateral Sanctions: When Is Cooperation Counterproductive?" *International Organization*, 54（1）, 2000, pp.73-102.
Drezner, Daniel W., "How not to sanction," *International Affairs*, 2022.9, Oxford University Press, pp.1533-1552.
Drury, A. Cooper, "Sanctions as Coercive Diplomacy: The U.S. President's Decision to Initiate Economic Sanctions," *Political Research Quarterly*, 54（4）, 2001, pp.485-508.
Drury, A. Cooper, "Democracy, Autocracy, and Economic Sanctions: How Regime Type Affects the Use of Economic Coercion," Paper presented at the Annual Meeting of the American Political Science Association, Philadelphia, PA, 2003.
Drury, A. Cooper, *Economic Sanctions and Presidential Decisions : model of political rationality*, PALGRAVE MACMILLAN, 2005.
Elliott, Kimberly Ann and Gary Clyde Hufbauer, "Same Song, Same Refrain? Economic Sanctions in the 1990s," *American Economic Review*, 89（2,May）, 1999, pp.403-408.
Evans, Peter B., Harold K. Jacobson and Robert D. Putnam, *Double-edged Diplomacy: International Bargaining and Domestic Politics*, University of California Press, 1993.
Gedda, George, "U.S. Rejects Financial Talks With N.korea," Associated Press, March 10, 2006.
Gilpin, Robert, *Global Political Economy*, Princeton University Press, 2001.
Giumelli, Francesco, *Coercing,Constraining and Signalling:Explaining UN and EU Sanctions after the Cold War*, Colchester:ECPR（Eurooean Consortium for Political Research）Press, University of Essex, 2011.
Giumelli, Francesco, *The Success of Sanctions:Lessons Learned from the EU Experience*, Farham, UK:Ashgate, 2013.
Haass, Richard, *Economic Sanctions and American Diplomacy*, New York: Council on Foreign Relations Press, 1988.
Hecker, Siegfried S., Senate Committee on Foreign Relations Hearing, "Visit to the Yongbyon Nuclear Scientific Research Center in North Korea," Jan.21, 2004.
Hufbauer, Gary C., Jeffrey J. Schott, Kimberly A. Elliott and Barbara Oegg, *Economic Sanctions Reconsidered*, Peter G. Peterson Institute, 2009.
James, P. and J. Oneal,"The Influence of Domestic and International Politics on the President's Use of Force," *Journal of Conflict Resolution*, 35, 1991, pp.307-332.

James, P. and A.Hristoulas, "Domestic Politics and Foreign Policy:Evaluating a Model of Crisis Activity," *The Journal of Politics*, 56, 1994, pp.327-348.

Jeong, Jin Mun and Dursun Peksen, "Domestic Institutional Constraints, Veto Players, and Sanction Effectiveness," *Journal of Conflict Resolution*, 63 (1) , 2019, pp.194-217.

Kessler, Glenn, "N. Korea Sets Terms for Return to Nuclear Talks," *Washington Post*, March 9, 2006.

Kissinger, Henry A., "The Next Steps with Iran; Negotiations Must Gobeyond the Nuclear Threat to Broader Issues," *Washington Post*, July 31, 2006.

Krustev, Valentin L. and T. Clifton Morgan, " Ending Economic Coercion: Domestic Politics and International Bargaining," *Conflict Management and Peace Science*, 28 (4) , 2011, pp.351-376.

Lindsey, James M., "Trade Sanctions as Policy Instruments: A Re-examination," *International Studies Quarterly*, 30, 1986, pp.153-173.

Miller, Ross A., "Domestic Structures and the Diversionary Use of Force," *American Journal of Political Science*, 39 (3) , 1995, pp.760-785.

Morgan C. and Kenneth N. Bickers, "Domestic Discontent and the External Use of Force," *Journal of Conflict Resolution*, 36 (1) , 1992, pp.25-52.

Mulder, Nicholas, *The Economic Weapon: The Rise of Sanctions as a Tool of Modern War*, Yale University Press, 2022.

Nelson, Chris, "Japan Reaches Out to ROK; US?" *Nelson Report*, December 12, 2005.

Nephew, Richard, *The Art of Sanctions A View from the Field*, Columbia University Press, 2018.

Oberdorfer, Don, *The Two Koreas: A Contemporary History*, New York: Basic Books, 2001.

Ostrom, Charles and Brian Job, "The President and Political Use of Force," *American Political Science Review*, 80 (2) , 1986, pp.541-566.

Pape, Robert A., "Why Economic Sanctions Do Not Work," *International Security*, Vol.22, No.2 (Fall, 1997) , The MIT Press, pp.90-139.

Pape, Robert A., "Evaluating Economic Sanctions," *International Security*, Vol.23, No.2,1998, The MIT Press, pp.66-77.

Pape, Robert A., "Why Economic Sanctions Still Do Not Work," *International Security*, Vol.23, No.1 (Summer, 1998) , The MIT Press, pp.66-77.

Park, Jiyoun and Hyun Jin Choi, " Are smart sanctions smart enough? An inquiry into when leaders oppress civilians under UN targeted sanctions," *International Political Science Review*, 43 (3) , 2022, pp.433-449.

Poh, Angel, "The Myth of Chinese Sanctions over South China Sea Dispute," *Washington Quarterly*, 40 (1) , 2017, pp.143-165.

Portela, Clara, *European Union Sanctions and Foreign Policy: When and Why Do they Work?* London:Routledge, 2010.

Pritchard, Charles L., *Failed Diplomacy:the Tragic Story of How North Korea Got The Bomb*, THE BROOKINGS INSTITUTION, 2007.

Putnam, Robert D., "Diplomacy and Domestic Politics: The Logic of Two-Level Games" , *International Organization*, Vol. 42, No. 3 (Summer) , The MIT Press., 1988, pp.427-460.

Ramsbotham, Oliver, Tom Woodhouse, Hugh Miall, *Contemporary Conflict Resolution*, Polity Press, 2016.

Reiss, Mitchell B. and Robert Gallucci, "Red-Handed," *Foreign Affairs*, March/April 2005.

Republic of Korea, Office of the President, "South-North Joint Declaration," press release, June 15, 2000.
Rowe, David M., "Economic Sanctions, Domestic Politics and the Decline of Rhodesia Tobacco,1965-79," in *Sanctions as Economic Statecraft: Theory and Practice*, edited by Chan, Steve and A. Cooper Drury, London: Macmillan/St.Martin's , 2000, pp.131-157.
Schembera, Kerstin, " Understanding ASEAN's approach to sanctions against norm breakers," *International Political Science Review*, 42（4）, 2021, pp.531-545.
Schwebach, Valerie L.,"Sanctions as Signals：A Line in the Sand of a Lake of Resolve?," in *Sanctions as Economic Statecraft: Theory and Practice*, edited by Chan, Steve and A. Cooper Drury, London: Macmillan/St.Martin's , 2000, pp.187-211.
Strandow, Daniel, *Sanctions and Civil War: Target Measures for Conflict Resolution*, Uppsala: Special Program on International Targeted Sanctions (SPITS), Department of Peace and Conflict Research, Uppsala University, 2006.
Wallensteen, Peter, "The Characteristics of Economic Sanctions," Journal of Peace Research, 3, 1968, pp.248-267.
Wallensteen, Peter, Carina Staibano and Mikael Eriksson, *Making Targeted Sanctions Effective: Guidelines for Implementationof Un Policy Options*, Uppsala: Department of Peace and Conflict Research, Uppsala University, 2003.
Wallensteen, Peter and Carina Staibano,eds., *International Sanctions:Between Words and Wars in Global System*, London: Routledge/Frank Cass, 2005.
Wallensteen, Peter, *Understanding Conflict Resolution Fifth Edition*, SAGE Publications, 2019.
Woodward, Bob, *Bush at War*, New York: Simonand Schuster, 2002.
Zarate, Juan C., *Treasury's War: The unleashing of a new era of financial warfare*, PublicAffairs, 2015.

State of the Union Address, January 28, 2003.
Testimony of assistant secretary of state James Kelly before the Senate Committee on Foreign Relations, *Report on the Latest Round of Six-Way Talks Regarding Nuclear Weapons in North Korea*, 108 Cong. 2 sess, July 15, 2004.
UN Security Council, Department of Public Information, "Security Council Condemns Democratic People's Republic of Korea's Missile Launches, Unanimously Adopting Resolution 1695 (2006), July 15, 2006."
UN Security Council, Department of Public Information, 5551st Meeting of the Security Council, "Security Council Condemns Neclear Test by Democratic People's Republic of Korea, Unanimously Adopting Resolution 1718" 2006.

"China Rejects U.S. Suggestion to Cut Off Oil to Pressure North Korea," *Washington Post*, May 7, 2005.
"Diplomats From Syria Are Expelled by Germany," The New York Times, February 9, 2012.
"Germany expels top U.S. spy," USA TODAY news, July 10, 2014.
"Germany expels Russian diplomats after hitman sentenced in Berlin," BBC News, December 15, 2021.

"Germany expelled Russian diplomat over space tech spying -Spiegel," REUTERS, January 28, 2022.
"Germany declares 'significant number' of Russian diplomats as undesirable," REUTERS, April 5, 2022.
"Mr.Bush's Nuclear Legacy," *New York Times*, September 2, 2006.

【ウェブ版書籍・論文その他資料・海外】
Address by President Roh Moo-hyun on the 58th Anniversary of National Liberation, August 15, 2003（www.korea.net/korea/boardDetailView.asp?bord_=74&code=B0203&lang_no=）.
Calda, Dario, et al. 2019. "The Economic Effects of Trade Policy Uncertainty." Federal Reserve Board of New York. https://www.federalreserve.gov/econres/ifdp/files/ifdp1256.pdf.
"DPRK Stance toward Terrorist Attacks on U.S.," KCNA, September 12, 2001（www.kcna.co.jp）.
"DPRK Foreign Ministry Clarifies Stand on New Measure to Bolster War Deterrent," KCNA, October 3,2006（www.kcna.co.jp）.
European Commission, " Sanctions (restrictive measures)", https://finance.ec.europa.eu/eu-and-world/sanctions-restrictive-measures_en.
KEDO executive bord statement,November 14, 2002（www.kedo,org,archived news）.
Japanese Ministry of Foreign Affairs, "Japan-DPRK Pyongyang Declaration"（www.mofa.go.jp/region/asia-paci/n_kora/pmv0209/pyongyang.html）.
Joint Declaration of the Denuclearization of the Korean Peninsula, January 20, 1992（www.ceip org/files/projects/npp/resources/koreadenucleaization.htm）.
Joint Statement of Agreed Principles, Beijing, September 19, 2005（www.state.gov/r/pa/prs/ps/2005/53490.htm）.
Jungmin Kang and Peter Hayes, "Technical Analysis of the DPRK Nuclear Test, " Nautilus Institute Policy Forum Online 06-89A： Oct. 20th, 2006（www.nautilus.org/fora/security/0689HayesKang.html）.
Lew, Jacob and Richard Nephew, " The Use and Misuse of Economic Statecraft： How Washington Is Abusing Its Financial Might," *Foreign Affairs.com*. October 15, 2018.
Liou, Yu-Lin, Amanda Murdie and Dursun Peksen, "Pressures From Home and Abroad： Economic Sanctions and Target Government Response to Domestic Campaigns," *Journal of Conflict Resolution*, 2022, https://doi.org/10.1177/00220027221118249.
National Security Strategy, section V.C.I. , March 2006（www.whitehouse.gov/nsc/nss/2006）.
Office of Foreign Assets Control, Department of The Treasury, *North Korea Sanctions Program*, Updated November 2, 2016, https://home.treasury.gov/system/files/126/nkorea.pdf.
"President Delivers State of the Union Address," January 29,2002,http://www.whitehouse.gov/news/release/2002/01/print/2002012.html.
PUBLIC LAW 104-114—MAR. 12,1996 110 STAT. 785 , https://www.govinfo.gov/content/pkg/PLAW-104publ114/pdf/PLAW-104publ114.pdf.
PUBLIC LAW 114-122—FEB. 18, 2016 130 STAT. 93, https://home.treasury.gov/system/files/126/114publ122.pdf.
REMARKS BY PRESIDENT BARACK OBAMA, Hradcany Square, Prague, Czech Republic, https://obamawhitehouse.archives.gov/the-press-office/remarks-president-barack-obama-prague-delivered.

Remarks by the President at the United States Military Academy Commencement Ceremony, U.S. Military Academy-West Point, New York, https://obamawhitehouse.archives.gov/the-press-office/2014/05/28/remarks-president-united-states-military-academy-commencement-ceremony.

Saunders, Paul J., "A new Obama Doctrine at West Point? " Tokyo Foundation, June 04, 2014, http://tokyofoundation.org/en/articles/2014/new-obama-doctrine.

Search engine for the United Nations Security Council Resolutions,unscr.com/en/resolutions/doc/2321.

Security Consultative Committee, "U.S.-Japan Alliance:Transformation and Realignment for the Future," October 29,2005 (www.state.gov/documents/organization/55886.pdf).

"Spokesman for DPRK Foreign Ministry on Recent DPRK-U.S. Contact," KCNA,August 1,2003 (www.kcna.co.jp)

Treasury Department, "North Korea:What You Need to Know about Sanctions" (www.treas.gov/offices/enforecment/ofac/programs/nkorea/nkorea.pdf).

Treasury Department,PRESS RELEASES, December 2, 2016, "Treasury Sanctions Individuals and Entities Supporting the North Korean Government and its Nuclear and Weapons Proliferation Efforts," https://home.treasury.gov/news/press-releases/jl0677.

"Vice Foreign Minister Wang Yi, Head of Chinese Delegation to the Six-Party Talks,Gives a Press Conference," press briefing following the conclusion of the first round of six-party talks, August 29,2003 (www.fmprc.gov.cn).

White House,State of the Union Address, January 29,2002 (www.whitehouse.gov/news/release/2002/01/29).

White House, Office of the Press Secretary, "Statement by the President," November 15, 2002 (www.whitehouse.gov/news/release/2002/11/15).

White House, Office of the Press Secretary, For Immediate Release, April 25, 2014 "FACT SHEET: U.S.-Japan Global and Regional Cooperation," https://obamawhitehouse.archives.gov/the-press-office/2014/04/25/fact-sheet-us-japan-global-and-regional-cooperation.

White House, Office of the Press Secretary, For Immediate Release "Press Conference with President Obama and President Park of the Republic of Korea," https://obamawhitehouse.archives.gov/the-press-office/2014/04/25/press-conference-president-obama-and-president-park-republic-korea.

White House, Office of the Press Secretary, For Immediate Release, December 02, 2016, "Press Briefing by Principal Deputy Press Secretary Eric Schultz, 12/2/2016," https://obamawhitehouse.archives.gov/the-press-office/2016/12/02/press-briefing-principal-deputy-press-secretary-eric-schultz-1222016.

White House press release, "Joint Declaration on the ROK-U.S. Alliance and Peace on the Korean Peninsula," November 17,2005 (www.whitehouse.gov/news/release/2005/11/20051117-6html).

Zarpli, Omer, "When Do Imposed Sanctions Work? The Role of Target Regime Type," *Journal of Conflict Resolution*, 2022, https://doi.org/10.1177/00220027221139809.

以上

あとがき

　本論文は2022年9月16日に博士（安全保障）の学位授与申請を行い、翌2023年3月15日に学位を授与された、いわゆる博士論文である。私はもともと紛争解決論を研究テーマに定め、修士論文では朝鮮戦争の終結プロセスを考察した。博士論文もその延長線上で書き進めたが、紛争変容論にまで研究対象を広げるなど紆余曲折があり、ようやくテーマを経済制裁に絞ったのは2022年4月であった。今、経済制裁に取り組んだ当時を振り返ってみると、難解な論点について答えが見えず苦労した時期もあったが、総じて言うと日々新たな発見があり、わくわく感を感じながら楽しく書き進めることができたと思う。

　私が経済制裁というテーマに取り組んだ理由は、軍事力の脆弱な日本にあっては経済の有する力をいかに利用するかが日本の安全保障にとって極めて重要な鍵を握っていると考えたこと、食糧やエネルギーの自給率向上も日本を「守る」といった点では重要であるが、「攻め」の手段としての経済制裁にも焦点を当てて深堀りすることが、日本の安全保障を「攻め」と「守り」という両輪の視点でバランスよく考察する上で不可欠であると考えたことが主な理由である。そして日本の経済制裁研究の領域を見ると、個々の優れた研究者はいるものの、全体として見ると必ずしも高い水準にあるとは言い難く、特に日本のユニラテラル（unilateral）な制裁については、2004年に議員立法という形で議会側の強い思いを込めて制度創設がなされたにもかかわらず、十分な研究がなされていないのが現状であり、出来れば自身の研究をもって少しでも日本の経済制裁研究の発展に貢献したいとの野心的な思いがあったことが理由の一つである。

　経済制裁という言葉には「経済」という語が付されていることも理由の一つかもしれないが、その研究対象については経済的な影響の有無や大きさに着目する傾向が見受けられ、若干この面に偏重しているように思う。しかし実は経済制裁は政治的な性格の強い行為である。むしろ政治的な行為であると言ってよい。しかも日本独自の経済制裁について、専らその国内における政治的な効果を分析対象とする研究は皆無と言ってよい。野心的な思いとは、この領域の扉を開きたいという気持ちである。

　本論文はこのような視点で書かれたものであるが、扱った対象としては安倍政権期の政治過程であり、経済制裁というレンズを通して安倍政治のプロセスを評価する面も有している。折しも論文執筆中の2022年7月8日の昼前、安倍元総理が奈良市で凶弾に倒れる事件が起こった。このときはちょうど第2次安倍政権についての研

究に没頭し、自室で『美しい国へ』や『新しい国へ　美しい国へ完全版』を読んでいたが、まさかとは思ったが、残念ながら悲劇となってしまった。安全とされている日本社会で、白昼このような事件があり、そしてまさに自分が研究対象としている人物が突然悲劇に見舞われたことに、ある種因縁のようなものを感じた。当時、論文の進み具合もなかなか思うようにいかないところもあって学位授与申請を翌年に延ばそうかという甘い考えもあったが、上手く言い表せないが、元総理への手向けというような気持ちも手伝って、気合を入れ直して暑い夏に昼夜奮闘し、その年の9月になんとか論文を仕上げることができた。元総理に対しては色々な評価があるが、その政権期は戦後の日本政治において間違いなく一つの画期をなすものであり、改めてその長きにわたるご尽力に敬意を表するとともに、心からご冥福をお祈りしたい。

　このたび株式会社翔雲社のご協力を得て出版する訳であるが、博士論文は学位を取得すればそれでよいという訳ではなく、執筆者にはその言わんとするところを出来るだけ多くの人に伝えていかなければならない道義的な責務があると感じている。私の学位は多くの人達のご協力の下に得られたものである。この分野の先達の研究はもとより、指導教官を務めていただいた佐藤丙午教授（現在、拓殖大学海外事情研究所所長）をはじめ多くの先生方のご指導やお力添えがあったればこそ完成させることのできた研究成果である。こうした方々は私益を越えて、そして私のためにというより私の取り組む研究のためにご尽力くださったのではないか、そんなふうに思っている。そしてそうだとするならば、この研究成果については私一人のものにとどめることは適当ではなく、ウェブ上の掲載のみならず、出来れば出版という形も取ることで、一人でも多くの方に実際に手に取って読んでいただくようにすることが、延いては学問研究の発展につながり、先生方から頂いたご指導にしっかりと報いる途であり、また、学位を授与された者の責務であると考えた次第である。本論文は、多くの人々の知識の結晶に向けての長く、そして幅広い分野の知的な努力の成果である。今読み返して見ると、理論面で詰めの甘いところも否定できず、もちろん文責はすべて私にあるが、これらの人達のご厚意に応えるためにも、出来るだけ多くの方に読んでいただければ幸いである。

　最後に、謝辞のところで述べた先生方はもちろんのこと、それ以外にも拓殖大学大学院の諸先生には大変お世話になった。また、元職場の先輩、同僚、後輩達や中央大学の諸先輩から励ましの言葉をいただいた。そして家族には心配をかけたと思う。改めて感謝の気持ちを表したい。

　　　　2023年12月14日

　　　　　　　　　　　　　　　　　　　　　　　　　　　　大久保　伸一

■著者略歴

大久保 伸一（おおくぼ しんいち）

1959 年　埼玉県秩父市生まれ。
1982 年　中央大学法学部法律学科卒業。
1982 年　埼玉県庁入庁。主に人事、環境行政の分野に携わる。久喜市役所（財政課長）、公益財団法人埼玉県下水道公社（理事長）への出向を経て 2018 年、同庁退職。
2018 年　拓殖大学大学院国際協力学研究科　安全保障専攻　博士前期課程入学。
2020 年　同課程修了、修士（安全保障）。
2020 年　拓殖大学大学院国際協力学研究科　安全保障専攻　博士後期課程入学。
2023 年　同課程修了、博士（安全保障）。

日本独自の対北朝鮮経済制裁の国内における政治的効果

2024 年 9 月 6 日　初版第 1 刷発行

著　者　　大久保 伸一
発行者　　池田 勝也
発行所　　株式会社翔雲社
　　　　　〒 252-0333　神奈川県相模原市南区東大沼 2-21-4
　　　　　TEL　042-765-6463　　　　FAX　042-765-6464
　　　　　振替　00960-5-165501
　　　　　https://www.shounsha.co.jp/
発売元　　株式会社星雲社（共同出版社・流通責任出版社）
　　　　　〒 112-0005　東京都文京区水道 1-3-30
　　　　　TEL　03-3868-3275　　　　FAX　03-3868-6588
印刷・製本　株式会社アルキャスト

落丁・乱丁本はお取り替えいたします。
本書の一部または全部について、無断で複写、複製することは著作権法上の例外を除き禁じられております。

©2024　Shinichi Okubo
ISBN 978-4-434-34145-8　C0031
Printed in Japan